ETUDES
SUR VIRGILE.

IMPRIMERIE ET FONDERIE DE J. PINARD,
RUE D'ANJOU-DAUPHINE, N° 8.

ÉTUDES
SUR VIRGILE,

COMPARÉ

AVEC TOUS LES POÈTES ÉPIQUES ET DRAMATIQUES
DES ANCIENS ET DES MODERNES,

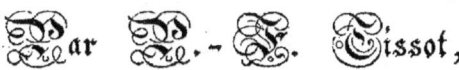

ANCIEN PROFESSEUR DE POÉSIE LATINE, SUCCESSEUR DE DELILLE
AU COLLÉGE DE FRANCE,

PRÉCÉDÉES DE CONSIDÉRATIONS PRÉLIMINAIRES
DESTINÉES A SERVIR D'INTRODUCTION.

TOME PREMIER.

A PARIS,

CHEZ MÉQUIGNON-MARVIS, LIBRAIRE,
RUE DU JARDINET, N° 13.

1825.

CONSIDÉRATIONS

PRÉLIMINAIRES.

Lorsque Delille, après un entretien dans lequel sa verve avait enhardi ma timidité, me proposa tout à coup de le remplacer dans la chaire de poésie latine au Collége de France, je fus saisi d'une crainte véritable; c'était presque de l'effroi. Comment, lui dis-je, vous voulez qu'à mon âge [1], n'ayant jamais professé de ma vie, n'ayant eu des occasions de parler en public que dans ma première jeunesse, j'ose m'asseoir à la place d'un improvisateur tel que vous? — Oui, je le veux, parce que j'ai la conviction que vous réussirez. — Mais l'habitude de la parole, la confiance, la hardiesse, qui me les rendra après un silence absolu de près de quinze années? — Elles reviendront d'elles-mêmes. Vous êtes plein de l'antiquité, il ne s'agit que de laisser couler la source. Pourquoi ne parviendriez-vous pas à dire, devant un auditoire, ce que vous dites tous les jours avec moi? Nos conversations m'ont fait naître l'idée de vous choisir, et vous venez de me décider

---

[1] J'avais plus de quarante ans.

vous-même par tout ce qui vous est échappé dans notre causerie poétique. » Cette preuve de confiance me flatta beaucoup ; je sentis d'abord toutes les conséquences d'une telle adoption pour le présent et pour l'avenir ; l'avouerai-je? une secrète voix, que j'avais déjà entendue dans quelques circonstances, me conseillait de croire à ma vocation pour l'enseignement public ; mais, retenu par la crainte légitime d'une comparaison pleine de dangers pour moi, je résistai à la voix du maître et aux brillantes promesses de l'espérance. Dans ce combat entre deux sentiments contraires, je négligeai Delille pendant deux mois. Je le revis enfin. A mes premières excuses, il répondit par des reproches obligeants sur ce qu'il appelait un abandon, et me demanda vivement si j'avais travaillé pour le Collége de France. La réponse fut négative ; je hasardai de nouvelles objections. Sans les écouter, et avec cet accent qui donnait tant de grâce à sa volonté, Delille m'ordonna d'accepter. Il fit plus ; il me prescrivit le choix d'Horace. « Horace, disait-il, est le poëte de tous les âges ; il doit plaire à la jeunesse, qui a besoin de le connaître ; l'âge mûr et la vieillesse font leurs délices de ses écrits ; il attirera des connaisseurs et des juges à votre cours. Je vous ai d'ailleurs entendu exprimer, sur ce poëte, des idées qui m'ont paru des découvertes. » Il fallut se rendre, et céder à la double autorité du talent et de l'amitié ; je saluai le grand poëte, non pas sans lui avoir témoigné ma vive reconnaissance. Il me restait environ deux mois pour préparer des leçons qui demandaient un travail immense.

PRELIMINAIRES.

J'essayerais vainement de rendre le tumulte qui s'éleva en moi au sortir de cet entretien gravé pour jamais dans ma mémoire. Entraîné par le torrent de mes idées, brûlant de joie, mais non pas encore sans alarmes, je courus raconter les détails de cette entrevue à un homme d'un esprit élevé, d'une bonté rare, et dont la protection, cachée sous les formes de l'égalité, semblait avoir adopté tous les amis des arts, des lettres et des sciences [1]. Il me témoignait un attachement réel ; ma nouvelle dignité littéraire lui causa presque de l'enthousiasme ; il paraissait plus heureux que moi. « Monsieur Delille a raison, me dit-il ; vous êtes ap-
» pelé à professer la littérature. Travaillez sans relâche,
» et vous justifierez ses prédictions. Quant à moi, je
» vous donne du temps ; c'est tout ce que je peux dans
» cette affaire. »

Rentré chez moi, je cours à mon Horace, je m'enferme avec lui ; une partie de la nuit s'était écoulée sans que j'eusse senti le vol rapide des heures ; mon sommeil fut encore rempli d'Horace ; dès ce moment, ce poëte ne me quitta plus. Je l'avais lu cent fois ; qu'on juge de mon étonnement lorsque la réflexion me découvrit en lui une foule de choses que je n'avais point aperçues ! Horace, ainsi médité, me donna une leçon que je n'oublierai de ma vie, et que je ne cesse de transmettre à la jeunesse comme le fruit de l'expérience, c'est que le commerce intime d'un grand écrivain est

---

[1] M. Français de Nantes, ancien directeur des droits réunis.

une source intarissable d'instruction et la plus féconde des études.

Après avoir satisfait ma première avidité par une lecture pendant laquelle j'avais soin de noter, dans un certain ordre, toutes les idées qu'elle me suggérait, je résolus de faire un nouvel examen du poëte. Plein de reconnaissance pour les leçons que j'ai reçues dans l'ancienne Université, je me rappelais pourtant qu'on l'accusait d'attacher peut-être aux mots plus d'importance qu'aux choses ; ce souvenir me suggéra la pensée de prendre au contraire pour devise cette maxime : *Cura sit verborum, sollicitudo rerum.* Voici l'ordre que je m'imposai d'une manière invariable dans mes recherches sur les ouvrages de nos maîtres : le fond des choses, ou le sujet, est-il raisonnable ? comment a-t-il été conçu et envisagé par l'écrivain ? quel plan a-t-il adopté ? quels sont le mérite ou les défauts de sa composition ? quels caractères, quelles mœurs avait-il à peindre ? comment les a-t-il reproduits dans ses tableaux ? quels sont les créations, les artifices et les couleurs de son style ? Les ouvrages de tous les grands critiques, et particulièrement l'Epître aux Pisons, m'indiquaient cette méthode ; je l'appliquai aux odes d'Horace : prenons pour premier exemple les prédictions de Nérée contre Pâris.

On reconnaît dans cette pièce une inspiration donnée par Homère et les tragiques d'Athènes. L'Iliade repose sur le courroux d'Achille, l'ode sur la punition de Pâris ; mais la guerre de Troie n'a pu entrer tout entière dans un vaste poëme ; Horace a trouvé le secret de les renfermer dans le cadre étroit d'une création lyrique. Avec quel art il force le sujet à obéir aux ordres du génie, et nous conduit de l'enlèvement d'Hélène à la ruine d'Ilion !

« Quand le berger phrygien, hôte adultère et perfide, entraînait Hélène sur les mers, tout à coup Nérée enchaîna les Vents indignés du repos, pour prédire au ravisseur ses cruelles destinées. »

Que ce début vraiment lyrique est à la fois grand et simple ! que de souvenirs il réveille ! quelle attente il excite ! ne croit-on pas voir ici le devin que Racine nous représente avec un air si effrayant ?

> Entre les deux partis Calchas s'est avancé,
> L'œil farouche, l'air sombre, et le poil hérissé,
> Terrible, et plein du dieu qui l'agitait sans doute.

Calchas impose à toute l'armée par cette apostrophe :

> Vous, Achille, a-t-il dit, et vous, Grecs, qu'on m'écoute.

Mais quelle terreur inspirent au coupable les premières paroles de Nérée qui le surprend ainsi au milieu du triomphe de son crime ! « Sous quel fatal auspice conduis-tu dans ton palais cette femme que va te redemander la Grèce tout entière, la Grèce réunie par le serment de briser ton hymen impie et le trône antique de Priam ! Quels flots de sueur inondent les chevaux et les guerriers ! Que de funérailles tu apportes à la race de Dardanus ! Déjà Pallas prépare son casque et son char et sa rage ! » Arrêtons-nous un moment ici. Avec quelle rapidité le poëte franchit la distance des lieux et les intervalles des faits! En deux strophes de quelques vers, voilà le ciel et la terre soulevés contre un peuple par la faute d'un homme!

Au milieu de toutes les horreurs de la guerre, quand l'Europe et l'Asie sont aux prises pour lui seul, que fait l'auteur de tant de calamités? Prend-il du moins sa part des périls de la patrie? Le voyons-nous regarder et suivre dans les batailles le panache du redoutable Hector? Le lâche n'a pas même le courage de combattre pour défendre sa conquête. A cet aspect, le poëte ou le dieu s'indigne et lui crie : « En vain, trop fier de l'appui de Vénus, tu feras briller ta chevelure; en vain ta lyre efféminée partagera ses faveurs entre des beautés attentives ; en vain, réfugié au fond de ton palais, tu croiras éviter les pesantes javelines, les flèches aiguës du Crétois, le bruit des armes et l'ardente poursuite du léger Ajax : il viendra ce jour, hélas! trop tardif, où tes cheveux adultères seront traînés dans la poussière humide de ton sang! [1] » Après ces menaces dont l'ironie est si

---

[1] Virgile dit avec énergie et simplicité :

Sanguine turpantem comptos de morte capillos.

Mais Horace crée une image bien plus forte que ces expressions :

Tamen, heu! serus adulteros
Crines pulvere collines.

Les hommes livrés aux délices et vains de leur beauté, comme Pâris, donnaient de l'éclat à leurs cheveux avec de l'huile et des essences. Le

cruelle, vous croyez peut-être la vengeance de Nérée satisfaite. Pâris est mort; nous le voyons défiguré sur l'arène, puni dans sa beauté, source de son orgueil. Ce n'est point assez; le Dieu semble le ranimer pour jouir du spectacle de ses nouvelles frayeurs : « Ne vois-tu pas derrière toi Nestor de Pylos, et le fils de Laërte, ce fléau de ta race? Sur toi s'élancent, d'un air intrépide, Teucer de Salamine et Sthénélus son rival! Tu connaîtras aussi Mérion!.... Ce héros dont la fureur brûle de te rencontrer, c'est le cruel Tydée, plus vaillant que son père.»

Nul repos, nul relâche pour Pâris; tout pâle d'effroi devant les redoutables ennemis qui l'environnent, et surtout devant son dernier adversaire, il se dit tout bas à lui-même : « Où fuir? où me cacher? » Nérée le voit, l'entend, et nous révèle ainsi les secrètes pensées de l'indigne frère d'Hector : « Comme le cerf timide, qui aperçoit un loup de l'autre côté du vallon, oublie au moment même l'herbe tendre des prairies, tu fuis devant ce guerrier, tu fuis tremblant de faiblesse et respirant à peine du fond de ta poitrine haletante! Ce n'étaient pas là tes promesses à ta complice!»

On pourrait croire que le poëte manque ici à la loi

---

mot *collines*, qui signifie frotter, enduire, fait une allusion cruelle aux mœurs de Pâris. Le poëte nous montre souillée par la poussière et le sang, cette tête naguère embellie et parfumée des mains de la mollesse. Les cheveux adultères sont une hardiesse prise dans la nature des choses.

de la gradation, qu'il nous offre un tableau moins riche de couleur et plus faible d'intérêt que celui du coupable étendu sur la poussière. Mais outre que la poésie lyrique, et surtout un oracle, aiment un certain désordre passionné, les conseils de l'art peuvent avoir suggéré à Horace la pensée de fermer tout accès à la pitié, en ajoutant un nouveau degré à la haine par le mépris.

Cette composition me paraît un modèle ; la raison et la morale se réunissent pour l'approuver. La fiction, conforme aux traditions reçues, a le mérite de la vraisemblance, puisque Nérée est à la fois un oracle et un des dieux de la mer. Le caractère de Nérée se montre tout entier dans les paroles et dans l'accent de son indignation, qui peignent d'une manière si vive la mollesse, la terreur de Pâris, et les diverses attitudes des héros d'Homère acharnés à sa perte. On pouvait donner ici carrière à l'imagination, déployer une grande richesse de couleur. Eschyle et surtout Euripide auraient succombé à cette double tentation du sujet; le jugement d'Horace l'a préservé d'une faute. En effet, avec des ornemens plus ambitieux, nous posséderions une ode plus étincelante, nous n'aurions pas le véritable chant de Nérée. Les menaces d'un mortel semblent avoir besoin d'un certain luxe de paroles; les prédictions infaillibles d'un dieu tirent leur force et leur éclat de leur brièveté. L'ode d'Horace me semble belle de tout ce qu'elle contient, et de tout ce qu'une raison sévère n'a pas voulu y laisser entrer. Le merveilleux accord du style avec la nature du sujet, et les mœurs du principal personnage, achèvent de donner le mérite de la perfection à cette ode.

L'apothéose de Romulus respire une chaleur dramatique qu'on ne trouve ordinairement qu'au théâtre; peut-être même les deux discours de Junon, dans le premier et dans le septième livre de l'Énéide, n'ont-ils pas plus d'éloquence que les paroles de flamme que le poëte lyrique prête à cette déesse. La haine immortelle de Junon se trahit par le premier cri échappé de son cœur : « Ilion! Ilion! un juge adultère et fatal à son pays, une femme étrangère et ravie par un crime, *t'ont réduit en cendres* [1]. *Judex* est le mot de la passion, il nous révèle les causes du ressentiment de la reine

---

[1] Horace a mis en scène et animé d'un mouvement dramatique ce que Virgile retrace dans ces beaux vers de l'exposition de l'Énéide :

> Necdum etiam causæ irarum sævique dolores
> Exciderant animo, manet altâ mente repostum
> Judicium Paridis spretæque injuria formæ.

Virgile raconte, Horace peint avec des traits de feu. Dans l'Énéide, nous écoutons le poëte; dans l'ode, nous entendons la déesse elle-même. Il est encore à remarquer que trois vers suffisent ici à Horace pour nous rappeler presque tout ce que renferment les prédictions de Nérée, c'est-à-dire le crime de Pâris et d'Hélène, l'origine de la guerre de Troie et la chute de l'empire de Priam.

> Ilion, Ilion,
> Fatalis incestusque judex,
> Et mulier peregrina vertit
> In pulverem.

des dieux, *causæ irarum*. Ce ne sont pas les descendans des Troyens, c'est l'auteur de sa propre injure que sa haine poursuit, même lorsque la charrue du vainqueur a passé sur la poussière des remparts d'Ilion.

Après la brûlante exclamation du début, la déesse se plaît à nourrir sa colère du souvenir de Laomédon, qu'elle avait proscrit avec son peuple tout entier, au moment de leur injustice envers les dieux, comme Calchas avait menacé Eriphile d'un sinistre avenir, le jour même de sa naissance. Bientôt, franchissant des siècles d'intervalle, elle revient avec une ironie cruelle au seul objet qui l'occupe. « Je ne vois plus briller de l'éclat de son crime et de sa beauté le trop fameux ravisseur d'une Spartiate adultère, et la maison parjure de Priam ne m'oppose plus son Hector, comme un rempart où venaient se briser tous les efforts des guerriers d'Argos; la guerre entretenue par nos discordes est enfin tombée tout à coup. » Il y a ici plus d'un souvenir amer, mais l'orgueil de Junon est bien moins irrité contre Hector que contre son frère, comme le poëte le laisse voir avec tant d'art et de vérité. L'implacable déesse pourra pardonner à Romulus, descendant des Troyens; elle pourra souffrir le bonheur des Troyens eux-mêmes, pourvu qu'ils restent condamnés à un exil éternel, loin de leur patrie; pourvu que les troupeaux foulent sous leurs pieds les cendres de Pâris et celles de Priam, coupable d'avoir mis au jour un fils si odieux; elle pousse la vengeance au point de souhaiter que leurs tombeaux restent vides, et que les bêtes féroces y cachent impunément leur famille sauvage : à ce prix seul, la protectrice de Carthage naissante, l'implacable ennemie de la race romaine qui doit sortir de la race d'Énée, consent à la grandeur du Capitole; elle se rendra aux vœux de Jupiter, qui a promis l'empire du monde au peuple de Mars. Mais ne croyez pas qu'un cœur si long-temps nourri des poisons de la haine puisse pardonner sans restriction; l'altière et vindicative Junon a fait un grand effort, elle ne dépose sa haine qu'en nous prouvant, par de nouveaux transports, qu'elle est prête à reprendre tous les emportements de sa colère, et c'est alors que, semblable à Hermione, qui, furieuse de voir sa beauté méprisée, demande

> Qu'on fasse de l'Epire un second Ilion.

Elle s'écrie :

« Mais en accordant ces hautes destinées aux belliqueux enfants de Quirinus, je leur impose cette loi : Que jamais un excès de pieuse tendresse envers la patrie, ou leur confiance dans leur fortune, ne les fassent songer à réparer les ruines de Troie, séjour de leurs aïeux; Troie, renaissant sous de lugubres auspices, verrait revenir le jour de sa chute, elle succomberait encore sous les phalanges des Grecs, conduites par moi, sœur et femme de Jupiter. En vain se releveraient trois fois, autour de cette ville, des murailles d'airain bâties par Apollon lui-même, trois fois elles tomberaient sous les efforts de mes Argiens, et trois fois les Troyennes captives iraient pleurer, loin de la patrie, leurs époux et leurs enfants. »

Mais de tels sujets ne conviennent pas à une lyre enjouée. « Muse, où vas-tu? Imprudente, cesse de vouloir révéler les entretiens des dieux, et de rabaisser de grandes choses par la faiblesse de tes accents. »

Junon nous apparaît tout entière dans l'ode d'Horace; son caractère y est plus fièrement dessiné que dans l'Iliade ou dans l'Enéide. Homère fait céder quelquefois cette déesse à la terreur devant le souverain de l'Olympe, mais ici elle le brave dans sa majesté; elle lui impose des conditions devant les dieux réunis et frappés d'étonnement; elle le menace de renouveler la guerre de Troie, si les Romains, qu'il protège, osent relever les murs de la ville criminelle qui a donné le jour à Pâris. Junon a des traits de Phèdre méprisée, d'Hermione jalouse, de Clytemnestre sans frein dans sa colère, de Camille, devenue la furie de la vengeance, et s'enivrant du spectacle de la ruine de ses ennemis.

Horace, en traitant d'une manière nouvelle le sujet de l'ode précédente, nous montre les ressources de son génie, et surtout la différence que le sexe, les mœurs, le caractère, l'âme et la situation des personnages doivent apporter dans la composition et dans le style d'un ouvrage. L'orgueil, la honte, le ressentiment des injures, le souvenir des longues humiliations, la vengeance long-temps souhaitée par un cœur qui aime à nourrir, à envenimer ses blessures, sont des passions prodigues de paroles. Occupées d'un objet unique, elles ne voient, elles n'entendent que lui, elles n'ont pas d'autre entretien que la cause de leur tumulte; et telle est cependant la magie attachée à leur brûlante éloquence, à la variété des tours, des formes et des expressions de leur génie, qu'on ne s'aperçoit pas de la répétition de la pensée fondamentale. Elles ont la souplesse et l'illusion des métamorphoses de ce dieu de la fable, toujours changeant et toujours le même. La comparaison du style des deux odes est encore un sujet d'études pour nous; austère, grave et simple, quoique travaillé, dans la première, il est devenu riche de figures et d'images, plein de hardiesse et de variété, de force et de souplesse, dans la seconde; il y descend au ton presque familier de l'ironie tragique, pour remonter jusqu'à la plus haute élévation, et revenir encore, comme la passion qui montre tant de flexibilité, à un langage où l'énergie de la pensée s'accroît de la simplicité d'une expression vive et pittoresque.

Ilion et ses malheurs, la Grèce et sa gloire, Junon et sa haine, l'Olympe et la part que les dieux ont prise à la querelle de l'Europe et de l'Asie; Rome, sa naissance, son origine; le Capitole et ses triomphes, sont réunis dans la composision d'Horace. Elle eût été parfaite sans une faiblesse du poëte. On a vanté comme un habile artifice, dans le début de l'ode, l'admission d'Auguste parmi ces mortels sublimes que la justice et la constance ont élevés au séjour de l'Olympe; je pense au contraire que la flatterie a donné un mauvais conseil à Horace. La longue comparaison à laquelle il expose celui qu'il veut déifier, me paraît une faute contre le bon sens. Le modèle de la constance, c'est Régulus dans le sénat de Rome ou devant les bourreaux de Carthage;

le juste inébranlable, c'est Caton debout sur les ruines de la liberté du monde, ayant le Phédon ouvert sous ses yeux, la sainte image de Rome dans le cœur, et déchirant ses entrailles pour échapper à César qui le menace du pardon et de la vie. Peintre de Régulus et de Caton, Horace devait sentir qu'on lui demanderait quels traits de ressemblance offrait avec ces hommes vraiment divins le faible Auguste qui, maître de l'univers, tremblait dans son palais au bruit des conspirations sans cesse renaissantes, et demandait aux dieux, en poussant les cris du désespoir, la force de mourir ou le pouvoir de régner ? Comment la pudeur et la raison n'ont-elles pas suffi pour empêcher Horace d'opposer le vaincu de Cassius, le lâche qui osa se cacher pendant la bataille d'Actium, à Hercule le vengeur de la terre, à Bacchus le conquérant de l'Asie ? A côté de ces deux grandes renommées, César s'offrait naturellement à la pensée d'Horace ; mais il fallait oublier César pour plaire à Auguste.

L'ode finit comme elle a commencé, par une flatterie ; et il me semble entendre les familiers d'Auguste admirer comme un modèle de convenance la modestie de la muse à demander pardon d'avoir abordé des questions agitées dans l'olympe de la terre ; mais pour nous, et pour tous les modernes, et aux yeux de la raison qui doit être le juge suprême des ouvrages, l'ode devait finir avec le discours de Junon. Le poëte se révèle à nous avec une rare imprudence, lorsqu'il était parvenu à se faire oublier.

Il y a deux hommes dans Horace, le chantre d'Auguste et celui de la patrie. A quelle distance le premier de ces deux hommes est du second! Qui pourrait égaler Horace lorsque, loin de la cour et de son siècle, il se réfugie auprès de la statue de l'ancienne Rome, divinité de son génie? C'est alors qu'il a le droit de s'écrier : « *Non omnis moriar!* » Nous ne connaissons pas le génie d'Horace tout entier. Horace devait être le premier des lyriques du monde : une partie de la gloire du poëte brille du plus vif éclat, tandis que l'autre est restée dans l'ombre par sa faute. Je ne poursuivrai pas le développement de cette affligeante pensée; mes lecteurs me permettront sans doute de la réserver pour un autre ouvrage, ainsi que de plus longs détails sur nos études d'Horace dont il me suffira d'indiquer ici les éléments.

Fidèle à la loi de regarder avant tout la composition du poëte, j'offrais à mes auditeurs des rapprochements avec les chœurs des tragédies grecques, avec la Bible et les lyriques modernes. La moisson à faire dans le vaste champ ouvert par ces comparaisons, était abondante; elle enrichit beaucoup nos entretiens. Homère et Virgile, Ovide, Lucain et Juvénal, le Dante, le Tasse, Pétrarque, nous fournirent d'autres parallèles non moins utiles, soit pour marquer les limites des genres, soit pour reconnaître comment le génie de chacun de ces écrivains imprime à leur pensée une forme originale. Par les mêmes motifs, et par d'autres encore, nous opposions souvent Horace aux grands prosateurs. Il y a dans ces parallèles de salutaires avis à recueillir, surtout chez un peuple où la prose, enhardie par une espèce de faveur publique, menace d'usurper le domaine de la poésie. Je remarquais encore les rapprochements et les contrastes de mœurs entre le dix-huitième siècle et celui d'Horace. Chaulieu, Voltaire et la cour du régent, mais Voltaire surtout, rendaient aussi instructive que piquante l'explication d'une ode badine ou d'une épître familière.

L'étude approfondie du style savant et hardi qu'Horace paraît avoir emprunté aux Grecs, mais dont nous ne retrouvons pas les traces même dans Pindare, avait aussi de l'attrait parce qu'elle nous conduisait à des découvertes. C'est ainsi que nous reconnûmes l'artifice des transitions du poëte que Laharpe, et beaucoup d'autres avant lui, n'ont peut-être pas soupçonnées. Le besoin de prévenir la fatigue qui naît de l'uniformité, nous suggéra un autre moyen de soutenir l'attention : au lieu de suivre l'ordre des compositions d'Horace, je les distribuais de manière à leur donner plus d'intérêt par des contrastes ou des similitudes de sujets, et par des oppositions de formes, qui prouvaient la souplesse et la variété du poëte.

Horace, considéré sous tous ces rapports, me porta bonheur : mes leçons ne ressemblèrent à celles de personne, et obtinrent quelques succès, surtout lorsque le suffrage de quelques vieillards que j'appelais la couronne de mon cours, m'eut rendu moins timide à dire ce que je savais le mieux. Le travail que j'ai fait pour plaire à ces hommes que je ne connaissais pas d'abord, ne peut être su que de moi. Pendant les leçons, je leur adressais les observations critiques qui m'étaient suggérées par les interprétations d'Horace; mes regards se portaient vers eux à la dérobée, comme sur mes juges : leur gravité me causait des alarmes, leur sourire accordé à mes efforts m'inspirait comme une approbation. Quand je crus avoir acquis leur bienveillance, lorsque plusieurs d'entre eux m'eurent donné leurs suffrages par des lettres ou par des paroles également flatteuses, je parvins à triompher de cette contrainte si nuisible à l'essor de la pensée; c'est alors que j'osai me livrer par degrés à l'improvisation fécondée par l'étude.

Horace combat le fol enthousiasme de son siècle pour tous les écrivains anciens, il reprend avec une franchise entière les défauts de Lucile, son maître dans la satyre; il respecte les hautes renommées, mais sans être à genoux devant elles; sa raison juge ce qu'elle admire. La devise d'Horace était, en littérature comme en morale : *Quid verum atque decens curo et rogo, et omnis in hoc sum.* Ainsi donc j'aurais pu penser qu'Horace lui-même me donnait le droit de tout dire sur Horace; mais la juste défiance de mes forces, et une foule de convenances faciles à deviner, me rendirent d'abord très circonspect à user des droits de la critique envers un si grand écrivain; je me sentis plus timide encore devant le chantre d'Énée.

Virgile se présente à nos regards comme l'égal d'Homère; peut-être non moins souvent imité que son modèle par des hommes de génie, tels que le Dante, le Tasse, Milton, Camoëns, Fénélon et Voltaire, il passe aussi pour leur maître chez tous les peuples qui ont une littérature. Mais les Français lui ont voué une espèce de culte; la plupart d'entre eux admirent un peu sur parole le chantre d'Achille; n'entretenant point un commerce assidu avec ce prince des poëtes, ils ne le connaissent point assez [1]; au contraire, ils sont familiarisés avec son rival : la maison la plus obscure a souvent pour Virgile un autel semblable à celui des dieux pénates chez les anciens. Homère offre des longueurs qui nous fatiguent, des trivialités qui répugnent à notre délicatesse moderne; les mœurs de ses héros présentent un mélange de grandeur et de grossièreté que nous avons peine à souffrir, même quand nous y reconnaissons l'empreinte de la vérité. Virgile, toujours sobre de détails, toujours noble et décent, nous attache encore par une autre raison. Dans ses tableaux, l'Italie d'Auguste rappelle souvent la France de Louis XIV ; à vingt siècles de distance, la cour des deux princes offre des ressemblances singulières, et ce rapprochement nous rend plus sensibles encore à l'heureuse opposition que l'humble Rome d'Évandre forme avec la grandeur de la reine du monde : d'ailleurs, Virgile est clair, facile, harmonieux ; son imagination

---

[1] De jour en jour ce reproche devient moins fondé : il s'est fait dans nos écoles un changement très favorable à la langue grecque. Homère compte maintenant parmi les jeunes gens une foule d'admirateurs qui le lisent avec délices, et l'étudient avec constance. Ils ont pris pour devise le précepte d'Horace :

Nocturnâ versate manu, versate diurnâ.

n'a rien de gigantesque, sa marche rien de déréglé. Il excelle à exprimer toutes les passions tendres du cœur humain, surtout celle qui règne sur notre théâtre depuis deux siècles, et dont nous aimons à voir diviniser les faiblesses. Enfin, accoutumés à répéter les vers de Virgile depuis notre jeune âge, nous le regardons comme un modèle achevé du beau, nous l'aimons presque autant que nous aimons Racine; sa gloire semble intéresser notre orgueil national. Concevoir quelques doutes sur la perfection d'un auteur ainsi consacré, devait passer pour une témérité devant des Français. La haute renommée de Virgile, la prédilection certaine de mes auditeurs pour lui, m'imposaient beaucoup de respect et de précaution. Cette retenue devenait d'autant plus nécessaire, que je devais trouver dans l'Énéide un plus grand nombre d'observations critiques que dans quelques odes d'Horace. Une épopée est une vaste tragédie; les passions y figurent comme sur le théâtre. Obligé de les faire agir et parler sans cesse, le poëte le plus habile ne peut éviter des moments d'impuissance et de langueur, des fautes contre la vérité, des invraisemblances, des scènes vides et des intervalles de sommeil pour l'action.

Une multitude de comparaisons s'élevaient devant nous, et allaient encore accroître la moisson du critique. Au lieu d'étaler cette moisson, il fallait en cacher une partie; au lieu d'ouvrir la main pour répandre toutes les vérités qu'on avait pu recueillir, il fallait imiter la réserve de Fontenelle, et surtout éviter jusques à l'ombre de la malignité. La seule idée de paraître injuste envers un poëte tel que Virgile, me faisait peur comme une accusation d'ingratitude. Ce n'est pas tout ; des exemples séducteurs régnaient alors dans la littérature ; et la jeunesse avait tant de penchant à les imiter, qu'il n'eût pas été sans danger de censurer trop librement devant elle, un écrivain modèle dont le commerce était si propre à la préserver de la contagion du jour. Je ne pouvais oublier encore une vérité d'expérience : la jeunesse est peuple, en cela qu'elle passe rapidement de l'adoration au mépris; elle renverse le lendemain les idoles de la veille, il faut lui laisser de la religion en littérature comme en morale. D'ailleurs je pense que la critique qui n'aurait pas pour premier principe le culte du génie, ne serait propre qu'à flétrir les talents, et à multiplier le nombre de ces pygmées, dont l'impuissance et l'envie s'appliquent à déprécier les plus sublimes productions. Cette reflexion, toujours présente pendant mon cours sur Horace, m'avait rendu très attentif à corriger les inconvénients de la censure, par la franchise de l'admiration ; elle devint plus que jamais une règle et un frein pour moi.

Par toutes ces raisons, mon premier cours sur Virgile s'écoula tout entier dans des entretiens qui nous causèrent parfois des ravissements, comme une tragédie de Corneille, et plus souvent des émotions, telles que les font naître Euripide et Racine. Cependant le sublime de Virgile ne ressemble point au sublime d'Homère, ou de l'auteur de Cinna ; chez eux, ce caractère du talent provient d'une grandeur originale, et d'une haute inspiration; dans le chantre d'Énée, il est le fruit d'un art, dont la perfection soutenue balance les beautés d'un ouvrage de la nature. On remarque aussi des différences entre la sensibilité d'Euripide, de Racine, et celle du peintre de Didon; elle a plus de profondeur dans Euripide, plus de mollesse dans Racine, plus de mélancolie dans Virgile. Sans égal pour l'expression des sentiments religieux et tendres, Virgile nous arrachait des larmes, et nous attachait à lui par la plus puissante des séductions. Tous, nous aimions, comme s'il eût été vivant, l'écrivain dont l'âme s'est révélée par tant de suaves merveilles. Cependant la vérité n'avait point abdiqué ses droits : de fréquentes comparaisons avec les autres épopées, avec la Bible, et les tragiques de la Grèce, faisaient naître des réflexions utiles; mais je ne fouillais pas au fond des choses, je me défendais d'aborder les grandes questions de la critique littéraire; on a vu plus haut les motifs de ma circonspection : en observant la loi que je m'étais prescrite, j'obéissais encore à un attrait particulier, et à des mouvements secrets de reconnaissance.

Élève de l'ancienne université, j'ai trouvé dans son sein deux maîtres habiles, dont la mémoire me sera toujours chère ; le premier [1], d'un abord froid et sérieux, avait de l'esprit, de la chaleur d'âme, un goût sévère et pur. Je n'ai point d'expressions pour rendre

---

[1] M. Crouzet, professeur de troisième au collége de Montaigu.

le zèle, les soins ingénieux, les nobles encouragemens, la bienveillance paternelle que cet excellent homme employait pour enflammer mon ardeur, et m'inspirer l'enthousiasme du beau. Il me traitait, en quelque sorte, comme le poëte Vida veut qu'on élève l'enfant destiné au culte des muses. Non content de m'avoir montré une prédilection si utile et si douce, il me transmit, comme une espérance, à son successeur, l'un des plus célèbres hellénistes du temps[2]. Celui-ci cachait un cœur sensible et même de la gaieté sous un air glacial. Profondément instruit, il voulait des études fortes, et s'exposait à rebuter quelquefois les élèves, par son application à leur choisir des devoirs hérissés de difficultés. Les obstacles m'excitaient; je lui convins sous ce rapport, et par un goût très vif pour la langue grecque; il m'adopta : non moins touché que surpris de cette bonté qui venait à moi, je sentis croître mes forces et mon ardeur.

Ces maîtres que leurs élèves révéraient comme des oracles, m'avaient inspiré un attachement extrême, un respect religieux pour Virgile. A mon entrée dans le monde, ce fut par l'entremise de Virgile et de Tibulle que je continuai d'entretenir commerce avec les muses; ces deux auteurs favoris ne me quittaient pas. La lecture assidue de Racine avec lequel Virgile a tant de rapport, les éloges de Voltaire qui le met au-dessus du créateur de l'Iliade, augmentèrent en-

---

[2] M. Chivot, professeur de seconde au même collège.

core ma prédilection pour le chantre d'Énée. La lutte que j'eus à soutenir contre un si redoutable adversaire, pour la traduction des églogues, ne fit que redoubler en moi le sentiment de sa désespérante perfection. C'est ainsi que je fus long-temps tout Virgilien; c'est-à-dire que, transporté d'admiration par ses beautés, enivré de la mélodie de ses vers, je ne voyais pas ses défauts, ou plutôt je craignais de les voir. Rien n'est plus propre à retarder les progrès de la raison, à ralentir l'essor de l'imagination, que cet enthousiasme qui renaît ainsi de lui-même, et s'enferme dans un cercle de jouissances exclusives.

Cependant Homère et les tragiques Grecs, Tacite et Tite-Live, Horace et les deux Sénèques, le Dante et le Tasse, Moyse et Milton, l'aigle de Meaux et le cygne de Cambrai, Montaigne et Rousseau, et plus instructif encore le mémorable changement qui a mis tout l'homme à découvert depuis trente années, m'avaient révélé sur Virgile beaucoup de choses que je n'avais point aperçues. Je l'avouerai, ce ne fut pas sans douleur que je me vis forcé de reconnaître dans mon auteur favori une composition sans unité, une ordonnance sans grandeur et des défauts d'autant plus incurables, qu'ils tiennent à des beautés d'un ordre supérieur, auxquelles un écrivain n'aurait jamais le courage de renoncer. Malgré les murmures du penchant qui combattait pour lui, malgré le pouvoir magique de sa poésie sur mon cœur, il me fallut encore avouer, que l'Énéide n'atteint pas les hautes proportions de l'Iliade ; que la première est inférieure à la seconde, pour le plan comme pour la conduite du poëme, pour la force et la variété des caractères, comme pour la peinture des mœurs, et la marche de l'action ; enfin qu'on chercherait vainement dans Virgile, trop dominé par les images d'un siècle plus avancé en civilisation que celui d'Homère, les grâces naïves de l'Odyssée qu'il a cependant voulu imiter. Mais, à l'éternel honneur du génie, plus le commerce des grands poëtes, plus les ouvrages des philosophes et des penseurs, plus les leçons d'un temps, qui jetait une si vive lumière sur les abîmes du cœur humain, élevaient, fortifiaient, étendaient mes idées, plus Homère grandissait à mes yeux. L'auteur de l'Iliade et de l'Odyssée va de pair avec tout ce que les siècles ont vu de génies dans le monde. Il appartient à cette famille d'êtres privilégiés, à laquelle chaque peuple se glorifie d'ajouter un nom, parce qu'elle forme l'élite du genre humain, et son plus beau titre d'honneur. Virgile est aussi de cette famille ; mais Homère y tient le sceptre et le glaive comme père et souverain de tous les poëtes du monde.

Ce n'était pas le vain désir de faire éclater ma nouvelle admiration, c'était encore moins la pensée de renverser l'autel de Virgile pour y placer Homère, qui devaient m'exciter à dire enfin toute la vérité. Il est souvent ridicule et toujours dangereux de vouloir substituer un culte à un autre ; chacun garde ses dieux ; et loin de se prêter aux effets du prosélytisme, il s'obstine dans sa religion. Je ne devais, je ne voulais détrôner personne, et je conservais d'ailleurs pour Virgile une admiration qui ne pouvait manquer d'occasions pour éclater ; mais il me fallait remplir enfin des obligations sacrées pour moi. Quand Delille, ou Sélis[1] expliquaient, il y a cinquante ans, l'Énéide au collége de France, les leçons de ces deux habiles interprètes de Virgile, auraient pu n'offrir que des hymnes en l'honneur du rival d'Homère. Les progrès que la critique a faits, même depuis la mort de l'auteur de la Henriade, la maturité du temps, l'étonnante révolution qui nous a ramenés de l'amour des beautés produites par un excès de civilisation, au goût de la nature imprimé dans les ouvrages faits pour ainsi dire sous ses yeux, me prescrivaient d'autres devoirs. Je le sentais chaque jour plus vivement; chaque jour m'avertissait, qu'après avoir imprimé dans les ames un respect légitime pour Virgile, après l'avoir fait adorer de la jeunesse comme l'ami du malheur, l'interprète des affections tendres, généreuses, le chantre de l'amour et de la pitié, enfin comme le poëte du cœur, il était temps de descendre dans les profondeurs de l'art, pour en retrouver les lois générales ; de mettre Virgile en présence d'Homère, et de tous les poëtes épiques ou dramatiques,

---

[1] Professeur de rhétorique au collége de Louis-le-Grand, et suppléant de Delille au Collége de France. J'ai eu aussi de grandes obligations au zèle affectueux de cet homme de talent.

d'interroger devant eux la nature et le cœur de l'homme, ces deux types de toutes les créations de l'esprit. Dominé par cette idée, j'essayai dans quelques improvisations, préparées par les études nécessaires à un nouveau cours sur Virgile, de faire assister, en quelque sorte, mes auditeurs aux grandes délibérations du génie. Homère eut les prémices de cette espèce d'initiation; peut-on parler de poésie épique, sans remonter d'abord au père de l'épopée, et sans dire de lui, comme Virgile du Dieu suprême: « Muses, commençons par Homère, tout est plein d'Homère dans le monde. »

Homère débarque à Délos pour offrir au dieu, non pas un sacrifice, mais un hymne, seul présent qui soit en son pouvoir; errant dans les détours du bois sacré qui environne le temple d'Apollon, sa tête s'allume et fermente, son cœur bat avec violence dans sa poitrine; il ne marche pas, il se sent porté sur des ailes. Devant ses yeux passent des images sublimes et confuses, elles se succèdent comme des nuages d'argent, de pourpre et d'or, comme ces riches et mobiles décorations célestes qui varient l'aspect d'un horizon immense. Au milieu de cet océan où la pensée obéit tour à tour à des impulsions soudaines et différentes, la guerre de Troie dont son enfance fut bercée, les noms des héros de ce siége de dix ans qui frappèrent ses oreilles à Smyrne ou à Memphis, dans les murs d'Argos ou sur les bords du Xanthe, viennent saisir le prêtre des muses. Plus de repos : les lieux, les hommes, les événements, se sont emparés de lui ; mais, accourus tous ensemble, leur foule éblouit ses yeux, leur tumulte empêche sa raison de délibérer avec elle-même. Son imagination devient un chaos; des éléments opposés y combattent entre eux, en attendant la main souveraine qui doit les ordonner. Les richesses de la matière effrayent, accablent le poëte; elles suffiraient à remplir une longue histoire; comment les réduire aux proportions d'un poëme? comment faire le choix du génie dans un si vaste sujet?

D'abord s'offrent aux regards le songe prophétique d'Hécube, la naissance de Pâris, les prédictions sur ce fatal enfant, sa beauté célèbre dans l'Asie, la querelle des trois déesses, leur présence devant le berger du mont Ida, la reconnaissance de Vénus pour le juge qui lui a été favorable, le ressentiment de Junon et de Minerve irritées de l'injure faite à leur beauté. Au second plan, paraissent le voyage du fils de Priam à Sparte, sa passion pour Hélène, sa fuite avec cette coupable épouse qui, laissant pour souvenirs d'elle, à son palais l'opprobre, à son époux le deuil, à ses concitoyens les fléaux de la guerre, porte en dot à sa nouvelle patrie la ruine et la destruction [1].

Viennent ensuite l'indignation de la Grèce, le serment de ses princes contre le perfide violateur des droits de l'hospitalité. Une armée s'assemble en Aulide, Agamemnon est choisi pour la commander.

---

[1] Eschyle.

Pressé d'obtenir la victoire, il ordonne à sa flotte de mettre à la voile; le silence des vents l'arrête dans le port. On consulte les dieux ; Calchas explique leur volonté : le sang d'Iphigénie doit couler sur l'autel de Diane. L'amour de la patrie, ou plutôt l'ambition du pouvoir, la superstition et la crainte, l'emportent sur la tendresse paternelle. Les Grecs partent sous les auspices de la mort d'une vierge immolée presque sous les yeux de sa mère, à laquelle on peut appliquer dès ce moment l'expression de Virgile : *concepit furias!*

Eh bien! tant de scènes admirables, tant de magnifiques richesses sont des ornements superflus : le génie sourit un moment aux beautés immortelles qu'il en ferait éclore; mais la raison qui tient la première place au conseil du poëte, les rejette comme des séductions dangereuses, comme des obstacles à l'observation de cette grande loi de l'unité que la nature garde dans ses créations, et que l'homme ne peut violer impunément dans les siennes.

Cependant l'imagination d'Homère vole à Troie avec l'armée, il en fait le dénombrement; les héros qui la conduisent, Idoménée, Nestor et son fils Antiloque, Eurypile, les deux Ajax, Diomède, Ménélas, marchent devant lui sous les regards du superbe Atride. La souveraine de l'Asie montre tour à tour au poëte inspiré le vénérable Priam, le voluptueux Pâris, Hélène, cause de la guerre, cette vertueuse Andromaque qui en sera la victime, Hécube réservée à devenir le modèle achevé des infortunes humaines, ses cinquante fils, dont elle est si fière, rangés autour du magnanime Hector, les délices d'un peuple et le rempart de l'empire. Quelles différences de mœurs! Quelles oppositions de caractères! Que de contrastes, de vœux, d'espérances et de craintes! Quel jeu et quel tumulte des passions entre tous ces rivaux de gloire! Le génie d'Homère entre en travail malgré lui; il combine des situations, il esquisse des scènes, il invente des épisodes; il met aux prises, dans des combats acharnés, les Troyens et les Grecs, les dieux et les mortels. La terreur, la pitié, l'amour de la victoire, font tressaillir ses entrailles; il est tour à tour Enée, Hector, Diomède, ou Achille. Sublime et vain enthousiasme! Inutiles enfantements! La pensée première, la pensée fondamentale de l'ouvrage reste encore à trouver. Le poëte continue de lutter avec son sujet; mais, moins heureux que la sybille qui produisait des oracles, après s'être long-temps débattue contre la puissance d'Apollon, son génie se sent frappé d'une espèce d'impuissance; des ténèbres confuses succèdent aux vives clartés qui remplissaient son horizon; enfin, il tombe de fatigue et dépuisement au pied d'un arbre consacré au dieu.

Le sommeil, frère de la mort pour la plupart des hommes, est souvent une veille ardente et féconde pour ces favoris du ciel qui vivent de la pensée. Pendant les apparitions qu'Apollon lui envoie, Homère voit Achille arriver aux rivages de Troie avec Ulysse et Patrocle. Le fils de Pélée porte sur son front une marque immortelle et les présages de la victoire. Ajax,

Sthénélus, Nestor, Diomède, Agamemnon, l'armée entière, s'empressent autour de lui ; on l'environne, on le salue, on l'honore comme le vengeur de la Grèce. Dans un nuage d'or, Thétis contemple ce spectacle, et quoique une ombre de tristesse soit répandue sur ses traits, elle laisse éclater un orgueil de mère à l'aspect de son fils semblable à un dieu parmi des mortels. A côté d'Achille, s'avance cette belle Briséis qui porte la lyre d'or du héros, et obtient les plus tendres affections du vainqueur de sa famille.

A peine cette brillante scène avait-elle fixé ses regards, qu'Homère entend, sur les bords de la mer retentissante, la prière éloquente d'un vieillard triste et majestueux ; privé de sa fille, et insulté par le roi des rois, il demande au dieu du jour la punition des Grecs. Apollon exauce son grand-prêtre ; déjà l'armée périt sous les flèches vengeresses du frère de Diane, si funeste à l'orgueilleuse Niobé. Un conseil s'assemble convoqué par Achille, le héros veut qu'on cherche la cause d'une si grande calamité. Calchas se lève et n'ose encore parler ; mais, rassuré par le fils de Thétis, il révèle enfin la vérité. Son éclat excite une violente querelle entre Agamemnon et Achille. Celui-ci, retenu par Minerve au moment où il tire le glaive pour frapper l'audacieux adversaire qui le menace de lui ravir Briséis, cède à la fille de Jupiter ; mais, encore écumant de courroux, et inspiré par son cœur comme un oracle par quelque dieu, il prédit aux Grecs de longs regrets de son absence, et à leur injuste chef d'inutiles et cruels repentirs. En vain le sage Nestor veut réconcilier les deux superbes rivaux, le conseil des rois se sépare; Achille, indigné de l'outrage qu'il a reçu, se retire sur ses vaisseaux avec ses Thessaliens. Homère a pu contempler à loisir ce spectacle; il suit Achille dans sa tente, il assiste à la scène où Patrocle, par l'ordre de son ami indigné, mais soumis au pouvoir sacré des lois, remet cette royale captive entre les mains des hérauts d'Agamemnon. Témoin de la tristesse de Briséis, des larmes et du courroux d'Achille, Homère à recueilli la prière du fils de Thétis à sa mère. Il vient d'entendre sortir enfin de la bouche d'Achille, blessé dans son amour et furieux de sa nouvelle injure, les vœux impies du désespoir. « Fatale querelle ! s'écrie le poëte profondément effrayé de l'avenir de la patrie, quel deuil tu vas répandre sur la Grèce ! Quelle joie tu vas causer à Priam, à ses fils, à tous les Troyens? » Il dit, et l'Iliade est conçue ! La colère d'Achille, voilà le sujet du poëme.

Une grande et dernière pensée sort au même moment du sein de cette orageuse inspiration. Presque tous les héros qui soutiennent Ilion ou Argos sont issus du sang des dieux; les dieux laisseront-ils leurs fils sans secours au milieu de tant de dangers? Resteront-ils spectateurs indifférents d'une si grande querelle? Non sans doute; la Grèce et Troie auront leurs défenseurs célestes; Cybèle verra l'Olympe descendre sur le champ de bataille; le seul Jupiter, assis sur le trône du monde, comme un modérateur suprême, regardera cette lutte fameuse dont l'issue, toujours mysté rieuse pour nous, mais marquée d'avance dans les décrets irrévocables du destin, doit être la ruine de Troie.

L'absence d'Achille est le fondement de l'économie de l'Iliade; point de poëme possible si Achille se trouvait toujours en action devant nous. En effet, comme chacun de ses combats serait une victoire, son glaive aurait bientôt épuisé l'élite de la race troyenne. Hector succomberait avant d'avoir accompli les grandes choses promises à son nom, et la guerre, entretenue par la Discorde qui règne dans l'Olympe et sur la terre, tomberait tout à coup comme un violent orage. Achille, retiré du théâtre, fait place aux mortels et aux dieux qui doivent combattre dans les plaines de Troie. C'est ainsi que nous voyons paraître tour à tour les différentes renommées guerrières des deux peuples, et surgir un héros de chaque journée ; tantôt c'est Minerve ou Diomède, tantôt Mars ou Hector, qui attirent sur eux tous les regards, et font pencher en leur faveur les balances de la destinée.

Admirons ici les ressources du génie d'Homère, et les heureux effets qu'il tire des moyens les plus opposés ; autant il ménage Achille, autant il s'applique à le tenir en réserve pour l'agrandir à nos yeux ; autant, avec le même dessein, il prodigue le magnanime Hector. Hector est partout: dans les murs, hors des murs, au temple, au conseil, aux combats; d'exploits en exploits, de succès en succès, il s'élève sans cesse jusqu'à ce que, tenant les Grecs assiégés dans une étroite enceinte et près de brûler leur flotte, il semble être un autre Achille suscité parmi les Troyens pour la perte d'Argos. Au moment même où le fils de Priam nous inspire la pensée de cette comparaison, Homère, par un trait de génie, met la Grèce suppliante aux pieds du véritable Achille. Le héros reste insensible à l'éloquence d'Ulysse, aux larmes du vieux Phénix, aux reproches et à l'amitié du fier Ajax, aux prières de la patrie en deuil. C'en est fait de la Grèce : voilà ce qui alarme Phénix, ce que le fils de Laërte murmure tout bas, ce que le Télamonien redoute aussi, malgré sa constance; voilà l'issue funeste que nous annoncent la terreur et le désespoir d'Agamemnon, seul dans sa tente, et poussant des cris de douleur sous les regards de Jupiter irrité contre lui.

Cependant quelque espoir est rentré dans le cœur des Grecs, relevés par la conquête des chevaux de Rhésus, l'une des fatalités d'Ilion, et par les succès d'Atride, qui sème le carnage et l'effroi dans les rangs ennemis en l'absence d'Hector. Bientôt le roi des rois se retire blessé; Hector remonte sur son char; Ulysse, Diomède et Ajax arrêtent sa furie par des prodiges de valeur, mais ils sont tous blessés, ainsi qu'Eurypyle et Machaon. Leur vainqueur éprouve à son tour le même sort; un dieu le ranime, il lui donne des forces pour rétablir l'action et ressaisir la victoire, qui avait abandonné, à son insu, l'une des ailes de l'armée. Alors éclatent les prières de Nestor à Patrocle ; au nom sacré de la patrie, le vieillard implore le secours du fils de Thétis; un moment après, l'illustre ami du héros entend sortir de la bouche d'Eurypyle ces douloureuses paroles : « Plus de salut pour les Grecs : ils périront tous ! »

Nous arrivons au douzième chant. Hector est au pied du rempart qui protège le camp d'Agamemnon; de terribles combats s'engagent sur cinq points différents ; les Troyens triomphent et chassent devant eux les Grecs, qui volent vers les vaisseaux, leur unique asile. Peut-être ne trouverait-on dans aucun poëte du monde, une description aussi rapide, aussi semblable à une bataille de géants que la peinture d'Homère. L'action continue et devient plus terrible que jamais ; la présence de Neptune, le sommeil de Jupiter endormi par Junon, une nouvelle blessure d'Hector, font pencher la victoire en faveur des Grecs. Guéri par Apollon, Hector reparaît; il franchit de nouveau les retranchements ennemis. La mêlée est si affreuse, le danger si pressant, que Patrocle quitte Eurypyle mourant pour aller invoquer le courage d'Achille. Hector furieux ressemble au dieu Mars agitant sa lance, à un feu dévorant qui ravage une profonde forêt : déjà il lance la flamme sur les vaisseaux. Frappé de ce spectacle, craignant de se voir fermer le chemin du retour à Scyros, mais encore insensible aux périls de la Grèce, Achille refuse de marcher pour elle ; seulement il accorde ses armes aux instances de Patrocle désespéré. Cependant Ajax, accablé des traits ennemis, est sur le point de succomber, désarmé par le glaive d'Hector. Les Troyens font voler de tous côtés des torches ardentes sur la flotte ; les flammes s'y répandent et déjà les poupes s'embrasent. Dans ce moment extrême,

Achille vient de réunir ses Thessaliens, et tandis qu'il offre un sacrifice au ciel pour le salut d'un ami si cher, Patrocle fond avec eux sur les bataillons ennemis. Ce n'était point Achille, ce n'en était que l'ombre; néanmoins tout recule devant l'ombre d'Achille; Hector lui-même a pris la fuite, peu s'en faut que Troie n'ouvre ses portes : l'ivresse de la victoire entraîne Patrocle rebelle aux ordres et aux prières d'Achille; Hector revient et lui donne la mort.

Le fils de Priam touche au faîte de la gloire; à peine revêtu des armes d'Achille, une force nouvelle se répand dans ses membres; rempli du démon des combats, il revole au milieu de l'armée troyenne, en poussant un cri terrible. Plus il approche de l'événement funeste, plus il est grand et sublime. Il triomphe à la lueur des éclairs, au bruit de la foudre qui retentit sur le mont Ida : tremblez, Grecs, voilà le ministre du courroux de Jupiter!

Tous ces maux proviennent de l'orgueil d'Agamemnon et de la colère d'Achille. Le premier, qui est le plus coupable, a reçu un châtiment terrible de sa faute; les dieux envoient d'abord pour punition à son rival un pressentiment cruel. A l'aspect du désordre des Grecs, que l'épouvante précipite de nouveau vers le rivage, « Patrocle n'est plus! s'écrie-t-il; l'infortuné! malgré mes prières, il aura voulu affronter la fureur d'Hector! » Comme il roulait ces pensées dans son esprit, Antiloque approche les yeux noyés de larmes : « Hélas! ô fils de Thétis, belliqueux Pélée, tu vas apprendre une triste nouvelle! Patrocle est mort! on ne combat plus que pour la possession de son cadavre ; tes armes sont au pouvoir d'Hector. »

Ici la scène du désespoir d'Achille, étendu tout entier sur l'arène, entouré de ses captives et de celles de Patrocle, qui se frappent la poitrine et tombent évanouies, tandis que le généreux Antiloque s'efforce d'empêcher qu'il n'attente à ses propres jours. Thétis arrive suivie des néréides ; elle cherche à consoler son fils, et c'est en répondant aux discours maternels, que l'âme héroïque et tendre d'Achille se révèle tout entière. Désespéré de la mort de Patrocle, honteux de ne l'avoir pas préservé du coup fatal, il abjure la funeste passion de la colère, il maudit la discorde et les malheurs qu'elle enfante. Ce retour est sublime; il amène la résolution de venger Patrocle, qui est l'arrêt fatal d'Hector, et nous montre Achille courant avec joie à une victoire que doit suivre bientôt sa propre mort. Le fils de Jupiter, Alcide est mort, Achille doit mourir aussi ; mais du moins la gloire illustrera sa vengeance et sa mémoire.

Thétis, ne pouvant triompher d'une résolution si profonde, obtient cependant de son fils la promesse d'attendre de nouvelles armes forgées par Vulcain, et qui doivent remplacer celles dont la conquête coûtera si cher au vaillant Hector. La déesse monte rapidement vers l'Olympe. Alors les Grecs, fuyant pour la dixième fois devant les Troyens, en poussant des clameurs d'épouvante, touchaient au bord de l'Hellespont ; Hector, en vain repoussé par les deux Ajax, allait enlever le corps de Patrocle et se couvrir de gloire, si Junon, protectrice d'Argos, n'eût envoyé au fils de Thétis une inspiration digne de lui.

Achille, toujours plein de son désespoir, était couché dans la poussière; il se lève : Minerve le couvre de l'immortelle égide, et le couronne d'un nuage d'or au haut duquel s'allume une flamme étincelante... Il s'avance hors de la muraille jusqu'aux bords du fossé, mais sans se mêler aux Grecs, par respect pour les ordres d'une mère. Là, debout, il pousse un cri que Minerve accompagne d'un bruit terrible. Aussitôt un tumulte immense règne parmi les Troyens. Telle qu'on entend éclater les sons perçants de la trompette lorsque des ennemis environnent une ville qu'ils vont détruire, ainsi résonne la voix d'Eacide. Au bruit de cette voix d'airain, tous les cœurs sont saisis d'effroi; les superbes coursiers font rebrousser les chars en arrière, tant ils ont le pressentiment d'un désastre! les écuyers se sentent frappés de consternation à la vue de la flamme allumée par Minerve sur la tête du fils de Pelée. Trois fois, aux bords du fossé, le héros pousse un cri déchirant; trois fois les Troyens et leurs généreux alliés reculent dispersés par la terreur. Là, périrent sur leur char, et percés de leurs propres armes, douze des plus illustres combattants de l'armée troyenne. Les Grecs, pleins d'enthousiasme, ont enlevé Patrocle hors de la portée du trait; ils le déposent sur un lit funèbre qu'environnent ses compagnons d'armes.

Que sont devenus Teucer, Ajax, Diomède, Agamemnon, Énée, Sarpédon, Polydamas et le grand Hector lui-même? Achille, en paraissant, les a tous effacés.

Mais, content d'avoir sauvé l'armée des Grecs et la dépouille de Patrocle par un seul cri d'Achille, le génie conseille à Homère de mettre un intervalle entre ce prodige et ceux qui doivent le couronner : il sait que les choses sublimes ont quelque chose d'accablant pour notre faiblesse; il la ménage en accordant une trêve à notre admiration. Pendant ce moment de repos, Achille reste à la même hauteur, parce que notre imagination frappée l'y soutient, et qu'elle voit deux grandes divinités occupées de lui préparer des armes, honneur qu'Hercule ni Thésée n'ont obtenu du roi de l'Olympe, auteur de leur naissance.

Le héros reparaît un moment dans tout son éclat, lorsqu'il reçoit les merveilleuses armes, nouvel ouvrage de Vulcain. Au son terrible qu'elles rendent, l'effroi saisit les Thessaliens; ils n'osent arrêter sur elles leurs yeux éblouis, et reculent quelques pas. Achille les a vues, et déjà la colère l'enflamme; sous l'ombrage de ses sourcils, ses yeux lancent de redoutables éclairs; il touche avec transport le présent de Vulcain. Mais, par un admirable mouvement, l'homme prend tout à coup la place du guerrier menaçant; et une tendre sollicitude sur le corps de Patrocle, qui va rester exposé aux injures de l'air, en l'absence de son ami, nous révèle qu'un cœur sensible bat sous l'airain dont il est couvert. Entre toutes ces transitions de pensée, qui sont si belles lorsque le poëte les a puisées dans l'étude du cœur humain, dans le sentiment des forces de notre attention, dans le secret de nos émotions, et dans les besoins comme dans la mesure de notre sensibilité, je ne connais rien de plus achevé que ce passage d'Homère.

Quelle scène s'ouvre devant nous! Achille convoque les Grecs. Tous les guerriers arrivent en foule, même les pilotes, les rameurs, les économes, et jusqu'aux distributeurs des vivres; ils courent à l'assemblée, impatiens de voir Achille, qui depuis si long-temps avait disparu des combats. Faibles encore, deux favoris de Mars, le courageux Diomède et le divin Ulysse, s'avancent, soutenus de leurs lances, à cause de leurs profondes blessures; ils prennent la première place au conseil. Agamemnon paraît le dernier; ce prince souffrait encore de la plaie que lui avait faite dans un combat acharné la flèche de Coon, fils d'Anténor. Achille, en voyant tous ces chefs mutilés, peut se dire : «Voilà mon ouvrage!» Mais la mort de Patrocle était une leçon bien plus terrible; elle avait dessillé ses yeux, éveillé sa raison et ressuscité sa vertu. Il vient devant le peuple entier abjurer sa haine et se réconcilier avec Agamemnon. La franchise et la bonne foi, la générosité, la piété pour les morts, un deuil religieux de la perte de Patrocle, et l'amour de la gloire, éclatent dans toutes les paroles du héros; celles qu'il adresse aux restes sacrés du mort sont une hymne à l'amitié. Ses accents arrachent des larmes à tous les Grecs et à Jupiter lui-même. Ce dieu, touché du refus qu'il fait de prendre aucun aliment avant d'avoir vengé Patrocle, charge Pallas de faire couler le nectar et l'ambroisie dans le sein du fils de Thétis, pour que la cruelle faim ne fasse pas fléchir ses genoux dans la carrière.

Achille va partir. Automédon s'élance sur le char; Achille y monte, prêt à combattre, resplendissant de l'éclat de ses armes, et semblable à l'astre de la lumière.

Mais, transporté de douleur et de rage par la mort de son ami, il renverserait la ville de Neptune avant l'arrêt des destinées; telle est la crainte de Jupiter, qui permet aux dieux de descendre sur-le-champ, et de balancer ce héros: nouvelle fiction qui concourt au but secret du poëte. L'Olympe entier fond sur la plaine; la Discorde suit les pas des dieux, et répand au loin ses fureurs. Minerve pousse des cris belliqueux, tantôt hors du rempart des Grecs, tantôt sur le rivage retentissant; Mars, tel qu'un noir tourbillon, fait entendre sa voix menaçante. La foudre du père des dieux et des hommes résonne avec un bruit épouvantable au-dessus de la tempête qui va s'élever. Le maître du trident ébranle la terre immense jusqu'aux plus hautes montagnes; on sent tressaillir les sommets du mont Ida, la ville des Troyens et la flotte des Grecs. Le roi des ombres, Pluton, frappé de terreur, s'élance de son trône: il pousse un cri déchirant; il tremble que Neptune n'entrouvre la terre ébranlée, et ne découvre aux regards des hommes et des dieux du ciel ces demeures désolées dont les immortels eux-mêmes ont horreur.

Tels sont les nouveaux prodiges qui annoncent la présence d'Achille: les dieux vont combattre avec ou contre lui, la terre tremble sous ses pas, le ciel tonne sur sa tête, et Jupiter le regarde. Il s'élance dans la mêlée, brûlant de rencontrer Hector et de rassasier de son sang la cruelle soif du dieu Mars. Ses exploits ne justifient pas d'abord un si grand appareil : Énée, qui lui échappe par un prodige après quelques nobles efforts, n'est pas un adversaire digne d'un héros. Cependant Achille excite les siens en jurant de se faire jour dans la profondeur des rangs de l'armée troyenne, et s'abandonne à sa colère ; elle redouble à l'aspect du panache d'Hector. « Le voilà ! s'écrie-t-il, celui qui m'a percé jusqu'au fond de l'âme, en tuant mon ami le plus cher ! Il n'est plus temps de nous fuir dans les sentiers de Mars : approche, cruel, et viens recevoir la mort. » Le combat commence : Hector va périr sous la lance d'Achille ; Apollon l'environne d'un nuage. Trompé deux fois dans sa vengeance, Achille étincelle de rage ; il promet d'immoler tous les Troyens qu'il pourra surprendre. Promesse trop cruellement gardée ! l'essieu, les roues, le haut de son char, sont rougis du sang dont il inonde la plaine. Pressés par une ardente poursuite, les Troyens se jettent dans les eaux du Xanthe. Il s'y précipite pour les frapper ; il en sort pour poursuivre ceux qui lui échappent. Tout accès à la clémence est fermé dans ce cœur d'airain : vainement le jeune Lycaon, fils de Priam, demande la vie ; Achille répond à cet infortuné par des paroles plus cruelles que la mort que le glaive lui donne. Inexorable pour les hommes, presque impie envers les dieux, le fils de Thétis insulte au fleuve sacré du Xanthe indigné du carnage dont un mortel a souillé ses ondes. En vain le fleuve fait entendre la voix de la pitié pour tant de victimes immolées en un jour ; l'implacable Achille a juré d'exterminer le peuple d'Hector ; il poursuit le cours de ses vengeances.

Tout à coup, ô retour terrible de la fortune ! ô renversement de l'orgueil humain ! ô juste punition de tant d'outrages à l'humanité ! ô leçon terrible pour les furieux qui versent à plaisir le sang de leurs semblables ! Le Xanthe soulève ses ondes vengeresses. Achille combat avec audace un ennemi divin ; il fait des prodiges de courage. Mais enfin nous entendons le meurtrier du tendre Lycaon élever du fond des eaux une voix suppliante vers l'Olympe : le victorieux, le superbe, l'inexorable Achille demande à Jupiter de ne pas subir une mort sans gloire, comme un jeune pâtre surpris par un torrent orageux qui l'engloutit à jamais !

Achille sort de ce péril, grâce au secours de Neptune et de Pallas. Le Scamandre redouble de fureur, le héros, de constance ; mais le Simoïs unit ses efforts à ceux de son frère ; leurs ondes troublées, furieuses, couvertes d'écumes, de sang et de cadavres, s'élèvent et tombent sur Achille avec un effrayant murmure. A la prière de Junon, effrayée d'un si grand péril pour le héros, Vulcain répand sur la plaine ses feux dévorants. Les deux fleuves, vaincus par un dieu plus puissant, abandonnent les Troyens à la colère des Grecs. La paix semble renaître un moment dans la plaine de Troie. Alors la Discorde exerce sa rage entre les dieux descendus de l'Olympe : Neptune provoque Apollon ; l'épouse de Jupiter punit l'audace de Diane ; Minerve et Mars combattent avec fureur; Achille seul paraît plus terrible que les immortels. L'armée troyenne recule en désordre devant le héros; Ilion, son monarque et son peuple tremblent devant lui. La dernière heure des Phrygiens serait arrivée, si Apollon ne venait les secourir. Malgré l'épouvante générale, malgré les avis de Priam et les larmes d'Hécube, Hector veut rester hors des murs; il veut vaincre ou mourir. Achille survient; à la démarche formidable du vainqueur, à la flamme des éclairs que lancent les armes divines, Hector, troublé comme si quelque divinité funeste paraissait à ses regards, éprouve une terreur subite et jusqu'alors inconnue à son âme: il recule, il abandonne les portes; il fuit même. Toutefois c'est le brave qui cède un moment à l'ascendant d'un plus brave encore : nous le verrons s'arrêter pour combattre, et sans doute une lutte terrible va s'élever entre les deux rivaux. Déjà Hector a évité la lance terrible de son rival; déjà il fait voler avec force contre lui un trait rapide et sûr. Cependant, déçu dans son attente, il demande un javelot à Déiphobe son frère; mais Pallas, cachée sous les traits de ce guerrier, a trompé Hector. Seul et sans secours, il se sent abandonné par les dieux; il ne voit autour de lui que la mort et Achille semblable à l'un de ces géants de gloire et de génie devant lesquels la terre garde le silence de l'effroi. Tant de sinistres présages n'accablent pas le courage d'Hector; presque sous la main des cruelles destinées, il tente un généreux effort, et rêve encore les récompenses de la gloire en levant avec violence son épée contre Achille. Il n'y a qu'un moment, le fils de Thétis était près de périr dans les eaux du Xanthe comme un pâtre obscur; maintenant, voilà le fils de Priam en face d'Achille, comme nous verrons son père sous le glaive de Pyrrhus! Tels sont les hasards de ce grand jeu de la fortune qu'on appelle la guerre! Ainsi les plus grandes destinées peuvent aboutir tout à coup à une fin misérable! Achille triomphe; Hector tombe: victime offerte à Patrocle, c'est Patrocle qui le tue par la main d'Achille. Achille immolant Hector presque sans défense, insultant à un noble rival, refusant la sépulture à un guerrier vaillant et religieux qu'il honorait, outrageant le cadavre sacré d'un héros, est l'Oreste de l'amitié.

Le fils de Thétis, tout couvert des ses armes, revient avec ses chers Thessaliens honorer les mânes de Patrocle et lui présenter les dépouilles d'Hector; on l'entraîne au festin des rois; mais s'il y assiste par déférence, il ne veut pas essuyer le sang et la poussière du combat avant d'avoir déposé son ami dans la tombe. La nuit vient: Achille étendu sur la terre, au bord des ondes qui baignent le rivage, mêle ses gémissements à ceux de ses guerriers. Rien de plus touchant que sa tristesse en rendant les honneurs suprêmes à son ami; de plus tendre que les dernières paroles qu'il prononce sur la victime. « Renfermons, dit-il, ces restes précieux dans une urne d'or jusqu'à ce que je sois caché moi-même aux royaumes sombres; je ne veux point aujourd'hui un grand tombeau pour Patrocle; une médiocre sépulture doit lui suffire. Vous, qui me survivrez, Grecs belliqueux, élevez un vaste monument lorsque vous me laisserez ici, en désertant ce rivage avec vos vaisseaux. » Est-ce donc là le cruel vainqueur d'Hector? Oui, c'est lui! Et voilà l'homme, assemblage inconcevable de barbarie et de pitié, de vengeance et de tendresse, de délire et de raison!

Un dernier tribut attend l'ombre de Patrocle; les jeux funèbres vont s'ouvrir. La douleur d'Achille domine sur cette grande cérémonie expiatoire, et se trahit à tout moment par des accents du cœur. Achille ne veut point combattre puisqu'il a perdu Patrocle; ses coursiers, autrefois nourris par un maître si doux, ont aussi trop de tristesse pour entrer dans la lice : image naïve et touchante que Racine a trop pompeusement imitée dans Phèdre. Mais désormais plus maître de sa douleur, Achille se montre avec toute la générosité de son caractère, avec toutes les grâces de la jeunesse, et cet amour de la justice qui en est le naïf caractère, et ce respect pour les cheveux blancs qui l'inspire comme un instinct vertueux; il sourit à l'emportement d'Antiloque dans lequel il se reconnaît lui-même; il console Eumèle par un présent, honore la sagesse de Nestor en lui offrant une coupe en mémoire de Patrocle que les Grecs ne reverront plus au milieu d'eux; il écoute, avec une sage complaisance, les louanges que le vieillard se donne avec trop de complaisance; sa sagesse ménage l'orgueil d'Ulysse et de Diomède en distribuant les mêmes éloges et les mêmes prix aux deux guerriers, comme à deux rivaux dignes d'une égale récompense. Enfin, par un dernier trait qui prouve combien son cœur est changé, il paie, avec une rare convenance, un tribut d'égards et de respect au rang et à la personne du roi des rois : dernier coup de pinceau qui sert à nous rappeler que la réconciliation d'un cœur généreux ressemble au pardon de la divinité.

Cette opposition avec les scènes précédentes est de la plus rare beauté; en retenant quelque chose de la hauteur de l'Iliade, elle émeut comme ces naïves peintures de l'Odyssée qui ont tant de charme pour les âmes tendres et simples.

Le héros est toujours occupé de son cher Patrocle : dans sa tristesse, il ne peut goûter les douceurs du sommeil; ses nuits s'écoulent dans une veille inquiète et douloureuse. Enfin il se lève, et, troublé par la douleur, porte ses pas errans le long des bords de la mer; c'est là qu'il voit toujours les premiers rayons de l'aurore s'élevant sur les flots. Bientôt un nouveau transport de fureur le saisit; il traîne indignement le corps d'Hector autour du tombeau de Patrocle. On est fâché de ce retour de férocité, mais il sert du moins à faire éclater de nouveau la pitié des dieux : ils avaient empêché le corps d'Hector d'être défiguré par la vengeance de son vainqueur; maintenant, le maître suprême de l'Olympe, après avoir loué la valeur et la piété du défenseur des Troyens, charge Thétis du soin de disposer Achille à rendre au vieux Priam le corps de son fils; Achille cède sans murmurer à la voix d'une mère et à l'ordre des dieux.

Dans la scène sublime entre Priam et lui, on

ne sait ce qu'on doit admirer le plus du père ou du héros. Les paroles du premier font tressaillir les entrailles; les paroles du second, après les pleurs que les deux rois ont versés, l'un sur Hector, l'autre sur Patrocle, respirent une philosophie courageuse, une étonnante pitié du malheur, cette mélancolie particulière à la jeunesse frappée du pressentiment de sa fin prochaine, et ce courage d'une âme forte qui ne sait pas pleurer un bien d'une aussi courte durée que la vie. Priam redemande avec les plus vives instances les restes d'Hector; à ce nom, Achille reprend un air sévère et menaçant; il rend toutefois la dépouille sacrée. Lui-même appelant ses captives, leur ordonne de laver le corps du Troyen, de le parfumer d'essences : par ses avis encore, elles ont soin d'éloigner ce spectacle des yeux de Priam, de peur qu'à l'aspect de son fils la douleur réveillée n'enflamme le courroux du vieillard et ne l'expose à la fureur d'Achille, qui pourrait immoler le père d'Hector et violer les décrets de Jupiter. Après que les captives ont exécuté ces ordres, et jeté sur Hector un manteau avec une riche tunique, Achille, le soulevant lui-même, le dépose sur un lit funèbre que ses compagnons placent sur un chariot brillant. A cette vue il pousse un profond soupir, et, appelant par son nom le guerrier qu'il avait tant aimé : « Ne t'irrite pas contre moi, Patrocle, en apprenant chez les morts que j'ai rendu le corps du noble Hector à son père; il m'a offert des dons qui ne sont pas indignes de nous, et je veux t'en offrir ta juste part. »

Après ces paroles, Achille rentre dans sa tente; il

adresse à Priam la plus sage, la plus tendre des consolations, et lui donne le repas de l'hospitalité. Priam, l'œil attaché sur Achille, ne cesse point d'admirer son air noble, sa taille majestueuse qui le rendait semblable aux immortels. Le héros contemple le fils de Dardanus avec la même surprise; charmé de la douceur vénérable de son front, il prête l'oreille aux discours pleins de sagesse du vieillard. Cette grande scène, cette savante peinture du cœur humain, se terminent par la promesse d'Achille au vieux monarque de l'Asie, de lui accorder tout le temps nécessaire aux funérailles d'Hector, et de suspendre pendant douze jours la reprise des hostilités entre les deux peuples.

Hector a cessé de vivre, Achille a déposé sa colère, Troie touche à sa ruine inévitable, l'action est arrivée au dénouement, et le drame est fini. La peinture de la ruine d'Ilion nous rappelle encore un sacrifice offert par le génie sur l'autel de la raison. Pour admettre ce magnifique épisode dans le poème, il faudrait peindre le trépas d'Achille; il faudrait montrer le superbe vainqueur d'Hector caché dans l'ombre d'un tombeau comme sa victime. Grâce à une combinaison de génie, Homère laisse devant nos yeux Achille dans l'éclat de sa gloire, et debout en face de Troie, veuve du grand Hector.

Si cette rapide analyse est encore insuffisante pour prouver ou l'attention d'Homère à renfermer l'Iliade dans les bornes du sujet, ou son habileté à tracer et à soutenir des caractères en les opposant les uns aux autres dans le mouvement des passions, peut-être trouvera-t-on plus loin des réflexions qui acheveront d'établir la supériorité d'Homère dans ces deux grandes parties de la composition épique.

La nature a fait Homère; Homère et la nature ont fait Virgile: élevé dans le culte de ce grand poëte, nourri de la sève de son génie, rempli d'admiration pour ses chefs-d'œuvre qu'il avait étudiés dans Athènes, le sanctuaire des Muses, il s'était senti tourmenté de bonne heure de ce besoin d'imitation qui tient à l'amour de la gloire, à la puissance des grandes impressions, à la faculté de les conserver dans son âme, à l'art de les féconder par le talent, et à la conscience intime et secrète de quelques supériorités particulières qui manquent au modèle. Les églogues et les géorgiques portent également la vive empreinte des souvenirs de la guerre civile; mais à l'époque où l'Enéide fut conçue, la paix régnait partout, et Rome commandait à l'univers. Au comble de la gloire, elle avait cueilli les palmes de l'éloquence: celles de l'épopée lui manquaient encore. Virgile vit éclater la secrète jalousie de son siècle; il entendit Tucca, Pollion, Varius, Mécène, et Auguste lui-même, demander un rival d'Homère, comme on avait un rival de Démosthène; il fut saisi du désir de devenir l'Homère des latins en donnant un poëme national aux vainqueurs de la Grèce. Un jour cette noble émulation, qui ne le quittait plus, excite, enflamme son enthousiasme, et le jette dans une longue suite de réflexions, entre lesquelles il s'arrête enfin à quelques idées principales.

CONSIDERATIONS

Quel est le fondement du plus grand des deux poëmes d'Homère ? La ruine de l'empire d'Asie détruit par la juste vengeance de la Grèce, ardente à punir un attentat contre l'hymen et l'hospitalité ? Cependant Troie n'a pas péri tout entière. On dit que nous descendons des débris de son peuple venu en Italie avec ses dieux. Relevons Ilion de ses cendres ; faisons le renaître sous de meilleurs auspices. Rattachons à l'antiquité de Troie la naissance de la race de Romulus et la fondation de la ville éternelle ; aussi bien le respect des Romains pour la patrie d'Hector, qu'ils regardent comme leur berceau, fait partie de la religion des Romains. Mais le héros de mon poëme ? La tradition parle et m'autorise. Énée a conduit nos ancêtres et bâti une nouvelle Troie dans le Latium ; je choisirai le fils d'Anchise ; il a long-temps erré sur la terre et sur les mers ; je pourrai lui donner les adversités, la patience d'Ulysse ; il sera le héros du malheur pour mériter de devenir le favori des dieux. Ainsi mon poëme s'embellira d'abord des fictions de l'Odyssée ; mais il faut plus qu'Ulysse pour remplir une autre Iliade ; le descendant de Vénus a-t-il assez de grandeur et de renommée pour présider à une action épique. Quel rôle joue cet allié du vieux monarque de l'Asie ? Quel appui prête-t-il au peuple troyen ? Interrogeons Homère et les autres poëtes ses successeurs.

Fils d'Anchise et de Vénus, élevé par des nymphes, ami et compagnon de Pâris à la cour de Ménélas [1],

---

[1] Hymne d'Homère.

Enée devait commander un jour au peuple troyen. Son père régnait à Dardanie, cité voisine de Troie; un traité unissait les deux princes avec Priam; ils étaient accourus pour le secourir contre les Grecs.

Enée paraît d'abord avec ses guerriers à côté d'Hector qui commande l'armée troyenne [1]. Dans le cours de l'action, on le voit courir au devant de Diomède pour venger Pandarus, immolé par le fils de Tydée; audace inutile! la victoire ne couronne pas ses efforts; Vénus le soustrait à une mort inévitable. Cependant le ciel honore la piété d'Enée: Diane et Latone guérissent ses blessures; il revient au combat avec fureur, renverse plusieurs Grecs, et, quoique intrépide, il cède à la nécessité en reculant devant Ménélas et Antiloque. Le dieu Mars lui-même rend un éclatant hommage au prince troyen! « Un guerrier, dit-il, que nous honorions autant que le grand Hector, Enée, fils du magnanime Anchise, est étendu dans la poussière; hâtons-nous de retirer de la mêlée ce valeureux compagnon de nos exploits [2]. » Plus loin, le devin Hélénus s'adresse à son frère Hector et au fils d'Anchise, comme aux deux sauveurs d'Ilion [3]. Docile aux avis ou aux ordres d'Hélénus, Hector entre dans Troie pour engager sa mère à présenter une offrande à Minerve, mais il laisse Enée à la tête des troupes, sans doute parce que sa confiance se

---

[1] Iliade, chant II.
[2] Iliade, chant V.
[3] Iliade, livre VI.

repose avec sécurité sur un guerrier digne de commander après lui [1]. Pendant cinq chants, nous n'entendons plus parler d'Enée; il reparaît enfin lorsque le fils de Priam s'apprête à foudroyer les Grecs qui s'avancent contre lui [2]. Le poëte ne nomme point le prince de Dardanie pendant le cours de l'action; mais dans l'attaque furieuse des Troyens contre le rempart qui défend l'armée des Grecs, nous revoyons Enée auprès d'Hector; il est dans la mêlée *principibus permixtus Achivis* [3]. Plus loin, Enée irrité contre Priam qui ne l'honorait point assez, restait oisif derrière l'armée ; averti du danger de l'époux de sa sœur, il s'élance contre les Grecs; sa seule présence fait trembler Idoménée. Ce prince, déjà fatigué par l'âge, appelle ses amis pour soutenir l'attaque impétueuse d'un guerrier plus jeune que lui, et qui se signale par de nombreux exploits [4]. Enée est de nouveau absent du théâtre de la guerre : des reproches divins l'y ramènent pour justifier l'attente et seconder la fureur d'Hector. Dans l'horrible tumulte qui s'élève autour du corps de Patrocle, il contribue au triomphe des Troyens. Enée nous apparaît une dernière fois; un combat terrible s'apprête entre Achille et lui, mais l'issue du grand appareil déployé par le poëte, est une nouvelle défaite du prince

---

[1] Iliade, chant VI.
[2] Iliade, chant XI.
[3] Iliade, chant XII.
[4] Iliade, chant XIII.

troyen; Neptune le dérobe à la fureur du demi-dieu qui seul de tous les Grecs peut l'immoler.

Voilà tout ce qu'Homère accorde au fils d'Anchise; ce n'est point assez sans doute pour le placer au rang de ce petit nombre de héros que Jupiter aime, et qu'une ardente vertu conduit au ciel par le chemin d'Hercule ou de Bacchus. Homère s'est évidemment borné à ébaucher une grande physionomie, dont il avait conçu le modèle. En effet les paroles d'Hélénus, les plaintes du dieu Mars, le rapprochement perpétuel avec Hector, la haute opinion du peuple troyen, la confiance du fils de Priam, la protection de l'Olympe, l'ordre que lui donne Neptune de ne pas combattre jusqu'à la mort d'Achille, ordre qui le destine évidemment à devenir le successeur d'Hector, nous ont fait sur Enée des promesses qui ne se réalisent point; le rôle qu'il joue manque des développements nécessaires à l'économie de l'action. Enée pouvait être plus grand; le frère d'armes d'Hector ne paraît point assez digne de lui.

C'est ainsi que Virgile s'entretenait avec lui-même, au moment de saisir une grande idée : il y touchait; tout à coup il s'arrête, et le nom d'Hector reste stérile encore pour son génie, comme un de ces germes qui dorment et vivent pourtant dans la pensée de l'homme jusqu'au moment qui doit les féconder. Le poëte médite sur les moyens d'élever son héros à la hauteur homérique; il travaille, il s'efforce, il tremble devant la tâche d'achever l'esquisse du maître, ou plutôt de donner des formes dignes d'elle à la pensée d'Homère.

CONSIDERATIONS

Virgile reprend la lecture de l'Iliade; il l'examine de nouveau avec cette attention forte et passionnée, avec cet esprit d'analyse, sources de tant de découvertes dans les ouvrages du génie. L'ordre et la suite de ses idées l'amènent à concentrer enfin ses regards sur Hector et sur Achille.

Le poëte trace dans son imagination le parallèle des deux rivaux. Que voit-il dans le fils de Thétis ? L'homme du Destin, un héros qui porte avec lui le triomphe ou la perte d'un peuple. Il menace, tout est dans la terreur; il se retire des combats, quel découragement suit sa retraite! Ulysse, Nestor, Agamemnon, tous les rois ont peine à retenir les soldats, qui brûlent de retourner dans leur patrie. Sans cesse le poëte ou les dieux font espérer le retour d'Achille [1] aux Grecs désespérés de l'avoir perdu. Son image brille comme un présage de gloire et de salut aux yeux des guerriers d'Argos et de Mycènes; toujours présent à leur pensée, il grandit encore dans leur désastre. Plus malheureuse que lorsqu'elle périssait sous les flèches du frère de Diane,

---

[1] Dès le second chant. Peut-être, sans cette espérance, il n'y aurait plus d'armée grecque devant Troie, c'est ce que le poëte nous fait sentir avec dessein. En outre, comme l'époque du retour d'Achille est incertaine, et comme l'éloignement du héros dure assez pour causer presque la ruine des Grecs, leurs alarmes, leur douleur et leur désespoir l'emportent même sur les promesses des dieux; et le poëte conserve ainsi à l'absence d'Achille toute la puissance d'effet qu'il a voulu lui donner.

l'armée voit dans Achille l'héritier de la colère d'Apollon ; sa pieuse terreur se tourne vers un mortel comme vers un autre dieu qui venge aussi une impardonnable offense. Plus loin, Ajax lui-même pousse le dernier cri de l'épouvante en invoquant Achille, au milieu d'une nuit de ténèbres et de carnage. Privé d'un tel secours, le Télamonien ne veut plus que mourir à la clarté des cieux. Qu'on juge de ce que doivent penser et dire les soldats, quand de semblables paroles peuvent sortir de la bouche d'Ajax, le seul des Grecs peut-être capable de porter les armes et de balancer la valeur d'Achille ! Cependant le héros, encore inexorable, sauve les Grecs jusque dans son inaction. En approchant de la flotte ennemie : « Il nous voit ! » disent les Troyens, et cette seule pensée les empêche de mettre fin à la guerre en achevant un triomphe inouï. Entre les mains de Patrocle, les armes d'Achille font presque tomber la ville de Priam ; passées au pouvoir d'Hector, elles vont porter enfin le coup mortel aux Argiens ; la Grèce périssait ; Achille pousse un cri, et maintenant c'est Ilion qui attend sa ruine dans le silence de l'épouvante !

Certes, en remarquant toutes ces preuves de l'attention d'Homère sur son héros, en réunissant par la pensée les diverses parties du rôle qu'il lui fait jouer, en voyant le divin ascendant qu'il lui donne du moment où il le ramène sur le théâtre pour être en spectacle à l'Europe et à l'Asie, on ne saurait s'empêcher de reconnaître ici l'influence d'une pensée unique et féconde, une étonnante puissance de progression. Il y a dans Homère un luxe de force et de grandeur qui confond l'imagination. De Nestor au fier Atride, de Ménélas à son frère, d'Ulysse à Diomède, de Diomède au terrible Ajax, de Patrocle à Hector, qui lutte seul contre tous ces rivaux d'héroïsme, le poëte s'élève toujours sans se lasser, et met tour à tour sur la tête de chacun d'eux la couronne de gloire. Mais enfin Hector paraît garder ce noble diadème : qui donc viendra le lui ravir? Comment, par quels exploits, par quel favori des dieux tant de grandeur sera-t-elle surpassée? Homère a répondu sans effort à ce cri de l'admiration. Au reste, il ne faut pas s'y tromper, c'est en laissant Achille dans un lointain mystérieux, c'est en le contemplant des yeux de la pensée, au fond d'une espèce de sanctuaire, comme le génie de Phidias allait contempler Jupiter dans l'Olympe, qu'Homère est parvenu au sublime de l'idéal et du vrai dans le personnage d'Achille. Examinons maintenant les cruels contrastes de ce caractère.

Il étale une grandeur au-dessus de la nature humaine; mais, sans Minerve, son glaive allait donner la mort au roi des rois, et livrer à la fureur d'Hector les Argiens menacés de tous les malheurs par la perte d'un chef qui peut seul contenir tant d'ambitions rivales; il ne veut pas prendre, même pour Briséis, les armes contre sa patrie, mais il la trahit en l'abandonnant à des calamités qu'il contemple avec un plaisir impie; il respecte les hérauts, ministres de Jupiter et des hommes, mais le désespoir de la Grèce ne peut fléchir ce cœur farouche qui semble amasser et couver sa vengeance pour l'assouvir avec barbarie. Si la mort de Patrocle le jette dans le délire de la douleur, il a causé la perte d'un héros et d'un ami ; si son repentir est sublime, c'est Patrocle et non pas la Grèce qui l'inspire ; Achille ne gémit pas sur la patrie que sa haine a réduite au désespoir, mais sur Patrocle dont il se reproche le trépas ; nous le plaignons cependant, nous partageons la tristesse de son deuil. Tout à coup il s'arrache du tombeau couvert de ses offrandes : cet ami tendre et religieux n'est plus qu'un tigre qui se baigne avec joie dans un fleuve de sang troyen ! Encore s'il eût couru à la vengeance au moment même de la chute de Patrocle ! loin qu'on puisse alléguer cette excuse, il a eu tout le temps de calmer les premiers transports de sa rage. Son cœur a été soulagé par d'abondantes larmes, sa pitié satisfaite par des tributs bien propres à consoler les mânes de Patrocle, lorsqu'il tombe dans des excès de férocité qui font frémir ! Au lieu d'inspirer presque de l'admiration pour ces prodiges de fureur, ne serait-il pas temps de les vouer à l'horreur des peuples ? Admirons toutefois l'habileté d'Homère : à peine Patrocle est-il vengé, que le vainqueur d'Hector, le meurtrier d'un cadavre, reprend un cœur d'homme dans les jeux funèbres qu'il offre à son compagnon d'armes. Touché d'entendre sans cesse le nom de Patrocle mêlé à toutes les paroles d'Achille, nous reconnaissons avec surprise en lui des qualités qui donnent à son caractère les grâces de sa personne. C'est un art bien délicat que celui qui nous a ménagé cette découverte. C'est un trait de génie que de nous le représenter une dernière fois sous une forme sublime et pourtant si différente de toutes celles dont on l'avait revêtu jusques alors. Au milieu des combats, les dieux attiraient partout notre attention; la gloire du fils de Thétis était de balancer l'effet de leur présence; il doit ses triomphes guerriers à l'Olympe et aux destins. Dans l'entrevue avec Priam, les dieux sont absents : nous ne voyons plus qu'Achille. Ici, le héros est grand par lui-même, et cependant docile aux avis de Thétis et de Jupiter, la piété ajoute un dernier lustre au triomphe de sa vertu. « O mon Homère, s'écrie Virgile, en finissant cet examen, ton Achille est la création d'un grand maître; voyons maintenant ce que tu as fait pour Hector. »

Auteur des plus sages conseils, mais fils et sujet religieux, il exécute avec dévouement les ordres de Priam, abusé par sa faiblesse pour Pâris et même pour Hélène; il sert, sans murmurer, la cause d'un père et d'un roi; c'est en sortant des combats qui le reverront bientôt, c'est encore tout couvert de la poussière du champ de bataille qu'il s'arrête aux portes Scées, pour consoler la triste Andromaque, et dépose son casque pour rassurer la frayeur de son fils. Rien de plus tendre que les caresses qu'il prodigue au jeune Astyanax, de plus héroïque que la prière qu'il adresse à Jupiter sur cet enfant. Nous admirons dans Hector un grand capitaine, le rempart des Troyens et la terreur des Grecs. On abhorre souvent Achille, on aime toujours Hector; ses vertus balancent dans l'olympe la faveur attachée à la naissance divine d'Achille. Il succombe, mais après des prodiges; tous les dieux ont pitié de la noble victime, et la protègent encore au delà du trépas. Jupiter lui-même veut que les restes sacrés du héros reçoivent la sépulture dans la terre natale. Hector, étendu sur le char paternel, rentre dans les murs de Troie, où le désespoir du peuple devient le triomphe du guerrier qui a défendu la patrie jusqu'au dernier soupir. Achille n'obtiendra pas peut-être un tribut aussi unanime de regrets, parce qu'il a fait cruellement payer son secours aux Grecs. Non seulement Hector n'est pas coupable d'un pareil crime envers les Troyens, mais encore si vous leur donnez ce guerrier pour monarque, le premier acte de son règne sera de rendre Hélène à Ménélas, et l'empire, long-temps défendu par le courage, sera sauvé par la sagesse. Cette pensée s'élève en secret dans tous les cœurs aux funérailles d'Hector, et peut-être Priam lui-même sent-il murmurer dans son cœur le reproche d'avoir ménagé la passion de Pâris, au lieu d'écouter la raison du plus grand de ses fils. Enfin, par un contraste remarquable avec l'impression qu'Achille nous laisse de lui, après avoir rendu à Priam le corps de son fils, les dernières paroles que nous entendons sur Hector sont celles d'Hélène privée désormais de son seul protecteur. « Jamais, dit-elle, je n'ai essuyé de toi une parole dure et outrageante; au contraire, quand l'un de tes frères ou l'une de tes sœurs, quand ma belle-mère Hécube (Priam fut toujours pour moi plein de tendresse) me faisaient des reproches, tu les reprenais par tes sages discours, tu tempérais leur courroux par l'exemple de ta douceur et de ton humanité ; aussi je pleure dans toute l'amertume de mon cœur ta perte et mon infortune. Hélas ! il ne me reste plus ni protecteur ni ami dans l'immense Ilion, tous vont me regarder avec horreur. » Ainsi le redoutable Hector possède la bonté de son père sans avoir sa faiblesse, et le plus vertueux des Troyens est le plus indulgent des hommes !

Une délibération de feu, une inspiration de génie, avaient enfanté le choix d'Homère ; un conseil plein de maturité, un décret de la raison, déterminent celui de Virgile. « Qu'Achille reste à jamais le dieu de la guerre, se dit-il en secret ; mais Hector est le modèle des guerriers, le héros de l'humanité ; je veux qu'il préside à mon poëme ; prêtons sa grandeur sans mélange, son courage sans cruauté, sa piété sans faiblesse, ses vertus sans tache au pieux Enée qu'Homère nous présente comme un ami des dieux, comme le digne émule d'un si vaillant capitaine. Le peuple qui a entendu dire à Térence : « Je suis homme, et rien de ce qui touche à l'homme ne m'est étranger, » m'autorise à corriger un maître que je désespère souvent d'égaler ; je deviens créateur même en imitant ; et néanmoins je devrai un tribut de reconnaissance à Homère, pour m'avoir inspiré un choix encore plus digne peut-être que le sien des suffrages de la postérité. »

Il n'y a point ici de vaine supposition, de système pareil à ceux de l'ingénieux Le Bossu et de quelques autres commentateurs sur les écrivains de l'antiquité. L'adoption d'Enée par le fils de Priam, au second livre du poëme de Virgile, l'éclat avec lequel il succède au rôle d'Hector dans le dernier jour d'Ilion, l'honneur qui lui est confié de sauver les restes d'un peuple si long-temps défendu par son illustre ami, les paroles d'Andromaque, qui demande des nouvelles d'Hector à l'héritier de sa gloire, et met sur le même rang le fils d'Anchise et le grand Hector [1], sont la preuve irrécusable du dessein de Virgile : je la trouve encore dans ce passage du sixième livre sur Misène, fils d'Eole, et qui n'eut jamais d'égal dans l'art d'exciter le courage et d'échauffer l'ardeur belliqueuse par les chants de l'airain sonore. Misène avait été le compagnon de l'illustre Hector ; également habile à manier le clairon et la lance, il marchait dans les combats à côté d'Hector, mais, après la victoire d'Achille sur un illustre rival, Misène, guidé par une inspiration héroïque, avait attaché son courage à la fortune du prince de Dardanie, et se glorifiait de suivre un modèle non moins grand que le premier. »

---

[1] Andromaque dit, en parlant du jeune Ascagne :

    Ecquid in antiquam virtutem animosque viriles
    Et pater Æneas et avunculus excitat Hector.

Les exemples d'Énée son père, et d'Hector son oncle, éveillent-ils dans cet enfant la flamme des vertus antiques et le courage des guerriers ?

L'intention du poëte devient encore plus manifeste lorsqu'on entend l'éloge d'Enée dans la réponse de Diomède aux ambassadeurs du roi Latinus : « Les dons que m'envoie votre patrie, portez-les à Enée ; nous avons été en présence les armes à la main ; nous nous sommes mesurés ensemble ; croyez-en mon expérience sur la valeur de ce prince ; je sais combien il est effrayant lorsqu'il se lève tout entier sous ses armes ; je sais avec quelle impétuosité son bras fait tourner et voler une lance! Si la patrie des peuples du mont Ida eût porté deux guerriers comme lui, les Troyens seraient entrés sans peine dans les villes d'Inachus, et la Grèce gémirait sur la rigueur des destins tournés contre elle. La résistance qui nous arrêta si long-temps devant les remparts phrygiens, toutes les lenteurs, tous les périls du siége de Troie sont dus au courage d'Hector et d'Enée; la victoire des Grecs a reculé devant ces héros pendant dix années. Tous deux étaient égaux par le courage de l'âme, tous deux également illustres par l'éclat de leurs actions guerrières, mais le dernier l'emportait par la piété sur son rival. » Virgile tenait tellement à faire de son héros un autre Hector, que, pour consacrer cette métamorphose, il a donné un démenti à la tradition d'Homère, sur la rencontre de Diomède avec Enée. Nous voyons un dernier souvenir d'Hector dans la bouche d'Enée, qui, prêt à revoler aux combats après la guérison d'une profonde blessure, invite Ascagne à suivre les exemples d'Enée son père et de son oncle Hector. Enfin, partout ce sont les compagnons d'Hector, la nation ou la race d'Hector qu'Enée, ou ses premiers lieutenants, conduisent aux combats¹, tant Virgile avait envie de nous inculquer la croyance que le rival d'Achille revivait dans le fils d'Anchise.

La seule résolution de combattre, au nom de la morale et de la vérité, le dangereux enthousiasme qu'Homère nous inspire, malgré lui peut-être, pour un héroïsme qui s'emporte à tant de barbarie ; cette pensée philosophique d'élever au dessus de tout la vertu ardente, sublime et sans tache, de rendre à Hector le culte usurpé par Achille, devenaient ici des traits de génie. Dus aux progrès de la civilisation, qui ont pu nuire quelquefois aux compositions poétiques, ils devaient, au contraire, donner à l'Énéide un caractère à la fois antique et moderne, et une hauteur divine. Le désir d'emprunter quelque chose à Ulysse ne contrarierait pas cette heureuse idée ; en effet, le fils de Laërte se distingue par la constance et la piété, qui sont aussi des vertus d'Hector. D'ailleurs, pour s'élever jusqu'à ce grand modèle, Virgile, soutenu par les tableaux d'Homère, pouvait encore s'aider du souvenir des actions du successeur d'Hector, après la victoire d'Achille. Suivant des traditions reçues, Enée avait secondé le courage de la célèbre Penthésilée, reine des

---

¹ « Compagnons d'Hector, vous que j'ai choisis pour les miens, à l'heure dernière de Troie, voici l'instant de montrer ce courage éclatant qui vous a fait braver les Syrtes d'Afrique, les périls de la mer d'Ionie, et les rapides courants de Malée. » Telles sont les paroles de Mnesthée, l'un des chefs de l'armée troyenne. *Liv.* v.

Amazones; après avoir paru avec gloire dans les combats livrés entre les Grecs et les Troyens pour la possession du corps d'Achille, il avait blessé Ajax, fils d'Oïlée. On racontait encore ses brillants exploits au milieu de l'action où Pâris fut atteint d'un trait mortel par Philoctète, et un combat inégal, mais courageux, avec Pyrrhus. Enfin Enée pouvait dire, en parlant des travaux de la guerre de Troie : *Et quorum pars magna fui;* ce juste éloge, et les vertus qui avaient illustré la vie et la mémoire de ce prince dans les derniers jours d'Ilion, étaient autant de moyens de représenter en lui un second Hector, élevé au dessus du premier par les plus sublimes exemples de piété filiale.

Heureux le poëte s'il fût resté fidèle à l'inspiration d'Homère et au choix de la raison ! Mais le génie de Rome n'était plus au Capitole; un maître occupait la république, et ce fier sénateque le ministre de Pyrrhus prit pour une assemblée de rois, avait accordé les honneurs divins à Octave César, le plus cruel ennemi du patriciat, pendant et après la guerre civile. Poëte, étranger aux affaires, vivant avec les Muses, accoutumé à voir les choses des yeux de l'imagination, Virgile avait trop de candeur pour pénétrer le cœur profond du prédécesseur de Tibère, trop de timidité pour déchirer le voile de l'illusion générale; il la partagea sans doute. Ajoutons à toutes ces causes de déception la paix rendue à l'empire, les efforts d'Auguste pour réparer les crimes d'Octave, la puissance et la grâce des bienfaits, le plus grand des écueils pour une âme honnête et sensible. Pensons au maître du monde, plein de charme dans son accueil, de facilité dans son commerce, et demandant, comme un titre d'honneur, l'amitié d'Horace. N'oublions pas, parmi tant de motifs d'indulgence, qu'Auguste avait pour conseil et presque pour collègue à l'empire, le plus aimable des hommes, le plus sincère des courtisans, le plus courageux des amis, le plus habile des ministres, et le plus adroit des séducteurs dont une tyrannie naissante pût être entourée. Voilà comment le torrent de l'exemple entraîna le chantre d'Enée, comment il devint le prêtre du culte établi en l'honneur d'un hypocrite heureux.

Que le dieu Auguste coûte cher à la gloire de Virgile! Encore si ce dieu mortel eût rappelé quelques-unes des proportions de Jules César, si la mémoire eût retrouvé en lui une image du rival de Pompée, son génie pour la guerre, sa constance inébranlable dans les plus grands périls, son éloquence souveraine, son ascendant suprême sur les soldats, sa modération dans la guerre civile, et même au milieu de la bataille de Pharsale, sa clémence sans réserve et sans retour après la victoire, le poëte aurait pu composer avec Hector et César l'un des plus beaux caractères de l'épopée. Il n'est pas inutile de remarquer que les beautés touchantes, les sentiments tendres qui font le charme de plusieurs passages des six derniers livres de l'Énéide, que l'humanité dont le poëte a voulu orner le fils d'Anchise, n'auraient rien perdu au choix qu'il pouvait faire. En s'inspirant d'après Hector et César, il donnait à la tendresse du cœur d'Enée un mélange de force nécessaire pour empêcher la sensibilité du guerrier troyen de ressembler trop souvent à celle d'un sexe plus faible que le nôtre. Mais prêter au héros d'un poëme national des traits de ressemblance avec César, en présence de son successeur! Attirer sur un grand homme mort les regards qui doivent se fixer tous sur le prince vivant! Quelle témérité! quelle inconvenance! que diraient les flatteurs ou les familiers d'Auguste? Si le maître a pu permettre ou souffrir l'éloge de Pompée, rétablir même sa statue après l'avoir enlevée du sénat, où elle s'élevait comme un dangereux souvenir pour l'héritier du dictateur, les confidents de la pensée intime savent que, pour flatter les vœux du prince, il faut faire César plus petit et Auguste plus grand que nature. Par attachement pour un poëte plein de vertus modestes, par respect pour un nom immortel, je voudrais pouvoir dissimuler que tous les ouvrages de Virgile attestent sa soumission à cette tyrannie de la volonté secrète d'un maître et des intérêts de sa politique. Consultons Virgile, nous verrons partout la preuve qu'il a senti l'impossibilité de célébrer l'une des plus grandes renommées du monde, sans faire pâlir son éclat devant l'astre d'Auguste.

L'invocation des Géorgiques finit par l'idée bizarre de déplacer des constellations pour Auguste, et même de détrôner en sa faveur Jupiter ou Neptune, flatterie aussi dépourvue de sens que de pudeur. Dans le célèbre épisode du premier chant de ce poëme, après un tribut de regrets, accordé en trois beaux vers à César, après une magnifique description qui est

PRÉLIMINAIRES.　　　lxvij

peut-être un artifice pour se dispenser d'un éloge difficile et du tableau de la douleur du peuple romain à la mort de son bienfaiteur [1], nous voyons Auguste imploré comme le seul appui d'un âge de malheur, comme un dieu que le ciel redemande à la terre. Dans un autre livre le poëte salue l'Italie, mère des héros, l'Italie qui a porté dans son sein les Décius, les Camilles, les Marius, les infatigables Scipions, et César Auguste, le plus grand des Romains [2]! Plus loin, le poëte, enorgueilli d'avoir le premier cueilli les palmes d'Idumée, promet un temple de marbre à Auguste qui en sera le dieu [3]. Au début de l'Enéide, Virgile consent à célébrer la gloire et l'apothéose de Jules César; mais qu'est-ce qu'un héros, même déifié, auprès du nouveau Saturne si adroitement désigné par son adorateur qui peut-être a compté d'avance sur le plaisir que cet ingénieux parallèle causerait à Auguste? L'intention de flatter le pouvoir et d'adorer la fortune paraît encore plus marquée dans

---

[1] Cette supposition ne manquerait pas encore de vraisemblance, même quand l'Églogue de Silène serait vraiment consacrée à l'apothéose de César. Auguste permettait à l'églogue une allégorie en l'honneur du dictateur immolé par les conjurés du sénat; mais quand le dieu César et le divin Auguste étaient en présence dans un éloge direct, il voulait que le premier s'effaçât devant le second; il voulait surtout qu'au lieu de faire pleurer le peuple romain sur la mort de César, on lui fît répandre des bénédictions sur le règne d'Auguste.

[2] Livre II.

[3] Livre III.

le sixième livre, où le panégyriste semble avoir perdu toute sa pudeur native. Le dictateur, presque relégué dans son Olympe, est à peine salué par Anchise, tandis que les magnificences de la poésie éclatent dans un hymne pour Auguste, auteur d'un nouvel âge d'or, et placé au dessus d'Hercule, le libérateur de la terre, de Bacchus, le vainqueur du Gange. Dans le discours d'Anchise, c'est Auguste et non pas César que les destins promettent à Enée [1]. C'est Auguste que l'ancien roi de Dardanie propose pour exemple à son fils; mais, malgré les efforts du talent pour en relever l'éclat, une vie souillée par des forfaits, auxquels se joignit la lâcheté, ne peut devenir une vie sublime. Plaignons Virgile, dont la conscience devait être souvent troublée par les souvenirs sanglants de la guerre civile et du triumvirat. Auguste était un prince habile et non pas un grand homme, encore moins un héros. Au contraire, jamais une ombre de lâcheté ne déshonora les crimes, jamais un soupçon de faiblesse ne rabaissa les hautes vertus de César. La race des hommes qui forment une famille à part dans l'espèce humaine, réclame César. Aussi in-

---

[1] Hic vir, hic est tibi quem promitti sæpius audis,
Augustus Cesar, divi genus.

« Le voilà ce héros, le voilà celui que tu entends les oracles te promettre si souvent, cet Auguste César, le sang des dieux! »

Il sera curieux d'opposer à ces éloges, qui sont une apothéose, les deux tableaux des exploits de César, tracés par Cicéron, dans la harangue pour Marcellus, et dans celle contre Pison.

trépide et plus humain qu'Achille, aussi tendre et aussi indulgent que le vaillant Hector, aussi magnanime et plus maître de lui-même qu'Alexandre, il avait leur âme et leur génie.

Le choix d'un personnage formé du caractère d'Hector et de César, aurait conduit naturellement le poëte à donner au prince de Dardanie, leur image, des lieutenants dignes de lui, et du glorieux titre de compagnons d'Hector, qu'ils usurpent sans le mériter, dans l'Énéide. Le fils de Thétis, le fils de Priam, et le vainqueur de Pompée, souffrent, sans craindre le parallèle, des héros à côté d'eux. Mais l'Énéide semble trop souvent avoir été composée en présence et sous l'inspiration d'une cour où tout doit s'abaisser devant un seul homme. On ne voit qu'Enée parmi les Troyens, comme on ne voyait qu'Auguste à Rome et dans son palais; on dirait qu'Enée ne peut supporter aucune grande réputation militaire autour de lui, parce que Auguste avait à redouter la comparaison avec Antoine, Pollion ou Agrippa. Sans doute on ne doit pas assimiler Auguste à Domitien, recevant de nuit avec un froid embrassement, sans un seul mot, le victorieux Agricola, qui se hâte de se confondre dans la foule des esclaves. Auguste poussa la reconnaissance pour le vainqueur d'Actium jusqu'à le choisir pour gendre; mais si nous voulons avoir la preuve que la cour d'Auguste, vraiment roi sans en affecter le nom, ressemblait parfaitement à celle de Louis XIV, dans laquelle Racine et Corneille, Turenne, Condé ou Luxembourg, récompensés de leur génie ou de leur triomphe par quelques nobles paroles du maître, n'étaient plus, un moment après, que des sujets prosternés, il suffira de voir Agrippa et Auguste en présence à la bataille d'Actium. « D'un côté, dit le poëte, secondé des vents et des dieux, est Agrippa, le front levé vers le ciel, et la tête ceinte d'une couronne rostrale, ornement et marque de sa gloire; de l'autre paraît César, conduisant l'Italie aux combats avec le sénat et le peuple, les pénates de Rome et les grands dieux de l'Olympe : de ses yeux étincelants jaillissent des rayons de flamme, et l'astre paternel se lève au dessus de sa tête. » Enfin, c'est César et non pas Agrippa qui triomphe et monte au Capitole.

Voltaire, entraîné par tant d'autres idées plus importantes, et quelquefois un peu trop prompt dans ses jugements, semble vouloir justifier la faiblesse de génie ou la complaisance qui sacrifie tous les lieutenants d'Enée à l'éclat de leur chef; on pourrait s'étonner d'une telle erreur dans un tel Aristarque. Les lumières de sa raison, les exemples d'Homère et enfin le succès du Tasse, si riche en caractères, que nous voyons lutter ensemble, sans se nuire, et briller d'un si vif éclat sans effacer Renaud, qui lui-même n'éclipse pas la grandeur majestueuse et le courage sublime de Godefroi, suffisaient pour prouver à l'auteur de la Henriade que son maître, soit à dessein, soit faute d'attention, ne répondait pas ici à l'attente des lecteurs éclairés.

Je ne veux point adopter toutes les lâchetés que Dryden prête à Virgile en les préconisant; cependant je ne dois pas omettre l'une de ses assertions, qui n'est pas sans quelque fondement : « Virgile, dit le flatteur de Charles II, ayant la double intention de tracer le modèle d'un prince parfait, et d'insinuer qu'Auguste, caché sous le nom d'Enée, était ce modèle, donne à son héros les vertus d'Auguste, en les couronnant par la piété, qui les suppose et les renferme toutes : ainsi, par exemple, un homme pieux ne laissera pas mourir son roi sans le défendre. » Il est curieux sans doute d'entendre parler sérieusement des vertus d'Auguste couronnées par une piété pleine de courage et d'humanité, en présence de l'histoire qui lui reproche d'avoir abandonné aux couteaux d'Antoine et son propre tuteur, et Cicéron, qu'il appelait son père; mais on ne peut nier que le poëte romain n'ait voulu former Enée à l'image d'Auguste, en prêtant à ce dernier une perfection imaginaire. Qu'est-il arrivé? Virgile, ne se sentant plus soutenu par la vérité, n'a pas su garder la mesure et la pudeur; de là ces exagérations dans lesquelles le récit de Suétone sur les présages de la grandeur future d'Auguste, accueillis avec tant d'avidité par son ambition, répandus avec tant de soin par sa politique, ne permet plus de voir que la complaisance d'un poëte courtisan, qui flatte les faiblesses et seconde les calculs d'un maître. Obligé d'oublier l'homme dans Auguste, Virgile le fait dieu; voilà comment il justifie l'encens qu'il brûle à ses pieds. Pour sentir le pouvoir que la conscience exerce sur le talent de l'écrivain, il faut supposer Virgile ayant à célébrer Trajan ou Marc-Aurèle; alors inspiré par le sentiment d'une admiration profonde et d'un amour religieux, le sincère et magnifique éloge de ces princes au dessus de l'humanité, mais hommes pourtant, sera le plus bel ornement du poëme, et n'aura pas, comme les hyperboles de la flatterie, le défaut d'immoler le héros de l'action à une grandeur fabuleuse, qu'aucun mortel ne saurait égaler.

Après avoir essayé de montrer comment et sous quels auspices Virgile a composé son poëme, les inspirations qui ont aidé son génie, les obstacles qui ont gêné son essor, les servitudes qui ont fait violence à sa raison, il était temps de tracer l'analyse de l'Énéide ; et c'est ce que je fis dans le cours de plusieurs leçons où je m'abandonnais toujours à l'improvisation préparée.

Dans l'ordre naturel des faits, disais-je à mes auditeurs, nous nous attendons à voir d'abord la chute d'Ilion, les derniers exploits d'Enée, son départ des rivages de Troie ; ensuite viendront ses voyages sur mer, la tempête qui le jette sur les côtes d'Afrique, son arrivée à la cour de Didon, et les commencements de la passion de cette reine pour lui ; telle serait la marche de l'histoire : elle ne peut être celle du poëte qui, dans l'épopée comme dans la tragédie, doit choisir une seule action et la conduire à sa fin, sans se laisser détourner par aucune autre pensée.

Dès son début, Virgile nous fait entrer au milieu du sujet qu'il nous annonce. Après d'assez longues erreurs, Enée, sortant des ports de Sicile, se dirige vers l'Italie, lorsque Junon aperçoit les odieux

Troyens, et suscite une tempête pour les écarter des champs qui leur sont promis, *fatalibus arvis*. Voilà le héros en présence d'un redoutable ennemi, en face de dangers dont la grandeur doit servir de mesure à sa constance. Que fait-il ? Nous le voyons trembler comme une femme dont les genoux faiblissent ; nous l'entendons gémir ; les bras étendus vers le Ciel, il regrette de n'être pas mort de la main de Diomède, sur les rives du Scamandre ! Au sortir des ruines fumantes d'Ilion, la terreur d'Enée, en paraissant démentir tout à coup un courage sublime, nous causerait une surprise défavorable ; combien la réflexion ne doit-elle pas accroître cette fâcheuse impression ? Le successeur d'Hector est depuis long-temps exposé à la haine de la vindicative déesse ; il a épuisé dans ses voyages tous les périls de la terre et des mers [1] : nous ne pouvons pardonner l'épouvante qu'il laisse éclater ni à son caractère, ni à son expérience. Certes, Hector ne serait pas tombé dans une telle faiblesse devant l'armée Troyenne ; certes, il y a loin de l'attitude du fils d'Anchise à l'intrépidité de César, tranquille dans une simple barque, au milieu de la nuit, sur une mer furieuse, et ne permettant au pilote de céder à la tempête qu'au moment où ils allaient tous deux être engloutis. Ulysse est moins grand qu'eux ; cependant au

---

[1] Enée fait la censure de ses compagnons et de lui-même :

Terræque marisque
Omnibus exhaustos casibus.

sortir des bras de Calypso et des délices de la volupté, il se montre bien plus intrépide qu'Enée dans un péril semblable et plus éminent. Loin de penser à sauver sa flotte et lui-même, le fils d'Anchise semble accablé par les dangers dont sa faiblesse détourne sa vue, de même, qu'au récit d'Antoine, Auguste n'avait pu regarder en face et d'un œil fixe la bataille d'Actium. Neptune sauve les Phrygiens par hasard, sans penser à eux ; il ne paraît pas les apercevoir, même après avoir rendu le calme à son empire. On aborde en Afrique ; Enée court à la chasse, il en rapporte une proie abondante pour nourrir les Troyens, qu'il s'applique à consoler et à relever par ses paroles [1]. C'est ici qu'un souvenir des harangues enflammées d'Hector, qu'aucun revers ne peut abattre, ou de l'éloquence de César, toujours supérieur à la fortune, aurait mieux inspiré

---

[1] Dans son discours, Énée semble accuser encore sa conduite pendant la tempête :

> O socii (neque enim ignari sumus ante malorum)
> O passi graviora, dabit deus his quoque finem.
> Vos et Scyllæam rabiem penitusque sonantes
> Accestis scopulos : vos et cyclopea saxa
> Experti.

« O mes compagnons de malheur, car nous avons appris ensemble à le connaître ! ô guerriers qui avez souffert jadis de plus grandes infortunes, croyez qu'un dieu donnera aussi un terme à celle que nous venons d'éprouver ! Vous avez affronté la rage de Scylla et ses rochers retentissants, vous avez reconnu les dangers de l'île des Cyclopes, hérissée de rochers, etc. »

Virgile. Loin d'être propre à enfanter des héros, le discours d'Enée ne respire pas même une profonde confiance dans le Ciel, premier caractère de la piété dans une âme forte, et même dans une âme tendre. Aucune puissance humaine ou divine n'eût été capable d'ébranler la croyance du sceptique César à la fatalité de sa gloire; le religieux Enée doute des promesses de Jupiter : toutes ces faiblesses motivent la surprise que nous causent les magnifiques prédictions du dieu sur le fils d'Anchise; pour y ajouter foi nous aurions besoin de nous rappeler les anciens travaux du prince troyen que nous ne connaissons pas encore. Dans le reste du chant, le magnanime Enée répand quelques nobles larmes sur les malheurs de sa patrie, reçoit l'hospitalité de Didon, inspire une ardente passion à cette reine d'abord séduite par l'éclat suprême dont Vénus a soin de revêtir son fils, et encore attaquée par l'Amour lui-même qui s'insinue auprès d'elle sous les traits du jeune Ascagne. Il faut convenir que Junon, Eole, les Vents, la Mer, Neptune, Vénus, le maître des Dieux et Mercure font bien du fracas autour d'un homme peu digne en apparence de tant de haine, de colère et d'intérêt. Achille, Hector, Ulysse, Godefroi et Télémaque sont la critique la plus sévère du début d'Enée dans sa nouvelle carrière héroïque. On dira peut-être que Jupiter protège en lui le fondateur de Rome? raison de plus pour que le favori de l'Olympe ne fléchisse pas sous le poids de ses destinées : leur grandeur fait ressortir sa faiblesse. Au contraire, comme les Romains ont tenu toutes les espérances que le dieu nous a données de leur vertu et de leur génie, le tableau de la puissance de la rivale de Carthage forme une admirable opposition avec les faibles débris du peuple troyen dont cette reine du monde doit tirer son origine.

Au second chant, quoique la conduite d'Enée nous laisse beaucoup à désirer; quoique son courage n'ait rien d'assez héroïque dans les combats, et surtout en face des dangers de l'auguste famille réunie auprès de l'autel de Jupiter Hercéen; quoique Virgile n'ait pas osé commettre avec Pyrrhus celui qui avait fui deux fois devant Achille; quoique l'adresse du poëte ne puisse nous empêcher de sentir que le fils de Priam n'aurait pas laissé impunément égorger sous ses yeux son père et son roi[1]; cependant l'adoption d'Enée par Hector, l'une des plus judicieuses créations de Virgile, la mission auguste qui lui est confiée, l'héroïsme de la piété filiale, l'élèvent au plus haut rang par d'autres moyens que ceux d'Homère; ils lui donnent un caractère de guerrier, de roi et de pontife qui, mêlé à ses vertus d'homme, en fait un personnage vraiment digne de l'épopée.

Là, brille cette admirable idée dont j'ai parlé plus

---

[1] Ce n'est pas sans dessein que Virgile a mis ces paroles dans la bouche d'Hector parlant à Énée : *Sat patriæ Priamoque datum,*, « Tu as fait assez pour la patrie et pour Priam; » mais cette habile excuse ne saurait nous tromper, et l'art le plus ingénieux ne peut imposer silence aux murmures de notre conscience, qui devient sévère pour Enée, précisément parce qu'il succède à Hector.

haut comme d'une inspiration du génie. La place que le poëte lui a choisie est un savant artifice qui a le double avantage d'effacer les fâcheuses impressions que nous avions reçues, de mettre le personnage d'Enée au niveau des promesses du destin, et de servir d'aliment à la passion allumée par l'Amour lui-même dans le cœur de la reine de Carthage. On ne saurait trop admirer l'art prodigieux qui a pu réunir dans un chant semblable à une vaste tragédie tant de scènes différentes, et les terminer par un dénouement si magnifique. Cependant Homère, dont la sage sévérité avait pu s'interdire une peinture sublime, mais propre à détruire l'unité d'action de l'Iliade, était aussi trop judicieux pour placer un tel prodige au commencement d'un poëme. Son génie s'est joué de la difficulté d'élever Achille au dessus d'Hector et de tous les guerriers grecs ou troyens; il aurait reculé d'effroi devant l'imprudence de s'imposer à lui-même la nécessité de soutenir, après un tel effort, la loi de progression que doit suivre dans sa marche un ouvrage bien composé. En effet, comment égaler en chaleur et en mouvement les combats désespérés d'un peuple qui lutte, à ses derniers soupirs, contre les hommes et contre les dieux? Comment faire renaître au même degré l'admiration, la terreur et la pitié? Comment ressusciter, en faveur de Troie relevée sous la protection divine, la puissance d'émotions qui s'attache à la capitale de l'Asie, ébranlée jusque dans ses fondements par le trident de Neptune, et déracinée tout entière comme un seul arbre qui, soulevé par la main puissante des dieux, retombe avec fracas sur la terre? La renaissance d'Hector, sous les traits du fils d'Anchise, suffisait pour donner la vie et la grandeur à l'épopée de Virgile[1]; la ruine d'Ilion, tableau dans lequel Homère, Sophocle, Euripide et Pisandre semblent avoir confondu leur âme avec celle de Virgile, a détruit l'intérêt général de l'Énéide.

A peine le héros, agrandi par la glorieuse adoption d'Hector, a-t-il justifié cet insigne honneur, par son courage et sa piété, qu'il nous semble tout à coup rapetissé par des aventures vulgaires, effet inévitable de la suite d'un récit dont le poëte n'a pas su choisir les aventures dans un ordre d'événements dignes du modèle qu'il venait de proposer à notre admiration. Dans cette faible image de l'Odyssée, où sont les délices de l'île de Calypso, le naufrage d'Ulysse, la piété filiale de Télémaque, l'hospitalité de Nestor, la cour polie de Ménélas, présidée par Hélène, leur tendre amitié pour Ulysse, l'accueil du bon Alcinoüs, le naïf amour de Nausicaa? Où trouver une ombre des épreuves diverses qui font éclater la constance, le courage, la bonté, les grâces de l'imagination et du cœur dans le héros de l'Odys-

---

[1] Cette faute est si grande qu'elle nous porterait à croire au larcin, ou au plagiat dont Macrobe accuse Virgile. Jamais la pensée de tracer le tableau tout entier des derniers jours de Troie n'a pu entrer dans le premier dessein du poëte, et tout fait soupçonner que, dans Virgile, séduit par la beauté du tableau, entraîné par son talent pour l'imitation, le désir de s'enrichir d'un chef-d'œuvre aura triomphé des reproches de la raison.

sée? Le fils d'Anchise pouvait soutenir son caractère sans être aussi grand qu'à Troie; il devait au moins nous inspirer de l'intérêt et mériter nos regards; c'était là une des conditions de son rôle, et l'un des écueils de sa continuelle présence.

Au tombeau de Polydore, fils de Priam, égorgé par le roi de Thrace, le prince troyen montre encore plus son épouvante[1] que son indignation et sa pitié. Le fils d'Anchise, sans cesse épouvanté de quelque apparition, sans cesse à la merci des devins, courant d'oracles en oracles entre lesquels il flotte avec une étrange incertitude, est l'image parfaite d'Auguste imbu d'une foule de superstitions, croyant aux songes, aux bons et aux mauvais jours, à toutes les sortes de prédictions. Le grand César avait aussi ses faiblesses: il ajoutait foi aux prodiges, et adorait la fortune de même que Sylla; mais aucune crainte ne pouvait ni l'effrayer ni le retarder dans l'exécution de ses desseins. Il expliquait tous les présages en sa faveur par des mots de génie qui enflammaient les cœurs. Oracle de ses soldats, il savait encore forcer l'événement à justifier ses paroles. Énée tremble, sup-

---

[1] Ce malheureux sentiment domine partout le caractère d'Énée, nous le retrouvons trois fois dans la scène du tombeau de Polydore :

« Une froide horreur agite mes membres; mon sang glacé se coagule dans mes veines. »

« Alors, l'esprit frappé d'une terreur inquiète, je demeure immobile, mes cheveux se dressent, ma voix s'arrête et meurt. »

« A peine la première épouvante avait cessé de me troubler. »

plie, évite le danger par la fuite ; ou, inutile à lui-même et à son peuple, il attend avec inquiétude la décision du sort, ainsi qu'on le voit au moment où une peste affreuse surprend les Troyens dans les états d'Idoménée. Si Virgile a détruit tout le mérite dramatique de l'épisode des Harpies qu'il a emprunté d'Apollonius, on doit lui savoir gré d'avoir rejeté des répétitions, des longueurs, des fictions peu raisonnables d'Homère. Mais jusque dans le conte ridicule de Polyphème, le poëte grec relève le caractère d'Ulysse, tandis que Virgile, même dans les épisodes où il mérite de servir de modèle comme interprète du cœur, ne fait presque rien pour la gloire de son héros. Énée nous émeut un moment par de brûlantes inspirations de l'amour de sa patrie dont il retrouve l'image en Épire ; cependant combien Andromaque est plus Troyenne que lui ! comme elle est grande auprès de l'imprudent qui profane sa douleur en rappelant, avec l'accent du reproche, le nom d'Hector à la victime du sort qu'il trouve au pied du dieu qu'elle révère ! Telle est la beauté de l'exposition de la scène par Virgile, que la seule présence d'Andromaque auprès du tombeau d'Hector, entre deux autels, source de tant de larmes, a plus d'éloquence que la touchante apostrophe de l'Électre de Sophocle à l'urne fatale où elle croit tenir renfermées les cendres de cet Oreste, pour qui elle était à la fois une sœur et une mère. L'épisode d'Andromaque est le fruit d'un art inconnu au temps d'Homère et même à celui d'Euripide ; les deux premiers inspirateurs de Virgile ne pouvaient pas même soupçonner un tel genre de perfection. Ce mélange de constance dans l'infortune, de majesté dans l'abattement, de honte dans la vertu, de résignation à la destinée, de tendresse maternelle et conjugale, qui composent le caractère de la femme sublime, tour à tour esclave du fils d'Achille, épouse d'Hélénus, mais toujours fidèle à la mémoire d'Astyanax et au culte d'Hector, semblent appartenir aux peuples les plus avancés en civilisation parmi les modernes; et cependant ni les Français ni les Anglais peut-être, ne pardonneraient à un poëte toute la hardiesse de la donnée première de Virgile. Le rôle d'Énée à la cour d'Epire se borne à recevoir des réponses d'Hélénus, qu'il consulte encore après avoir interrogé tour à tour le trépied de Délos, les dieux Pénates et son père, oracle vivant de l'armée. Le reste du chant n'offre de remarquable que la magnifique description de l'Etna, l'épisode du Grec Achéménide accueilli sur la flotte troyenne par l'ordre d'Anchise, et le récit assez froid de la mort de ce roi à Drépane. De pareilles aventures ont bien peu d'intérêt entre le second et le quatrième livre du poëme.

Virgile a bien senti le danger du double parallèle auquel il allait donner lieu; mais tout son génie n'aurait pas suffi pour éviter cet inconvénient: le mal était dans une erreur qui le rendait incurable. Du moins, si le poëte n'a pas répandu sur les voyages d'Énée l'intérêt dont ils étaient susceptibles, ce n'est pas sans prévoyance qu'il a séparé la catastrophe d'Ilion des amours du prince troyen. L'héritier d'Hector, le ministre des choses saintes nous aurait paru un lâche, un traître et un profanateur, s'il eût passé du tombeau de Priam et des adieux de Créuse dans les bras de Didon. Le poëte pousse, à cet égard, la prévoyance aussi loin qu'elle pouvait aller, en faisant remarquer, par la reine elle-même, que la septième année s'est écoulée depuis le départ des Troyens jusqu'à leur arrivée dans son empire.

Loin de manquer d'art dans sa fiction, Virgile nous a préparés habilement à la passion de la vertueuse veuve de Sichée pour le prince troyen; l'Amour lui-même en est l'auteur et le ministre. Je développerai ailleurs les conséquences de cette idée. Le poëte agrandit son épisode, et en fait un ressort de l'action, en prêtant à deux divinités le projet de fixer les Troyens dans la nouvelle Tyr. Ce projet convient à la haine et au caractère de Junon, qui a juré de s'opposer par tous les moyens à la gloire d'un peuple qui doit détruire les Tyriens, *venturum excidio Libyæ;* il s'accorde encore mieux avec la tendresse, les alarmes, la prévoyance maternelle de Vénus, que les discours de Jupiter lui-même ne peuvent rassurer. C'est attacher à la faiblesse d'une femme la plus haute importance, que d'en faire l'instrument avec lequel cette reine des dieux, assez téméraire pour oser remuer les enfers et le ciel même, en présence de Jupiter, espère balancer le pouvoir de son époux et la volonté du Destin! Énée restera-t-il à Carthage où veulent le retenir Vénus et Junon? oubliera-t-il les ordres sacrés d'Hector? Les Troyens vont-ils cesser de porter le nom de leur patrie, et se confondre avec un peuple étranger? La grandeur romaine périra-t-elle dans son germe? Ou, s'il en est autrement, quelle puissance dénouera ce nœud de l'action? Quelle sera l'issue d'un malheureux amour? Quelle victime immolera-t-on dans le cruel sacrifice qui se prépare? Comment Énée sauvera-t-il sa gloire des conséquences de sa faiblesse et de sa fuite? Toutes ces questions qui s'élèvent d'abord dans leur esprit doivent exciter vivement la curiosité des lecteurs, et les amènent à raisonner l'admiration que va leur causer une si vive peinture.

Il est d'observation que les femmes extraordinaires mêlent d'étranges faiblesses à l'éclat de leur génie et de leurs vertus: Sémiramis, Athalie, Élisabeth, la fille de Gustave Adolphe et Catherine II en sont la preuve. Mais Didon formait une exception à cette règle: il fallait respecter en elle la femme forte, le modèle de la tendresse conjugale, du courage dans une juste vengeance, et l'exemple d'une fidélité encore plus admirable que celle de la chaste Pénélope [1]. Toutefois, on pourrait pardonner au poëte l'oubli du premier devoir de l'écrivain, en faveur des beautés que sa faute a produites, si les lois sévères de la composition n'ordonnaient ici de rejeter toute excuse. Que Virgile ait sacrifié sans scrupule une reine étrangère, je le conçois;

---

[1] Dryden, en cherchant à justifier Virgile d'avoir consenti à déshonorer Didon pour plaire à ses lecteurs, ajoute naïvement qu'il les séduisit aux dépens peut-être de la moralité de son héros, et qu'il gagna sa cause plaidée devant des juges corrompus.

mais, poète et Romain, comment a-t-il pu perdre le soin de la gloire de son héros, le premier des ancêtres de Rome? C'est le cas de s'écrier : *Quantum mutatus ab illo Hectore!* Que sont devenus le nouveau pontife, le sauveur d'un peuple, le dépositaire des destins troyens, le fondateur futur de l'empire du monde? Plus il s'éloigne d'Ilion, plus il décroît, comme une montagne devant un vaisseau qui fuit. Toute sa gloire semblait s'être effacée dans sa route. Comment le rapprocher du tendre et magnanime époux d'Andromaque? César, même aux pieds de Cléopâtre, est encore César, parce qu'il vient de vaincre à Pharsale, qu'il a versé de nobles larmes sur Pompée, qu'il soutient avec une constance inouïe la plus dangereuse des guerres dans Alexandrie, qu'il quitte la reine d'Egypte pour voler en Syrie, et ensuite en Asie où il va combattre et triompher. Ici, malgré tous les artifices de son poëte, nous trouvons Énée presque avili. On ne saurait accuser ces reproches d'injustice et de sévérité; le maître des dieux lui-même envoie son propre fils pour faire rougir Énée de sa honte. L'allocution du messager des dieux est sévère et juste ; l'héritier d'Hector paraît avoir entièrement oublié Ilion et la grandeur future de son peuple, quand un ordre suprême l'arrache tout à coup aux lâches conseils de la volupté. Fiction peu judicieuse, les amours d'Énée étaient également repoussés par l'âge, par le caractère et par les mœurs du prince troyen. Aussi, malgré la brillante métamorphose qui lui rend les traits de la jeunesse, a-t-il fallu renoncer à toute peinture de sa passion, sujet rempli d'écueils que l'on ne pouvait aborder sans danger. Énée séduit Didon sans le savoir, se laisse aimer et s'abandonne aux plaisirs sous les yeux de son peuple qui murmure sans doute, au milieu d'une nation féroce dont il déshonore la reine, non pas sans soupçon de l'avoir trompée par un faux hymen. Si Vénus et Junon concourent à cette imposture, leur participation n'excuse pas le héros qui connaissait la volonté de Jupiter. Mais, toujours incertain, il a cédé à sa faiblesse: amant sans chaleur, époux sans fidélité, quand il rompt, par l'ordre des dieux, des liens que l'Amour a consacrés, c'est sans aucun effort de l'âme. Sa fuite ne saurait l'honorer, parce qu'elle n'est point un de ces sacrifices douloureux dont le ciel qui les ordonne tient compte à la vertu. Il me semble qu'on ne peut guère concevoir de situation plus fâcheuse pour le héros d'une épopée ou d'un drame.

Nouvelle source de reproches dans les beautés même de l'épisode; aucun ouvrage des anciens parvenu jusqu'à nous, aucune création moderne jusqu'à Phèdre, n'ont égalé la sublime peinture des amours et des malheurs de Didon. Pourquoi faut-il que cette peinture, en suscitant tout à coup un intérêt contraire à l'intérêt du poëme, et assez vif pour effacer toutes les autres impressions, attache à la veuve de Sichée, à la généreuse reine de Carthage, une admiration et une pitié qui rendent Énée méprisable et presque odieux, malgré l'excuse que le poëte lui a préparée? Tel est cependant l'effet de la comparaison involontaire que nous faisons des deux personnages mis en présence l'un de l'autre dans un contraste qui tourne tout entier à l'avantage de la victime de la foi trahie. Comment le judicieux Virgile n'a-t-il pas senti que les flammes du bûcher de Didon répandent une clarté sinistre sur la flotte troyenne, qu'Enée s'embarque sous les auspices de la mort d'une femme qu'il a perdue? On ne saurait d'ailleurs écarter ici quelques rapprochements fâcheux. Dans Homère, Circé, Calypso, la naïve Nausicaa ne font point oublier Pénélope à Ulysse; le nouvel hymen des deux époux est plein de grâce et de pudeur, comme un premier amour; il est le prix des longs travaux d'Ulysse après la guerre de Troie. Grâce à la complaisance de son poëte, le pieux Énée trouve dans ses changements les mêmes facilités qu'Auguste dans ses divorces. Virgile a égaré Créuse pour qu'Enée pût se livrer à la passion de l'infortunée qui appelle leur amour un hymen commencé. Pas un souvenir de Créuse à Carthage! Usant une seconde fois du même artifice, avec assez peu de convenance et d'adresse, le poëte fait mourir Didon pour en délivrer le prince qui doit épouser Lavinie. Mais quel charme et quelle ardeur aura cette nouvelle et tardive union, auprès du tendre amour de la mère d'Ascagne, de cette épouse désolée dont les adieux ont été si touchants? quel cœur va porter à la jeune vierge, fille de Latinus, un homme déjà sur le penchant de l'âge, assez froid pour accorder à peine quelques larmes à la fin tragique d'une amante qui a sauvé les restes de Troie, et partagé son empire avec lui : *et regni demens in parte locavit?*

Les poëmes d'Homère, je le sais, n'ont pu donner à Virgile le modèle de cet épisode rempli de beautés immortelles. Malgré ses emprunts au Grec Apollonius et à Catulle, on peut dire que Virgile a créé la peinture de l'amour chez les anciens. Par un instinct de génie, ou plutôt par les vives impressions d'un cœur profondément sensible, il semble même avoir devancé les progrès de cette passion, et deviné ce qu'elle serait un jour sous l'influence d'une autre religion qui viendrait y mêler des combats terribles, des repentirs aussi déchirants que des remords, des larmes intérieures, des triomphes de la vertu, et un commerce de l'âme avec un dieu sévère, mais juste et toujours enclin au pardon. C'est ainsi que Didon a fourni des accents à Phèdre et à sa sœur, à Hermione comme à Héloïse, à Henriette d'Angleterre cachée sous les traits de Bérénice, comme à Pauline femme de Polyeucte et amante de Sévère. Il faut avouer encore que cet épisode flattait l'orgueil national des Romains par une allusion sublime à leur querelle avec Carthage, que cette création allégorique se présente à nous, défendue par l'admiration et les larmes de vingt siècles; mais malgré ces éloges que me dicte le seul amour de la vérité, je ne craindrai pas de penser et de dire que le quatrième livre du poëme me paraît une grande faute dont il est sorti un chef-d'œuvre.

Les cendres du bûcher de Didon fument encore; Énée qui les voit briller à l'horizon, sans que son cœur lui révèle la cause de cet incendie, passera-t-il du séjour de Carthage, écueil de sa vertu, aux Champs

Élysées? Ira-t-il recevoir dans le dernier séjour des grands hommes la plus noble récompense pour salaire de sa faiblesse, que Virgile n'a su ni balancer par des excuses de héros, ni racheter par une obéissance courageuse? Le bon sens s'opposait à cette inconvenance, et nous aurons un cinquième livre inutile au poëme, mais nécessaire au personnage. Ce n'est donc pas sans dessein que Virgile ramène le prince troyen au tombeau d'Anchise. Ici l'imitateur d'Homère s'expose, jusques dans ses larcins les plus heureux en apparence, à une comparaison dangereuse. Oubliant les habiles combinaisons du maître, et le mérite dramatique de la situation empruntée à l'Iliade, il substitue à des scènes déchirantes, à la sensibilité ardente, à l'amertume de la tristesse du généreux et inconsolable Achille, une fête funèbre où les larmes sont rares, où les spectateurs sont médiocrement touchés, parce que le sacrificateur et le dieu n'inspirent guère plus d'intérêt l'un que l'autre. Sans doute Enée n'a point le caractère d'Achille; la vérité des mœurs défendait de prêter ici au religieux et paisible Troyen le désespoir d'un jeune homme impuissant à modérer ses passions, *impotens sui;* d'ailleurs une année entière de regrets a dû calmer les chagrins du fils d'Anchise; toutefois sa douleur ne paraît pas assez vraie parce qu'elle manque d'éloquence. On y cherche vainement ces inspirations qui viennent de l'âme. Après avoir pleuré si amèrement sur la reine de Carthage, on n'a plus de larmes pour un vieillard que son propre fils regrette faiblement.

Quelques personnes admirent, dans le cinquième livre, un moyen adroit de jeter de la variété dans le poëme, en laissant reposer le lecteur du spectacle de la ruine de Troie, comme du tableau des souffrances morales qui conduisent Didon à la mort. Cette observation, qui s'appuie sur un fond de vérité, serait plus concluante, si Enée n'eût pas fait trop peu de choses jusqu'à son arrivée à Carthage, surtout si l'éclipse de sa gloire dans cette ville n'avait pas besoin d'être rachetée par des vertus éclatantes. Achille a vengé Patrocle et la Grèce; il a renversé Hector et fait chanceler Ilion; cependant Homère croit nécessaire de lui donner de nouveaux titres à notre admiration, et de lui concilier notre amour. Enée, pour exploit singulier, vient de causer la mort de Didon; et Virgile ne sent pas la nécessité de le relever par quelques nobles exploits, de lui faire jouer ensuite un rôle plus imposant et plus dramatique dans les jeux funèbres! Sans doute sa piété filiale et sa prière au tombeau d'un père font une heureuse diversion aux souvenirs de Carthage; sans doute la justice de ses récompenses, la grâce de sa bonté, son humanité envers le malheureux Darès, ses égards pour la vieillesse et l'hospitalité, le recommandent à nous comme prince et comme homme; mais Achille joue un rôle plus intéressant et plus dramatique dans une cérémonie pareille. Le trop indifférent Enée, qui se croit apparemment quitte envers son père, oublie même de prononcer le nom d'Anchise pendant la durée des jeux célébrés en son honneur; dans Homère, chacune des paroles d'Achille offre à

Patrocle un tribut de douleur comme à un ami, ou des hommages et des prières comme à un dieu.

Ici la fortune change : les femmes troyennes, excitées par Iris, déguisée sous la forme de Béroë, mettent le feu aux vaisseaux troyens, événement motivé sur la haine constante de Junon, et trop peu préparé peut-être. A cette nouvelle, un admirable mouvement éclate dans le jeune Ascagne; moins courageux que son fils, Enée, au désespoir, déchire d'abord ses habits ; mais son éloquente prière obtient une pluie qui éteint l'incendie et sauve la flotte. Malgré ce prodige accordé à sa piété, le Troyen oubliant l'ordre des destins, hésite à savoir s'il doit rester en Sicile, ou chercher à occuper l'Italie : il a besoin du devin Nautès pour reprendre courage et adopter un avis sensé. L'autorité de ce vieillard ne suffit pas; il faut qu'Anchise lui-même descende exprès du Ciel et vienne mettre un terme aux irrésolutions d'un cœur-timide et incertain. Grâce à ce moyen surnaturel, que la nécessité de la situation ou l'intérêt du drame ne justifient pas assez, nous retrouvons enfin le prince troyen livré à des soins dignes de lui. Il jete les fondements d'une autre Pergame, ou bâtit un temple ; il fonde aussi des autels pour Anchise, et offre des sacrifices à ces deux divinités de son cœur. Au moment du départ, sa royale bonté console les sujets qu'il est obligé d'abandonner en Sicile à la garde du généreux Aceste. Ici, une prière touchante, mais assez inutile de Vénus à Neptune, pour amener l'incident de la perte du pilote Palinure, incident qui ne fait courir aucun danger à la flotte, et ne donne au héros d'autre relief que l'occasion de prendre en main le gouvernail sur une mer paisible et sous les auspices du maître du trident.

Encore une faute sublime, c'est-à-dire encore un chef-d'œuvre que beaucoup d'adresse et d'habileté ont rattaché au fond du sujet, mais qui ne concourt assez puissamment ni à la marche de l'action, ni à la grandeur du héros. On ne sent pas pourquoi Anchise appelle son fils aux champs Elysées, puisqu'il vient de l'entretenir et de lui donner tous les conseils réclamés par les circonstances. Sans doute un prince, renommé sur la terre et dans le ciel par la crainte des dieux, n'a pas besoin que le spectacle des souffrances réservées aux pervers lui serve d'exemple. Dira-t-on que l'entrevue du héros avec son père est le prix de la piété filiale? Virgile avait évidemment cette idée en plaçant pour ainsi dire le tombeau d'Anchise sur le chemin qui conduit Enée au séjour des justes. Pour que cet artifice produisît l'effet que le poëte en attendait, il faudrait qu'Enée, toujours tourmenté du regret d'avoir perdu son père, ayant toujours le nom sacré d'Anchise à la bouche, eût invoqué sans cesse Anchise après sa mort comme un dieu tutélaire; il faudrait qu'avide de sa présence comme Ulysse de celle d'Amyclée, il nous eût souvent retracé le fils héroïque et religieux que nous avons admiré à Troie. Virgile a prévu ces objections; il en a senti la force; aussi a-t-il cherché à les prévenir avec un art qu'il faut reconnaître. Enée lui-même, dans sa prière au dieu du temple de Cumes, rappelle sans ostentation, mais avec l'accent du cœur, ce qu'il a fait pour son père ; c'est au nom de la piété filiale qu'il demande, non pas l'entrée des Champs Elysées, mais la permission de parvenir jusqu'à lui, de le contempler encore une dernière fois. La constance avec laquelle Enée envisage les périls de la nouvelle guerre de Troie révélés par la prêtresse, la hauteur de ses sentiments, les nobles comparaisons qu'il espère soutenir, la piété qu'il montre aux funérailles de Misène, son courage à franchir le redoutable seuil de l'empire de la mort, les actions de grâces de Déiphobe, auquel il a rendu les derniers devoirs, même dans la dernière nuit d'Ilion, sont autant de motifs heureux par lesquels Virgile a voulu donner de la vraisemblance à sa fiction. Elle paraîtrait irréprochable si le prince troyen était appelé aux Champs Elysées pour entendre d'importantes révélations sur l'Italie, sur les dangers qui menacent les Phrygiens, et surtout pour recevoir des leçons sur le grand art de régner. Le poëte qui prend évidemment ici la place d'Anchise par une création ingénieuse, mais dont la beauté même détruit un peu l'illusion, ne dit qu'un mot du premier objet, effleure à peine le second que la sibylle avait esquissé à grands traits, et se plaît à épuiser les richesses de sa poësie dans l'apparition de la postérité des Troyens. Nous ne saurions nous dissimuler que ce ne soit ici Virgile ou Platon qui parle; nous ne verrions qu'Anchise, si le tableau qu'on nous présente s'appliquait directement à la position actuelle et aux devoirs futurs du roi promis à l'Ausonie. Répondra-t-on que la scène offerte aux yeux d'Enée est la plus utile des leçons qu'il puisse recevoir ? Mais que pourrait-il apprendre dans un séjour où Numa et Tullus Hostilius, Brutus et les Tarquins, Camille et César, les Décius et les auteurs de la guerre civile, placés au même rang, admis au même bonheur, semblent être avec Romulus lui-même les sujets du grand Auguste ?

La descente d'Ulysse chez les morts a pour but de connaître le sort de sa famille dont il est absent depuis si long-temps, et sur laquelle il a tant versé de larmes. Le roi d'Ithaque doit encore recevoir des révélations et des conseils de Tirésias qui va lui dire à quelles conditions les dieux accorderont enfin à tant de constance la paisible possession du trône.

Si l'on mesure des regards de la pensée le chêne que Virgile a fait sortir du gland semé par Homère, on demeure confondu de cet effort de puissance; on se sent transporté d'une admiration qui devient une espèce de culte pour le poëte. Rome est là tout entière, avec le monde à venir qu'elle doit gouverner. En la voyant apparaître, nous nous rappelons malgré nous ce trait profond et sublime :

Tu regere imperio populos, romane, memento.

Trait qui sert à marquer avec tant de vérité la différence entre la puissance dont la guerre fut le génie, et une domination plus douce, qui conserve encore son influence souveraine sur les esprits, quand ses vainqueurs et ceux du monde ne peuvent plus nous faire entendre que le bruit de leur nom, et nous montrer, dans leurs plus beaux ouvrages, les reflets de la lumière qui brilla sur la Grèce.

Voltaire se prosterne devant le sixième livre de l'Énéide; mais en partageant son enthousiasme, je ne puis m'empêcher de croire que cette admirable fiction ne nuise à l'économie du poëme. Elle met hors de pair le talent de l'écrivain; elle écrase le héros et imprime un vice irréparable à l'ouvrage, comme le prouvera peut-être une dernière réflexion, qui n'a point échappé au chantre de Henri. La raison se demande ici avec inquiétude si le peintre d'Achille lui-même pourrait soutenir l'épopée virgilienne à cette hauteur. Pour triompher d'une telle difficulté, les héros troyen et grec, Hector et Achille, ne suffiraient pas; il faudrait plus que l'Iliade : *Nescio quid majus Iliade*. L'Énéide, à laquelle Properce promettait une si haute fortune, n'a pas pu justifier cette prédiction, dictée par l'enthousiasme de la jeunesse et par l'orgueil national ; comment donc les combats des Troyens et de leurs adversaires, Latinus et Amate, Turnus et Mézence, et surtout Enée et ses obscurs lieutenants ; comment le mariage de Lavinie et la fondation de la nouvelle Troie entreraient-ils en balance avec le peuple-roi, l'élite de ses grands hommes, sa rivalité avec Carthage, ses huit cents ans de vertu et de gloire, et l'empire du monde obtenu par son génie autant que par ses armes? Cette objection, qui revient pour la quatrième fois, me paraît acquérir ici une force d'évidence dont Voltaire avait été frappé. Même quand elle n'existerait pas, Enée n'aurait point assez gagné dans la fiction destinée à rehausser son caractère; il serait purgé de sa faute, mais non pas assez grand pour présider à l'action épique qui va enfin commencer. Que devient-il à nos yeux lorsque Virgile commet de nouveau l'imprudence de sacrifier son héros au dieu Auguste, comme il lui a sacrifié toute la race romaine dont les dieux eux-mêmes sont jaloux?

> Nimium vobis romana propago
> Visa potens, superi.

Homère, le Tasse, Milton, Voltaire, et surtout Lucain, le Dante et Fénélon, fournissent ici la matière d'une foule de réflexions sur la composition, la vérité des mœurs, la raison et la morale, qui doivent présider à tout ouvrage.

Voilà six chants d'épuisés sur douze; cependant nous n'avons encore que des préludes. Les dieux et les hommes nous ont promis assez imprudemment un héros; mais nous ne l'avons point encore vu; car les actions d'Enée à Troie n'appartiennent pas au poëme, et ne sont d'ailleurs que des souvenirs dangereux et presque démentis par une conduite assez vulgaire. Cependant soyons patients : la véritable action, la guerre des Troyens en Italie, va commencer, et peut-être le chef se révèlera tout entier; purifié par son voyage aux Champs Elysées, enflammé par un honneur qui le met sur le rang d'Alcide, excité par une récompense que jusqu'alors aucun mortel n'avait obtenue, peut-être surpassera-t-il toutes les renommées dont nous avons redouté le voisinage pour la sienne. Hélas ! cette bienveillante supposition n'est encore qu'une erreur. Un prodige expliqué par un devin, les oracles du dieu Faune dans Albunée, nous annoncent un grand homme; Latinus le reconnaît dans le Troyen auquel il destine sa fille Lavinie; Ilionée, que nous avons vu ambassadeur auprès de Didon, fait, en présence du roi de Laurente, un magnifique éloge de son maître; Junon le maudit et l'élève comme un audacieux qui triomphe d'une déesse, *vincor ab Ænea;* c'est l'un des malheurs d'Enée d'avoir d'imprudents amis dans le ciel et sur la terre, qui s'appliquent tellement à le vanter qu'il paraît succomber sous le poids de leurs éloges. L'explication d'une prédiction, un sacrifice, l'ambassade envoyée à Latinus, et le soin de tracer une ville en forme de camp, sont les exploits auxquels se borne le nouvel Achille, que les commentateurs et Delille lui-même se plaisent à retrouver dans le Troyen. Enée ne vole pas même au secours de son fils Ascagne, engagé tout à coup dans un péril assez grave; fait-il déjà le roi comme Auguste? Turnus, que Junon oppose au nouveau Pâris (ce sont les termes de sa colère), paraît sous d'autres auspices. Tranquille comme le courage, à l'arrivée des Troyens, s'il frissonne un moment d'horreur et d'épouvante devant Alecton et les serpents qui sifflent autour d'elle, le premier cri de sa terreur est : Mes armes! son premier mouvement de les chercher; déjà il est prêt à combattre lui seul les Troyens et les Latins eux-mêmes; dans la mêlée qui s'élève à l'occasion d'un cerf blessé par le jeune Iule, la présence du roi d'Ardée répand la terreur; ses cris allument le feu de la guerre. Bientôt nous le voyons paraître à la tête d'une armée formidable; à son aspect nous sommes près de nous écrier : Voilà le second Achille. Virgile cache sans doute à dessein le vainqueur futur; mais pourquoi ne nous montre-t-il pas l'armée troyenne? Est-elle si faible qu'elle n'ose paraître? les héros sont-ils si rares parmi les compagnons d'Hector, qu'on ne puisse les mettre en présence des guerriers de Turnus? Homère, le Tasse, Fénélon et Voltaire ne donnent pas lieu à de pareilles questions : la faiblesse des ressorts de l'Énéide ne fait que trop bien ressortir une faute assez remarquable dans sa prière à Erato. Virgile, en s'écriant : « Un plus grand ordre de choses s'élève devant moi, je vais mettre en mouvement une plus grande action, » partage, non sans quelque soupçon de maladresse, son poëme en deux parties, dont la première, malgré ses propres paroles, restera plus grande que la seconde. Quand Homère, à peine arrivé au onzième chant de sa vaste épopée, prend tout à coup un essor sublime; quand il s'élève sans cesse jusqu'à l'apparition d'Achille; lorsqu'il monte encore plus haut dans le combat du fils de Thétis avec le Xanthe et le Simoïs, il ne s'écrie pas imprudemment : *Major rerum mihi nascitur ordo*. Semblable à l'aigle qui se livre à l'ascendant de sa nature, il use de toute la force de ses ailes, sans nous dire : « Je pars, regardez-moi et mesurez mon vol. » Le poëte nous rappelle ici, par une faute qui n'est guère dans la manière antique, ce vers profond de Corneille :

Un grand destin commence, un grand destin s'achève.

Mais l'art n'offrait pas de moyens, et il était hors du pouvoir du génie lui-même de placer avec succès, dans une action épique, les deux termes de la comparaison.

Pendant le calme d'Enée, Turnus entraîne toute l'Hespérie à la guerre ; il a soufflé dans tous les cœurs son ardeur martiale. Cependant il ne néglige pas les soins de la prudence. Vénulus, envoyé par lui, est allé prévenir Diomède de l'arrivée des Troyens et des prétentions de leur chef[1]. Une allocution du Tibre à Enée endormi, mais troublé par la guerre qui s'élève, lui ordonne d'aller contracter alliance avec Évandre ; il part, sans qu'on nous montre en lui les soins et la prévoyance d'un général obligé de quitter ses légions ; cependant quelle occasion de le peindre en sage capitaine ! quelle scène tendre et sublime son départ a dû produire entre son fils et lui ! Le fleuve complaisant porte mollement et sans péril le héros à Pallantée. Sans l'assistance trop manifeste et surtout trop présente du dieu, son courage à se présenter devant un roi grec, sa noble confiance, ses discours qui ont le mérite d'une action courageuse, le placeraient dès ce moment au premier rang, car ce sont les mouvements de la grandeur d'âme qui élèvent surtout l'homme au dessus de ses semblables. On pourrait craindre que le récit de la mort de Cacus, l'éloge d'Hercule, ses exploits autrement dignes d'admiration que tous ceux d'Énée, la belle description de l'antique Italie par Évandre, et les faibles commencements de la reine du monde, ne fissent un peu trop

---

[1] Chant VIII.

oublier les Troyens et leur chef. Toutefois Vénus, inquiète sur son fils, va demander pour lui une armure à Vulcain. Pendant que les cyclopes la préparent, Evandre donne à Enée le sage et hardi conseil de se présenter à l'armée du tyran Mézence, qui, débarrassée de ce nouveau Busiris, attend, par l'avis des dieux, un chef étranger. On peut voir ici, sans nuire à Virgile, une allusion à Octave, qui seul s'empara des vingt légions commandées en personne par Lépide; mais il eût été nécessaire qu'Enée soutînt mieux la comparaison, et qu'on ne fût pas obligé de lui arracher l'audacieuse résolution par laquelle Auguste, un moment semblable à César, se créa tout à coup une puissance formidable. En effet, malgré les complimens du bon roi sur l'audace, la constance et les hautes destinées de son hôte, le prince troyen, trop porté à retomber dans ses incertitudes, et toujours semblable à un homme qui se défie de la fortune, n'osait pas trop accepter de brillantes espérances, lorsqu'un prodige promis dès long-temps par Cythérée, et le bruit des armes qu'elle envoie, réveillent le courage de son fils. Imité de deux scènes d'Homère, l'enthousiasme héroïque qui s'empare d'Enée, serait cependant digne d'admiration s'il n'éclatait pas avec une emphase et une jactance espagnoles, qu'on ne s'attend point à trouver dans l'antiquité. Ce n'est pas ainsi que s'expriment le désespoir et la fureur d'Achille prêt à chercher le meurtrier de Patrocle.

Dans la même scène, que Virgile semble avoir copiée, l'Énéide ne saurait supporter la comparaison avec l'Iliade. Homère, plus véhément, plus dramatique, est aussi plus vrai et plus judicieux. Comment le fils de Vénus, presque Dieu comme Auguste, a-t-il un si grand besoin d'un secours extraordinaire pour vaincre un mortel[1]? On ne peut adresser la même question à l'auteur de l'Iliade. Son héros est sans armes; il n'en trouverait pas, dans toute l'armée grecque, qui pussent convenir à sa force et à sa haute stature. Thétis demande à Vulcain des armes divines pour remplacer celles qu'Achille a confiées à Patrocle, et qui rendent maintenant Hector invincible. Les ornements du bouclier d'Achille n'égalent point la magnificence des choses gravées sur le bouclier d'Énée; mais là éclate encore la supériorité du bon sens d'Homère; sa description n'éclipse pas le héros du poëme. Dans Virgile au contraire, Rome et Auguste viennent occuper la place de Troie et d'Énée. Virgile prévoit ce reproche, et croit y répondre en rappelant son héros dans un seul vers qui lui a valu un grand éloge : «Virgile a ici l'art de louer les Romains, de flatter Auguste et de célébrer Énée. Le présent, le passé, l'avenir, tout est là; le sujet tout entier de l'Énéide est dans cette image pittoresque.» Cette remarque fine et juste en elle-même ne peut appartenir qu'à un homme d'esprit; mais elle accroît la faute de Virgile, au lieu de l'effacer ou même de l'affaiblir. Il suffit de regarder

---

[1] A la vérité, Turnus a reçu de son père Daunus une épée fabriquée par Vulcain, et trempée dans le Styx.

Achille en face de ses armes, pour juger à quelle distance les deux héros sont l'un de l'autre. L'absence d'Achille remplit l'Iliade entière, l'Énéide trop souvent est vide malgré la présence du fils d'Anchise.

Nous arrivons au neuvième chant, et nous y cherchons vainement le prince troyen. Nous apprenons seulement, par deux vers assez froids, la défense qu'il avait faite aux siens de sortir de son camp et de hasarder une bataille. C'est encore ici une occasion de remarquer que Virgile n'a point assez d'exactitude à reproduire la vérité des choses, à motiver les actions de manière à ce que ses récits puissent faire illusion. Le nécessaire, l'indispensable, manquent souvent chez lui; et nul doute que l'injuste sévérité avec laquelle il voulait condamner son ouvrage, ne provînt surtout de ce défaut qui n'avait pu échapper à sa raison. Dans Homère, il reste un chef illustre et des généraux célèbres à l'armée des Grecs, en l'absence d'Achille. Quand Hector quitte ses troupes, en présence de l'ennemi, il les rallie sous la conduite d'Énée, son égal en courage et en prudence. Les lieutenants de César absent, les élèves de ce grand capitaine, veillent sur les soldats qu'il a formés lui-même par de longues épreuves, remplis de son génie, et attachés à sa fortune par des soins paternels. Lorsque Godefroi ne se montre pas, l'ascendant de ses talents militaires, le respect qu'il inspire, sa vigilance tant de fois éprouvée, l'impulsion qu'il donne, font que l'armée tout entière le suit dans sa tente, et se dit : «Notre gardien, notre providence est là; il nous entend, il nous voit : c'est lui qui commande ; ses lieutenants, dignes de lui, ne font qu'exécuter ses ordres. » Ce que pense l'armée chrétienne, nous le pensons comme elle. Virgile n'a pas les mêmes moyens de justification : nous ne savons rien de la prudence d'Énée qui, dans les grandes circonstances, laisse tout faire aux dieux ; et ses généraux Sergeste et Mnesthée ne nous sont connus ni par leur ancienne gloire, ni par leurs exploits récents ?

Turnus joue ici le rôle d'Hector incendiant les vaisseaux grecs et entrant à force ouverte dans le camp ennemi ; mais il n'y trouve ni Ajax, ni Ulysse ni Diomède. Cependant, si l'attaque est violente, la résistance est courageuse. Les Troyens bravent le fer et la flamme ; ils soutiennent avec constance un assaut terrible, et sont près d'obtenir la victoire. Tout à coup les Latins, conduits par des chefs intrépides, enflammés par leur roi, qui a dans le cœur la rage d'Alecton et les furies de la guerre, redoublent d'efforts et de rage. Turnus immole tour à tour deux géants qui gardaient les portes ; peu s'en faut qu'il ne termine en un seul jour la nouvelle guerre de Troie et les destinées du peuple Phrygien. Il était au milieu de la ville inondée de carnage, lorsque Sergeste et Mnesthée, dont la prudence aurait dû accourir avant que les choses fussent presque désespérées, paraissent enfin, rallient leurs soldats, et font reculer le héros. Près d'être accablé par le nombre, Turnus se jette tout armé dans le Tibre, et rejoint ses légions.

Énée n'occupe pas les esprits et les cœurs des Troyens comme on devait s'y attendre : à peine si son nom est prononcé; il ne retentit point dans les rangs des soldats, il n'est point la première pensée des chefs; personne ne l'invoque ou ne le demande, comme la terreur des Grecs rappelle à grands cris le puissant Achille [1]. Dans l'affreuse journée qui va éclairer leur ruine, Mnesthée parle, comme par hasard, du grand Énée; il n'en fait pas un dieu terrible qui punira les lâches déserteurs de la gloire, et les vaincus qui auront trahi la patrie par leur faiblesse. Voilà les exemples d'Homère; Virgile les oublie. Le jeune Ascagne inspire de l'intérêt; mais puisque Virgile voulait flatter Auguste, pourquoi, au lieu du soin que l'on prend d'arrêter dans son essor le fils d'Enée, comme un enfant royal qui a fait assez en se montrant devant le danger, ne pas lui prêter le génie, la valeur, l'audace, et les vertus prématurées du jeune Marcellus? La gloire du héros naissant aurait du moins rejailli sur son père. Cette seule idée jetterait une couleur héroïque sur la résistance des Troyens réunis sous les ordres d'Iule, et marchant avec lui en criant: «Voilà le sang des dieux, le fils d'Enée et le neveu d'Hector!»

Les reproches trop plausibles de Junon accusant l'imprudence du prince troyen qui a laissé si long-temps son armée sans une direction suprême, la vérité des tableaux de Vénus éperdue, et les alarmes des

---

[1] Le poëte se contente de mettre dans la bouche du jeune Nisus ce faible et froid souvenir : « Le peuple et le sénat redemandent la présence d'Énée, ils veulent qu'on envoie à ce prince des messagers qui rapportent des nouvelles certaines de lui. »

Troyens assiégés sans nul espoir de salut, semblent inaugurer le dixième livre sous des auspices fâcheux pour le poëte et pour le héros : cependant il avance renforcé par l'armée de Tarchon, nouveau roi d'Etrurie, auquel il s'est confié d'après les avis d'Évandre. Virgile qui nous fait connaître, bien tard il est vrai, quelques noms fameux parmi les descendants des défenseurs d'Ilion, a réservé pour ce chant le dénombrement un peu nu des forces du chef des armées alliées contre Turnus. Enfin, précipité dans sa course par un prodige, Enée arrive aux cris de joie de son armée qui le reconnaît sous son bouclier divin. Le fougueux Turnus lance les troupes latines au milieu des efforts du débarquement ; malgré le malheur du brave Tarchon et de son vaisseau, Énée déploie un grand courage dans cette circonstance critique. De longs combats s'élèvent; Turnus brille au plus fort de la mêlée, il immole Pallas; Enée apprend ce malheur et court à la vengeance ; mais, par une fiction sans vraisemblance et contraire aux mœurs du personnage, il devient tout à coup un héros impétueux comme la flamme, un guerrier altéré de sang, un Achille inexorable qui joint à la cruauté une ironie plus affreuse encore que les barbares paroles du vengeur de Patrocle au jeune Lycaon prosterné devant lui. Cependant Turnus va succomber sous le glaive de la fureur d'Enée ; Junon l'arrache du théâtre du combat et le porte dans la ville d'Ardée. Ici du moins le poëte, fidèle à la vérité, laisse éclater le désespoir de ce jeune et vaillant prince trompé par un prestige, mais cent fois plus attaché à l'honneur qu'à la vie. Mézence succède à Turnus, et se montre non moins terrible. Enée vole au devant de lui, et le blesse avec sa lance; à la vue du sang de l'ennemi, il tire son épée pour le percer. Lausus succède à son père atteint d'une blessure profonde. Inutiles efforts de courage et de vertu ! il meurt des mains du grand Enée. La furie et la victoire d'Enée avaient besoin d'être préparées par d'immenses dangers; Virgile lui fait soutenir long-temps à lui seul tout l'orage de la guerre déchaîné sur sa tête. Enée fait plus ; il veut épargner Lausus ; il n'immole qu'à regret cette noble victime. Là reparaît le caractère religieux et tendre du héros; sa pitié éclate par des larmes généreuses et des paroles sublimes d'humanité, qui sont un démenti à la férocité d'emprunt que nous avons blâmée plus haut. Virgile retombe encore dans sa faute; le nouveau combat avec Mézence de retour sur le champ de bataille, a presque le défaut de rendre le prince troyen odieux, et le tyran de l'Etrurie digne d'intérêt. On ne conçoit pas que l'ami d'Hector insulte à un guerrier renversé sous son cheval, et que le sensible vainqueur de Lausus n'accorde pas même une réponse à ce père mourant qui demande à partager la tombe de son fils.

Après sa victoire sur Mézence[1], Enée est fier comme Hector après la défaite de Patrocle ; mais il inspire l'admiration et l'amour par ses regrets sur le jeune Pallas. Dans cette circonstance nous trouvons l'âme de Virgile douée de toute la tendresse d'Euripide, sans les

---

[1] Livre xi.

défauts qui la déparent, et avec un charme de mélancolie dont on voit peu de traces chez Homère. Les funérailles du jeune Arcadien sont aussi d'une beauté toute particulière aux créations du poëte latin. Comme Hector dans l'entrevue avec Andromaque, le héros de Virgile a une sensibilité d'homme ; il essuie tout à coup ses larmes par une pensée qui rend la force à lui-même et aux autres. C'est encore le fils de Priam dont la sagesse inspire Enée, adressant la parole aux ambassadeurs de Latinus. Hector-Enée reçoit d'eux ce bel éloge dont il est digne comme son modèle : « Que devons nous admirer le plus, de votre justice ou de vos exploits guerriers ? » Non moins généreux qu'Hector, Enée veut terminer la guerre par un combat singulier. Quel nouveau trait de ressemblance d'Enée avec le fils de Priam ! quelle preuve de la piété du peuple troyen et de son chef dans ces honneurs, que leur deuil et leur tristesse religieuse rendent aux victimes de la guerre ! Virgile a oublié Auguste ; il écrit sous l'inspiration d'Homère et de son propre génie.

Je crains bien que la raison ne rejette le discours de Diomède comme un mensonge inutilement inventé pour agrandir Enée ; la tradition, les mœurs, le caractère des personnages démentent cette fiction qui trahit une sorte de maladresse dans le poëte ; l'extrémité à laquelle les Latins sont réduits, les ouvertures pacifiques de leur roi, les conseils de Drancès font beaucoup plus judicieusement l'éloge de la valeur troyenne. C'est encore une belle et habile opposition que la harangue belliqueuse de Turnus ; elle sert à montrer dans Enée un ami de la paix, à relever les exploits de celui qu'il doit vaincre, et qui vient s'offrir au péril avec un courage vraiment magnanime. Les deux rivaux sont sous les armes; Turnus s'élançant aux combats ressemble à l'Achille de Racine qui s'est écrié:

Il faut des actions, et non pas des paroles.

Mais il joint l'habileté d'un capitaine à l'audace d'un héros. De son côté, Enée donne rendez-vous à sa troupe devant la ville de Laurente; des combats de cavalerie s'élèvent dans la plaine avec des succès balancés; enfin Camille qui commande pour Turnus, succombe, et sa mort entraîne la défaite des siens. Les Troyens poursuivent leurs ennemis sous les murs de la capitale; Turnus accourt pour la secourir, Enée le suit et l'atteint, mais la nuit les arrête. Hector et Achille, une fois qu'ils sont entrés dans la carrière, font de bien plus grandes choses que les exploits d'Enée; Ajax et Diomède, inférieurs à ces deux chefs des armées ennemies, sont aussi plus héroïques que le prince troyen et son adversaire.

Turnus, image d'Hector en ce moment, après avoir noblement résisté aux sages conseils de Latinus, aux tendres prières de la reine Amate, à la douleur pudique de Lavinie[1], veut combattre seul pour tous. Cette scène, habilement composée, relève beaucoup la victoire d'Enée sans rabaisser la gloire de son adversaire. Les deux rivaux se préparent au combat qui doit décider

---

[1] Chant XII.

la querelle ; le premier avec l'impétuosité de son caractère, et une confiance héroïque dans sa lance victorieuse ; le second avec joie, mais en excitant par dégrés la fureur que semblent allumer en lui les armes, présent de Vénus. On pourrait lui appliquer ce trait d'Horace sur Pallas : *Ægida, currus et rabiem parat.* Guerrier courageux et prince dévoué, le Troyen console encore ses compagnons et son fils Ascagne affligés des périls que leur père va courir ; il leur rappelle les promesses du Destin, mais toujours sans cet accent du cœur qui annonce une conviction profonde. Les deux partis se trouvent en présence : Turnus paraît seul sur un char, Enée s'avance couvert de ses armes divines, et suivi d'Ascagne, autre espérance de la grandeur de Rome. Sa prière entre les deux armées, par laquelle il prend les dieux à témoin du traité qui stipule les conséquences de la victoire pour l'un et l'autre peuple, est la prière de la piété, du courage et de la modération généreuse. Dire que les paroles du Troyen lui concilient les cœurs, et font paraître sa cause juste aux Rutules eux-mêmes, suffirait à la vraisemblance comme à la vérité ; mais fonder leurs pressentiments sur la démarche et la pâleur de Turnus après ses actions récentes, après l'énergie de ses réponses à Latinus au moment du combat que le jeune héros appelle de tous ses vœux, c'est trahir l'intention de le sacrifier à Enée. D'ailleurs, les alarmes de la reine des dieux et les pleurs de Juturne, sœur de Turnus, nous avaient assez préparés à craindre pour lui.

Un heureux et dramatique incident vient interrompre la cérémonie sainte, et retarder les périls du roi des Rutules, menacé par les dieux, mais toujours rempli de son audace guerrière. La chaleur Homérique règne dans les nouveaux combats qu'allume la rupture du traité. Enée, la tête nue, la main désarmée, s'élance pour arrêter le carnage au nom de la foi due à des engagements sacrés. Il ne veut de périls que pour lui, à lui seul appartient de combattre Turnus ; tout à coup une blessure le force à la retraite. Rendons justice à cette belle intention du poëte. Comme Hector en l'absence d'Achille, et semblable au dieu Mars lui-même, Turnus abandonne les rênes à son char et à sa fureur. Il y a là des peintures de l'Iliade. Enée, calme au milieu des larmes d'Iule et de la jeunesse troyenne, veut en vain arracher la lance enfoncée dans sa blessure, il demande qu'on l'ouvre avec l'acier pour en retirer le trait ennemi ; il brûle de retourner au combat ; les soins de l'art sont inutiles, et cependant l'orage de la guerre approche ; le secours de Vénus, mérité cette fois par la vertu, rend le prince à son armée. L'opposition entre Turnus et lui est adroite et savante, elle continue d'une manière admirable par les paroles qu'il adresse à son fils en l'embrassant au moment du départ :

> Disce, puer, virtutem ex me, verumque laborem,
> Fortunam ex aliis.

« Mon fils, apprends de moi le courage et les véritables travaux d'un homme, d'autres t'apprendront ce que c'est que la faveur de la fortune. »

Enée reparaît semblable à un nuage qui porte avec lui la terreur et la destruction ; il ne demande, il ne cherche, il ne poursuit que Turnus. Juturne en pâlit, et détourne habilement le char de son frère. Las de poursuivre en vain son rival à travers la poussière du champ de bataille, Enée frappe, sème la mort et l'épouvante comme un autre Achille ; de son côté, Turnus se livre à toute sa colère ; entraînées par leurs chefs, les deux armées s'ébranlent, la scène des batailles recommence, et le sang coule par torrents. Alors un avis de Vénus, que nous aimerions mieux devoir à l'expérience d'Enée, inspire à ce prince l'idée de faire une puissante diversion par l'incendie de Laurente. Pour la première fois, nous l'entendons parler avec l'autorité d'un habile capitaine qui gouverne son armée. Il ressemble vraiment à Hector au milieu des batailles ; il marche en accusant le roi des Latins, et sous les auspices des dieux, garants du traité violé par les ennemis des Troyens. L'alarme et le désordre se répandent dans Laurente ; la mort tragique de la reine Amate y accroît la terreur ; Turnus entend les cris, les hurlements des femmes et des mères ; il va voler à leur secours ; sa sœur Juturne s'efforce de le détourner ; il veut vaincre ou mourir avec sa vertu tout entière et sa gloire sans tache. Mais la ville royale est menacée de l'incendie, Amate n'est plus ; à ces fatales nouvelles, la honte, la douleur, le délire, l'amour et ses fureurs, et la conscience de son courage élèvent une tempête dans le cœur de Turnus ; un nuage de ténèbres l'environne ; enfin la lumière est rendue à l'esprit du héros ;

soudain il voit Laurente en flammes. Rien ne peut plus l'arrêter; il vole, écarte les combattants, s'avance sur le champ de bataille arrosé de sang, au milieu des sifflemens des dards, fait taire le bruit de la guerre par ses gestes, et demande à grands cris son rival. Au nom de Turnus, Enée abandonne le siége de Laurente, et se précipite. Ses armes tonnent; il paraît grand comme l'Athos ou l'Eryx, ou l'Apennin. Les deux armées s'arrêtent immobiles; les succès sont balancés d'abord entre les deux rivaux, quoique Turnus n'ait plus l'épée de Daunus; trompé par celle qui la remplace, et qui se brise contre des armes divines, il fuit en redemandant aux siens ce glaive connu de la victoire; Enée, manquant de générosité, menace d'embraser la ville si l'on prête secours à son adversaire. Deux événemens à peu près pareils et trop simétriques nous montrent bientôt les deux rivaux désarmés; un secours divin rend à l'un son épée, à l'autre sa lance.

Ici une scène dans le ciel, ordonnée par la nécessité de faire sortir Junon du drame où elle occupe une si grande place, interrompt ou paraît interrompre trop tôt le combat. La déesse abandonne son favori, nous devons trembler pour lui, et Virgile l'accable et le rabaisse encore par un prodige assez vulgaire au premier aspect, mais motivé ensuite d'une manière qui le rend véritablement redoutable, parce qu'il nous fait voir et entendre, dans l'une des furies transformée en hibou, le ministre du courroux de Jupiter. Ce prodige glace le courage du héros, et le fait ressembler à Enée, au temps où son premier mouvement était toujours un mouvement de terreur [1]. Dans le même instant, Juturne, effrayée de la présence du monstre qu'elle reconnaît, prononce, pour ainsi dire, sur son frère l'hymne de la mort, et s'éloigne en pleurant, comme Calypso, d'être immortelle. Lorsque tout délaisse ou menace le malheureux Turnus, pourquoi faut-il que le discours du sage Enée soit d'une jactance que le bon sens d'Homère n'eût jamais permise à la jeunesse d'Achille? Il insulte en fanfaron le guerrier qui est venu chercher le combat, qui n'a fui que lorsqu'il était sans armes, et pour en demander à grands cris! Aussi la réponse de Turnus paraît être la censure la plus juste et la plus amère des outrages d'Enée : « Barbare, le feu de tes paroles ne m'effraie pas; ce qui m'épouvante, ce sont les dieux et Jupiter tournés contre moi. » Cette foudroyante apostrophe est suivie d'un effort terrible, mais lorsque les forces épuisées trahissent le courage, la furie, toujours présente, achève de l'affaiblir, comme si le poëte voulait flétrir un triomphe désormais trop

---

[1] Illi membra novus solvit formidine terror,
Arrectæque horrore comæ et vox faucibus hæsit.

Si, malgré toute l'adresse de Virgile, ce prodige nous paraît toujours propre à rendre presque ridicule un guerrier comme Turnus; si l'on blâme avec raison le rôle que joue ici le maître des dieux; dans Homère, la déesse de la sagesse est bien plus répréhensible encore, lorsque, pour assurer à Achille sa victime, elle vient, sous la figure de Déiphobe, exciter Hector en lui promettant un généreux secours, et ajoute à cette indigne fourberie la lâcheté d'abandonner ce héros au moment où il appelle le faux ami qui l'a trompé.

assuré. Ainsi, abandonné de la fortune et dompté par une puissance surnaturelle, Turnus éprouve enfin quelque terreur; ce héros, si long-temps fidèle à lui-même, et presque supérieur en constance à Hector, redevient homme au moment de recevoir le coup fatal. Profondément blessé, il tombe sur ses genoux; il prie avec plus de faiblesse, mais avec autant d'indifférence pour la vie, que le grand Hector. Enée va peut-être se laisser fléchir; l'aspect du baudrier de Pallas étouffe la pitié du Troyen, et, plein de fureur, il immole un noble suppliant, un héros désarmé! Dans Homère, Hector, sûr de mourir, veut comme Turnus se signaler par un exploit mémorable; il saisit sa redoutable épée, et, la brandissant avec force, il fond avec l'impétuosité d'un aigle sur son ennemi. A cette nouvelle audace, la colère transporte Achille, il s'élance et terrasse le guerrier qui lui apportait la mort. Grâce à la raison d'Homère, Hector est plus grand que Turnus, et Achille moins barbare qu'Enée. Achille immole un guerrier encore redoutable, Enée égorge un rival généreux et sans défense; et pour dernier désavantage, sa violence, qui passe toutes les bornes de l'humanité et blesse les mœurs du vrai courage, sans offrir pour excuse une amitié, une douleur, comme celles du vengeur de Patrocle, l'empêche de terminer la guerre et d'honorer la victoire par un trait digne de lui, en accordant la sépulture à un roi, à un guerrier, à un rival digne d'admiration et de regrets.

Si je ne me trompe, il résulte du parallèle de l'Iiade et de l'Enéide, quelques vérités qui peuvent nous conduire à former notre jugement sur ces deux ouvrages. Dans Homère, une pensée souveraine qui donne le mérite de l'unité à sa vaste composition; dans Virgile, six grands intérêts qui partagent l'attention et l'affaiblissent. Chez Homère, rien n'éclipse la Grèce et ne surpasse Achille; chez Virgile, la ruine d'Ilion, son peuple errant sur les mers, en butte au courroux de la reine des dieux, une guerre pour l'établissement d'un empire, la renaissance de Troie, la fondation de Rome et la gloire du Capitole, se disputent la prééminence; ou plutôt la ruine d'Ilion nous rend insensibles aux malheurs d'Enée; la seconde Troie pâlit devant Rome. Il fallait, ou que Rome fût le sujet unique de Virgile, ou qu'elle usurpât la première place dans le poëme, comme elle l'a usurpée dans l'univers.

La résolution d'embrasser tant de choses, une admiration pour les Grecs qui allait chez les Romains jusqu'à la superstition, le désir et le besoin de puiser dans Homère, comme dans une source féconde, la noble espérance de se placer à côté de lui, et même de le surpasser en l'imitant, conduisirent encore Virgile à la faute irréparable de vouloir réunir dans le même ouvrage deux créations qui ne sont point d'une nature homogène, et que le génie avait empreintes d'un caractère particulier. Par ce rapprochement, contraire à tout ordre raisonnable, l'Odyssée n'osant plus être naïve, renonçant à son aimable simplicité, ainsi qu'une bergère transportée dans un palais, a perdu presque tous ses charmes; la superbe Iliade, mutilée dans ses proportions, renfermée dans d'étroites limites comme un aigle privé de son vaste horizon, n'a plus ni fierté ni grandeur ; et l'Enéide, en voulant ressembler à toutes deux, manque de physionomie et d'originalité. Ce que l'on remarque aussi dans l'Enéide, c'est la diversité des objets choisis par le poëte à cause de leur beauté propre, et non pas pour la composition dont ils devraient faire une partie essentielle ; aussi peut-on dire que Virgile nous a donné une suite de savantes études épiques plutôt qu'une épopée originale.

Quant au caractère principal, il paraît évidemment composé de plusieurs pièces qui n'ont point entre elles cette liaison parfaite des diverses parties d'un ouvrage de la nature ou du génie. Enée est tour à tour Ulysse, Hector, encore Ulysse, souvent Auguste, long-temps pareil à Jason ; puis il nous rappelle l'ami de Patrocle dans les jeux funèbres ; il reparaît encore sous la forme du fils de Laërte aux Champs-Elysées ; ensuite il nous promet les exploits d'Achille et trompe long-temps notre attente ; enfin on lui donne le rôle du fils de Thétis, qu'il imite jusque dans ses cruautés, lui le plus tendre et le plus religieux des hommes. Maintenant et pour tout le onzième chant, c'est le sage et magnanime Hector qui domine dans Enée avec des vertus nouvelles et une certaine mélancolie, fille des longs malheurs, qui ne font que donner un nouveau lustre à la constance humaine. Au commencement du douzième chant, Hector est encore devant nous; c'est lui dont la sagesse veut arrêter l'effusion inutile du sang humain, comme il l'a voulu tant de fois dans la première guerre d'Ilion; c'est encore lui qui vole attaquer Laurente avec le fer et la flamme. Mais Enée change une dernière fois de rôle; il redévient Achille pour attaquer dans Turnus un autre Hector; c'est là que le poëte, par une nouvelle erreur, et par une imitation peu judicieuse que j'ai signalée, fait encore d'un prince humain et religieux l'émule du barbare et sublime ami qui ne peut plus pardonner depuis la mort de Patrocle.

Certes, ce n'est pas là un caractère tracé d'une main ferme et sûre, un caractère constant, toujours d'accord avec lui-même et sans aucun mélange hétérogène, un caractère soutenu par la raison après avoir été enfanté dans une inspiration du génie. Peut-être une dernière réflexion achevera-t-elle de montrer ce qui manque à Enée, comme héros d'une grande épopée. Malgré tous les efforts de Virgile, Turnus ressemble mieux qu'Enée aux illustres guerriers d'Homère; il est de leur taille et de leur vertu, s'il n'est point de leur race; le même enthousiasme l'anime, si le même sang ne coule pas dans ses veines: c'est lui, enfin, qui pourrait passer pour le second Achille, ou, du moins, pour un autre Ajax; il en a la stature, la jeunesse, l'impétuosité, la valeur brillante et indomptée, le mépris de la mort, et le désir d'acquérir, aux dépens de sa vie, une longue mémoire.

L'illusion produite par l'entraînement et l'inadvertance du poëte, qui n'a éprouvé aucun obstacle dans la composition de ce caractère, est telle que, quand

Turnus succombe, nous sommes surpris comme si tout à coup Homère, en contradiction avec lui-même, eût fait succomber sous Hector le plus grand des guerriers de la Grèce. Hector a toujours redouté la présence du fils de Thétis ; il la soutient, mais il commence par éprouver un effroi involontaire ; et, même en cherchant à vaincre, il se sent subjugué par l'ascendant suprême d'un héros à qui les dieux ont accordé l'honneur de renverser le défenseur de Troie; Enée inspire du mépris et jamais de terreur à Turnus. Le roi d'Ardée a triomphé plusieurs fois devant le Phrygien qu'il appelle un nouveau Pâris ; ses exploits devaient être couronnés comme ceux d'Achille : voilà l'impression qui nous reste. Dans les deux poëtes, le vaincu inspire plus d'intérêt que le vainqueur, mais Achille du moins combattait pour une cause légitime, et nous sommes obligés de rejeter sur les dieux l'injustice du succès d'Enée dont l'entreprise, malgré toutes les raisons rassemblées par la complaisance du poëte qui voulait à la fois flatter un peuple et un prince, ressemble beaucoup à l'heureuse usurpation d'Auguste. Il en est des prédictions qui promettent à Enée la fille de Latinus et le trône d'Italie, comme de tous les mensonges sacrés qui avaient annoncé à Auguste la souveraineté de Rome et l'empire du monde.

Avec un plan si défectueux, avec un héros si peu propre à commander l'admiration, avec une action si lente dans sa marche, si tardive à éclater, avec une telle indigence de caractères, d'où peut venir l'immense renommée de Virgile ? Comment a-t-on mis au rang et presque au dessus d'Homère, un poëte qui lui est si inférieur par le génie? La première réponse à ces deux questions se trouve dans la fortune de Rome. Si les inspirations de l'honneur national portèrent Virgile à célébrer sa patrie, il entendit aussi très bien les intérêts de sa gloire. Une conviction intime lui faisait présager l'autorité que devaient avoir sur l'avenir le suffrage du siècle d'Auguste et les applaudissements du peuple roi; il sentait surtout que Rome serait peut-être à jamais le plus grand spectacle de l'univers; il mit ce spectacle dans son poëme pour en assurer l'immortalité. Lui-même nous révèle ce noble artifice dans l'exclamation que lui arrachent la fin sublime de Nisus, et le bonheur des deux amis presque frappés d'une seule et même mort, et réunis à jamais par elle comme les amants du Dante [1].

> Fortunati ambo, si quid mea carmina possunt,
> Nulla dies unquam memori vos eximet ævo,
> Dum domus Æneæ Capitoli immobile saxum
> Accolet, imperiumque pater Romanus habebit. [2]

Certes, pour peu qu'on sache lire dans le cœur de Virgile, que sa modestie n'empêchait pas d'être dévoré

---

[1] Amor condusse noi ad una morte.
L'Enfer, chant v.

[2] « Heureux amis, si mes vers ont quelque pouvoir, le temps ne vous effacera point de la mémoire des âges; vous y vivrez tant que la maison d'Enée habitera le rocher immobile du Capitole, et que le père des Romains possédera l'empire du monde. »

par un immense amour de la gloire, mais qui, timide et concentré en lui-même, craignait de laisser échapper les secrets de son cœur, on sentira que c'est aussi pour son nom que le poëte espère la durée de l'éternel rocher du Capitole. Rome n'a point trompé les vœux et l'espérance de son Homère ; c'est elle qui, en prêtant à l'Enéide le caractère de son mâle génie, surpasse les plus hautes merveilles de l'Iliade, et place pour toujours à côté du chantre d'Achille le rival qu'elle élève quelquefois au dessus de lui.

Singulière contradiction ! la grandeur de Rome soutient Virgile, et celle d'Homère l'accable. Soit qu'il fût intimidé par cette haute renommée, soit que le sentiment de l'enthousiasme nuisît à l'audace de son talent, soit qu'il y ait dans l'imitation constante, dans la passion de reproduire un modèle admiré avec excès, une cause assurée d'infériorité, Virgile met souvent Homère sur le lit de Procuste ; il le mutile comme le Tasse a mutilé l'Arioste. Ainsi, non seulement la magnifique peinture de la querelle des dieux et des hommes, réunis dans la plaine de Troie pour combattre, tandis que la terre ébranlée par le trident de Neptune tremble sous leurs pas, et que Jupiter tonne sur leurs têtes, est affaiblie et presque méconnaissable dans la plus grande des images de Virgile [1], mais encore la terreur du pâle roi des enfers, ce trait sublime qui achève d'une manière

---

[1] La chute de Troie.

digne d'elle la description du poëte grec, devient presque un ornement vulgaire entre les mains de son imitateur [1]. Virgile, en nous faisant voir la mort sublime de Priam, a créé l'une des scènes les plus dramatiques qui soient au monde; mais l'entrevue d'Achille et de Priam est d'une majesté divine, et la plus savante des peintures du cœur humain que le génie ait pu créer.

La description des jeux funèbres, par Virgile, formerait un heureux épisode dans un poëme didactique de Boileau, de Pope ou du brillant Delille; celle d'Homère, grande, dramatique, et simple pourtant, ne peut convenir qu'à l'épopée. Dans l'ambassade de Drancès envoyée par la prévoyance de Latinus auprès de Diomède, avant la présence des grands périls, je vois un incident ordinaire, une noble entrevue, et peut-être un moyen peu judicieux pour relever le caractère d'Enée; mais les prières d'Ulysse, d'Ajax, du vieux Phénix et de Patrocle, au nom de toute l'armée grecque et de la patrie en larmes, ont bien plus de grandeur, d'intérêt et d'importance dans l'action, puisque nous trouvons des suppliants si augustes aux genoux du fils de Thétis dont le refus éloigne la fin de la guerre, et réduit aux dernières extrémités les Grecs que ce héros pouvait sauver d'un seul mot. De même, si l'on compare les effets de la présence et d'un cri d'Achille, avec l'impression du retour d'Enée sur les Troyens et sur leurs ennemis, on sera forcé de reconnaître qu'Ho-

---

[1] Episode de Cacus, livre VIII.

mère peint une nature héroïque et choisie, et Virgile une nature ordinaire et commune. Enfin, la mort de Turnus semble être indifférente aux Latins et même à ses soldats ; il meurt sans obtenir un regret ou une larme ; on ne sait pas même s'il obtiendra les honneurs de la sépulture ; le trépas d'Hector est une apothéose ; sa tombe devient un autel.

En général, Virgile réduit les proportions de l'épopée, comme Racine diminue quelquefois celles de la tragédie. Dans l'un et dans l'autre, les caractères, les sentiments, les passions, ne conservent pas toujours la trempe héroïque qu'ils avaient reçue du génie d'Homère et de Corneille. Le Priam de l'Iliade laisse voir de la faiblesse : il règne cependant ; il a de la sagesse et de l'autorité ; son fils et son peuple le révèrent. Personne ne craint ou ne respecte Latinus : nous reconnaissons en lui ce mélange de crédulité, d'incertitudes, de bonnes inspirations mal suivies, d'abandon du pouvoir, d'éloignement et d'incapacité pour les affaires, qui perdent les empires en rendant les princes méprisables. La douleur du monarque troyen, profonde, courageuse et sublime, est une douleur de père et de roi ; elle impose à Achille, et rend le vieillard plus grand peut-être que le héros ; la tendresse d'Evandre, avant le départ de Pallas, éclate par des accents qui conviendraient à Andromaque, et par des pressentiments dont le cœur des femmes est rempli ; sa douleur sur le cercueil de son fils paraît tendre, déchirante, désespérée comme celle de la mère d'Euryale. Priam rachète la dépouille d'Hector dans la tente d'Achille; Evandre se contente de réclamer de loin vengeance pour Pallas. L'affection paternelle se montre dans Hector par des traits que l'on attendrait vainement du caractère d'Enée. En effet, les nobles et mélancoliques paroles que ce prince blessé adresse à son fils, au moment d'aller combattre Turnus, peuvent-elles entrer en parallèle avec les caresses d'Hector suivies de cette prière où il demande aux dieux un fils plus grand que son père, et un roi digne de commander aux Troyens? On doit remarquer la même différence entre la reine de Laurente et celle de Troie. Si, transformée tout à coup, par le souffle d'une furie et par le délire de l'amour maternel, en une espèce de bacchante indomptée, la première de ces deux princesses est presque aussi tragique que l'Agavé d'Euripide et d'Ovide, sa courte apparition sur la scène, ses fureurs inutiles, son retour à la dérobée, son sacrifice sans solennité, la mort funeste qu'elle se donne en s'accusant de tous les maux de sa famille et de l'état, suffisent-ils pour en faire un personnage épique? Qu'y a-t-il de commun entre la violente Amate, long-temps rebelle aux décrets du Destin comme à la volonté du roi Latinus, et la vénérable Hécube, cette Niobé vertueuse, cette Jocaste innocente, cette reine des grandes douleurs, le modèle des mères et des épouses? Hécube ne paraît pas souvent dans l'Iliade; mais quel rôle le poëte lui donne! Dans un danger imminent, Hector la presse de demander aux dieux le salut de l'armée : c'est elle qui conduit les femmes troyennes aux pieds de Minerve. Avertie par sa tendresse, elle s'unit à

Priam pour détourner Hector de se mesurer avec Achille. Si Hector l'écoute, il ne périt point. Inutiles efforts, il court au-devant d'un trépas certain ; et bientôt Hécube voit cette tête sacrée sillonner la poussière. Elle pleure le plus grand de ses fils au milieu d'Ilion, semblable à une ville qui tomberait dévorée par les flammes! Les gémissements de Priam, les cris d'Andromaque, le désespoir du peuple, retentissent à tout moment dans le cœur de cette déplorable mère. Malgré ses supplications, Priam veut aller affronter la présence du vengeur de Patrocle ; ne pouvant l'arrêter, elle conjure Jupiter de veiller sur l'auguste vieillard. Au retour inespéré du monarque, nous la voyons presser contre son sein les restes d'Hector ; mais au lieu de pousser des cris de vengeance ou d'implorer la mort comme le terme de ses maux, elle vit pour consoler Andromaque, pour défendre Astyanax, pour être jusqu'au dernier moment la compagne du sort de Priam, et la providence de sa famille.

Quelques efforts que Dryden, Desfontaines, Delille et M. de Châteaubriand fassent pour justifier les caractères de Virgile, on ne peut se refuser à voir que les géants d'Homère perdent leur grandeur dans l'Enéide. La mémoire des uns, illustrée par leur naissance mortelle ou divine, durera aussi long-temps que le monde et les œuvres du génie ; les autres, à peine connus du passé, ne le seront guères plus de l'avenir : ceux mêmes d'entre eux qui descendent des héros ou des dieux, effacent l'éclat de leur sang par l'obscurité de leurs exploits. Les premiers seront à jamais de vivantes images de la prudence, de la sagesse, de la constance inébranlable, de l'amitié tendre ou sublime, d'une grandeur plus qu'humaine. Chez tous les peuples de l'univers et dans tous les siècles, on sera fier d'être appelé Ulysse, Nestor, Ajax, Patrocle, Hector ou Achille, et de mériter l'honneur de la comparaison. Il n'y a d'immortel et de populaire dans l'Enéide, que Didon, Nisus et Euryale; ils demandent auprès d'eux une place pour Lausus, Evandre et Pallas, mais voilà tout; et jamais personne n'a été tenté de porter les noms de Sergeste, de Mnesthée, de Cloanthe, de Pandarus, de Bitias. Le poëme dont il est le héros fera vivre Enée; mais son nom n'est point devenu le synonyme d'héroïsme, et un objet d'émulation ou un titre d'orgueil. On ne pense pas même à emprunter celui de Turnus, qui a la noble ambition de représenter Achille, et qui lui ressemble quelquefois.

Ces comparaisons ne veulent pas dire que Virgile manquât de talent pour tracer des caractères. L'impie, le fier Mézence, si heureusement opposé au prince religieux qui est destiné à punir un tyran, est la preuve que le poëte latin aurait pu ressembler davantage au chantre d'Achille, pour la peinture des mœurs et des caractères. Je trouve une autre preuve de cette vérité dans la manière habile avec laquelle il a réformé ou plutôt créé le personnage de la reine des dieux. On ne voit pas sans peine, dans la Junon d'Homère, quelquefois si grande et si redoutable, une femme tour à tour violente et craintive, acariâtre et jalouse, qui suscite des querelles de ménage au maître de l'Olympe; Virgile en a fait une reine superbe, hardie dans ses desseins, prompte à les exécuter, une orgueilleuse qui remue le ciel et la terre pour venger un outrage à sa beauté, une grande souveraine qui partage un trône et affecte l'empire, comme Sémiramis, Elisabeth ou Catherine II. Pour former le Jupiter olympien d'après l'Iliade, Phidias a dû souvent user de cette faculté du génie qui consiste à séparer de l'objet de ses méditations tout ce qui pourrait l'obscurcir, à ne voir que cet objet unique, à ne contempler que lui, à augmenter sans cesse par la pensée ses proportions idéales et naturelles. Virgile, en étudiant Homère à la manière de Phidias, ne s'est peut-être pas élevé aussi haut que le sculpteur grec; mais, à son exemple, il a rejeté tous les traits qui, dans leur modèle commun, altèrent ou déshonorent la majesté suprême. Uniquement occupé de peindre les passions des hommes et de donner en quelque sorte à chacune d'elles une forme surnaturelle, Homère s'expose à souiller, par les vices des dieux, cette belle fiction de l'âge d'or dans lequel ils vivaient familièrement avec les mortels sur la terre; son Iliade semble représenter l'âge d'airain, époque du triomphe de la Discorde. Virgile est venu, au nom de la morale et de la philosophie, rétablir l'ordre dans l'univers, et purifier la demeure céleste. S'il paie encore tribut à l'esprit d'imitation, si, devenu le contemporain d'Homère dans l'Enéide, il prête encore aux dieux des sentiments et des actions contraires aux idées que Socrate et Platon avaient répandues sur la divinité, du moins il ne s'oublie pas jusqu'à rabaisser Minerve, la déesse de la sagesse, par les mensonges et les trahisons qui l'avilissent dans l'Iliade, au mépris de toutes les règles de l'art. On ne conçoit pas qu'Homère ait pu oublier ainsi le rôle admirable que la fille de Jupiter joue dans l'Odyssée, où elle ne cesse pas d'être une providence pour Ulysse, sans lui ôter jamais le mérite des efforts de sa constance et de sa vertu.

Aussi crédule en apparence que le peuple de son temps, trop complaisant à flatter le penchant de la Grèce pour les fables de toute espèce, peut-être enclin à aimer les contes comme le sublime et naïf La Fontaine, Homère admet des fictions indignes de l'épopée, des traditions ridicules ; il offense quelquefois jusqu'au bon sens. Virgile délibère sur le choix de ses tableaux, rejette avec sévérité ce qui blesserait la raison, ou corrige son maître avec un art merveilleux qui transforme presque une absurdité en un drame plein d'illusion et de vérité. Témoins le roi Éole, son orageux empire, ses rebelles sujets, l'humble prière de l'orgueil qui s'abaisse par nécessité, la réponse du dieu pareille aux paroles d'un courtisan adroit et soumis devant son maître; allégories aussi justes que transparentes, et tirées cependant d'une fable extravagante de l'Odyssée[1]. Cette sage sévérité de Virgile n'a pas dû l'empêcher de consacrer dans une épopée dont le sujet remonte à plus de trente siècles, dans un poëme national, d'antiques traditions de Troie et de Rome.

---

[1] L'outre qu'Éole remet à Ulysse, et qui renferme les Vents. *Liv.* x.

Homère, semblable à un capitaine qui a le génie de la guerre et l'amour de la gloire, est prodigue de ces batailles qui décident du sort des empires; avec lui la guerre n'a point de trêve ou d'inaction; les combats succèdent aux combats, comme les flots succèdent aux flots; avec lui, les périls renaissent des périls, la fureur nourrit et accroît la fureur. Erynnis ou la discorde, toujours agissante, toujours furieuse entre les hommes et les dieux, voilà l'image du poëte. Virgile était tendre, humain, sensible, faible peut-être comme Enée; il aime à détourner ses regards des scènes affreuses de Bellone. Loin de chercher avidement les occasions où des armées entières se disputent une gloire si cruelle, sa muse les éloigne autant qu'elle le peut, et lorsque le moment fatal arrive, au lieu d'exagérer la peinture de ces grands désastres avec un barbare plaisir, elle nous épargne une partie des horreurs qu'ils entraînent. Le caractère, les penchants, le jugement et le goût de Virgile lui ont inspiré la résolution d'abréger les détails fatigants des combats; mais on doit aussi reconnaître l'infériorité de son talent dans cette partie. Il n'avait pas ce feu, cet entraînement, cette imagination féconde, cet enthousiasme, cette puissance de renouveler ses forces, cette vigueur de pinceau, qui distinguent Homère. Les combats de Virgile inspirent quelquefois le plus tendre intérêt; nous donnons des larmes à Camille et à Pallas; nous plaignons dans Lausus une généreuse victime de la piété filiale; nous applaudissons à la défaite du tyran Mézence par Enée, devenu le ministre de la vengeance divine; mais nous restons froids, même sur des événements qui devraient remuer nos entrailles. Quand la flotte troyenne est consumée par les flammes, nos cœurs ne disent rien; cet incendie nous surprend comme un malheur subit, qui cesse tout à coup par une cause ordinaire, ou si l'on veut par un prodige; la nature et le ciel font tout, le héros et son peuple ne font rien, et ce sont les hommes, leurs passions, leur caractère, leurs sentiments qui nous attachent. Dans l'Iliade, nous avons vu l'orage commencer, envahir l'horizon, le couvrir de ténèbres, répandre la terreur dans le cœur des mortels, par le bruit de la foudre qu'il recèle dans ses flancs, et enfin vomir la mort et la destruction sur la terre. Telle est l'image fidèle de la tempête qu'Hector, semblable à un autre Eole, déchaîne contre les Grecs, qui la soutiennent avec intrépidité : de là une émotion profonde, qui ne fait que s'accroître jusqu'au dénouement. Au contraire, nous voyons sans terreur et sans pitié l'extrémité à laquelle sont réduits les Troyens assiégés par Turnus. D'où vient cette insensibilité ? De ce que nous ne reconnaissons pas en eux, comme dans l'Iliade, des guerriers célèbres et conduits par des héros. Soit que nous adoptions la cause des Troyens ou celle des Grecs, Homère nous intéresse aux uns et aux autres dans la personne d'Hector ou d'Ajax. La guerre obscure du Latium manque de la vie poétique, parce qu'elle n'avait pas long-temps avant Virgile une existence consacrée. Le peuple romain ne l'avait pas racontée à Virgile dès le berceau; le poëte n'avait pas grandi au milieu de ces souvenirs qui laissent des impressions ineffaçables. Son sujet n'était pas dans sa mémoire et dans son cœur, long-temps avant qu'il s'en emparât comme d'une conquête : nouvelle cause d'infériorité pour lui. Dénué du secours des traditions et des croyances qui ont fécondé le génie d'Homère, il n'a pu répandre, dans la partie de son poëme consacrée à reproduire l'Iliade, assez d'événements, d'alternatives, de péripéties, pour produire l'admiration, la terreur et la pitié. Au contraire, la guerre de Troie où les forces de l'Europe et de l'Asie semblent se mesurer ensemble, cette guerre fameuse dans le monde, agrandie par la présence des dieux, soutenue par des héros dans les deux partis, fertile en incidents de toute espèce, changeante et mobile comme la fortune, acharnée comme les haines nationales, presque éteinte deux fois par la destruction des Grecs, et rallumée par Achille, qui rejette les périls sur Ilion, réunit toutes les conditions de la tragédie et de l'épopée.

Virgile ne saurait égaler ces efforts de génie, mais on pourrait souvent lui appliquer ce trait de l'Art poëtique :

<small>Tout ce qu'il a touché se convertit en or.</small>

L'apparition de Cypris en chasseresse, l'élégance de sa parure virginale, la beauté dramatique de son récit, le second discours de la déesse, dont les paroles ont tant de charme, la grâce et la majesté qui la révèlent au moment du départ, sont des beautés à peine indiquées dans Homère et créées par le chantre d'Enée :

il en est de quelques-unes d'entre elles comme de ces expressions pures et célestes, dont personne ne soupçonnait le type avant le divin Raphaël.

Plus loin, une inspiration d'Homère, la suite de tableaux gravés dans le temple de Junon, et qui contiennent un résumé de l'Iliade, mérite d'être louée comme un admirable artifice, comme une création dans laquelle Virgile a laissé éclater une sensibilité dont il n'a trouvé les traits qu'en lui-même. La métamorphose d'Enée par Vénus est encore un diamant que Virgile a tiré de la mine d'Homère, mais en lui donnant un éclat qui rappelle ce trait d'Ovide : *Materiam superabat opus*. Virgile ajoute à ces pompeuses ou riantes merveilles la fiction de l'Amour envoyé par Vénus à Carthage, sous les traits d'Ascagne, fiction dans laquelle il semble parler une langue inconnue à son maître. En effet, le dieu auquel les anciens soumettaient tous les autres dieux, dont Jupiter lui-même reconnaissait l'empire, la passion la plus puissante, la plus orageuse du cœur humain, celle qui avait soulevé l'Europe contre l'Asie et renversé l'empire de Priam, ne se montrent ni dans l'Iliade ni dans l'Odyssée.

Nous avons admiré, dans les trois plus beaux chants de l'Enéide, ou des imitations, ou des créations divines. Quoique privés du mérite suprême d'être les membres nécessaires d'un ensemble magnifique, quoique n'étant que des ornements inventés ou perfectionnés par un talent sublime, et non pas conçus par le génie en même-temps que sa pensée première, ces chants, ou plutôt ces poëmes particuliers, balancent peut-être, par l'ensemble de toutes les perfections différentes qu'ils rassemblent, l'éclat de la majestueuse Iliade.

Après de pareils efforts, Virgile ne pouvait qu'être inférieur à lui-même; pour se maintenir à une si grande hauteur, il aurait fallu plus de force que pour s'y élever. Le poëte devait de même rester au dessous d'Homère, en réduisant à un étroit espace la vaste carrière que le maître avait parcourue avec toute l'audace de son vol et toute la liberté de ses mouvements. En effet, Virgile commence une autre Iliade et ne lui accorde que la quatrième partie de l'étendue du poëme consacré à la colère d'Achille. Comment réparer un tel désavantage? Comment corriger des inconvénients plus graves, le vice du plan où l'action fait à peine quelques pas dans toute la première partie de l'ouvrage, et l'absence de ces caractères brillants et variés qu'Homère, riche de toutes les traditions de la Grèce, a jetés au milieu de ses batailles? Cette double difficulté était impossible à résoudre; mais jusque dans les six derniers chants qui sont si loin des premiers, et si peu animés de la divine flamme de l'Iliade, Virgile a produit des beautés originales qui ont justement obtenu l'admiration de Delille et celle de tous les connaisseurs. Le palais de Picus, la nouvelle et fière apparition de la reine de l'Olympe, le portrait d'Alecton, le réveil de Turnus en présence de la furie infectée des poisons de la Gorgone, la cérémonie de l'ouverture des portes du temple de Janus, et surtout l'admirable description des objets gravés sur le bouclier d'Enée, description dans laquelle Virgile l'emporte de beaucoup sur Homère, attestent un talent du premier ordre. Mais la tendresse et la mélancolie nous ont paru surtout les traits caractéritiques du chantre de Didon. Né, comme Fénélon, avec toutes les affections tendres, il a des larmes et de la prédilection pour toutes les infortunes ; la gloire trahie par le sort, la puissance déchue, la vieillesse flétrie par la douleur, les angoisses de l'amour maternel, la jeunesse qui tombe, comme la fleur des champs, moissonnée dans son éclat, voilà les sujets que sa muse préfère. Hector, Priam, Evandre, la mère d'Euryale, ont en lui un chantre qui les célèbre et un ami qui les regrette. Achille est inexorable pour Lycaon, jeune et suppliant; nous avons vu Enée, au milieu de la fureur des combats, plaindre, dans Lausus, un modèle de la piété filiale et l'image d'Ascagne; dans la vierge Camille, la beauté, l'innocence et la valeur héroïque, ou montrer des entrailles de père pour Pallas, son élève de gloire, comme pour Nisus, Euryale et Marcellus. L'observation nous fit reconnaître aussi des rapports secrets et une étonnante sympathie entre le cœur des femmes et celui du poëte; il aime, il souffre, il gémit, il s'exprime comme elles : on dirait qu'il a été le confident d'Andromaque et de Didon, qu'il avait pleuré avec l'une et l'autre, et que ses chants sont des souvenirs de leurs douleurs

Il faut bien, disions nous, passer à Homère ses fréquentes répétitions; elles étaient dans les mœurs de son siècle; cependant Virgile a fait une juste censure de leur excès par la sobriété de ses imitations. Mais quoique les Grecs fussent trop enclins au faste des harangues, comment justifier leur poëte de la longueur démesurée des discours dans les moments les plus critiques, dans les situations les plus passionnées? Comment nier qu'il ne perde souvent le fruit de son génie par les détails parasites qu'il mêle aux élans de la plus haute éloquence? Le second discours d'Achille à sa mère, sur la mort de Patrocle, offre des longueurs insupportables que toute la magie de la langue grecque ne saurait effacer. Chargez Virgile de corriger ce discours, vous aurez le modèle achevé du sublime de sentiment et d'expression. Les héros d'Homère, même le bouillant Ajax et le violent Diomède sont plus ou moins prolixes, comme Ulysse qui s'écoute parler, ou comme Nestor qui aime les longues harangues pour avoir l'occasion de chanter ses propres louanges. On remarque encore des traces de l'enfance de l'art dans beaucoup de circonstances où tel personnage dit des choses contraires à la situation, où tel autre, semblable à nos confidents de comédie, raconte à son interlocuteur des détails qu'il sait parfaitement et que la scène ne redemande pas. Virgile évite soigneusement ces défauts de son maître. Les deux fameux discours de Junon[1] sont rapides comme sa colère; la déesse ne prononce pas un mot inutile dans sa prière à Eole; on n'entend dans la menace de Neptune aux aquilons que le cri de l'indi-

---

[1] Livres ɪ et vɪɪ.

gnation d'un maître offensé ; les supplications de Vénus
à Jupiter ne renferment pas un trait qui s'égare du but :
on y trouve le sentiment exquis de toutes ces convenances que la tendresse maternelle et la déesse des
grâces ne peuvent jamais violer. Nulle langueur dans
ses entretiens avec son fils : ils nous apprennent uniquement ce que nous devons savoir ; la harangue d'Ilionée
est éloquente sans aucun luxe de paroles ; la dignité
qui ne dit et ne fait jamais rien de trop, la véritable
sensibilité qui se révèle dans les femmes par des traits
inattendus, par des expressions d'un rare bonheur,
ont seules dicté les deux réponses de Didon à l'ambassadeur troyen et au fils d'Anchise. Mais les preuves de
l'excellence de Virgile, comme orateur, éclatent surtout dans les situations dramatiques : c'est là, qu'en
satisfaisant avec art au besoin que les passions violentes
éprouvent de se nourrir d'un objet unique et de le représenter sous vingt formes différentes, il ne s'abandonne jamais à des développements superflus : l'illusion
qu'il produit, en servant d'interprète à Didon, vient
de son talent à discerner, de sa fidélité à suivre les inspirations du cœur de cette amante tour à tour irritée,
humble, tendre, suppliante, désespérée, furieuse, pour
descendre encore à la prière et mourir le pardon sur
les lèvres. Quelques commentateurs ont voulu comparer Virgile à Cicéron, le mettre même au dessus du
rival de Démosthène ; sans admetre un parallèle qui
manque de justesse sous plusieurs rapports, sans adopter un éloge dicté par un fol enthousiasme, on peut
dire qu'il serait à souhaiter que le premier orateur de

Rome eût moins aimé la vaine magnificence des paroles. Virgile réforme l'abondance du poëte grec avec la gravité romaine; mais si Homère dit trop, Virgile ne dit pas toujours assez : l'un a du superflu, l'autre manque quelquefois du nécessaire; et, dans certaines occasions, le luxe du premier, qui accorde toujours à la situation ce qu'elle exige, est préférable à la parcimonie du second que l'excès de brièveté expose au danger de supprimer des détails utiles à l'instruction du lecteur, à la vraisemblance et à l'illusion de la scène. Sous ce rapport, et sous beaucoup d'autres, je ne saurais assez dire combien les auteurs dramatiques peuvent profiter à l'école d'Homère.

Virgile l'emporte sur tous les poëtes du monde par le goût, c'est-à-dire par le sentiment des convenances dans toutes les situations possibles. Ce sentiment est chez lui un présent de la nature, un instinct du cœur, une lumière de l'esprit. Homère a plus d'essor dans l'imagination, des grâces plus naïves et quelquefois plus délicates, comme dans les discours de Nausicaa, et la prière d'Ulysse aux nymphes du fleuve qui l'a porté sur la terre natale; mais pour la pureté du goût, il ne saurait balancer la réputation de Virgile. Le sévère et puissant Démosthène; Platon, le poëte de la philosophie; le grave Sophocle; l'élégant Thucydide; le naïf Théocrite; le brillant Tite-Live; Cicéron, si pur et si châtié; le judicieux Horace; le sévère Boileau; Pope, leur disciple et leur émule, ne peuvent disputer la prééminence du goût au chantre d'Énée. Dans sa langue, Térence et Tibulle sont presque ses rivaux; dans la nôtre, Massillon et l'auteur du Télémaque approchent de lui sans égaler sa perfection soutenue, Racine le balance presque toujours et le surpasse quelquefois.

La raison fut, à proprement parler, le génie de Virgile; semblable à la compagne céleste d'Ulysse, la raison le suivait sans cesse comme un guide armé d'un flambeau. Tous les progrès que l'esprit humain avait faits depuis les temps héroïques jusqu'à Auguste, nous les trouvons dans l'Enéide. Le monde était en quelque sorte enfant au siècle d'Homère, il était homme au siècle de Virgile; cette différence, empreinte à chaque page dans l'Enéide, explique mieux que toutes les autres causes, la prédilection des meilleurs esprits pour son auteur. Après la grande lacune que les Vandales et leurs pareils avaient faite dans la civilisation, les peuples modernes ont réparé en peu de temps les funeste conséquences du règne de la barbarie; ils ont pris un essor d'autant plus hardi que le mouvement général des esprits avait été plus long-temps comprimé; mais, grâce à ses profondes études, les nouvelles clartés qui se sont répandues depuis deux mille ans, ne font pas honte aux lumières de Virgile. Loin d'être en arrière de la culture moderne, il se trouve presque toujours de niveau avec elle. L'Enéide et ses beautés, sa morale et sa philosophie, les objets du culte de Virgile comme citoyen, et même ses idolâtries comme poëte, sont encore en harmonie avec notre goût, avec notre manière de sentir, avec nos admirations, avec nos mœurs, ainsi qu'avec notre religion dont il semble avoir deviné quelque chose dans le commerce de Platon. Quoiqu'il flatte dans les Romains le préjugé de la fatalité qui les appelait à l'empire du monde, quoiqu'il soit enthousiaste des exploits guerriers, il paraît avoir connu une gloire plus grande et plus pure que la gloire militaire. L'éloquent Lucrèce, touché des maux de sa patrie, invoqua le secours de la beauté suprême pour désarmer le dieu Mars, et apaiser les fureurs de la guerre; la muse de Virgile est une autre Vénus qui demande à Auguste la paix de Rome et du monde. Sa voix semble avoir devancé celle de la religion qui devait amollir le cœur de fer des Romains et des barbares. En élevant contre toute raison Auguste au dessus de tant de héros immortels, mais dont la vertu même a fait couler le sang des nations vaincues par la force, il semble dire à celui qui avait été le cruel Octave-Cepias : « Le plus grand prince à mes yeux est celui qui s'occupe de réparer les maux de la patrie, et de fermer ses blessures. Je vous mets d'avance au rang des dieux, parce que vous avez calmé la guerre civile, et que vous avez rendu la paix aux Romains. Je vous compare au bon Saturne pour que vous appreniez à devenir comme lui le bienfaiteur des hommes. » Cette excuse que je suis heureux de trouver pour Virgile, résulte si évidemment de son caractère, de ses mœurs, de sa philosophie, et de toute la morale de son poëme, qu'elle doit lui servir de défense. Elle ne met pas Virgile au rang du vertueux Fénélon, aussi incapable de plier son caractère à d'indignes faiblesses, que de prêter sa voix à des louanges illégitimes. Cependant, elle rapproche le poëte du vertueux instituteur qui, chargé de former l'héritier de l'une des plus belles couronnes de l'univers, osait, en présence d'un monarque jaloux, belliqueux et absolu, donner la place d'honneur dans les Champs Elysées aux rois modérés, justes, avares du sang des hommes, et amis de la paix.

Un concert d'éloges unanimes s'élève en faveur de l'Enéide, sous le rapport du style, ou s'accorde à l'admirer comme l'une des merveilles de l'art. Si de Livius Andronicus, le père de la littérature latine, à Ennius, que le rival du poète Empédocle élève si haut, d'Ennius à Plaute, de cet auteur plein de verve et de gaieté à Térence, dont la politesse et la pureté nous transportent à la cour d'Auguste; si de Térence à Lucile, de Lucile à Lucrèce, de Lucrèce à Catulle, qui fit briller l'aurore du siècle d'Horace, la poésie des Romains avait beaucoup acquis, elle conservait encore des traces d'indigence et de rudesse, quand Virgile résolut de l'enrichir, de l'épurer, et de lui donner l'élégance et la souplesse, la grâce et la mélodie. Dans l'heureuse métamorphose de cet idiome rebelle, Virgile peut se comparer à Michel-Ange, venant achever une statue antique dont la moitié était encore cachée dans le bloc de marbre. Varius, Tucca, Pollion, Mécènes, Auguste et le peuple romain reconnurent d'abord la main du grand artiste dans la poésie des Eglogues; les Géorgiques le révélèrent encore mieux par leur perfection; mais quelle différence de quelques idylles et d'un ouvrage didactique à une autre Iliade! Quelle richesse de style demandait ce long et périlleux ouvrage! Quel mouvement, quelle variété, quels accents! quelle chaleur n'exigeaient pas de leur interprète les plus ardentes passions de l'homme, toujours en présence les unes des autres, et en action sur un grand théâtre? Virgile fut profondément frappé, mais non pas effrayé de la difficulté qu'il avait à vaincre. Un sentiment intime lui donnait l'espérance du succès; et, semblable à un habile ouvrier qui commence par inventer ou perfectionner avec génie ses instruments avant d'entreprendre son chef-d'œuvre, il s'appliqua tout entier à créer pour l'Enéide une poésie nouvelle. Elle éclate dès le premier chant; c'est une grandeur différente de celle de l'Iliade, une gravité simple, une élégance exquise, et des grâces qui tiennent à la pureté du goût. Au second chant, Clio semble avoir emprunté la plume de Melpomène pour écrire ce grand drame qui remue nos âmes avec tous les accents de la tragédie. Euripide et Racine ont moins d'éloquence à peindre la terreur et la pitié. Dans la narration des voyages du héros, le style prend un autre caractère; sans doute il paraît plus pâle et moins animé, mais son élégance et sa mélodie ont encore le pouvoir de dissimuler la faiblesse du sujet, et la froideur des détails; d'ailleurs que n'oublierait-on pas lorsqu'on verse des larmes de tendresse et d'admiration sur l'infortune et la vertu d'Andromaque, dont Virgile est un si touchant interprète! Il a fallu deux mille ans, des mœurs différentes, une autre religion, des institutions inconnues aux anciens, et l'influence souveraine des femmes dans les sociétés modernes ; il a fallu qu'une des plus orageuses passions du cœur humain y découvrît de nouveaux mystères, pour que la langue que Virgile prête à Didon, pût être égalée par Racine. Quant à la description des jeux funèbres célébrés en l'honneur d'Anchise, si Virgile, en descendant à dessein peut-être du ton sévère de l'épopée, ne nous délasse point par des peintures naïves comme celles d'Homère, s'il ne se montre pas toujours aussi dramatique et aussi touchant qu'on pourrait le désirer, s'il transporte dans l'épopée, au risque de la refroidir, l'élégance travaillée, les effets calculés, le fini trop précieux peut-être du genre didactique, il a vaincu, à force de souplesse et de variété, de naturel et d'art, de richesse et de goût, de vérité et d'illusion, l'une des plus grandes difficultés, celle de donner la vie et le mouvement à la poésie descriptive. Un prodige devait couronner et surpasser ces prodiges : comme Racine produisant Athalie après Andromaque, Iphigénie et Phèdre, Virgile invente, pour peindre des choses surnaturelles, un langage divin qui se compose de l'audace et de la vigueur d'Eschyle, de la majesté de Sophocle, de la hauteur de Lucrèce, et des inspirations du Fénélon de l'antiquité. On croit lire Platon devenu poëte pour célébrer les plus grandes choses connues, Dieu, l'univers, la morale et la vertu ; on croit entendre l'élève de Socrate devenu le vainqueur d'Homère, afin de justifier, par le choix du sujet de ses chants, l'arrêt dont il voulait punir le génie que sa raison accusait d'avoir profané le ciel et avili la divinité.

Virgile s'était préparé un écueil dans la sublimité même du style qui distingue le sixième livre entre tous les autres; mais il a franchi heureusement cet écueil en retrouvant, au début de son nouveau poëme, le ton élevé rapide et ferme, et quelquefois l'accent pathétique des deux premiers chants de l'Enéide; on n'a point assez remarqué ce triomphe du talent. Junon, la furie, ministre odieux de sa vengeance, la reine Amate et son délire, mais surtout l'entretien d'Alecton avec Turnus, sont dignes des plus beaux passages dramatiques que nous ayons admirés jusqu'ici. Le portrait du jeune roi d'Ardée sous les armes, a le même genre de mérite ; la guerrière Camille est digne du parallèle avec la brillante Didon. De nouvelles beautés éclatent dans le huitième livre; les unes, comme la description du bouclier d'Enée, rappellent ce que nous avons vu de plus magnifique dans les Champs Elysées dont elles achèvent le tableau ; les autres, comme le combat d'Hercule et de Cacus, nous montrent, avec la perfection de détails que nous avons admirée au cinquième acte, un modèle de ce que doit être la narration dramatique. L'hymne, en l'honneur du dieu, est un chant lyrique qui a toute la vigueur et tout le mouvement d'un chœur d'Eschyle, en y joignant une pureté irréprochable. Quant aux scènes entre Evandre et le fils d'Anchise, elles respirent non pas la naïveté du pasteur Eumée, ou le naturel du bon roi Alcinoüs, mais une simplicité ornée avec un goût si exquis, que l'illusion qu'elle produit est parfaite. On ne soupçonnerait pas la peine et l'étude dans ce langage auquel l'art, le goût et la mélodie ont imprimé le cachet de la plus élégante facilité. Il faut avoir Homère sous les yeux pour reconnaître les traces du travail dans son imitateur. C'est ainsi que les grâces négligées, les naïvetés soudaines, l'heureux abandon de La Fontaine, rapprochées des passages où Racine a recherché ce genre de beautés, nous font sentir la différence entre des inspirations de la nature et les fruits de l'art le plus achevé. Ces qualités du fabuliste sont des dons si précieux que, dans les récits qui leur sont communs, l'élégance continue, la pureté, le goût, le coloris, la brillante facilité de Voltaire ne sauraient remplacer le charme du modèle des conteurs.

Malgré tous les éloges justement accordés à Virgile comme écrivain, Pope incline à penser et l'on peut croire avec lui, que le style d'Homère, simple, naturel, rapide, varié par l'heureux emploi des divers dialectes, riche d'images formées souvent d'un seul trait, et plein d'une harmonie qui semble imiter tous les tons comme exprimer tous les accents d'une voix juste et flexible, peindre tous les objets comme exprimer tous les sentiments, convenait mieux au mouvement et à l'abandon d'une grande action épique que le style noble, imposant, soutenu et trop poli, trop savant peut-être du poëte latin. On doit craindre même que l'obligation de lutter sans cesse avec un idiome rebelle, le besoin de calculer tant d'effets, de créer tant de richesses, que les efforts nécessaires pour parvenir à une si grande perfection de langage, n'aient ôté au poëte le temps de ces méditations fécondes qui peuvent seules enfanter un plan vaste et judicieux, et souvent modifié par des dispositions nouvelles qui sont des bonnes fortunes du talent ou des récompenses de l'étude. S'il eût trouvé une langue plus heureusement née, plus simple et plus mélodieuse, Virgile aurait délibéré plus long-temps avec sa raison, et se serait ensuite abandonné à ses inspirations avec plus d'audace et de confiance. En créant comme le chantre d'Enée une poésie nouvelle, Racine à mérité aussi la gloire attachée au génie de la composition.

La comparaison perpétuelle d'Homère et de Virgile renferme seule un cours entier de littérature; on y trouve presque toutes les leçons que le génie puisse donner; entre ces leçons, l'une des plus importantes est le danger de l'imitation adoptée comme fondement d'un ouvrage. Quand Virgile ne fait que s'inspirer d'après Homère, souvent il surpasse son maître; quand il se condamne à l'imiter, ou plutôt à le copier, ses plus nobles larcins défigurent l'original, ou deviennent des fautes, parce que les beautés qu'on emprunte à une composition tirent tout leur prix de la place que le génie leur a donnée; il est plus difficile peut-être de les transporter ailleurs que de les créer. La plupart du temps l'éclat même que l'on ajoute à leur éclat, le soin que l'on prend d'agrandir leurs proportions, ne servent qu'à faire ressortir le défaut d'harmonie entre eux et le nouveau sujet qui les adopte malgré lui. Un lecteur attentif, en voyant le nombre des imitations partielles qui sont répandues dans l'Enéide, la timidité avec laquelle Virgile s'empare des richesses d'Homère, la manière dont il les divise, ainsi que des larcins que la honte ou la crainte voudraient déguiser pour les cacher, ne conçoit pas comment le poëte pouvait conserver un moment de verve et de liberté. Virgile a donné la plus grande preuve de supériorité, en corrigeant par des inspirations particulières, par des beautés d'un ordre élevé, par des traits sublimes, et surtout par l'accent du cœur, les funestes conséquences et la pénible impression d'un système si dangereux ; sa muse est parvenue non seulement à effacer les traces de son esclavage, mais encore à être originale dans plusieurs parties de l'Enéide ; elle a fait plus, elle a reculé les limites de l'art. Moins défiant de ses forces, moins timide à oser, saisi d'une admiration moins superstitieuse pour les Grecs, s'abandonnant davantage à lui-même, Virgile serait plus digne d'Homère ; sans doute peu d'écrivains ont obtenu la place éminente qu'il occupe dans le temple de la gloire ; mais, entre la palme du talent et celle du génie, l'intervalle est immense. On peut appliquer à l'Iliade et à son sublime auteur ces paroles d'Anchise à son fils :

> Principio cœlum, ac terras, camposque liquentes,
> Lucentemque globum lunæ, Titaniaque astra,
> Spiritus intus alit ; totamque infusa per artus
> Mens agitat molem et magno se corpore miscet.

Pourquoi faut-il que la raison, que l'amitié même la

plus complaisante, ne puissent accorder à l'Enéide et à Virgile le magnifique éloge de l'Iliade, que lui-même a tracé sans penser à une si juste et si heureuse application de quelques beaux vers sur l'âme du monde?

«Apprends d'abord qu'un esprit caché dans leur sein anime le ciel, la terre, les plaines liquides, le globe lumineux de la lune, et l'astre de Titan; répandu comme une âme dans les membres du monde, il en agite la masse entière, et se mêle avec ce grand corps.»

En rapprochant à tout moment Homère de Virgile, nous ne pouvions oublier les tragiques d'Athènes, élèves du premier de ces poëtes, et souvent imités par le second. Combien d'heureuses découvertes nous avons faites dans Eschyle, Sophocle et Euripide! Combien leur théâtre renferme encore de beautés que Racine lui-même n'a point osé reproduire, et dont il ornerait aujourd'hui ses immortels ouvrages avec autant de liberté que de bonheur! Eschyle a un génie de la même trempe que celui d'Homère; il imite avec audace; il rivalise fièrement avec son maître; il grave la pensée avec un trait plus profond; il revêt quelquefois ses tableaux d'une couleur plus sombre et plus terrible, mais il mêle à tant de qualités des exagérations fréquentes, de l'enflure et de la bizarrerie; Eschyle nous fit sentir plus vivement par ses beautés comme par ses défauts, la raison, le goût et la timidité de Virgile, en même temps qu'il nous apprit à chérir le naturel d'Homère.

Si Virgile, en relevant la naïveté de l'Odyssée pour

la rendre plus épique, avait su davantage en conserver l'empreinte, à l'exemple de Sophocle dans OEdipe à Colonne, et dans les adieux de Philoctète à sa grotte chérie, adieux auxquels Fénélon a conservé tout le charme de l'antique, l'Enéide aurait quelque chose de plus simple et de plus attachant; elle est trop moderne, trop du siècle d'Auguste; il fallait mieux se rappeler qu'elle appartenait à des mœurs plus franches, moins composées, qui ne manquaient cependant ni de dignité ni de politesse. Sophocle n'est jamais sec ou froid, comme il arrive à Virgile de l'être dans certaines circonstances, où il semble n'avoir mis que l'indication d'une scène. Nous avons aussi reconnu, par de fréquentes comparaisons, qu'un peu de l'abondance d'Euripide, et surtout un plus grand nombre des traits d'imagination, et des mots de sentiment qui éclatent partout dans les tragédies du disciple de Socrate, produiraient un heureux effet dans l'épopée latine. Virgile et l'auteur de Phèdre ont évité avec la même sagesse les déclamations, les longueurs d'Euripide, ses indécentes injures contre les femmes, sa philosophie hors de propos, mais il leur est arrivé plus d'une fois de jouer autour du cœur au lieu d'y pénétrer comme lui; son théâtre nous révèle ce qui manque d'assez profond, d'assez pathétique à ces deux grands poètes. Leur Andromaque, quoique touchante, n'a pas ce déchirement des entrailles qu'elle éprouve sous nos yeux, dans Euripide, quand on arrache Astyanax des bras de sa mère. Euripide, dont la fécondité est inépuisable en expressions pour toutes les douleurs morales, a pu seul suffire à représenter, dans une suite de scènes de la même tragédie, Hécube, d'abord rivale de malheurs avec Andromaque, ensuite désolée du départ forcé de la veuve d'Hector avec Pyrrhus; recevant avec cette nouvelle le corps déchiré d'Astyanax, auquel elle ne peut donner pour tombeau que le bouclier d'Hector; puis apprenant bientôt, après cette scène de désolation, que le sort vient de donner pour esclave à Ulysse la reine de l'Asie; et enfin entraînée hors de son palais à la clarté de la flamme qui dévore Ilion, au bruit de la terre tremblante sous le poids d'une ville entière renversée de fond en comble! Racine et Virgile, attirés par des rapports secrets, par une sympathie particulière, ont fait leurs délices d'Euripide; toutefois dans des scènes plus douces que celles que je viens de retracer, leur sensibilité ne s'est point encore assez nourrie de la sienne. Ni l'un ni l'autre, soit dans l'épopée, soit dans la tragédie, n'ont osé faire entendre les accents et le langage touchant et simple de Polyxène et d'Iphigénie; Racine l'a tenté avec trop de timidité; Virgile a été moins hardi, et nous ne trouvons dans l'Enéide aucune jeune princesse naïve qui parle comme ces deux filles de roi ; cependant de quelles grâces on pouvait orner Lavinie avec des souvenirs d'Euripide! Mais si Virgile nous laisse quelque chose à désirer sous ce rapport, la manière dont il imite son modèle, le jugement avec lequel il le corrige, les inspirations heureuses qu'il y puise en l'embellissant, sont de grandes compensations de nos regrets. Quand on lit Euripide, il faut, pour échapper aux séductions de ce magicien qui connaît si bien l'art d'émouvoir, prendre pour censeurs Sophocle et Virgile.

Apollonius de Rhodes a pour titre d'honneur, son mérite réel, et les nombreux emprunts que lui a faits le chantre d'Énée. Plus libre avec ce poëte qu'avec le père de l'Iliade, Virgile l'imite d'une manière plus hardie et plus originale ; aussi le surpasse-t-il presque toujours, mais ce n'est pas sans nous laisser regretter encore cette précieuse naïveté qui est comme le type de l'école grecque, même lorsqu'elle ajoute beaucoup d'ornements à la simplicité d'Homère. Valérius Flaccus, imitateur du poëme des Argonautes, méritait d'autant plus d'attention qu'il était juste et utile de le venger des mépris de La Harpe et de l'oubli de beaucoup d'autres. Valérius a une grandeur naturelle, des pensées fortes et sublimes, de riches images, des beautés de diction ; il entend et parle souvent avec éloquence la langue du cœur. La comparaison entre les amours de la jeune Médée, pleins de fraîcheur et de grâce comme la jeunesse, et la passion de la reine de Carthage, qui n'étant que la renaissance d'une ancienne ardeur, manque de ce premier enchantement qui fait du monde un élysée, n'est pas sans quelque gloire pour l'émule du grand poëte ; Valérius nous montre deux âmes appelées l'une à l'autre par un attrait invincible ; dans Virgile, il n'y a qu'un seul cœur qui se rallume avec violence pour aimer et souffrir. Plusieurs peintures de l'Argonautique serviraient d'ornement au quatrième livre de l'Enéide, et Racine aurait pu faire à Valérius d'heureux larçins. Il n'est pas rare de voir Valérius corriger ou éviter des fautes de composition commises par Virgile, mieux choisir ses motifs, et être plus habile à soutenir le caractère de son héros. Mais à quelle distance de Virgile se trouve placé cet écrivain qui a gâté un beau talent de style en affectant dans la poésie la concision et l'obscurité de Tacite !

Lucain, Silius, Italicus, Stace, Claudien même, n'ont point été stériles pour notre instruction littéraire; peut-être ne sent-on pas assez combien de lumières, d'instruction et d'attrait renferme l'explication des auteurs qui, comme Lucain et Sénèque, joignent de grandes beautés à de grands défauts; c'est dans l'opposition des uns et des autres que triomphe la critique, parce qu'elle y trouve les moyens d'élever les esprits jusqu'au sublime, par une admiration pleine de ravissements, et de donner une autorité invincible et une force suprême à la raison. Quoique l'auteur des Métamorphoses n'ait pas créé de poëme épique, cependant il touche si souvent par ses ouvrages à Homère et à Virgile, que nous ne pouvions nous dispenser de lui demander souvent d'utiles et précieuses comparaisons.

Des censeurs rigides s'exagèrent peut-être les dangers de la séduction des exemples d'Ovide; mais rien n'est plus saillant, plus en relief que ses défauts; l'on peut facilement préserver la jeunesse de leur contagion, en les frappant d'anathème au nom du bon sens. Ils ont même l'avantage de prêter au ridicule, arme puissante pour combattre l'erreur ou le mauvais goût, et ramener les esprits à la vérité. Ovide invente encore avec succès lorsque Virgile semble avoir atteint le terme des ressources d'un sujet. Telle de ses fables renferme toutes les conditions d'une action dramatique parfaite : de ce nombre, est la métamorphose d'Alcyone et de Ceyx ; elle conduit le lecteur d'émotion en émotion, de surprise en surprise, jusqu'au dénouement qui, lui-même, est un chef-d'œuvre de gradations savantes. On doit regarder aussi l'aventure de Philomèle et de Térée comme un drame tout entier, et digne des plus grands maîtres. Il n'est guère de poëtes qui surpassent Ovide dans la peinture des désordres de l'âme, causés par la passion de l'amour ; peut-être sa Biblis et sa Myrrha peuvent-elles supporter le parallèle avec la Phèdre de Racine. Ovide n'excelle pas moins qu'Euripide à représenter tous les dégrés de la douleur ; il verse de douces larmes sur les enfants de la jeune Dryope et sur leur mère ; il a des cris de désespoir pour la vierge Philomèle ; il a des pleurs de rage et des rugissements de vengeance pour l'inconsolable Hécube. Après avoir suffi aux développements des scènes les plus tragiques, le poëte réussit également à peindre les innocences caresses de deux enfants, les chastes feux de Procris, la tristesse qui consume la jalouse Clitie, et la flamme légère d'Apollon pour Daphné. Les avantages que nous avons recueillis du rapprochement de ces deux beaux génies nous portèrent à penser qu'on ne devrait jamais expliquer séparément Virgile et Ovide. Avec l'autorité du premier, la critique condamne l'abus de l'esprit, l'excès de la facilité, les négligences fréquentes, les vers ébauchés, le vain luxe d'ornements et de paroles qui déparent les métamorphoses; avec des citations du second, elle révèle les secrets de la composition, mieux connus quelquefois d'Ovide que de Virgile; elle corrige la sévérité, la parcimonie de ce grand poëte par la richesse, par les inspirations riantes, les grâces enjouées, par je ne sais quelle fantaisie d'artiste, qui semblaient être des présents du climat de la Grèce, présents qu'Ovide a possédés seul parmi les écrivains du siècle d'Auguste. Virgile pourrait couper les ailes à l'imagination de la jeunesse; Ovide est propre à lui donner l'essor et une certaine audace aventureuse qui convient à cet âge.

Mais les Grecs et les Romains ne méritent pas seuls l'honneur d'un examen attentif et religieux, et la raison qui ne veut point de culte exclusif en littérature, qui se refuse à croire que le génie de l'homme soit devenu stérile, comme si la nature avait été obligée de se reposer après les créations qu'elle avait faites aux siècles d'Homère et de Virgile, nous ordonnait d'interroger aussi les modernes. Le Dante, le Tasse, Milton, Camoëns, Klopstock, Fénélon, Voltaire, auteurs eux-mêmes d'épopées devenues célèbres, et disciples rivaux de ces deux grands modèles, nous ont fourni des comparaisons non moins instructives, et peut-être même plus éloquentes que toutes celles que nous avions cherchées dans nos premiers travaux. En reconnaissant qu'Homère et Virgile ont conservé leur supériorité sous plusieurs rapports, qu'ils sont encore les premiers, l'un comme créateur, l'autre comme écrivain, il était à la fois curieux et consolant d'acquérir la preuve que ces maîtres de l'art n'avaient point atteint la limite éternelle du beau et du vrai; que les modernes l'ont reculée; que leur génie, inspiré par le génie antique, et soutenu par sa vigueur naturelle, par une audace particulière, a pu s'élever à des hauteurs inconnues; les modernes sont plus grands qu'ils ne le pensent eux-mêmes.

Le Dante auquel la raison et le goût ont tant de reproches à faire, ce poëte qui défigure en lui la noble image du génie, comme le vice efface sur le front de l'homme l'empreinte de la divinité, nous offrit cependant des beautés magnifiques et simples qui surpassent celles de l'antique. Le Dante a mérité plus d'une fois l'honneur du parallèle avec Homère, qu'il représente comme le père et le souverain de tous les poëtes du monde. Quelques vers du Dante font un tableau plus complet et plus grand que l'ode d'Horace sur la fortune. Les Euménides d'Eschyle, le tartare de l'Enéide, et l'enfer de Milton ne portent pas peut-être la terreur aussi loin que certaines descriptions du Dante. On trouve dans ce poëte un autre espèce de naïveté que celle des Grecs, des scènes d'amour d'une simplesse, d'une chaleur, d'une mélancolie, et d'une grâce, inconnues à Virgile. Le champ des pleurs et l'apparition imprévue et passagère de Didon consolée par son premier époux, qui partage toutes les peines de ce cœur malade, sont à peine une faible ébauche auprès du tableau de la passion, du malheur, de la tristesse et du fidèle attachement de ces deux ombres, semblables à deux colombes qui volent toujours ensemble, et dont la mort n'a pu ni séparer les cœurs, ni éteindre l'attachement mutuel, ni rompre la chaine [1]. Demandez une image de Françoise de Rimini à l'antiquité, elle ne pourra pas vous satisfaire. Athènes et Rome n'ont point d'Ugolin dans leur enfer, point de Béatrix dans leur Olympe. N'était-ce pas encore une surprise pleine d'attrait pour mes jeunes auditeurs, que de découvrir dans un ouvrage souvent bizarre et monstrueux, Virgile corrigé avec bon sens, imité avec génie, et surpassé quelquefois, soit dans ses oppositions pittoresques, soit pour la vérité des sentiments, et l'accent de la nature? Outre l'inspiration forte et puissante que peut donner le commerce du Dante; il méritait encore par d'autres raisons une étude approfondie; comparé avec Virgile, le poëte Florentin par l'originalité de son imitation, par l'empreinte créatrice qu'il met à ses emprunts, était le censeur sévère et juste de la timidité excessive de son maître et de son guide, tandis que, par une compensation utile à notre instruction, Virgile nous inspirait, au nom de la raison et du goût, un éloignement extrême, un dégoût salutaire pour les hyperboles, les bizarreries du Dante, et pour ses fictions trop souvent semblables aux rêves d'une imagination malade. D'un autre côté, si nous opposions au chantre d'Achille et d'Ulysse l'auteur de la divine comédie, ce dernier

---

[1] Chant v de *l'Enfer*, du Dante.

nous présentait une poésie originale, tantôt sublime, tantôt populaire, mais toujours simple, une énergie singulière d'expressions, un style plein de créations, sobre de mots, avare d'épithètes, et prodigue d'images ; enfin, une harmonie naturelle et variée, souvent imitative sans effort, et semblable aux divers accents de la voix humaine, lorsque les passions lui communiquent la faculté de peindre les objets dont elles sont affectées. Comme écrivain, Dante ne copie personne ; la langue qu'il parle est libre comme son génie ; c'est lui qui l'a faite, mais pour son seul usage.

Le Tasse a puisé plus d'une inspiration dans le Dante ; mais en évitant ses fautes, il n'atteint pas toujours ses beautés ; nous l'avons senti bien des fois. Clorinde rappelle et n'égale point Béatrix ; le Dante a le premier placé dans le ciel un amour pur et sublime qui ne défend pas les souvenirs de la terre. Il a fait briller le premier une couronne d'étoiles sur le front de la vertu qui vient tendre la main à la faiblesse, et ranimer la flamme du repentir dans un cœur attiédi. Auprès de ce génie indompté, le Tasse nous présentait un singulier phénomène ; imitateur superstitieux de l'antique, copiste presque servile de l'Arioste, dont il n'a pas l'imagination, incapable de l'audace et du vol du Dante, abusant quelquefois de l'esprit comme Ovide, il s'élevait tout à coup sans effort à la hauteur d'Homère. Il en retraçait le grandiose, la force, l'entraînement, quelquefois la majesté simple; d'un autre côté, nous lui eussions en vain demandé de reproduire à nos yeux la pureté, l'élégance soutenue, la poésie savante, et le goût du chantre d'Enée, qu'il surpasse autant par la conduite du poème que par les caractères. Godefroi nous parut être Enée tel que le poëte latin l'avait conçu dans un moment d'inspiration. Le Tasse, en adoptant une belle pensée de Virgile, l'a rendue avec la chaleur et la liberté qui se communiquent ordinairement à une création originale. Enée tire son éclat de l'obscurité de ses compagnons; un calcul qui est plutôt une faute de génie qu'une erreur, les a tous mis dans l'ombre pour appeler la lumière sur lui seul. La valeur, la vertu et l'autorité de Godefroi ne souffrent aucune éclipse, en présence des autres renommées de la Jérusalem. Il tient le sceptre et le pouvoir comme Agamemnon, sans avoir son orgueil et ses passions; il est religieux comme Enée, mais sans la faiblesse et les incertitudes de ce prince. En demandant les secours du ciel, il est toujours prêt à s'en rendre digne; il prie l'Eternel avec ferveur, et marche au combat sans crainte, sous les auspices du Dieu qui donne la victoire. Personne ne le surpasse en valeur; aucun chef ne l'égale en sagesse et en expérience; et, pour achever un caractère si bien tracé, ses vertus sont animées d'une flamme céleste qui se répand sur toutes ses actions.

Dans le Renaud de la Jérusalem comparé au fils de Thétis, on ne peut voir qu'un mortel issu d'un dieu; mais le poëte a dessiné Argant et Soliman avec bien plus de fierté qu'Ajax et Diomède ne le sont dans l'Iliade; Tancrède n'a point de modèle ou d'égal chez les anciens. Si la brillante Armide ne présente qu'une fausse et faible image de Didon, Herminie respire quelque chose de noble, de simple et de pastoral comme la Nausicaa de l'Odyssée, avec une passion dont la fille d'Alcinoüs ne connaissait ni les peines, ni les alarmes, ni les plaisirs mélancoliques, ni les vertueux combats. Penthésilée, Camille, ont fourni des traits au personnage de Clorinde; mais combien la guerrière moderne qui cache un cœur d'amante sous son épaisse armure, s'élève au-dessus de ses modèles! La seule mort de Clorinde est un drame tout entier, et ce drame fait partie de l'action qu'il embellit. Imiter comme le Tasse ce n'est point copier, c'est recevoir une inspiration, et féconder un germe. Presque aussi grand peintre de batailles qu'Homère, le Tasse l'emporte sur lui et sur Virgile pour les combats singuliers. Dans la double rencontre du terrible Argant et du brave Tancrède, l'imagination du poëte rassemble toutes les circonstances qui pouvaient exciter au plus haut dégré l'admiration, la terreur, et l'intérêt tragique.

Les Lusiades sont comme l'Enéide un poëme national, mais Camoëns n'acheta par aucune flatterie mensongère, le droit de célébrer la gloire de son pays. L'Homère Portugais avait une grande âme, on en trouve partout les inspirations; une raison supérieure servait de guide à son génie; ses idées sont au niveau des lumières du siècle présent, sa morale irréprochable. Camoëns imite avec indépendance, corrige avec talent, ajoute avec bonheur, imagine avec fécondité; il trace fortement les caractères, et ne les laisse point dégénérer. Chez lui, Gama unit la religion au véritable héroïsme; en rendant témoignage au dieu des chrétiens devant les spectateurs de Mahomet, il dit comme Esther :

L'Éternel est son nom, le monde est son ouvrage.

Sa confiance dans le ciel n'a d'égal que son courage et son habileté, il ne se contente pas de prier, il agit en homme fait pour commander; il ne se borne pas à tenir le gouvernail sur une mer tranquille, il guide les vaisseaux portugais au milieu des orages de l'océan Indien; il ne reste pas immobile pendant une tempête, il donne des ordres et obtient un ascendant suprême par l'autorité des paroles et de l'exemple. Inquiet, mais toujours ferme, il envisage les dangers, délibère sur les ressources, et les trouve dans son génie. Sans ses bonnes dispositions, devant les Mores de Mozambique [1], la flotte était perdue; c'est lui qui la sauve d'un écueil où elle va périr. On peut blâmer dans les Lusiades, le mélange de la mythologie avec la religion chrétienne, mais, cette faute avouée, on est contraint de reconnaître que le secours prêté par Vénus et les nymphes aux Portugais, issus des enfants de Mars, est une fiction plus riante, et plus judicieuse que la métamorphose des vaisseaux d'Énée en déesses de la mer [2].

---

[1] Chant I.
[2] Chant II.

Camoëns emprunte l'apparition de Vénus dans l'olympe, cependant il ajoute des traits heureux au portrait enchanteur que les anciens ont tracé de la déesse des grâces; sa Vénus est plus belle et plus séduisante que la leur. Le décent Virgile n'aurait point commis une inconvenance que l'on remarque dans l'essai du pouvoir de Vénus sur Jupiter, mais il n'eût point osé peut-être imiter Homère ou la nature par ce trait plein de naïveté : « Dans les bras de Jupiter, elle sanglote encore plus fort; tel l'enfant que sa nourrice a grondé se désespère au milieu des caresses et redouble ses intarissables pleurs. » Camoëns a senti qu'il y avait toujours quelque chose de l'enfance et de ses faiblesses dans les femmes d'un cœur tendre et semblable à celui de la mère de l'Amour. Gama n'est point effrayé, comme Enée, de l'apparition de Mercure, il n'a pas besoin qu'on lui repète la volonté du ciel; il obéit avec zèle aux premiers ordres de Jupiter [1]. L'entrevue de Gama avec le roi de Mélinde est d'une grande beauté; il y faut remarquer cette observation de mœurs. « le roi se jeta dans les bras du héros. A cet élan du cœur Gama se sent ému, mais il respecte le rang suprême, et ne répond que par des hommages aux embrasse-

---

[1] Le Discours d'Enée à ses compagnons pour ordonner le départ est beau, mais peut-être peut-on lui préférer la rapidité, l'accent des paroles de Gama. «Déployez, s'écrie-t-il, déployez toutes les voiles, partons; Dieu l'ordonne : un envoyé du ciel marche devant nous; je l'ai vu. C'est avec jugement que Camoëns n'a imité ni le trait *sequimur te, sancte deorum, quisquis es*, ni celui-ci : *dixit, vaginaque eripit ensem fulmineum.*

ments du monarque. » Dans la réponse du Portugais à ce prince, Camoëns montre encore une imitation qui n'a rien de servile.

La narration de Gama ne saurait égaler le grand drame de la chute d'Ilion, mais on y trouve des batailles d'écrites avec la verve d'Homère, encore plus vraies peut-être, et ayant toutes un caractère particulier ; au milieu de ces terribles récits, où le peintre montre une étonnante variété, la lutte d'Alphonse premier avec sa mère Thérèse, le touchant épisode d'Inès, l'apparition du Gange et de l'Indus au roi Emmanuel, inspirent un vif intérêt, ou la pitié la plus tendre, ou la plus haute admiration. C'est avec l'âme de Virgile que Camoëns représente la douleur des épouses, des sœurs et des mères au départ de Gama; cette peinture fait désirer quelques traits dans le début du troisième livre de l'Enéide. La fiction d'Adamastor sert encore à relever le caractère de Gama; aux menaces épouvantables du géant, le héros veut s'élancer sur lui, comme Ulysse sur les monstres de Scylla, et ne se laisse pas surprendre par de lâches terreurs. On a justement vanté cette création sublime, on aurait dû remarquer encore l'habileté, l'art du Camoëns à corriger la fable de Polyphème, et à répandre l'intérêt d'une passion profonde et malheureuse sur un sujet si effrayant. Il manque à la peste du troisième livre de l'Enéide les touchants regrets de Gama sur ses soldats dévorés par le scorbut, et morts dans une terre étrangère. Quelle heureuse imitation de l'Archytas d'Horace dans le dernier trait ! « Oh ! que l'homme aisément trouve ici-bas sa dernière demeure! Un peu de sable remué sur le rivage, quelques vagues fugitives, reçoivent indistinctement la dépouille d'un héros et les restes d'un obscur soldat. » L'éloge que le héros fait de ses compagnons est d'un accent plus fier que le discours d'Enée aux Troyens jetés par la tempête en Afrique [1]. Le dernier mérite de la narration de Gama est de ne point décroître, et de laisser dans les âmes l'impression la plus favorable au caractère du héros.

Après ces nobles récits qui nous révèlent en lui le digne émule des grands hommes qu'il vient de célébrer, Gama ne s'oublie pas dans les délices, à Mélinde, comme Enée à Carthage; il va de lui-même chercher de nouveaux périls, il brûle d'obéir aux ordres de son roi, qui sont sacrés pour lui. Ici des fictions que l'on peut blâmer surtout, parce que l'apparition du génie des tempêtes devrait être le plus grand des obstacles pour arrêter l'audace des Portugais. Virgile ne multiplie pas ainsi les machines poëtiques; la fiction d'Eole a perdu toute sa beauté primitive dans le Camoëns, mais au milieu de l'effroyable tempête qui est venue assaillir les vaisseaux Portugais, la prière de Gama frappé de terreur lorsqu'il voit tous les bras sans force, tous les cœurs abattus, tous les secours impuissants, est belle comme l'expression d'un sentiment vrai; on aurait aimé un pareil langage dans la bouche d'Enée, au milieu de la tempête suscitée par Junon pour perdre les Troyens.

---

[1] Livre I.

Le début du septième chant des Lusiades offre une opposition, qui est un heureux artifice : « Enfants de Lusus, vous suppléez au nombre par le courage, à la puissance par l'héroïsme; vous bravez mille morts pour étendre l'empire de la foi. Ainsi le Ciel à voulu que, dans l'intérêt d'une si belle cause, le plus petit des peuples se montrât le plus grand : tant le Ciel réserve de gloire à la vertu soumise et courageuse. A tout moment les Lusiades prouvent que le bon sens gouverne l'imagination de Camoëns; le bon sens éclate même au milieu des fautes qu'on reproche à ce grand écrivain. Je n'entreprendrai pas de discuter ici le mérite de la fiction de l'île enchantée où les héros portugais reçoivent la douce récompense de leurs travaux; je ne chercherai point à examiner le prix de la noble et ingénieuse excuse que le poëte s'est préparée à lui même; mais, en admirant les richesses de cet épisode que le Tasse à imité sans l'égaler peut-être, on pourrait encore y trouver un modèle des convenances que Virgile n'a pas toujours aussi bien observées que son imitateur. Camoëns respecte son héros jusqu'au bout avec une attention singulière; ainsi, tandis que tous les Portugais se livrent aux délices de l'île merveilleuse, un sage silence nous cache les transports de Gama; le poëte dit avec une réserve remplie d'art : « Sous les traits des Néréïdes, la gloire a souri aux triomphateurs des flots; sous les traits de Réthys, elle a couronné Gama. » Le Tasse avait bien raison de professer la plus haute estime pour le Camoëns; dans cet écrivain, dont l'ouvrage ne saurait égaler en grandeur en magnificence et en invention, ni les épopées d'Homère et de Virgile, ni celle du Tasse, la raison, l'âme et le génie sont d'accord pour donner aux hommes les plus belles leçons d'héroïsme et d'amour de la patrie; jamais on ne fit un si noble usage du don sublime de la poésie.

Il est un homme que le Tasse appelait son père, son seigneur et son maître, dont l'Italie ne parle jamais sans lui donner le titre de divin : cet homme est l'auteur du Roland furieux. L'Arioste ressemble à Homère par le génie et par une certaine négligence ; il égale souvent la grandeur de l'Iliade, et retrace avec un charme particulier la naïveté des mœurs de l'Odyssée, en leur donnant un intérêt plus dramatique. Soit qu'il imite, soit qu'il invente des comparaisons, l'Arioste va de pair avec les plus grands poëtes ; le Tasse ne fait souvent que l'appauvrir en le copiant. Les métamorphoses ne contiennent pas peut-être plus de richesses descriptives que le Roland furieux. Quel homme que ce terrible paladin, si faible du moment où il est vaincu par la passion ! Comme Renaud, Sacripant, Marphyse, Mandricard, Agramant, Charlemagne et Rodomont, nous semblèrent tracés ou soutenus à la manière antique ! Comme nous admirions le jeune Roger, ardemment épris de Bradamante, faisant avec courage des sacrifices cruels au devoir d'un sujet et d'un chevalier, tempérant par les promesses du véritable amour, la sévérité des nobles excuses de la vertu, et obtenant le bonheur d'une glorieuse union avec une héroïne, par une suite de prodiges que termine sa périlleuse victoire sur Rodomont! Que d'utiles réflexions dans les comparaisons qu'il nous présentait avec l'Enéide de Virgile, ou avec le Renaud et le Tancrède de la Jérusalem! Quant à Bradamante, plus fière que Camille et Clorinde, elle nous parut plus aimable, parce que le poëte mêle à ses vertus guerrières une passion pleine de pudeur, la modestie d'une vierge à la fois héroïque et timide qui dépose sa gloire sur le seuil de la maison paternelle, et ne sait plus que respecter la volonté d'une mère. L'Arioste semble désordonné dans sa marche, mais ses prévoyances d'écrivain cachent une foule d'artifices heureux. Nous avons remarqué que l'épisode d'Angélique et de Médor, imitation embellie de Virgile, a sur l'original le triple avantage de se lier intimement à la marche générale du poëme, de servir de moyen particulier pour faire éclater la folie de Roland, et de motiver, avec autant de vérité que de charme, l'amour qui succède à la pitié d'Angélique pour le jeune et vertueux page qu'elle a trouvé étendu sur la terre, et baigné dans son sang. La charmante Herminie, chez les bergers, est un souvenir perpétuel d'Angélique. Il n'y a peut-être pas en poésie de tableaux d'une vigueur et d'une audace pareilles à celles que l'Arioste déploie, soit dans la peinture des fureurs de Roland, et de la funeste influence de la discorde triomphante dans le camp des Sarrasins, à l'assaut de Paris, soit dans le récit des exploits de Rodomond, qui ressemble au Pyrrhus et au Turnus de l'Enéide. Le dernier combat de ce terrible ennemi avec Roger, atteste que l'Homère de Ferrare n'imitait pas les anciens avec moins de bon sens que Fénélon ne l'a fait depuis. On ne peut pas surtout lui reprocher de manquer à son héros, comme Virgile au sien. Il fallut bien reconnaître de grandes fautes parmi tant de beautés ; l'interruption ennuyeuse et importune des narrations, les bouffonneries répandues au milieu des choses sérieuses, les inconvenances, les exagérations fréquentes, les fables ridicules qui déshonorent le poëme ; mais ces fautes, toutes grossières qu'elles soient, n'ôtent pas à l'Arioste la supériorité de son génie libre et hardi, et la grâce native de son talent. La comparaison de ce poëte avec Homère, Virgile, le Tasse et Fénélon, est bien importante pour un ami des lettres qui veut étudier profondément les mystères de la composition, et le mélange de naturel et d'art qui imprime aux ouvrages le mérite de la variété. Nos jeunes écrivains surtout doivent méditer les passages fréquents où l'Arioste a su prendre avec tant de souplesse et de facilité des tons si différents.

Le génie de Milton ressemble tour à tour à ses personnages, les uns des anges de lumière, les autres des esprits de ténèbres. Jamais aucun poëte ne s'éleva si haut pour tomber si bas : Milton décrit les merveilles de la création comme Dieu les a semées ; son paradis fait pâlir la magnificence de l'Olympe ; son enfer est sublime, son pandémonium la honte de l'esprit humain. Si nous regardons les caractères, que deviennent le Prométhée d'Eschyle, le Capanée d'Euripide, le Mézence ou le Salmonée de Virgile auprès de Satan qui retient dans toute sa personne quelque chose des splendeurs du soleil, et porte sur son front une image de la beauté des cieux avec les traces de la foudre, le souvenir de sa royauté céleste avec l'humiliation de sa chute, la rage avec le désespoir, et poutant l'inébranlable fermeté produite et soutenue par une haine immortelle! Prométhée, enchaîné sur le rocher de la vengeance, mais toujours indomptable, et bravant la foudre qu'il voit descendre sur lui, est une image sublime de la force, et de la constance de l'homme aux prises avec le malheur, la souffrance et la mort; mais que dirons-nous de l'archange rebelle, du chef suprême de l'armée infernale, ceint d'une couronne brûlante, armé d'un glaive étincelant, debout comme un rival devant le fils de Dieu, et enflammé par des passions dévorantes, par un orgueil effréné, par une ambition insatiable, enfin par le génie du mal, contre le ministre divin de la colère du Ciel?

A la vérité, ces sublimes enfantements, semblables à certains tableaux d'Homère, ne supporteraient pas toujours, quant au fond de la fiction, l'examen sévère de la raison, mais ils se rattachent à une religion qui régit la moitié de la terre, ils sont populaires pour une partie du genre humain, et parlent à presque toutes les imaginations comme des signes sensibles du monde invisible. L'observateur attentif peut encore y voir les emblêmes des passions revêtues d'un corps céleste et d'une âme divine, comme elles le sont dans l'Iliade; et dès lors, au lieu de disputer au poëte la liberté d'affecter librement toutes les formes qui conviennent à ses créations, il ne s'agit plus que d'examiner la vérité de ses peintures; s'il a fidèlement représenté le plus étonnant des ouvrages de la divinité, admirons son génie au lieu de critiquer froidement son audace. C'est avec la guerre des géants contre Jupiter, c'est avec le Prométhée d'Eschyle, avec des inspirations de la bible et du Dante, c'est avec les souvenirs de son temps, que Milton a créé le prince des enfers; on pourrait retrouver plus d'une trace de Cromwell dans ce Satan que le poëte ne peut s'empêcher d'admirer, comme il admirait le protecteur. Dans Satan et dans Cromwell, même génie, même audace, même impatience du joug, même soif du pouvoir, même ambition de renverser un trône, même inflexibilité, même ruse unie au courage et à la constance, même ascendant sur leurs égaux devenus leurs inférieurs, même humeur sombre et despotique. Les fiers compagnons, qui n'osent disputer à Satan sa brûlante couronne, sont les généraux soumis à l'autorité de Cromwell, enchaînés à sa fortune, et tributaires de sa puissance. Quant aux autres instruments des desseins de Satan ou de Cromwell, il fallait, comme Milton, avoir vu triompher d'abord, et avorter ensuite une révolution politique et religieuse, s'élever et tomber un colosse de pouvoir et d'orgueil sur les ruines de la liberté, pour peindre avec des couleurs aussi vives cette ambition ardente et insatiable, cette soif de la vengeance, cette puissance de volonté, cette crédulité aveugle, ce dévouement sans bornes, ces sacrifices sans mesure; puis ces cœurs de bronze, ces résolutions du désespoir, cette absence de toute morale, ces désertions éclatantes, ces inconcevables méthamorphoses, ces longues et obscures perfidies, et enfin cette bassesse et cette vénalité que les factions, leurs complots, leurs périls, leurs craintes, leurs triomphes, leurs brusques changements de fortune, leur chute, et la ruine complète de leurs espérances, font éclater avec une effrayante vérité. Tel était l'un des points de vue sous lequel nous considérions l'Homère anglais.

Que l'auteur d'une tragédie, disions-nous, dans le cours de nos entretiens, représente avec la vigueur indomptée de Milton, un rebelle comme Satan; quel effet ne produira pas un caractère si nouveau sur la scène? Que le poëte ait assez d'audace de talent, pour soutenir à côté de ce conspirateur sublime, les autres princes de la révolte infernale, quelle impression dramatique feront sur nous la révélation de leurs desseins, la marche de leur entreprise, l'ivresse de leurs espérances et le triomphe de leurs fureurs trompées par une horrible catastrophe! Milton excelle à peindre et les passions qui couvent sourdement au fond du cœur, et celles qui éclatent tout à coup comme la foudre sous un ciel brûlant et serein. Le même homme sait trouver les traits les plus touchants, les plus suaves couleurs, les nuances les plus délicates pour exprimer les affections tendres; mais il paraît surtout avoir trouvé un amour et des voluptés inconnus avant lui sur la terre; aussi, en le comparant avec Homère, Virgile, l'Arioste et le Tasse, nous ne pouvions nous empêcher de reconnaître, avec Voltaire, que ce serait profaner l'innocence et la pureté d'Adam et d'Eve, que d'établir un parallèle, entre la scène conjugale de l'Olympe, ou la grotte de Didon, et le berceau de l'hymen des deux premiers auteurs du genre humain ; de même que les plaisirs d'Angélique et de Médor, les enchantemens des jardins d'Armide, ne sauraient balancer un moment les délices d'un séjour embelli avec complaisance par Dieu lui-même ; pour être le temple d'un amour qui allait commencer le commerce religieux de l'homme avec le Ciel.

Ici nous apparurent Moïse, David, les prophètes qui, avec Homère, Virgile et le Dante, ont fécondé la muse de Milton. Nous cherchâmes d'abord à reconnaître les beautés qu'il doit à ces grands maîtres, les créations originales de son génie, en nous gardant bien d'essayer de ralentir le vol de cet aigle, et de l'empêcher de déployer ses ailes de feu ; il fallut ensuite nous appliquer à poser d'une main sûre les limites que la raison défendait de franchir, à distinguer le bizarre et l'extravagant de l'idéal et du merveilleux, à discuter les critiques et les éloges d'Adisson, à établir en quoi l'Homère anglais est tantôt inférieur, tantôt supérieur aux autres poëtes épiques ; cette comparaison nous fit remarquer en lui le talent de créer des beautés nouvelles, uni à l'étonnante faculté d'imiter avec autant de souplesse que de liberté, l'Iliade et la Bible, l'Enéide et les Méthamorphoses. Plusieurs peintures du Paradis nous révélèrent une magnificence dans le sublime qui développe, sans l'affaiblir, la simplicité majestueuse de la Bible ; mais la lecture fatigante du poëme nous apprit que toutes les richesses d'une si belle imagination ne sauraient balancer le mérite suprême d'une action raisonnable et grande, vraisemblable et dramatique, et que, malgré le génie de l'auteur, la conspiration de l'enfer contre le genre humain, représenté par deux créatures fragiles et faibles, ne suffit pas pour attacher à leur chute le puissant intérêt de la ruine d'un peuple et d'un empire, images qui sont plus accessibles à nos sens, plus dans l'ordre des événements humains : tels furent les fruits de nos utiles méditations sur l'Homère des Anglais.

Gardons-nous bien de mettre la Messiade de Klopstock au même rang que les vastes créations de l'épopée ancienne et moderne; elle n'en a ni la grandeur, ni l'ordonnance, ni le mouvement, ni la variété, ni la vraisemblance et l'illusion : mais on commettrait une injustice littéraire, si l'on refusait de reconnaître dans ce poëme des inspirations d'un beau génie, des traits de sentiment et des peintures qui n'étaient dans aucune littérature connue. La création de l'âme de Jean, modèle d'un amour inimitable qui tient de l'attachement passionné d'un disciple, d'un frère et d'un fils, les premières souffrances du Christ, la tendre et profonde pitié de l'ange Abadonna, l'agonie de l'homme-dieu, les plaies qui lui ont été faites par le glaive, ces plaies qui brilleront dans le ciel sur son corps sacré, comme des gages d'un sacrifice sublime, réclamaient de nous un tribut d'admiration pour l'écrivain à qui l'épopée doit de nouvelles beautés. Mais il nous parut évident que les défauts essentiels de l'ouvrage étaient le manque d'action, et l'impossibilité de changer la situation du héros, toujours en présence de sa croix. La mesure, la convenance et le goût manquaient à Klopstock. Il développe avec imprudence ce que la Bible indique à peine ou laisse dans une mystérieuse obscurité. A la première lecture, nous fûmes tous frappés des inconvénients de l'appareil que le poëte prête à la colère de Dieu contre le genre humain, et au jugement qu'il prononce sur son fils; de même la Pâque ou le dernier repas, la prière du Christ sur la montagne des Oliviers, sa douleur sans aucun faste, sa résignation si simple et si entière, le lâche sommeil de ses disciples, ses tendres reproches à leur faiblesse, qui n'était autre chose qu'une insensibilité profonde ou une trahison commencée dans le cœur, perdirent à nos yeux toute leur naïveté, tout leur charme dans la paraphrase de l'imprudent imitateur. Comment Klopstock n'a-t-il pas senti, disions-nous, que le récit des apôtres offrait, avec une étonnante fidélité, l'une des plus tristes scènes de la vie humaine, et l'image du moment où une victime de la proscription regarde avec sérénité venir sa dernière heure, au milieu de ses amis qui, déjà refroidis ou consolés, accusent peut-être les délais de sa mort?

On ne peut pas dire du jeune Arouet, qui fut depuis le grand Voltaire, qu'il avait vu les villes et les mœurs de beaucoup de nations; à peine quelques parties de la France lui étaient-elles connues. Son siècle était muet devant lui : le pouvoir de Richelieu, les prospérités de la France, les malheurs qui en furent la suite, avaient également contribué à effacer le souvenir de la ligue. Vainement Péréfixe, précepteur de Louis XIV, s'était appliqué à mettre sous les yeux de son élève la vie de Henri IV ; vainement, dans la plus touchante des exhortations qu'un roi pût jamais recevoir, Bossuet avait-il peint, des plus vives couleurs, le deuil de la France à la mort de Henri, on ne trouve pas, dans le long règne du superbe monarque, un souvenir pour le Béarnais : sa mémoire était comme éteinte ; il fallait en quelque sorte la ressusciter avec tous les événements qui lui servaient de cortége. L'histoire parlait, sans doute ; mais ses secours étaient dangereux, parce que, peintre trop fidèle ou trop timide, elle ôte à la vérité ce caractère grandiose et au-dessus de nature que le génie poétique lui communique sans l'altérer pourtant. Les récits d'un peuple qui raconte les choses du passé au poëte qui doit y choisir le sujet de ses méditations n'ont pas le même inconvénient, parce que l'imagination de chaque race y met son empreinte, et l'amour de la patrie ses innocentes exagérations. Encore aujourd'hui la tradition de nos pères entoure Roland et Charlemagne d'un prestige qu'ils n'ont pas dans nos annales. Privé des inspirations souveraines qui surprirent Homère dès l'âge le plus tendre, au milieu d'un pays enivré de sa fortune et de sa gloire, n'ayant pas reçu comme le Dante et Milton les impressions vivantes des objets qu'il devait représenter, n'ayant vu ni la haine héréditaire des grands pour le trône, ni les intrigues de l'étranger, ni le génie des factions, ni le fanatisme armé du glaive et du flambeau, ni les malheurs de la guerre civile, ni les emportements de la force irrésistible d'un peuple entraîné au crime par des hommes qui commandent au nom du ciel, il n'a pu se former de tant de spectacles différents ces vives et profondes images qui enfantent des tableaux, des scènes et un drame. Ce qu'il a fait avec les données de l'histoire et les récits de quelques vieillards, seuls et derniers témoins de la Saint-Barthélemy, est étonnant; mais avec de tels secours un véritable poëme épique devenait presque impossible à son talent et à son âge.

Au niveau des lumières de son temps, Voltaire ne descend jamais à certaines fictions basses et puériles d'Homère; il n'est pas fougueux et désordonné comme le Dante, précieux et maniéré comme le Tasse, plein de disparates comme Milton; sa raison, plus élevée que son génie, le soutient hardiment dans les plus hautes régions de l'intelligence, et ne le laisse jamais tomber ou ramper dans les ténèbres. Pour lui, la vérité, qu'il cherche et qu'il contemple, ne souffre jamais d'éclipses. La politique, conservatrice de l'ordre social, la morale, la philosophie, l'humanité, attestent dans la Henriade la présence d'un esprit supérieur, et l'influence d'un siècle encore plus éclairé que celui de Virgile. Nationale dans son héros, généreuse dans son but, la Henriade popularise un bon prince au lieu de célébrer un pervers; elle ne contient pas une maxime qui puisse égarer les hommes ou les corrompre; elle inspire l'horreur du fanastime et de la guerre civile, la haine du joug étranger, le respect des lois et l'amour de la patrie. On trouve partout la mesure, la proportion, la noblesse, l'élégance et le goût dans la Henriade ; elle étale de riches descriptions, des récits pleins de chaleur, des portraits qui ont beaucoup de relief, des peintures vivantes : mais tant d'avantages réunis ne constituent pas un poëme. Cette réflexion saisit mes auditeurs à la seule lecture de la Henriade. Leur jugement, qui souvent précédait ou confirmait le mien, était formé avant les autres réflexions par lesquelles j'essayai de donner de nouvelles raisons de l'infériorité de Voltaire.

Homère interroge la nature, elle est son génie ; Virgile s'applique à reproduire Pisandre, Apollonius, mais surtout Homère ; il imite des copies de la nature, au lieu de s'inspirer d'après le modèle. Trop jeune pour l'observer avec maturité, trop impatient pour rester long-temps devant elle, Voltaire néglige l'étude approfondie de la nature, adopte Virgile pour maître parce qu'il trouve en lui des rapports de lumière et de sympathie, et abandonne Homère comme trop peu d'accord avec les mœurs modernes. C'était une double erreur de se rapprocher de Virgile et de s'éloigner d'Homère : le premier ramenait trop Voltaire au siècle de Louis XIV et à la dignité un peu froide qui régnait à la cour de ce prince. Pour oublier ce siècle, si peu semblable à celui de la ligue, mais surtout pour se soustraire à l'influence funeste d'une époque de licence qui n'était propre qu'à rabaisser les grandes choses, à tourner les vertus en ridicule, et à éteindre toute espèce d'enthousiasme, Voltaire avait besoin du commerce d'Homère, à la fois peintre fidèle de la nature et d'un monde idéal.

S'il eût été l'élève de Port-Royal, et familier comme Racine avec la langue des Grecs, Voltaire aurait senti que la grandeur simple de l'Iliade, la naïveté de l'Odyssée étaient bien plus propres que la noblesse constante de l'Enéide, à inspirer le peintre chargé de représenter ce mélange d'héroïsme et de bonhomie, d'élévation et de familiarité qui composaient le caractère du Béarnais. Voltaire n'a pas encore aperçu d'autres rapports secrets entre le poëme homérique et le sien; cependant l'activité, les nombreux combats dans lesquels Henri paya de sa personne, ses grands coups de lance, ses inspirations guerrières, ses batailles rangées, ses harangues au milieu du péril, lui donnaient évidemment des ressemblances avec Hector, à la fois soldat et capitaine. Que Voltaire suive les traces de l'Iliade ou de l'Odyssée, peut-être verrons-nous le héros français dans l'attitude d'Ulysse auprès de Calypso; peut-être encore trouverons-nous une Gabrielle auprès de l'adversaire de Mayenne, comme Briséis ou Agnès Sorel dans la tente d'Achille ou de Charles VII; mais le héros n'oubliera pas ses devoirs de général et de roi pour aller soupirer dans le vallon d'Anet, par la plus malheureuse des ressemblances avec l'Enée de Virgile ou le Renaud du Tasse. De même, et sans nuire à l'observation des mœurs, la touchante amitié de Patrocle et d'Achille pouvait reparaître sous le pinceau de Voltaire avec un nouvel éclat; il y aurait différence et pourtant similitude entre les deux peintures:

la différence consisterait dans les mœurs chevaleresques, dans un abandon plein de charmes, dans le commerce intime de deux âmes moins inégales entre elles, dans l'union de deux héros dont celui qui aimait le plus et qui avait le cœur plus violent, n'aurait jamais pu causer, par un refus coupable, la mort de son compagnon d'armes; la similitude reposerait sur les mœurs guerrières, sur l'égalité qu'introduit nécessairement la communauté de périls, de revers, de succès et de gloire, et sur d'autres rapports plus sensibles. En effet Sully, dont on pouvait tempérer la sévérité pour rendre son rôle plus attachant et plus dramatique, n'était-il pas, comme Patrocle, le modérateur d'un homme sublime et faible, capable de céder à ses passions, de pleurer pour une autre Briséis, et cependant plus grand que l'ami qui reconnaissait sans peine la supériorité de la naissance, du rang et du génie. Trop semblable à l'Enéide, et privée des imposants souvenirs qui enflammaient Virgile, la Henriade manque de majesté, de grandeur, de mouvement et d'action. Voltaire a essayé de peindre, il n'a pas su mettre en scène ses personnages. Dans l'Enéide, Hector et Troie ne paraissent que dans un éloquent récit; c'est ainsi que la Henriade nous montre Condé, Charles IX, Médicis, Coligny, Henri III, le fameux duc de Guise, qui aspirait au trône en homme digne de l'occuper et de le défendre. De même que dans l'Enéide, ces personnages sont plus grands que ceux que le poëte destine à soutenir une épopée où rien ne pourra balancer l'intérêt de la Saint-Barthélemi, et la punition du prince qui expia d'une manière si terrible l'assassinat de Coligny, et le meurtre de tant de Français. Guise était un héros, Mayenne qui lui succède, comme Enée succède à Hector, n'a que du courage et de l'habileté. Pour relever la victoire de Henri IV, il fallait faire un mensonge en faveur de Mayenne, et lui donner le génie de son frère. Réduit à sa taille naturelle, et rival d'un grand homme, il nous paraît trop peu digne du parallèle; il n'exerce pas l'ascendant de Guise sur la ligue, il ne gouverne pas la fureur des seize, il la souffre; enfin il n'est pas l'âme de la révolte : il laisse tuer Valois par un fanatique, mais il n'aurait eu ni la force ni le pouvoir de faire exécuter ce crime. Le poëte nous assure que Mayenne est grand, mais nous, nous ne le voyons pas tel; battu sous les murs de Paris, au premier moment d'un nouveau péril, et malgré l'arrivée des Espagnols qui viennent soutenir sa cause, il se montre non moins irrésolu qu'Enée; il faut que la discorde vienne lui promettre son infernal secours, nouveau trait de ressemblance avec le Troyen, qui a toujours besoin de quelque appui surnaturel. La prudence est la vertu première de Mayenne; on ne produit pas de merveilles avec cette vertu timide. En général, tout le caractère de ce personnage atteste le fatal ascendant de l'Enéide sur l'esprit de Voltaire : au moment de donner la bataille d'Ivri, Mayenne, trop semblable au héros troyen dans plus d'une circonstance, Mayenne

Inquiet, abattu,
Dans son cœur étonné cherche en vain sa vertu.

Encore, à l'exemple d'Enée, Mayenne maîtrise sa faiblesse, déguise ses chagrins; il s'excite; il s'empresse, et inspire aux autres un espoir généreux qui lui manque. Plus loin, le jeune et bouillant d'Egmont accuse l'incertitude et la lenteur du chef de la ligue; celui-ci vaincu regarde sa défaite avec un air tranquille, et court promptement cacher dans Paris la honte de sa fuite. Ce n'est pas ainsi que l'Arioste représente Charlemagne, soit au moment de la terreur causée dans son armée par l'arrivée subite de Rodomont, de Sacripant, de Mandricard et de Gradasse, de Marphise et de Roger au camp des Sarrasins, soit lorsqu'il rentre dans Paris. Ici l'imitateur défigure même Virgile, qui met du moins le héros troyen dans une autre attitude en face du danger. Après la bataille d'Ivri, Henri s'abandonne à un fol amour, lui qui sortait des entretiens du Ciel! Et le prudent Mayenne, qui redoute les conseils audacieux du bouillant d'Aumale, et se défie toujours de la fortune, ne fait plus rien pour disputer la victoire; il abandonne les rênes du pouvoir, ainsi que le faible Latinus, et prépare sans doute sa soumission. Voilà le rival que Voltaire met en tête de Henri IV! voilà comment se soutient un caractère! voilà comment un personnage principal s'efface et disparaît sur le théâtre! S'il eût paru plus grand dans le cours de l'action, ce serait bien le cas d'appliquer à ce dénouement la pensée de Jean-Baptiste : « Le mas-« que tombe, le héros s'enfuit, l'homme reste. » Les seize et leurs chefs, la ligue et ses fureurs sont une ébauche et non pas un tableau, encore moins un drame.

En les regardant, on est tenté à tout moment de s'écrier : « La guerre civile n'a point passé par là. » Les combats de l'Arioste ont la fougue et la chaleur des combats de l'Iliade ; c'est surtout au siége de Paris que l'Homère de Ferrare nous fait désirer de l'audace, de l'énergie et du mouvement dans Voltaire, trop fidèle aux exemples de Virgile ou aux récits de l'histoire. Mais on admirera toujours dans la Henriade la peinture de la Saint-Barthélemi, les portraits du duc de Guise et de Sixte-Quint, dignes de Salluste et de Tacite ; la mort du jeune Dailly, l'admirable description du ciel et la famine de Paris. Au dessus de toutes ces peintures, la postérité placera la prière de Jacques Clément, bien supérieure à celle d'Iarbas, dans le quatrième livre de l'Enéide ; l'apparition du fanatisme, sous les traits du duc de Guise, à ce séide du crime; la tranquille fureur qui le conduit à son crime, l'enthousiasme qui l'encourage sur sa route, le sacrifice magique des seize pour conjurer la mort de Henri III, et la mort impassible de son assassin [1].

Voilà véritablement des beautés épiques ; elles sont d'autant plus grandes, que la fiction sert d'image à la vérité qu'elle rend plus imposante et plus terrible, et que Voltaire consacre les merveilles de son art à donner les plus hautes leçons aux princes et aux peu-

---

[1] J'ai omis de comparer cet admirable épisode avec l'apparition d'Hector à Énée ; il renferme des beautés qu'Homère ni Virgile ne pouvaient pas même soupçonner.

ples, avec le talent sublime d'un poëte et le courage d'un ami de l'humanité. Heureux Voltaire, s'il eût donné plus souvent cette élévation à la Henriade! mais il est bien loin de la soutenir à la même hauteur, et, chose étonnante! on ne trouve pas dans le cours du poëme l'empreinte de ce pathétique profond par lequel le poëte ne mérite pas moins que par son esprit philosophique le nom d'Euripide français. Il a manqué à l'auteur de Mérope la conviction profonde que l'Epopée n'est qu'une vaste tragédie, et qu'elles ont toutes deux le même besoin de caractères, de chaleur et d'action. Le commerce d'Homère eût agrandi les proportions de la Henriade; les exemples de Virgile les ont rapetissées. Entre ces trois poëtes comparés ici, l'Épopée me paraît avoir suivi une progression décroissante, dont voici l'image. Dans l'Iliade, elle nous apparaît sous l'emblème d'un aigle qui habite l'Olympe et porte la foudre de Jupiter; dans l'Enéide, comme un cygne mélodieux qui peut déployer de larges ailes et se soutenir quelque temps dans les hautes régions de l'air, quoiqu'il préfère les régions moyennes; dans la Henriade, elle ressemble à un oiseau dont la voix ne manque pas d'harmonie, mais dont le vol court et sans audace, ne lui permet que rarement de s'élever assez haut pour échapper à notre vue.

Aristote, Longin, Quintilien, Horace, Boileau, Pope, Adisson, Hugues Blair, Rollin, l'abbé Lebossu, La Harpe, Marmontel, les travaux précieux de Malfilâtre sur le prince de la poésie latine, le cours de littérature de Lemercier, étaient mes guides dans l'examen simultané de tant d'ouvrages ; l'expérience de ces Aristarques célèbres me servait de flambeau ; mais je m'appuyais encore plus sur les exemples des écrivains dont les créations hardies ont devancé l'enseignement des règles de l'art et fécondé le vaste domaine de l'imagination. Dans le cours de nos entretiens littéraires, tous mes soins tendaient à me faire oublier : je m'étais composé un conseil de génies qui me servaient d'oracles ; je parlais toujours en leur nom. Homère ou Milton, Euripide ou Racine, le Tasse ou le Dante, citaient Virgile à leur tribunal, et Virgile à son tour devenait le juge de ses modèles et de ses imitateurs. Mais après avoir pu interroger ces hommes divins, j'ai eu encore le bonheur de trouver dans un écrivain français, élève des siècles d'Homère et de Périclès, d'Auguste et de Louis XIV, un maître dont les exemples sont des leçons de la plus haute critique.

Fénélon n'a peut-être pas, comme Homère, Démosthène, Milton et Bossuet, la sublimité de nature, l'audace de talent, l'originalité de formes, la vocation irrésistible, la puissance de création, la supériorité accablante et despotique, qui caractérisent le génie, mais la nature avait répandu sur lui les dons les plus rares, une âme telle qu'il n'en fut jamais, de l'esprit dans un degré qui effrayait son redoutable adversaire, une pénétration infinie, une raison élevée, une imagination d'Athènes, une éloquence plus facile et plus douce que celle de Périclès, le cœur passionné de saint Augustin, la tendresse de saint Jean, une amitié semblable à la charité qui brûle nuit et jour sans se consumer, la plus tendre pitié pour le malheur, l'indulgence qui pardonne, la grandeur qui impose, la grâce qui attire, et une vertu qui empruntait les ailes de la religion pour fuir dans le commerce du Ciel la contagion de la terre. Par un privilège presque aussi rare que le génie, l'auteur du Télémaque joignait à tous ces avantages une souplesse extraordinaire, et une étonnante faculté de se pénétrer intimement des écrivains, ses modèles, de leur dérober des qualités pour les incorporer à lui, de leur emprunter, pour se les rendre propres, ou leur grandeur, ou leur force, ou leur élégance et même leur abandon.

Adorateur des anciens, Fénélon les reproduit avec un rare bonheur ; mais il les traite en homme qui appelle des séductions de leur génie au tribunal de la raison. Il résout avec une merveilleuse facilité le problème de concilier toujours avec la vraisemblance et le bon sens leurs croyances ou leurs riantes imaginations, et de leur prêter ainsi non seulement un mérite, mais encore un charme qu'elles n'ont pas toujours dans l'original. Le Thermosiris du Télémaque nous apparaît sous des couleurs qui manquent à Linus ou à Musée dans leur mythologie. Les merveilles que, grâce au sage vieillard, le jeune Grec voit éclore autour de lui, en faisant fleurir le désert à l'exemple d'Apollon, renferment un fond de vérité qui rend raisonnable la fable elle-même. Homère, Sophocle, Euripide et Virgile, imités par Fénélon, gardent leur physionomie, et peuvent cependant plaire à des modernes. Plus habile et plus hardi que Racine à nous faire connaître les Grecs, Fénélon n'altère jamais leur simplicité pour flatter un goût trop dédaigneux ; il ose être naïf comme Philoctète dans ses adieux à sa grotte chérie, mais la manière dont il a conservé à la vertu son rang sublime dans Ulysse triomphant, par sa constance et sa générosité, de la rage d'un ennemi furieux, est une beauté de l'art que Sophocle aurait sans doute trouvée en lui, s'il eût vécu au temps de son imitateur.

Le personnage d'Enée après la prise de Troie, les aventures assez communes dont le récit succède à une description si magnifique, ne nous donnent qu'une pâle et froide copie de l'Odyssée. Image plus fidèle d'Ulysse, Télémaque nous intéresse par ses passions naissantes, surtout par un courage qui est en lui le type du héros. Télémaque ressemble à Ulysse, mais l'habile et judicieux imitateur se garde bien de déshonorer un père devant son fils, par le plus lâche des vices ; il laisse seulement au roi des Ithaciens la défiance et la dissimulation, fruits des longs malheurs. Fénélon a observé d'autres convenances encore plus impérieuses. En effet, le mensonge eût été bien plus odieux dans un jeune homme que dans un vieillard souvent trompé par les hommes et joué par la fortune. Nous n'entendons pas Télémaque débiter avec une égale facilité des fables et des vérités ; mais, élevé à l'école du malheur comme Ulysse, et dépositaire de grands intérêts presque dès l'enfance, devenu le défenseur de sa mère et le gardien du trône, de sages amis l'ont préservé de la funeste nécessité de mentir en l'habituant à garder un secret sans le trahir soit par ses regards, soit par ses paroles. Si le jeune et trop faible élève de la sage Pénélope cède à l'amour comme Enée, cette folle passion est de son âge; d'ailleurs corrigé par la sage violence que lui fait Mentor, nous le voyons sortir victorieux des pièges de l'île de Cypre. Le pieux Enée ne peut résister à un regard de Didon, Télémaque triomphe de l'amour et de Vénus. Les fautes les plus graves de Télémaque livré à lui-même par la sagesse de Minerve, éclairent la raison, forment la vertu, augmentent la gloire du jeune héros qui se relève seul et sans secours. Fénélon qui épiait tous les moyens de réformer le duc de Bourgogne, ne perd aucune occasion de faire éclater dans Télémaque un homme appelé à de grandes destinées; enfin, après des épreuves de toute espèce, le fils d'Ulysse au moment de partir pour Ithaque, nous promet un roi digne du trône. Cette idée est belle sans doute. Le rôle de Minerve ne fait pas moins d'honneur au jugement de Fénélon que celui de Télémaque; dans l'un et dans l'autre, il a corrigé, embelli Homère, avec le secours de la raison, de l'âme et du goût.

Avec quelle vivacité de pinceau, avec quelle grâce Fénélon a tracé le portrait de la nymphe Eucharis! Quelle heureuse opposition entre elle et Calypso! Comme les fureurs, le désespoir et les peines déchirantes de l'amour conviennent bien mieux à la fière et perfide déesse qui a retenu si long-temps le sage Ulysse, qu'à cette vertueuse Didon victime innocente de la conjuration de deux divinités! Calypso veut séduire et tromper le jeune Télémaque comme elle a séduit son père; elle doit-être punie du coupable dessein de détourner un héros, un fils et un roi du sentier de la gloire, et de la vertu; mais Didon, quel est son crime? Nous ne lui en connaissons pas d'autre que la généreuse pensée de secourir l'infortune, et de sauver un peuple. La vertu d'Enée ne peut sortir sans tache de la cour de Didon; mais Télémaque ne serait pas un ingrat; au contraire, il obéirait au plus sacré des devoirs en quittant volontairement Calypso.

Fénélon excelle à imiter ou à développer les caractères anciens, tels que le Nestor d'Homère, le Philoctète de Sophocle, et surtout l'Aceste de l'Enéide, véritable création qui montre dans l'auteur du Télémaque l'imagination et l'abondance des Grecs. Quelle différence encore entre le rôle passif et froid d'Enée en Sicile, et les périls, les exploits et la gloire de Mentor et de Télémaque dans les mêmes lieux! Si le héros troyen faisait d'aussi grandes choses pendant son séjour en Sicile, ne serions-nous pas moins étonnés de son admission aux Champs Elysées? Le farouche Hippias, plus terrible encore que l'Argant du Tasse; la fureur de Phalante, à l'aspect de la mort qui menace son frère; la douleur de Télémaque, aussi touchante que le désespoir d'Achille, et plus héroïque; le jeune roi Bocchoris et sa fin terrible; Idoménée, dont le modèle était sous les yeux du peintre; Protésilas si hautain dans la prospérité, si faible dans sa chute, et même ce Timocrate que le poëte a formé avec le Dolon d'Homère, le Sinon de Virgile, et le Pallas ou le Narcisse de Néron, appartiennent tout entiers aux modernes, et ont cependant un air d'antiquité, tant les formes grecques ont été respectées. Quelle création originale que le Pygmalion dessiné avec la plume de Tacite, et cette Astarbé, la maîtresse du tyran ! Astarbé réunit les grâces d'Armide, les séductions de Poppée, la dissimulation de Livie, la passion, les crimes et les fureurs d'Agrippine, femme de Claude, et amante déclarée de Silanus. Le Dante n'aurait pas représenté avec des couleurs plus fortes la fin terrible de cette femme impie ; mais son imagination déréglée, son mauvais goût, auraient altéré par de monstrueuses exagérations l'affreuse vérité du tableau. Fénélon, aussi énergique, aussi grand peintre que le Dante, a su rester dans les bornes de la nature et de la vérité. Cette observation importante revint souvent dans la comparaison des différentes descriptions des enfers, et nous servit à imprimer dans nos âmes cette maxime éternelle : Rien n'est beau que le vrai. Entre tous les caractères tracés par Fénélon, Adraste est, après Télémaque, le plus habilement conçu ; les talents, l'habileté, les passions, les vices, les attentats et la perfidie du roi des Dauniens, après avoir servi de nœud à l'action du poëme, d'obstacle à la victoire des alliés, de relief au triomphe du jeune héros qui les commande, amènent le dénouement de la manière la plus vraisemblable, la plus dramatique, et en même temps la plus heureuse, puisque le vaincu, quoique saisi par les furies du crime, défend sa couronne et sa vie avec un grand courage, et que le vainqueur souvent en péril, près de périr victime de sa générosité, remporte un triomphe cher à la justice, et utile à l'humanité.

A Dieu ne plaise que j'aie l'intention de vouloir mettre le Télémaque au rang de l'Iliade et de l'Odyssée; il n'y a point de parité entre les enfantements du génie d'Homère et le prodige d'éloquence et de facilité que nous admirons dans l'imitateur des Grecs. Homère est le Prométhée qui a dérobé le feu du Ciel, Fénélon est un mortel qui doit le souffle de la vie à ce vol sublime. Sujet, caractères, passions, épisodes, scènes, descriptions, couleurs, Homère a presque tout donné à l'auteur du Télémaque; le disciple s'est habilement emparé de tant de richesses, mais il n'aurait pu dérober au maître ni la vaste ordonnance, ni l'imposant ensemble de l'Iliade, ni la force et l'audace, ni l'entraînement et la variété, ni la rapidité d'action, ni la puissance de progression dramatique qui distinguent cette grande composition; Homère a encore gardé pour lui le secret de son style et les merveilles de la langue des dieux. La raison ne permet pas davantage d'égaler les aventures du fils d'Ulysse, ornées par une féconde et riante imagination, à l'Énéide, étincelante de beautés d'un ordre supérieur, et dont il n'y avait point d'exemple avant le poëte qui les a créées. Si Fénélon surpasse Virgile, à quelques égards, soit dans la peinture des enfers et des Champs Elysées, soit dans quelques autres parties, que pourrait-il opposer aux grandes scènes, aux heureuses fictions du premier livre de l'Énéide, mais surtout au récit de la ruine de Troie et aux amours de la reine de Carthage?

Religieux, sans superstition, envers l'antiquité, Fénélon adorait de loin les traces de ses maîtres, mais ne conçut jamais la pensée de devenir leur rival. Loin d'affecter un parallèle dont sa modestie se serait offensée, il a rendu le plus éclatant hommage à leurs chefs-d'œuvre. Donnez au Télémaque le titre ambitieux de poëme, aussitôt vont s'élever des critiques sévères. En effet, l'action est d'une extrême lenteur; interrompue à tout moment par de longs récits où l'instituteur se complaît pour l'avantage de son élève, elle manque de chaleur et de mouvement. Les événements de la guerre des alliés lui communiquent enfin de la rapidité; mais quand elle semble arriver à un dénouement plus judicieux, plus dramatique et plus beau que ceux de Virgile et d'Homère, quatre chants inattendus et pleins de répétitions, éloquentes il est vrai, viennent surprendre le lecteur qui se croyait arrivé au terme de sa course. On peut adresser encore d'autres reproches à Fénélon. Mentor, et même Télémaque, prêchent par fois des homélies morales ou politiques qui détruisent toute illusion, en faisant apparaître à nos yeux désabusés le duc de Bourgogne et son maître. Je n'ai pas dissimulé ces défauts dans le cours de nos Études littéraires, parce que les raisons qui servent d'excuse à l'auteur du Télémaque, et de louanges à son admirable facilité, ne devaient pas nous empêcher de tirer des leçons utiles des imperfections qui lui sont échappées en répandant sans effort les richesses de son cœur et de son esprit dans un ouvrage destiné seulement à l'instruction morale de l'héritier d'une couronne. Mais, malgré toutes les observations critiques, on regardera sans cesse Télémaque comme un présent de la vertu et du génie à l'humanité. Digne d'exciter l'éternelle reconnaissance de tous les peuples, il n'est pas moins précieux aux lettres, parce que, supérieur à toutes les poétiques du monde, il nous apprend, par des exemples plus éloquents que des préceptes, à connaître et à juger l'antiquité.

En suivant des comparaisons si curieuses, nous avons été surtout frappés des divers caractères de l'imitation dans Virgile et le Dante, dans Milton et l'auteur du Télémaque. Virgile semble consulter trop souvent une glace fidèle qui avait la faculté de rapetisser les proportions et d'embellir le coloris de l'original. Milton et le Dante paraissent armés d'un miroir qui possède la vertu magique des plus étonnantes métamorphoses : l'une de ses surfaces fait des monstres avec les objets qu'elle réfléchit; l'autre leur donne une beauté suprême qu'elles n'avaient pas; elle transforme des mortels en dieux. Fénélon, libre et fidèle, n'imite que le vrai et le beau, saisit la nature en élevant ses traits, et corrige souvent ses modèles avec le crayon de Raphaël. Je me livrais depuis long-temps au plaisir d'interroger Fénélon toutes les fois que j'avais à opposer entre eux les maîtres de l'art, lorsque je lus dans une préface de Pope que l'on rendrait un grand service aux lettres en comparant Homère avec Virgile et Milton, mais surtout avec le Télémaque de M. de Cambrai. L'autorité d'un poëte si habile et d'un critique si judicieux redoubla mon courage et mon zèle.

Disciple des Grecs, frère de Virgile par le talent, créateur d'une langue poétique, peintre savant des passions, habile à tracer des caractères, maître dans l'art de la composition, Racine devint aussi l'un de nos oracles littéraires. Les imitations de cet écrivain ont un caractère qui devait nous frapper après ce que nous avions vu. Plus ses modèles sont grands, plus Racine devient digne d'eux: il se soutient sans effort à côté d'Homère; il égale Tacite en profondeur; il est sublime avec la Bible; quelquefois plus hardi que Virgile, et jamais bizarre comme le Dante ou Milton, il corrige ou embellit ce qu'il imite, et garde la physionomie de l'original sans offenser la raison et le goût des modernes. Racine était pénétré des anciens; s'il fût resté toujours fidèle à leur école, comme son penchant et sa raison l'y invitaient, nous trouverions en lui des beautés naïves et simples, auxquelles la suavité, la mélodie de ses vers auraient donné un charme inexprimable. Ce que Virgile et lui ont laissé dans Euripide, sans oser le reproduire, l'un dans l'épopée, l'autre dans la tragédie, m'étonne toujours. Racine gouverne en maître les passions sur le théâtre; armé contre elles de la divine puissance de l'Aristée de Virgile contre Protée, il les reconnaît, il les suit, il les presse dans leurs différentes métamorphoses, et les force à trahir la vérité de leur nature, comme à révéler leurs secrets les plus cachés. Aucun poëte dramatique n'a mieux connu que lui les agitations et les orages du cœur. Roxane, Hermione, et Phèdre surtout, sont des passions violentes et personnifiées qui contrastent merveilleusement avec des caractères plus doux, plus timides à se répandre au dehors, comme la tendre Iphigénie, la noble Junie et la modeste et belle Monime.

Ce qui constitue le grand artiste, ce sont les délibérations qui précèdent la création, ce sont la patience et la force qui savent arrêter la fougue de l'esprit et l'accoutumer au pouvoir de la méditation; l'ami de Boileau savait tenir conseil en lui-même; il confiait au temps le soin d'ordonner et de mûrir ses compositions; voilà l'une des principales causes de sa supériorité. Nos jeunes écrivains dramatiques négligent beaucoup trop d'interroger la prévoyance, les secrets, les artifices de Racine. Le plan et l'ordonnance de ses tragédies reposent sur la logique la plus sévère, et même, lorsque le choix de la donnée première n'est pas assez digne de lui, ses scrupules, ses efforts, ses ressources pour effacer ou diminuer les conséquences de sa faute, le soin qu'il a de tout motiver, son attention à réparer, du moins par l'illusion de la vraisemblance, le tort qu'il fait à la vérité, sont la plus utile des études sur l'art de composer. On trouvera, dans l'examen attentif du rôle de Bajazet, la preuve de cette vérité d'observation. Puisse-t-elle exciter l'attention des jeunes écrivains qui sont maintenant l'espérance du théâtre!

Rapproché de Corneille, Racine nous offrit des contrastes remarquables. L'auteur de Phèdre, qu'Homère et Moyse, Euripide et Virgile élèvent auprès d'eux; celui qui s'approprie si bien le génie de Tacite, ne peut pas égaler la hauteur de Corneille : il n'a ni les ailes, ni l'audace, ni l'œil étincelant de cet aigle du théâtre. Corneille avait conçu la tragédie avec plus de grandeur et d'originalité; on trouve chez lui les commencemens de Rome et la puissance d'Auguste, le vieil Horace et Galba, les derniers soupirs d'Annibal et la mort de Pompée, Syphax et Attila, le monde romain et le monde des barbares. Mais à peine avons-nous reconnu la supériorité de Corneille, Racine vient nous montrer l'ascendant que lui donne la raison souveraine avec laquelle il a purgé notre théâtre des déclamations, de l'enflure, du mauvais goût et aussi des fausses beautés de son maître. Comme écrivain, Racine a fait pour la langue de Corneille ce que Virgile avait fait pour celle de Lucrèce. Cependant nous avons eu plus d'une occasion de reconnaître que la simplicité, la mâle brièveté, le trait profond, quelquefois la familiarité de l'auteur de Cinna et de Nicomède étaient plus d'accord avec l'accent de la nature et le mouvement de la parole que les artifices du style de Racine. Il y a dans le dialogue de Corneille quelque chose de la franchise du dialogue de Molière, qui donne de la vérité à la tragédie.

Dans l'antiquité, plusieurs prosateurs sont aussi des poëtes par l'imagination et le coloris; nous avons consulté Tite-Live, Cicéron et Tacite. Le premier de ces écrivains, que Rome remplit tout entière, peut servir souvent à une utile critique de l'Enéide, où le peuple-roi tient une si grande place. Tite-Live plus riche et quelquefois plus éloquent que Virgile, trace les caractères d'une main plus sûre et plus hardie. Pour être digne des promesses du chantre de sa gloire, Enée n'aurait souvent besoin que de ressembler à Romulus et à Numa, dont il affecte les vertus. Si les prières d'Enée avaient l'énergie des prières du frère de Rémus à Jupiter Stator ; si le fils d'Anchise parlait à ses compagnons accablés de leurs malheurs le langage du fondateur de Rome à son armée en déroute, il nous apparaîtrait sous un aspect plus imposant, et nous semblerait plus propre à gouverner les cœurs et les volontés.

Nouvelles et utiles comparaisons du même genre avec les modernes : Bossuet respire l'Iliade et la Bible, Eschyle et David ; cependant il a un génie propre plutôt qu'un génie communiqué, comme celui de l'auteur de Télémaque. Fénélon rappelle l'éloquence et les paraphrases de Cicéron, la douceur et la prolixité de Nestor ; Bossuet, moins prodigue de mots, moins curieux d'ornements, est plus énergique et plus rapide. L'un, laissant échapper tant de beautés immortelles, ressemble à une source intarissable et féconde ; l'autre est un fleuve qui entraîne tout, en courant se jeter dans la mer. On remarque en tous les deux des négligences ; elles sont des disparates inattendues dans le style poli de Fénélon ; elles choquent moins, quoique plus grossières, dans Bossuet, qui ne semble jamais s'écouter parler. La raison de Fénélon regrettait les richesses de l'idiome libre et pittoresque de Montaigne et d'Amyot ; le talent de Bossuet en a retenu la vigueur, l'abandon et les formes naïves ; loin de mépriser la langue populaire, il lui emprunte souvent la beauté, la force et la grâce. Fénélon descend avec facilité aux tons les plus simples; Bossuet, sans penser à ménager notre vaine délicatesse, s'abandonne à des familiarités qui s'allient merveilleusement avec le sublime. On boit la poésie à pleine coupe dans ces deux écrivains; mais, quoique doué d'un goût exquis, quoique toujours naturel et vrai, quoique ennemi de toute exagération, le premier pourrait être accusé d'avoir donné naissance aux usurpations de la prose dans les domaines de sa rivale; on ne peut reprocher au second aucun des séduisants exemples qui ont enfanté de nos jours des ouvrages où le talent, égaré par le désir de se séparer de la foule en jetant un éclat extraordinaire, affecte des ornements ambitieux, des formes extraordinaires, et un éclat de parure que la poésie elle-même aurait peine à supporter. Aussi grand peintre que les anciens, et fidèle au caractère de la poésie, Bossuet a une manière large et simple, une inspiration naturelle, qui sont le meilleur des remèdes contre la contagion des beautés factices. Bossuet et Fénélon se ressemblent par un genre de mérite particulier. En les lisant, on croit les entendre parler; cette illusion est due à leur extrême facilité, à l'union intime de leurs pensées et de leurs expressions qui s'écoulaient ensemble, à une fécondité encore plus étonnante peut-être dans le cygne de Cambrai que dans l'aigle de Meaux. Ces considérations expliquent assez les motifs de nos études de ces deux grands modèles, comparés avec Homère et ses successeurs. Ils nous attiraient encore par la profonde connaissance du foyer des passions. Fénélon s'insinue avec précaution dans le dédale du cœur humain ; il y fait pénétrer par degrés une vive lumière : Bossuet a un glaive pour l'ouvrir et un flambeau pour l'éclairer. L'un dégage doucement la vérité de tous ses voiles, l'autre nous la montre palpitante et à nu, comme les entrailles de Prométhée interrogées par les regards perçants du vautour de la fable, dont elles ne pouvaient rassasier la faim dévorante.

Encore un grand observateur de l'homme parmi les orateurs sacrés. On ne conçoit pas comment un élève du cloître, un solitaire en quelque sorte, un ministre tout occupé des choses du ciel, a pu si bien connaître non seulement les passions les plus éclatantes, mais encore les plus secrètes, et jusqu'à leurs nuances les plus délicates. Ni Lucrèce, ni Senèque, ni Tacite, aucun moraliste enfin, n'ont trouvé les couleurs de Massillon pour représenter et punir l'ambition ; les satires de Juvénal contre les vices des grands n'approchent pas de la raison, de la véhémence de l'évêque de Clermont sur ce sujet. Juvénal déclame contre les conquérants, Massillon les foudroie, les traîne vivants au tribunal divin comme des ennemis de l'humanité. Aucun des enfers créés par l'imagination des anciens et des modernes, ne saurait balancer la terreur inspirée par le sermon sur le petit nombre des élus. Eschyle et Dante n'ont rien de pareil : la poésie est partout dans ce discours d'inspiré ; elle n'éclate pas moins dans le jugement dernier par le même orateur. Le double tableau de la séparation des pécheurs et des justes, et

de la présence du Christ au milieu de ces deux peuples avec des couronnes pour l'un et des foudres pour l'autre, égale ce que Milton a fait de plus beau. Le génie poétique a tracé encore l'effroi du méchant qui tremble de mourir, et la sérénité du juste dont *l'âme est libre parmi les morts*. On se rappelle Hector en présence d'Énée dans la dernière nuit d'Ilion ; je demande si la peinture de son affreuse métamorphose l'emporte sur cette image du Christ attaché à la croix, instrument de son supplice et de son triomphe : « Cependant la marque effroyable de royauté, dont on l'a couronné, déchire son chef auguste ; le sang de toutes parts ruisselle sur sa face céleste ; ces traits divins qui le rendaient le plus beau des hommes sont effacés ; ces regards puissants et terribles qui pouvaient convertir, il n'y a qu'un moment, des disciples infidèles, ou renverser des sacrilèges au jardin des Oliviers, sont éteints ; cette face, qui fera, dans le ciel, la joie des bienheureux, n'est plus qu'une masse hideuse et sanglante dont les bourreaux eux-mêmes détournent les yeux avec horreur. »
Au milieu de ces riches tableaux, et de beaucoup d'autres, vous retrouvez toujours la science et la peinture du cœur humain. Le mauvais riche, la tiédeur de l'âme, le pardon des offenses, sont autant de sujets dans lesquels l'orateur prouve qu'il a fait l'étude la plus profonde de l'homme intérieur et qu'il le connaissait tout entier. Le repentir de Madeleine, ses anciens attachements pour des créatures fragiles et trompeuses comme elle, sa tendresse pour le Christ, sa confiance sans bornes dans la sagesse tempérée par la bonté, l'abandon

de ce cœur malade depuis si long-temps, et guéri tout à coup de son inconstance, surpassent ce qu'il y a de plus vif, de plus pénétrant, de plus vrai sur le théâtre. Il semble qu'aucune femme n'ait su aimer comme Madeleine; jamais l'orateur ne pénétra si avant dans l'abîme obscur où les passions humaines sont dans une espèce de flux et de reflux continuels. Le sermon sur la prière prouve la même intelligence de tous les mystères qu'elles se cachent à elles-mêmes, et qu'un œil attentif surprend à leur insu. En se bornant à regarder ce discours sous le rapport littéraire, on y trouverait le plus heureux commentaire de cette maxime, que le secret d'émouvoir les autres est d'être ému soi-même. Il marque encore une différence entre les anciens et les modernes; Homère a pu personnifier la prière avec génie, mais non la connaître telle qu'elle est dans Massillon, tantôt sublime comme les ravissements de Moïse, ou les contemplations de sainte Thérèse, tantôt simple, tendre et familière comme le langage d'un ami à son ami, et toujours éloquente comme une inspiration; Massillon résume sa touchante homélie en bien peu de mots: La prière est une science du cœur. Je regarde les ouvrages de ce grand écrivain comme une lecture de poëte dramatique: nous avons sans cesse reconnu cette vérité en le comparant avec Virgile, Euripide et Racine.

Nous avons encore essayé une foule de comparaisons; ainsi toutes les femmes amantes sont venues comparaître devant nous à côté de la Didon de l'Enéide; Shakspeare, Pope, Schiller, Richardson, Rousseau, en offrant à nos regards des peintures nouvelles d'une passion qui élève si haut la gloire de Virgile, nous ont conduits à la recherche des sentiments que les modernes ont mieux connus et par conséquent mieux peints que les anciens ; recherche neuve et curieuse sur laquelle Voltaire a jeté en passant quelques regards d'aigle. Je ne doute aucunement qu'un assez grand nombre d'autres comparaisons ne m'aient échappé; plusieurs se sont présentées à moi pendant le cours de l'impression des deux volumes qui vont paraître, et n'ont pu y trouver place : quels que fussent mes efforts, je ne parviendrais jamais seul à trouver tous les rapprochements utiles; je prie donc les amis des lettres, français ou étrangers, de me prêter le secours de leur savoir : j'en profiterai avec une vive reconnaissance.

Derrière tant d'ouvrages dont les auteurs sont hommes et dieux tout ensemble, il est deux livres qui appartiennent au monde entier, et ont précédé toute espèce d'instruction ; les yeux de l'enfance y lisent déjà peut-être avant que sa langue puisse articuler des sons; l'adolescence y fait des découvertes par des impressions et par des traits de lumière ; les passions en révèlent quelques parties à la jeunesse et jettent un voile sur les autres. Avec le secours de l'instruction et surtout de l'expérience, l'âge mûr interroge ces deux livres toujours ouverts devant ses yeux; le vieillard les médite encore pour lui même et les explique aux générations qui le regardent comme un oracle : ces deux livres sont la nature et le cœur de l'homme. Composés par une main divine, la mission du génie est de les traduire ; lui seul les comprend tout entiers, mais jamais il ne parvient à en rendre les beautés comme il les a senties, et cette impuissance, qui fait sa douleur, enfante les chefs-d'œuvre par lesquels, pendant la fièvre ardente de la création, il espère parvenir à produire une copie sublime d'un modèle inimitable.

Rattacher la littérature à l'étude de la nature et du cœur humain, montrer qu'elle a une base certaine et quelques principes féconds et lumineux, mettre la raison avant tout, prouver que l'art lui doit ses plus belles créations, qu'elle sert à diriger le vol de l'imagination au lieu de lui couper les ailes, ainsi qu'on l'en accuse, voilà mon cours. En ajoutant les richesses du présent aux trésors du passé, en rapprochant par des comparaisons perpétuelles les plus grands écrivains du monde, je voulais me servir du progrès des lumières et de l'autorité de tant de beaux génies ramenés à une seule et même école, pour environner d'une autorité souveraine cette religion du beau et du vrai qui, après avoir jeté à plusieurs époques le plus grand éclat, semble s'obscurcir de ténèbres et abandonner les esprits au doute, à l'incrédulité ou à l'idolatrie, tandis que le moment est venu au contraire où elle doit, comme les sciences, rallier tous les peuples à une même doctrine dont la langue française aspire à être l'immortelle interprète.

L'antique Asie est le berceau de cette religion ; la mystérieuse Egypte la révélait à quelques ministres jaloux qui la voilaient aux yeux du vulgaire, ainsi que toutes les choses divines : les Grecs l'ont connue, et même en y mêlant des fables ridicules, ils respectaient son caractère et ses lois; Orphée, Linus et Musée, en avaient reçu les premières clartés comme un don céleste. L'amour du bon Hésiode pour elle le rendit quelquefois admirable; elle entra dans le cœur d'Homère avec le génie; et peut-être est-il encore son premier pontife, malgré la manière dont il la travestit quelquefois, en faisant taire les murmures de sa raison; Thucydide et Xénophon lui rendirent un pur hommage; Eschyle eut avec elle un commerce inégal et sublime; Sophocle se montra presque toujours son digne interprète; Euripide, né pour la sentir et la pratiquer, s'expose trop souvent à des profanations parce qu'il manque de conscience littéraire. C'est par des ravissements que Platon s'élève à cette religion; mais, après être monté au ciel avec elle, il l'abandonne et s'égare avec son imagination dans la région des nuages. Aristote, plus calme et plus sévère, offrit à la science du beau et du vrai un culte de tous les momens, et sa raison, qui ne subit point d'éclipses, dicte encore des leçons à tous les peuples. Un instinct sublime, une vocation de génie, attachèrent Démosthène à cette religion qu'il méditait sans cesse; appelé à lui servir de ministre et d'interprète, Cicéron en confirma l'amour dans son cœur par l'étude de la philosophie, et ajouta un charme suprême à l'éloquence; heureux si, en traçant de si belles leçons pour l'avenir, il eût pu triompher de son penchant pour le luxe des paroles! Lucrèce avait la puissance et la passion du vrai et du beau; pour les respecter toujours, il aurait eu besoin d'une langue plus avancée, et surtout d'un goût plus sûr. Térence fut un disciple fidèle de la religion du vrai et du beau; mais s'il avait plus de conscience et de lumière que Plaute, il n'avait pas la même force de génie. Quand Virgile regarde la nature même et sans intermédiaire entre elle et lui; quand il puise, ou dans ses propres études ou dans les mouvements de son âme, la connaissance des passions, on peut l'appeler le Raphaël de la poésie, c'est-à-dire le peintre le plus fidèle du vrai et du beau. Donnez-en la religion à Ovide, vous ferez de lui l'un des premiers poëtes du monde; comme Euripide, il connaît ses fautes, mais il les aime et n'a pas le courage de les corriger. La religion du vrai et du beau demande des lumières et un goût qui manquaient à Lucain et à Juvénal ; ils ne sentaient pas leurs vices. Le Dante, Shakspeare et Milton, après avoir offert un culte de génie à cette religion, deviennent quelquefois des impies envers elle, à force d'outrages au bon sens : leur siècle est plus coupable qu'eux. Pétrarque et le Tasse ont payé aussi leur tribut au mauvais goût de leur temps ; mais on trouve dans leurs ouvrages des fautes dont ils avaient le sentiment et que la raison ne peut pardonner au talent ; plus tard, la lumière dont brillent ces deux beaux génies aurait été sans tache. L'Arioste, né avec l'instinct du vrai et la puissance du beau, comme Homère, dégrade sciemment ces nobles présens par d'indignes faiblesses, par les déréglemens de sa belle imagination. Montaigne avait la passion du vrai, la conscience du beau; s'il en avait eu la religion, ce Diogène moderne qui osa porter un flambeau jusque dans les replis les plus secrets de son cœur, et se révéler tout entier pour avancer la science de l'homme, n'offrirait pas de choquantes inégalités ; mais, par un privilège particulier, ses plus grandes beautés naissent de ses défauts, et un chef-d'œuvre inimitable leur sert d'excuse. Le beau était l'élément de Corneille : il cherchait le vrai avec bonne foi, il le devinait avec bonheur ou le trouvait avec sagacité, mais trop souvent il le méconnaissait comme s'il n'eût point eu d'yeux pour le voir ; des faiblesses dans la volonté, des complaisances funestes, ont seules empêché l'auteur de Phèdre et d'Athalie d'être le plus digne ministre de la religion du vrai et du beau. Les anciens, Port-Royal, et sa haute raison, lui défendaient certaines fautes qu'il a commises. On ne saurait excuser dans Horace et dans Pope les infidélités qu'ils ont faites quelquefois à cette religion, eux qui l'ont si bien enseignée par leurs préceptes et par leurs exemples! L'amour du vrai est dans Boileau, un instinct, une volonté, une passion ; pour imprimer toujours le cachet du beau à ses ouvrages, la verve de Régnier et les ailes de Pope lui auraient été nécessaires. Sévère envers les autres, Boileau le fut bien davantage avec lui-même ; son commerce assidu avec la raison, sa constance à l'interroger, son courage à faire tous les sacrifices qu'elle demandait, méritent de servir de modèles à tous les écrivains. La nature avait enseigné le vrai à La Fontaine ; inspiré par elle, il parcourut tous les degrés du beau, depuis le sublime jusqu'au naïf ; mais l'indépendance, les caprices de son esprit, une humeur volage, et un goût trop inégal, le rendaient incapable de suivre, dans ses ouvrages comme dans sa vie, une religion qui condamnât toutes les capitulations de conscience. Contemplateur comme Pascal, mais sans vertiges, profond dans l'étude du cœur humain comme Tacite, philosophe comme Montaigne, mais plus sérieux, libre comme Descartes dans l'investigation du vrai, Molière lui consacra tout son génie; il en eut la religion plus encore que celle du beau qu'il abandonna parfois pour des caricatures peu dignes de lui. Toutefois son exemple et celui de Racine prouvent que le génie court moins de risques pour sa gloire en voulant plaire au peuple, qu'en cherchant à flatter le goût d'une cour ou la passion favorite d'un prince.

En regardant de près tous ces génies, on voit que les défauts des plus grands parmi eux viennent tantôt de leur siècle empreint de barbarie, ou imbu de préjugés dominateurs, tantôt de l'imperfection de leur nature et des vices de leur talent; mais on acquiert surtout l'utile conviction qu'en général l'amour passionné du beau et du vrai n'était pas gravé dans leur âme comme un sentiment religieux et éclairé qui, reçu dès l'enfance, nourri par un culte d'habitude et de réflexion, domine toute la vie d'un homme. Les deux premières de ces causes des tristes éclipses de la raison dans les écrivains d'un ordre supérieur, disparaissent chaque jour; l'instruction, qui mit des siècles à venir de la Grèce jusqu'à nous, s'élance aujourd'hui de l'Europe, son centre et son foyer, vers les contrées les plus éloignées : il y a maintenant pour les vérités de toute espèce moins de distance de Paris ou de Lon-

PRELIMINAIRES.

dres à Calcutta, que jadis de Rome à Athènes ; la mer, libre et ouverte comme une route commune, établit des rapports entre les peuples ; l'époque arrive où ils vont tous entrer en société de gloire par le commerce des lumières ; des continents tout entiers, que les anciens n'ont pas connus, d'autres qui dormaient dans le sommeil de la superstition et de l'ignorance, ont des génies et des chefs-d'œuvre à produire ; et, grâce aux progrès de la civilisation, qui fait des pas de géants, ces génies ne trouveront pas la religion du beau et du vrai défigurée par une grossière idolâtrie ; ils n'auront pas à subir les étonnantes inégalités, les fâcheuses disparates auxquelles leurs prédécesseurs étaient condamnés. Hommes, ils commettront encore des fautes, mais on ne verra plus le génie violer les règles du bon sens, créer une nature factice au lieu d'imiter la véritable, donner des portraits de fantaisie pour des portraits de mœurs, et corrompre jusqu'au plaisir pur de l'admiration en la trompant par des beautés mensongères. Mais la raison générale se chargerait en vain de préserver le génie à venir des péchés d'ignorance et de barbarie ; il resterait encore au-dessous de lui-même, s'il ne prenait pas la résolution généreuse d'extirper dans son propre cœur jusqu'à la racine des fautes que le talent commet par une faiblesse semblable à celle de Médée. [1] Trop convaincu des dangers de la complai-

---

[1] .... Video meliora proboque
Deteriora sequor.

« Je vois le bien, je l'approuve, et je suis le mal. »

sance d'un écrivain à caresser des erreurs, à se pardonner des invraisemblances, à chercher des moyens de séduction pour fasciner l'esprit de ses juges, je voulais que, par l'étude assidue de la nature et du cœur de l'homme, par l'examen attentif des modèles, par une curiosité ardente et bien dirigée, par l'habitude de la réflexion, le disciple des Muses cherchât sans cesse à se pénétrer de tout ce qui est grand et vrai, à s'élever jusqu'à ce beau moral que Sophocle et Phidias, Raphaël et Fénélon ne se lassaient point de contempler. J'invitais mon jeune ami à tracer autour de lui une enceinte inaccessible aux vices du vulgaire, où il irait souvent se réfugier pour échapper à la contagion, et donner du moins des moments de trève et de repos à la funeste activité des passions de son âge. J'essayais de former dans ce cœur sublime et simple une espèce de sanctuaire où la raison serait son Egérie. Excité par mes propres conseils, je me disais en écoutant une illusion qui m'est chère : « S'il survenait de nos jours un homme de génie, dont la conscience d'écrivain, cultivée de bonne heure, eût les lumières, les scrupules, la droiture et l'autorité de cet instinct moral qui, perfectionné par l'habitude de la sagesse, décide d'une manière souveraine entre le bien et le mal, et prononce en juge infaillible des arrêts sans appel, quelle gloire immense nous verrions apparaître sur l'horizon littéraire ! »

La conscience était le fondement de l'école des solitaires de Port-Royal ; elle a fait en grande partie la juste renommée des écrivains du siècle de Louis XIV ;

mais on peut et l'on doit enchérir les exemples qu'ils nous ont donnés : puissions-nous avoir la noble émulation de les surpasser du moins par un plus grand amour de la vérité ! Nous leur trouvons, dans le siècle suivant, des émules dont les exemples serviront peut-être à montrer que ce vœu ne manque pas de motifs, Fontenelle, l'oracle de la science et la lumière de son temps, ne voyait pas le vrai, et atteignit rarement le beau en littérature ; mais en corrompant l'un et l'autre, il se trompa de bonne foi. Montesquieu a fait pour les sciences politiques plus encore que Bacon pour les sciences naturelles; dans l'examen des causes de la grandeur et de la décadence des Romains, son génie égale le sujet; il s'élève au dessus du magnifique Bossuet par la force et la hauteur seule de la pensée, mais sa conscience littéraire n'était point assez éclairée pour concevoir les alarmes et le courage qui l'auraient préservé de son penchant à mêler les fleurs du bel esprit aux oracles d'un interprète des lois humaines et divines. Buffon, l'Aristote, le Pline et le Platon des modernes, avait profondément empreint dans l'esprit le culte du beau et du vrai; pourquoi, trop ami de la magnificence, ne sut-il pas reconnaître dans la nature, son modèle, les heureuses négligences qui ont tant de grâce ? Buffon écrit comme parle un roi toujours attentif à sa dignité, comme un acteur trop soigneux de la pompe du récit ; il est tour à tour le Louis XIV et le Baron des prosateurs. Ses défauts tenaient à son caractère; sans doute il faisait un retour sur lui-même quand il a dit: Le style est tout l'homme.

Un beau génie, une raison supérieure, mais dominée par une imagination plus forte qu'elle, une haute éloquence, ne préservèrent pas toujours Rousseau de l'enflure, de la déclamation, quelquefois du sophisme; trop peu rempli des anciens, il avait deviné leur génie simple, et ne les a point assez pris pour modèles; émule de Richardson, il est bien loin de l'égaler dans la fidélité de l'imitation du langage des femmes; mais l'amour du beau et du vrai était sans cesse rallumé en lui par la flamme de l'enthousiasme et un amour immense de la gloire. Nourri comme Fénélon, sa conscience littéraire aurait eu toutes les lumières nécessaires au courage de tous les sacrifices imposés à l'écrivain. La nature avait donné à Voltaire la raison de Locke, l'éloquence dramatique d'Euripide, les divers esprits de Fontenelle, de Pope et d'Hamilton, l'originalité satirique de Lucien, l'urbanité d'Horace, l'enjouement de l'Arioste et la brillante facilité d'un Français plein de grâce et d'élégance. La conscience littéraire manque à cette réunion inouïe de talents dont un seul suffirait à la réputation d'un écrivain. Personne ne pénétra le vrai avec tant de sagacité; personne ne l'aima avec tant d'ardeur que Voltaire; on ne vit jamais une admiration plus vive que la sienne pour le beau; mais il n'avait point la religion de ces deux sentimens. La mobilité de son imagination, l'influence de la passion du moment, quelquefois des retours sur lui-même ôtaient toute espèce de fixité à ses opinions; tantôt vous trouvez en lui le censeur le plus habile, tantôt un juge prévenu, qui prononce avec légèreté des sentences pleines d'erreurs. Faute d'avoir puisé des principes sûrs à une école sévère, faute d'avoir assez bien connu les conditions de cette gloire dont l'amour le dévorait, gâté par des applaudissemens précoces, aigri par d'injustes critiques consacrées à l'humilier, soutenu par la faveur publique dont sa philosophie réchauffait sans cesse le zèle, il négligea les avis de sa conscience, il substitua des mensonges brillants à des peintures fidèles, il se reposa de ses succès sur les séductions de son génie, il pensa trop à son siècle et point assez à la postérité; il eut enfin pour son talent de fatales complaisances qu'il ne cessera jamais d'expier; sans elles nous ne posséderions de lui que des chefs-d'œuvre peut-être. Que ne devait-on pas attendre d'un tel homme armé contre lui-même de l'autorité d'un censeur inflexible qui n'eût jamais capitulé avec le sentiment profond des beautés de la nature et des règles de l'art?

L'exemple d'une renommée si haute et si populaire, qui prépara elle-même une éternelle pâture à la critique et à l'envie, était bien propre à inspirer de salutaires réflexions aux jeunes athlètes du temps que je voyais s'avancer avec une ardente espérance dans le cœur, ou une première couronne sur la tête. Je leur criais sans cesse : « Consultez le sage Descartes ; adoptez comme
» lui le bon sens ; cherchez la vérité avec amour et
» constance. Apprenez à voir par vos propres yeux ;
» formez-vous à la méditation, elle est une puissance.
» Ne négligez rien pour éclairer votre conscience d'é-
» crivain ; donnez-lui une autorité souveraine sur vos

» ouvrages. Sans tous ces efforts réunis, n'espérez pas
» obtenir cette gloire, à laquelle sont ouvertes aujour-
» d'hui toutes les parties du monde, rapprochées par
» le commerce des lumières et l'échange des renom-
» mées [1]. »

Je pourrais terminer ici ces considérations ; mais long-temps revêtu d'un véritable ministère public, et n'ayant jamais employé aucun autre moyen que mes leçons pour me faire connaître, je dois à Delille, qui m'avait choisi pour son successeur ; je dois aux gens de bien qui ne m'ont pas entendu, aux pères dont les fils ont été mes disciples, au gouvernement que l'on a trompé sans doute, le compte de la direction morale de nos travaux. En sortant de mes études, je ne tardai point à remarquer l'imprudence des parents, qui envoyaient des diverses parties de la France leurs enfants à Paris, le plus souvent sans leur donner un guide et un appui. Je voyais cette jeunesse, l'espoir de la patrie, livrée à elle-même, à ses passions, au milieu des piéges répandus de tous côtés sur ses pas. Les conséquences de cet abandon me frappèrent d'autant plus que j'étais à même de recevoir les avis d'un père et les soins de ma famille. « Quoi ! me disais-je, pas un conseil, pas une leçon, pas un préservatif, pas un enseignement moral pour cette fleur de la population ! Une funeste imprévoyance la laisse se flétrir et se décolorer, au moral comme au physique, prendre

---

[1] Cicéron.

des habitudes funestes, courir peut-être le risque de perdre tout sentiment du beau moral, que rien ne réveille en elle ! » Je ne pouvais expliquer cet oubli des soins les plus importants.

Ces idées, qui m'avaient tourmenté tant de fois, revinrent se présenter avec force à mon esprit au moment où j'allais occuper la chaire de Delille ; son choix m'avait investi d'une puissance, je résolus de la tourner tout entière au profit de la jeunesse. Mon premier mouvement fut de lui inspirer le plus ardent amour des lettres ; je voulus en remplir les cœurs, de manière à dérober chaque jour aux passions de cet âge la moitié des heures, qu'elles dévorent avec tant de perte et de danger pour lui. Les attraits de la poésie nous servaient de préservatif contre des séductions moins innocentes. Mais sans l'étude de la morale, la poésie eût manqué d'un lien assez fort pour retenir des esprits avides d'une instruction solide et généreuse ; le traité de Plutarque sur la manière de lire les poëtes, et mes réflexions d'autrefois ajoutées à l'expérience du présent, me rappelèrent la nécessité de faire de la morale l'âme et la vie de nos entretiens. Le jeune homme, me disais-je, ne croit écouter que la révélation de quelques mystères qu'il brûle de connaître ; une autre instruction s'offre à lui comme une surprise ; son esprit est attentif, son cœur est ouvert ; il reçoit avidement la double semence qu'on y jette. L'à-propos et la soudaineté sont la moitié du succès des leçons destinées à un âge qui les aime plus qu'on ne pense. Elles produisent des effets étonnants, lorsqu'après avoir présenté la morale parée des fleurs de l'imagination, ou couverte d'un voile allégorique, vous la montrez ensuite toute nue et brillante de sa propre beauté. C'est ainsi que tous mes jeunes auditeurs parurent frappés du résumé rapide des prédictions du dieu Nérée à Pâris : « cette ode, avec toutes les images qui en forment un tableau achevé, nous représente d'une manière aussi vraie que dramatique un grand crime, son éclat dans le monde, l'indignation qu'il excite, l'ivresse d'un moment qui le suit, la sécurité trompeuse et courte de son auteur, la vigilance des dieux à qui rien n'échappe, les menaces de leur justice qui ne dort jamais, la terreur qui éveille les remords, premier supplice du coupable, le mépris qu'il inspire par ses lâchetés, son châtiment inévitable comme la foudre, et la ruine d'un empire, conséquence terrible de l'attentat d'un jeune prince contre les choses les plus sacrées parmi les hommes. » Pour augmenter l'effet de cette leçon, il nous est arrivé de rapprocher de l'ode d'Horace une peinture encore plus belle peut-être, que l'on trouve dans Eschyle, sur l'adultère et la fuite d'Hélène. Mais la plupart du temps la morale jaillissait d'une situation vive et dramatique comme la barbarie d'Achille envers Lycaon, bientôt suivie du désespoir du héros, plus malheureux que sa victime, parce que, dans la situation désespérée dont les dieux seuls peuvent le tirer, il tremble de mourir sans gloire et de tomber dans un éternel oubli.

Loin de vouloir bannir de notre académie l'auteur de l'Iliade et de l'Odyssée, je m'appuyais de l'autorité du philosophe Horace pour faire d'Homère le plus éloquent et le plus aimable des précepteurs de la jeunesse. Avec le seul caractère d'Ulysse, on inculquerait l'amour de la patrie au cœur le plus dur; et ce sentiment a d'autant plus d'attraits dans les tableaux du poëte grec, qu'exempt de la férocité romaine, il est plein d'une tendresse qui n'exclut ni la force, ni le courage, ni le dévouement. Au temps où mes leçons attiraient le plus grand nombre d'auditeurs, la passion, j'ai presque dit la fureur de la gloire, s'était emparée de la jeunesse. Je craignais qu'une si longue guerre n'enfantât des cœurs d'airain, des soldats farouches, qui, accoutumés à voir froidement des champs de bataille couverts de cadavres, à contempler la mort sous mille aspects plus hideux les uns que les autres, n'auraient plus de place pour les affections douces. Virgile et Térence, les écrits et la vie de Fénélon, me servaient à entretenir, à augmenter le sentiment de la pitié par qui l'homme, rapproché de ses semblables, apprend à les chérir en les plaignant, et trouve du bonheur à les secourir ou à les consoler. Lucrèce attribue à la pitié du fort pour la faiblesse et l'enfance, le commencement des sociétés humaines; mais si la pitié les a fait naître, on peut dire qu'elle contribue beaucoup à leur conservation. Cet ordre d'idées nous conduisait nécessairement à respecter les bases de toute religion, l'existence de la Divinité et l'immortalité de l'âme : l'absence de ces deux grandes vérités ferait peut-être tomber le genre humain dans le désespoir; c'est du moins la crainte que donne à la raison même le spectacle des maux qui nous assiégent, au milieu de la cruelle inégalité de ce partage des biens de la terre, où les uns possèdent tout tandis que les autres n'ont pas même le nécessaire. Avec ces doctrines constamment suivies, il ne faut pas s'étonner si je puis assurer, devant toute la France, que j'ai cherché constamment les moyens de graver dans les cœurs un profond amour de l'ordre et des lois ; mes opinions mêmes, que l'on accuse sans les connaître, répondent ici de ma sincérité, puisqu'on ne peut obtenir que par l'ordre et les lois les institutions dont je souhaite l'établissement et la durée, comme les gages de la prospérité de mon pays. J'ai dû donner encore et j'ai toujours donné en public l'exemple du respect pour l'autorité. Non-seulement je n'ai jamais fait à dessein des allusions politiques devant mes auditeurs, mais elles ne me vinrent jamais à l'esprit même en improvisant ; j'étais tout entier à nos études littéraires ; l'intérêt personnel et la calomnie calculée ont pu seuls me prêter une faute dont je n'ai pas eu même les apparences. Le prétendu parallèle du roi Evandre avec un personnage auguste est une invention aussi absurde que mensongère ; la plus simple réflexion suffit pour sentir l'impossibilité des rapprochements supposés. Au reste, les ministres eux-mêmes, provoqués par mes vives questions, ne m'ont adressé de reproche ni à cet égard ni sous aucun autre rapport ; j'ai seulement recueilli du plus éminent d'entre eux cet aveu plein de franchise et de naïveté, du moins : « Nous n'avons aucun fait à vous imputer, mais vous n'êtes pas notre homme ; la jeunesse est dans vos mains, nous ne voulons pas qu'elle y soit : voilà tout notre secret. »

A la vérité, j'avais obtenu la confiance de mes auditenrs ; voici les motifs de cette confiance : dans les entretiens particuliers, j'avais souvent averti la jeunesse des dangers graves que lui faisait courir son inexpérience ; dans mes leçons publiques, je revenais à son âge pour lui être utile; j'entrais en commerce avec ses passions, je lui en montrais la naissance, la marche, les surprises ; je l'effrayais de l'empire irrésistible qu'elles prennent quand on ne combat point avec courage leurs premiers progrès. Trop averti, surtout par des exemples nombreux et quelquefois terribles, de la fatale influence que le mauvais choix des plaisirs et le commerce de certaines sociétés obtiennent sur le reste de la vie, sur les mœurs qu'elles corrompent, sur le talent qu'elles flétrissent, tous mes efforts tendaient à épurer les penchants, à faire naître la délicatesse du cœur, la fierté dans les attachements, et la puissance des nobles habitudes. Mais ce n'était pas moi qui parlais directement : des leçons de goût données par Virgile et Racine devenaient des leçons de morale ; et en effet, quiconque aura contracté de bonne heure l'habitude d'aimer la noblesse, la pureté, l'élégance, les convenances de toute espèce dont ces écrivains sont les modèles, ne tombera jamais dans l'abjection. Ces maîtres divins et d'autres encore me servaient à compléter l'instruction de la jeunesse, en cherchant à lui inspirer le plus tendre intérêt, les égards les plus délicats, une estime sentie et un respect véritable pour les femmes, soit qu'elles fussent amantes, épouses ou mères : je regardais cette direction donnée aux esprits comme l'un des moyens les plus sûrs de conserver quelques-unes des vertus et des qualités du caractère national.

Telles sont les douces occupations qui remplirent onze années de ma vie, et auxquelles on vint m'arracher sans m'avoir même entendu. J'ai supporté ma révocation avec calme, mais je déclare aujourd'hui sans honte qu'elle m'a causé un profond chagrin, et j'ose assurer qu'elle était une erreur et une injustice. L'héritage de Delille au collége de France faisait ma gloire et mon bonheur; je l'aurais préféré aux dignités les plus capables de flatter l'ambition, et aux richesses qui donnent tant de relief dans un siècle de luxe, de jouissances et d'avarice. On m'a ravi ce noble héritage, mais on n'a pu m'ôter du moins les plaisirs purs que j'ai goûtés dans le commerce des lettres, et dans la société de la jeunesse. Comme elle était aimable, laborieuse, ardente au bien, enthousiaste du beau, avide de lumières, cette jeunesse que j'ai tant aimée sans la flatter jamais! comme elle écoutait la voix de la raison! Comme elle trouvait du charme à une morale qui s'appliquait à la conduite de toute la vie, et dont elle sentait l'utilité, ainsi qu'un malade courageux et éclairé accepte avec plaisir le breuvage dont il a déjà éprouvé les effets salutaires! Son attention était si grande, et se révélait par des signes tellement manifestes, que je voyais en quelque sorte mes paroles entrer et se graver dans les cœurs. Parmi nos plaisirs les plus vifs, je me rappellerai toute ma vie Delille assis à côté de moi dans sa chaire, me donnant la plus précieuse des approbations par sa présence et par quelques mots du cœur, au milieu de tant d'auditeurs qui ne se lassaient pas de le voir et de l'admirer. Peut-être, entre les nombreux succès de sa brillante carrière, ne comptait-il pas de triomphe plus enivrant et plus doux que celui du jour où il récita pour la dernière fois en public, avec toute l'éloquence d'un poëte inspiré, l'admirable épisode des Catacombes. A tout moment ses beaux vers excitaient l'enthousiasme; jamais on ne vit tant d'ivresse dans l'admiration : après la leçon, deux mille personnes, dont la moitié n'avaient pu l'entendre, le reconduisirent avec des applaudissements qui durèrent encore long-temps après qu'il nous eut quittés.

Presque privé de la vue, le traducteur de Milton ne faisait qu'apercevoir la foule dont il était environné ; mais il répondait avec tant d'à-propos à la voix qui lui parlait, qu'on eût dit qu'il avait deviné l'âge, le caractère et la qualité des personnes. Au milieu des jeunes gens il était d'un abandon plein de charme ; au lieu de réprimer leur enthousiasme, ils en jouissait avec une joie que sa vieillesse et sa cécité rendaient plus naïve; il semblait dire, non pas à leur incrédulité, mais à leur admiration : « Je me livre à vous, voyez et touchez. » Gâté par un autre siècle dont sa conversation gardait l'élégance et les souvenirs, il se faisait optimiste en faveur de la nouvelle jeunesse. Dans la crainte de leur ôter presque toute la grâce par quelque infidélité dans ma bouche, je n'ose rapporter les traits rapides et brillants qui lui échappaient comme des éclairs;

il faudrait surtout être lui-même pour exprimer ce mélange d'atticisme et d'urbanité, cette fleur d'esprit, cette mesure dans la franchise d'un amour-propre sans égoïsme, et toujours attentif à faire la part des autres, ces égards, cette bienveillance naturelle, qui le rendaient si aimable dans un cercle de curieux ou dans une société d'amis. Je l'accusais de retrouver des yeux auprès des femmes; ou s'il ne les voyait pas, on peut dire qu'il devinait leur beauté; mais le ton qu'il prenait avec elles, la grâce de ses paroles, la mesure de ses compliments, la manière dont il se montrait touché des témoignages de leur admiration, sont des caractères d'une société qui n'est plus, et des exemples dont nous ne devrions pas laisser perdre la trace.

Le dernier triomphe du poète précéda de peu de temps sa fin inattendue; du moins il avait pu monter vivant au Capitole avant de descendre au tombeau. Exposé aux regards de tous dans la grande salle du Collége de France, il recueillit pendant trois jours un tribut de respects et de regrets; le peuple vint saluer en lui l'ombre d'un poète célèbre. Aucun écrivain français n'avait reçu de pareils honneurs; ils furent une inspiration de la reconnaissance; ils n'offensèrent pas un gouvernement qui me protégeait, et sous lequel Delille, fidèle à la religion des souvenirs, avait gardé un noble silence même devant le génie et la gloire. Rien de plus touchant que les funérailles de notre illustre ami; son cercueil fut porté par la jeunesse jusqu'à l'église de Saint-Etienne, voisine du temple où reposent les cendres de Voltaire et de Rousseau, dont il a tracé d'éloquents portraits dans le poëme de l'imagination. Tous les littérateurs, tous les savans, tous les artistes voulurent le suivre jusqu'à sa dernière demeure, et vinrent offrir un dernier hommage au premier poète du temps, au meilleur et au plus aimable des hommes.

J'avais pour principe de faire germer dans le cœur de la jeunesse un grand respect pour le talent; aucune renommée de l'époque ne parut à mon cours sans recevoir de justes marques d'attachement et d'admiration. Ainsi l'habile et modeste M. Laromiguiere a pu jouir de la vive satisfaction que mes auditeurs éprouvaient à voir au milieu d'eux leur célèbre maître de philosophie; ainsi l'auteur d'Agamemnon, présent à quelques-uns de nos entretiens, répondit par de beaux vers aux hommages de la jeunesse. Dans le même temps, le Bélisaire de M. Jouy, injustement exilé de la scène française, obtenait une espèce de triomphe parmi nous; à la vérité, mon empressement à honorer le talent et l'amitié, devint un crime pour moi, et le prétexte des plus étranges dénonciations; cependant je n'avais consulté que le désir de consoler un ancien camarade; et, dans son intérêt comme dans les convenances de mes fonctions, au lieu de chercher à exciter les applaudissements par le moyen des allusions, j'avais choisi la scène où le grand capitaine, trahi par Justinien, soutient avec éloquence qu'un sujet doit rester fidèle, et garder son dévouement même à un maître ingrat, injuste et persécuteur; mille personnes auraient attesté ce fait; et pourtant la lecture de quelques passages du Bélisaire a été l'un des prétextes de ma révocation. M. Guillard, de l'Académie française, venait souvent nous visiter ; attiré par une prédilection singulière pour Ovide, il me communiquait ses ingénieuses reflexions, je les révélais à mon auditoire, en les développant; ce commerce littéraire donnait un nouvel intérêt à mes leçons, et tournait à l'honneur du poëte qui a si bien inspiré Sacchini. Je n'oublierai pas que Ducis eut un beau jour à l'ouverture du cours de mon ancien collégue, M. Andrieux, si justement chéri de la jeunesse. Après la lecture de ce professeur, je lus quelques scènes d'OEdipe à Colonne ; l'auteur n'était point prévenu : sa surprise, ses cheveux blancs, son air vénérable, ce mélange d'attendrissement et de joie que lui causaient les transports de l'assemblée, les larmes qui coulaient sur ses joues, produisirent sur les spectateurs une émotion impossible à décrire. Reconduit et arrêté à tout moment par la foule des jeunes gens qui voulaient toucher ses mains ou ses vêtemens, il les remerciait avec une simplicité antique, avec une bonhomie touchante, il laissait éclater sa satisfaction avec la grâce la plus naïve : « O mes enfants, leur dit-il, vous êtes bien bons; vous m'aimez trop ; vous me gâtez. Ah ! si je pouvais vous remercier par quelque belle tragédie, combien je serais heureux ! j'essayerai ; adieu mes enfants; je vous porte tous dans mon cœur. »

O Muses! voilà vos récompenses! Qui pourrait n'en pas sentir la douceur et le prix? Si je ne puis les obtenir, du moins je ne méconnaîtrai jamais vos délices.

PRELIMINAIRES.

Vous avez embelli tous les plaisirs de ma vie, vous avez consolé toutes mes peines; semblables aux abeilles du mont Hybla, vous êtes venues mêler du miel à la coupe d'absinthe que la fortune et les hommes m'ont présentée plus d'une fois. Quand je traçais une partie de cet ouvrage, j'étais aux portes du tombeau, je croyais écrire mon testament; vous m'avez donné la force de vivre, je n'ai pas voulu mourir, et, par vous, la Parque m'a oublié. Ce n'est pas tout : vous avez nourri l'esprit, et conservé quelque fleur à l'imagination au milieu des ruines du corps; cause de mon salut, le charme de votre commerce rétablit ma santé par degrés : je vous rends grâces de vos bienfaits, et je me réfugie dans votre sein; recevez-moi comme un voyageur fatigué qui demande le port après une longue tempête. Et toi, illustre traducteur des Géorgiques, dont l'amitié m'honore, dont le choix me causa de si vives alarmes, si depuis ta mort je n'ai pas laissé passer un jour sans payer ma dette à ta mémoire; si, fidèle aux devoirs du cœur, j'ai rapporté tous mes travaux à celui qui me les avait imposés par une adoption si précieuse pour moi, daigne accepter dans ces Études le tribut religieux d'un disciple à son maître.

ÉTUDES

SUR

L'ÉNÉIDE

DE

VIRGILE.

LIVRE PREMIER.

« Je chante les combats et ce héros qui, forcé
» par les destins de fuir sa patrie, vint le premier
» des bords troyens en Italie, aux rivages de Lavi-
» nium. Long-temps tourmenté sur les mers et sur
» la terre par la puissance des dieux, ministres de
» la haine de l'implacable Junon, il eut aussi beau-
» coup à souffrir des fureurs de la guerre, avant de
» fonder la ville éternelle, avant d'établir ses dieux
» dans le Latium, berceau du peuple latin, des rois
» d'Albe, et de la superbe Rome.
» Muse, rappelle-moi pour quel sujet, pour
» quelle offense à sa divinité, pour quelle in-

» jure, la reine des dieux, blessée au fond du
» cœur, condamna un mortel illustre par sa piété
» à subir des épreuves si longues et si cruelles :
» tant de vengeance entre-t-elle dans les âmes di-
» vines? »

Moins dramatique que le début de l'Iliade, moins simple que celui de l'Odyssée, l'exposition de l'Énéide a plus de grandeur. En butte au courroux d'une déesse dont la haine survit à la ruine de Troie, condamné à souffrir comme Ulysse, destiné à remporter, comme Achille, une victoire qui décide du sort d'un empire, le héros de Virgile, placé, ainsi que Godefroi, sous la protection du ciel, doit encore porter ses dieux en Italie et fonder la nation romaine. Séduit par le ton modeste du poëte latin, Boileau le loue d'avoir promis peu pour donner beaucoup : Boileau se trompe; et le sage Virgile mériterait, au contraire, le reproche de témérité par des promesses qui surpassent tout ce qu'Homère a pu tenir en deux immortelles épopées.

Le Tasse et Milton imitent la simplicité de Virgile dans leur début, mais non pas dans leur invocation. Celle du premier, mêlée à l'exposition, respire une grandeur qui annonce un vol d'aigle et un successeur d'Homère; celle du second, riche de poésie et pleine de charme, donne lieu à une réflexion critique. C'est un contre-sens que de demander à la muse de Moïse grâce pour des fictions qui profaneront un sujet sacré. Si la muse répond que la vérité est assez belle de sa nature pour rejeter des ornements étrangers, que deviendra le poëte privé de l'inspiration qu'il attend pour féconder son génie? Voltaire a reproduit la faute du Tasse en découvrant d'avance, par une précaution assez maladroite, un vice essentiel de son poëme, le mélange adultère de la mythologie païenne avec la religion des chrétiens. Plus répréhensible que son modèle, pour une licence dont il n'a pas su obtenir le pardon par des beautés d'un ordre élevé ou par des ornements propres à séduire un goût sévère mais délicat, Voltaire défigure en même temps son poëme et son héros. La maigre fiction du neuvième chant de la Henriade n'a pour excuse ni la sublime peinture de l'amour de Didon, ni les grâces de la riante description des jardins d'Armide, et tous ces enchantements que l'on peut regarder comme une image allégorique des effets magiques d'une passion pleine d'illusions.

Passons maintenant à la narration de Virgile, et voyons si la muse qu'il vient d'invoquer a exaucé la prière de son poëte.

« En face de l'Italie et des embouchures du Tibre, » qu'elle regardait de loin, il fut une ville antique » et fondée par une colonie de Tyriens; on l'appe- » lait Carthage : ville abondante en richesses, et

»pleine d'un peuple intraitable qui ne respirait
» que la guerre. On dit que la reine des dieux pré-
» férait le séjour de Carthage à tout autre sur la
» terre, et même à celui de Samos; là reposaient
» son char et ses armes. C'est dans cette ville favo-
» rite que la déesse, si les destins le permettent, se
» prépare de loin à placer l'empire de l'univers.
» Mais elle avait appris qu'une race de guerriers,
» sortie du sang troyen, renverserait un jour les
» remparts de Carthage; qu'il viendrait, pour la
» ruine de la Libye, un peuple roi des nations et
» fier de ses triomphes : tels sont les événements
» que filait déjà le fuseau des Parques. A cette
» crainte, au souvenir de la guerre qu'elle avait
» portée sous les murs de Troie pour ses chers Ar-
» giens, la fille de Saturne joignait des causes de
» haine et des chagrins dévorants qui n'étaient pas
» encore sortis de sa pensée; elle gardait profon-
» dément gravés dans son cœur le jugement de
» Pâris et l'injure faite à sa beauté méprisée, l'hor-
» reur d'une race odieuse, et les honneurs de Gany-
» mède enlevé pour la table du maître de l'Olympe.
» Enflammée par ces outrages, elle poursuivait sur
» le vaste empire de Neptune les restes du peuple
» troyen, échappés aux Grecs ou à l'impitoyable
» Achille, et les repoussait bien loin du Latium.
» Ainsi, depuis plusieurs années, tristes jouets du
» destin, d'accord avec la déesse, ils erraient de mer

» en mer; tant devait coûter d'efforts la difficile en-
» treprise de jeter les fondements de la puissance
» romaine! »

La guerre, que l'on peut regarder comme le véritable génie des enfants de Romulus, une confiance héréditaire et profonde dans les grandes promesses du destin, la force et les richesses de Carthage, source de leur inimitié pour elle, la ruine de cette ville qui donna l'empire du monde à ses vainqueurs, voilà le fond des choses que présentait l'histoire. Virgile, sans défigurer la vérité, a su la revêtir du voile brillant des fictions. Dans l'Énéide, Junon, protectrice de Carthage, veut asservir l'univers à une colonie tyrienne. Tout entière à ce projet, elle regarde déjà avec colère, dans le lointain des siècles, un peuple qui menace de renverser ses espérances les plus chères. Mais elle a dans le cœur d'autres blessures que les tourments de l'ambition. Alors nous remontons avec le poëte vers l'époque du jugement de Pâris; il peint en traits de flamme les divers motifs des ressentiments de la déesse; nous la voyons, également irritée par le passé, le présent et l'avenir, persécuter les Troyens, et chercher à détruire les Romains dans les auteurs de leur race. L'art de l'écrivain se manifeste ici de manière à frapper les esprits les moins attentifs. Il imprime à son ouvrage un caractère national; il agrandit l'origine de Rome en la rattachant à la majestueuse antiquité du royaume de Priam; il nous ouvre le cœur de Junon avant de la montrer elle-même; enfin, il flatte les descendants d'Énée, dont l'orgueil n'a pu manquer de tirer cette conséquence des paroles du poëte : « Nous avons triomphé deux fois de la » reine des dieux ; d'abord par le prodige qui nous » a fait naître malgré elle d'un grand peuple de » l'Asie, ensuite par la destruction de la ville puis- » sante que sa protection opposait à nos destins[1]. »

Le sujet de l'Iliade est la colère d'Achille; l'action commence avec le poëme. Nous assistons à la

---

[1] Les effets de l'éloquence des écrivains de l'antiquité dépendent si souvent de la place que leurs pensées occupent dans une composition, que je ne puis m'empêcher de remarquer le commencement de la narration de Virgile :

> Urbs antiqua fuit; Tyrii tenuere coloni;
> Carthago...

Dès les premiers mots, voilà les Romains émus et une grande attente excitée. Dans le reste de la comparaison entre Rome et Carthage, il n'y a pas un trait qui ne doive faire une impression profonde. Que de nobles passions sont réveillées tout à coup dans le cœur des maîtres du monde par le plus grand souvenir de leur histoire !

Je ne dois pas omettre non plus l'artifice qui a réservé pour la fin de ce magnifique passage le vers

> Tantæ molis erat romanam condere gentem !

Le poëte, en revenant sur une de ces pensées fondamentales

querelle du fils des dieux et du roi des rois, au milieu de tous les héros de la Grèce assemblés pour délibérer sur les malheurs dont ils sont frappés devant Troie pour avoir offensé Apollon dans la personne de son grand-prêtre Chrysès. L'Odyssée s'ouvre par le conseil des dieux, où Minerve intercède auprès de Jupiter en faveur d'Ulysse. Homère nous conduit ensuite dans le palais de Laërte, et nous montre les amants de Pénélope insultant à la faiblesse d'une femme et à la jeunesse de Télémaque. Virgile ne met d'abord en scène que le prince des Troyens, et Junon leur éternelle ennemie; mais en donnant, comme son maître, les passions d'une mortelle à la divinité, Virgile les a exprimées avec une noblesse qui n'ôte rien à la vérité des mœurs : il a rendu dignes de la scène tragique, encore plus sévère que l'épopée, des choses que le bon Homère réduit quelquefois à l'imitation trop servile de la vie domestique. Voici comment la déesse se présente à nos yeux dans l'Énéide :

« A peine la flotte troyenne, joyeuse de son dé-

---

que les écrivains habiles représentent sous mille formes différentes, a trouvé encore ici la plus heureuse transition au discours de la reine des dieux, dont la colère augmente devant l'obstacle qu'elle veut vaincre, en empêchant les siècles d'enfanter un grand peuple.

» part, avait perdu de vue la Sicile; elle commen-
» çait à peine à déployer ses voiles en pleine mer
» et à fendre les flots écumants, lorsque Junon,
» fidèle à nourrir la blessure de son cœur[1], se dit
» à elle-même : « Moi, renoncer à mon projet et
» m'avouer vaincue! moi, ne pouvoir empêcher les
» chefs des Troyens d'aborder en Italie! Et pour-
» quoi? parce que les destins s'opposent à ma vo-
» lonté. Pallas aura pu brûler la flotte des Grecs,
» et les ensevelir dans les flots, pour se venger de
» la faute et du délire du seul Ajax, fils d'Oïlée[2]!

---

[1] Les vers précédents de Virgile sur la cause des ressentiments de Junon,

    Nec dum etiam caussæ irarum sævique dolores
    Exciderant animo; manet alta mente repostum
    Judicium Paridis, spretæque injuria formæ,

et celui-ci,

    Quum Juno, æternum servans sub pectore volnus,

rappellent ces beaux vers de Delille dans la traduction du Paradis perdu :

    Rien ne peut de l'orgueil refermer les blessures;
    On pardonne les maux, mais non pas les injures.

[2] Elle atténue la cause de la vengeance de Minerve, comme
Athalie diminue le crime de la mort du prophète immolé
par sa mère Josabet :

    J'aurais vu massacrer et mon père et mon frère,
    Du haut de son palais précipiter ma mère,

ÉNÉIDE, LIVRE I.

» elle-même, lançant du haut des nues les feux ra-
» pides de Jupiter, aura pu disperser leurs vais-
» seaux, ordonner aux vents de bouleverser les
» ondes, envelopper dans un tourbillon rapide
» ce malheureux qui vomissait des flammes dévo-
» rantes, et attacher aux pointes d'un rocher un
» cadavre, monument de sa vengeance[1] ! et moi,
» qui marche en souveraine parmi les dieux, moi
» sœur et femme de Jupiter[2], je combats vaine-

>Et dans un même jour égorger à la fois,
>Quel spectacle d'horreur! quatre-vingts fils de rois;
>Et pourquoi? pour venger je ne sais quels prophètes
>Dont elle avait puni les fureurs indiscrètes.
>
>ATHALIE, acte II, scène VII.

C'est par un artifice semblable et familier aux passions, qui sont si habiles à parler la langue de leur intérêt, que, dans la fable des animaux malades de la peste, le lion, après un aveu hypocrite de ses péchés, termine sa confession par ces mots :

>Même il m'est arrivé quelquefois de manger
>Le berger.
>
>LA FONTAINE.

[1] Junon semble avoir pitié du malheureux Ajax, mais elle n'éprouve vraiment que de la jalousie contre Minerve; elle lui envie cette joie que la violente Hermione exprime avec une effrayante vérité dans ce vers de Racine :

>Quel plaisir de venger moi-même mon injure!

[2] Junon tient le même langage devant Jupiter. (Voyez le

»ment contre un seul peuple depuis tant d'an-
»nées! Qui voudra désormais adorer la divinité
»de Junon, et apporter en suppliant son hommage
»et ses dons sur mes autels?»

Dans l'Odyssée [1], le discours de Neptune sur un sujet pareil n'a rien que d'ordinaire; celui de Junon réunit ici la plus haute éloquence à cette perfection du beau dont Sophocle, Cicéron et Racine ont laissé tant d'exemples. L'auteur de Phèdre s'est rappelé souvent ce discours en traçant les caractères d'Agrippine et d'Athalie.

Les hommes qui savent que juger c'est comparer, pourront chercher dans l'ode d'Horace sur l'apothéose de Romulus le sujet d'un parallèle qui leur montrera comment l'ami de Mécène puisait dans ses souvenirs d'Homère, d'Eschyle et d'Euripide, des inspirations qui, transformées par son génie, devenaient des poëmes lyriques [2].

---

livre XVIII de l'Iliade, vers 361 et suivants.)
On lit dans Racine:

> Et moi qui sur le trône ai suivi mes ancêtres,
> Moi fille, femme, sœur et mère de vos maîtres!
> BRITANNICUS, acte I, scène II.

[1] Odyssée, livre V, vers 286 et suivants; livre XIII, vers 128 et suivants.

[2] Horace, 3e ode du livre III. Nous aurons occasion de rappeler cette ode à propos du second discours de Junon sur le même sujet dans le livre VII de l'Énéide.

Le Satan de Milton, avec son inflexible volonté, avec son insatiable ardeur de vengeance, avec une haine immortelle et un courage au-dessus de tous les dangers, qui brave Dieu lui-même et son tonnerre, est encore plus fièrement dessiné que l'implacable déesse dont Jupiter ne peut abattre l'orgueil et lasser la constance[1].

La fiction du départ de Junon pour l'Éolie rappelle une scène semblable dans l'Iliade. Voyons d'abord le modèle avant de lui opposer son imitateur.

Junon, pour seconder les efforts de Neptune en faveur des Grecs, a résolu de séduire son redoutable époux, et de le plonger dans les douceurs du sommeil après lui avoir présenté la coupe des voluptés. Dans ce dessein, elle revêt sa plus brillante parure : mais, après tant de soins pour relever l'éclat de sa beauté, la déesse ne compte pas encore assez sur elle-même; elle vient emprunter à Vénus cette ceinture dont le charme est irrésistible. Le prétexte de cette demande révélerait seul un poëte : Junon veut se servir de la ceinture enchantée pour réconcilier ensemble Téthys et l'Océan, que la Discorde éloigne de l'Amour et du lit conjugal. L'allégorie continue, et cachant une vérité

---

[1] Premier chant du Paradis perdu.

commune sous un voile qui lui sert d'ornement, nous montre la déesse réduite à prier le Sommeil de lui prêter son secours pour fermer les yeux vigilants du maître des dieux. La réponse du Sommeil est un peu maigre dans Virgile : dans Homère, elle atteste encore une imagination féconde et riante; on reconnaît surtout un Grec à ce trait qui termine le discours du dieu : « Jupiter, dont j'ai fermé » les yeux pour favoriser votre haine contre Her- » cule, est réveillé par le mugissement des vents et » des flots; furieux, il me cherche et va me préci- » piter du séjour céleste : mais la Nuit vient au se- » cours de son fils, et Jupiter calme sa colère par » respect pour la Nuit, qui a créé tous les êtres. »

La scène de la séduction conjugale, autre allégorie pour exprimer que la grâce est un talisman encore plus sûr que la beauté, se termine par la plus charmante des peintures.

Junon, sûre d'avance de son pouvoir et de ses ruses, *conscia doli et formæ*, triomphe; et l'heureux Jupiter, semblable à l'aigle de Pindare, dont l'Olympe voit les ailes s'abaisser, les paupières se fermer au doux son de la lyre, cède à la double puissance de l'amour et du sommeil, tandis que Neptune, averti par Morphée du succès de la déesse, court relever le courage des Grecs [1].

---

[1] Iliade, chant XIV, depuis le vers 153 jusques au 362°.

ÉNÉIDE, LIVRE I.

Le bonheur de la fiction en elle-même frappe d'abord tous les yeux; mais on peut dire qu'elle est judicieuse avant tout. En effet, nul autre moyen que l'artifice de Junon pour détourner l'attention de Jupiter et se dérober à ses regards pénétrants. Homère nous représente ici une scène familière; mais quel charme il donne à la peinture de la vérité en lui prêtant le secours de l'imagination! Le succès de la reine de l'Olympe peut-il être douteux? Elle est belle comme au premier jour de l'hymen, elle ajoute à la beauté suprême le charme indéfinissable de cette riante Vénus que Lucrèce appelle la volupté des dieux, et dont l'univers entier reconnaissait l'empire. L'illusion est aussi complète que remplie de grâces, et, pour dernier sujet d'éloge, la fable concourt à l'action, sans que les lecteurs, pressés de la suivre, reprochent au poëte de les avoir arrêtés trop long-temps [1].

Le bon sens, ami fidèle du génie, éclate ici

---

[1] Il faut mettre une restriction à cet éloge; Jupiter prend un singulier plaisir à rappeler dans ce moment toutes les femmes mortelles ou déesses qui ont allumé son amour. L'énumération de ses infidélités est beaucoup trop longue. On ne conçoit pas surtout qu'il ose prononcer le nom d'Alcmène, la mère d'Hercule, non moins odieuse que son fils à la jalouse déesse. Le fond de la pensée pouvait être conforme à la nature, la prolixité des détails lui ôte l'air de la vérité.

Virgile ne commet guère ce genre de fautes.

comme presque partout dans Homère. Virgile, en l'imitant avec beaucoup d'art, reste souvent au-dessous de lui, parce qu'il n'entre pas assez dans la délibération qui a présidé à la composition du maître. Imiter en se proposant de copier avec plus ou moins d'exactitude, c'est déjà trahir le secret de sa faiblesse, c'est surtout perdre une partie des ressources que l'on trouverait en soi-même. Dans cette circonstance, Virgile a su du moins faire jaillir du sujet des beautés nouvelles qu'Homère ne lui a point fournies, et dont la langue latine ne connaissait pas d'exemples avant les heureux travaux de son réformateur. Le personnage d'Éole, la cour du dieu, deviennent, comme on va le voir, de véritables créations entre les mains du poëte; écoutons-le parler.

« La déesse, roulant ces pensées de vengeance
» dans son cœur enflammé de colère, vole en
» Éolie, véritable patrie des orages, sans cesse
» enfantés dans son sein par les Aquilons furieux ;
» là, dans un antre, leur vaste prison, un roi
» presse du poids de son pouvoir et retient en-
» chaînés les vents tumultueux et les tempêtes
» bruyantes : ces rebelles, indignés de leur escla-
» vage, font mugir les profondeurs de la montagne
» qui les renferme, et frémissent autour de ses
» barrières. Sur le haut d'un rocher, Éole assis,
» le sceptre en main, adoucit leur violence natu-

» relle et tempère leur courroux. Sans ses soins
» vigilants, ils emporteraient dans leur course ra-
» pide la terre, l'océan, le vaste ciel, qu'ils balaie-
» raient devant eux dans l'espace ; mais la pré-
» voyance du maître de l'Olympe les plongea dans
» de sombres cavernes, fit peser sur leurs têtes la
» masse d'une haute montagne, et leur donna
» pour maître un dieu qui, fidèle aux lois prescrites
» et docile aux ordres de l'Olympe, sût tantôt res-
» serrer et tantôt lâcher les rênes du commande-
» ment[1]. »

Il y a aussi un roi d'Éolie dans l'Odyssée; mais Homère, qui ne craint pas d'étendre outre mesure les récits d'Ulysse à la cour d'Alcinoüs, n'a fait qu'entrevoir ici le sujet de la belle description de Virgile; il a même offensé le bon sens par la puérile invention de cette outre où sont enfermés les vents, et qu'Éole remet entre les mains d'Ulysse[2]. Virgile, en corrigeant son maître, a rendu la fiction presque aussi croyable que la vérité. Il ne répugne pas à la raison d'admettre dans un poëme que les vents, dont nous ignorons la cause et le

---

[1] Les vers de Valerius Flaccus sur le même sujet, quoique n'étant pas dépourvus de beautés, sont propres à faire sentir l'étonnante supériorité du poëte qu'il imite quelquefois avec une rare imprudence. Livre I, vers 578 et suivants.
[2] Odyssée, livre X, vers 1er et suivants.

séjour, habitent dans un antre immense, où ils sont retenus tant que l'ordre de la nature ne leur permet pas de troubler les airs. Mais ce qui ajoute encore au mérite de l'épisode, c'est qu'il nous laisse apercevoir, sous le voile transparent de l'allégorie, une image parfaite d'un pays gouverné par le despotisme, véritable patrie des orages, et toujours gros de quelques séditions. Éole, assis sur son rocher, est un véritable tyran haï de ses sujets, et retranché contre eux dans un fort inaccessible. Sous ce maître inexorable, l'état ressemble à une vaste prison où les sujets frémissent de colère. La verge en main, l'oreille attentive, le front sévère et l'œil menaçant, le maître paraît toujours prêt à punir un peuple toujours enclin à la rebellion : la force et les châtiments ne suffisent pas pour le contenir; il y faut employer la douceur du commandement et la prudence d'une main habile à manier les esprits, sinon rien ne pourrait plus arrêter la révolte; dans sa fureur, elle renverserait tous les obstacles et bouleverserait l'empire. Peut-être trouvera-t-on que Virgile revient sur les mêmes idées, sans nécessité, vers la fin de sa description; mais il a du moins observé la gradation dans les images; et s'il se répète, c'est en donnant à sa pensée de nouvelles formes qui l'agrandissent. Les derniers vers de sa description,

..... Regemque dedit qui fœdere certo
Et premere et laxas sciret dare jussus habenas,

contiennent en peu de mots tout l'art de gouverner.

Le tableau du palais d'Éole est un modèle du talent de peindre : les coupes savantes, les images vives, les secrets de l'harmonie imitative, la perfection du style, s'y trouvent réunis; mais le travail du poëte se cache sous un air de facilité : on sent, toutefois, que les vers de Virgile sont faits et non pas seulement trouvés.

En voyant Junon devant Éole, un observateur pourrait s'étonner des délais d'une colère si ardente, et demander comment la superbe reine des dieux, qui agite l'Olympe et brave Jupiter lui-même, a recours à un pouvoir subalterne pour troubler l'empire des flots. Le discours de la déesse est d'une grande vérité; il nous présente bien l'humiliation volontaire de la grandeur qui s'abaisse jusqu'à prier et même à flatter un dieu du troisième rang, pour l'engager à servir ses passions : personne ne descend aussi bas que les grands, quand ils ont besoin des petits. La réponse d'Éole respire la souplesse d'un courtisan habitué à connaître le cœur des princes, dont il faut ménager la fierté, même quand ils paraissent oublier entièrement le rang où ils sont placés. On voit encore, dans cette réponse, l'intention de caresser le penchant de

Junon à rivaliser de pouvoir avec Jupiter lui-même. Assurément le fils de Mélanippe n'oserait pas s'exprimer ainsi devant l'*assembleur des nuages*[1] : « Reine, dit-il, c'est à vous d'examiner ce
» que vous désirez de moi ; mon devoir est de
» prendre vos ordres absolus. Je vous dois tout
» ce que j'ai d'empire ; je vous dois mon sceptre
» et la faveur de Jupiter ; c'est vous qui me faites
» asseoir à la table des dieux ; c'est vous qui me
» donnez la souveraineté des nuages et des tem-
» pêtes.

» A ces mots, du revers de sa lance, il frappe
» le flanc de la montagne ; elle s'ouvre : les vents,
» semblables à un bataillon furieux, s'élancent et
» troublent les airs de leurs tourbillons ; tous en-
» semble ils pèsent sur la mer ; l'Eurus, le fou-
» gueux Autan, les Aquilons fertiles en orages, arra-
» chent l'Océan tout entier à ses profonds abîmes,
» et roulent les vastes flots contre leurs rives trem-
» blantes. On entend à la fois les clameurs des ma-
» telots et le sifflement des cordages. Tout à coup
» les nuages dérobent aux Troyens la vue du ciel
» et de la terre ; la nuit sombre descend et s'assied
» sur les flots, les pôles ont tonné ; l'éclair brille
» de feux redoublés ; tout présente la mort aux
» matelots pâles de terreur.

---

[1] Expression de La Fontaine.

» A ce spectacle, un froid mortel glace les mem-
» bres d'Énée; il gémit, et levant ses mains vers le
» ciel : O trois et quatre fois heureux, s'écrie-t-il,
» ceux qui ont obtenu la gloire de mourir sous les
» yeux de leurs parents, devant les superbes rem-
» parts de Troie! ô fils de Tydée, le plus vaillant des
» Grecs, que n'ai-je pu tomber dans les champs d'I-
» lion et périr de tes mains aux lieux où repose le
» redoutable Hector percé par la lance d'Achille;
» où mourut le grand Sarpédon ; où le Simoïs roule
» encore dans ses ondes rapides tant de boucliers,
» de casques et de cadavres guerriers!

» Tandis qu'il parle, l'Aquilon, qui gronde, frappe
» de côté dans ses voiles en élevant les vagues jus-
» qu'au ciel. Les rames se brisent; la proue détour-
» née présente le flanc à la tempête ; l'onde s'amon-
» celle en montagne écumante. Ceux-ci sont suspen-
» dus à son sommet; pour ceux-là l'onde s'entr'ouvre
» et leur montre le fond de l'abîme et le sable fu-
» rieux qui bouillonne. Trois des vaisseaux de la
» flotte sont jetés par le Notus contre des roches
» cachées qui élèvent leur dos immense au milieu
» des eaux ; l'Eurus pousse trois autres navires
» contre les syrtes ; ô spectacle douloureux ! il les
» brise contre les écueils et les emprisonne dans un
» rempart de sable.

» Un vaisseau portait les Lyciens et le fidèle
» Oronte : une vague énorme vient heurter sa

» poupe sous les yeux d'Énée ; le pilote, arraché
» du timon, chancelle et tombe dans les flots ; battu
» par leur furie, le vaisseau tourne trois fois sur
» lui-même avec rapidité, et tout à coup le gouffre
» écumant a dévoré sa proie. Quelques malheu-
» reux, qui nagent, apparaissent sur l'abîme im-
» mense au milieu des armes, des débris et des
» trésors de Troie. Déjà le navire d'Ilionée et du
» valeureux Achate, et celui que montent Abas et
» le vieil Alétès, sont vaincus par la tempête ;
» leurs flancs déchirés reçoivent les torrents enne-
» mis, et s'entr'ouvrent de toutes parts. »

Scaliger, en opposant d'une manière judicieuse la sagesse de Virgile au luxe de l'esprit d'Ovide et à la folle peinture de la tempête que César affronte dans la Pharsale de Lucain, admire avec raison la précision, la vérité, les couleurs du tableau de leur maître ; mais il n'a point deviné ce qu'on pouvait y désirer. Le bon Segrais, moins éclairé encore que le savant critique, donne des éloges à Virgile pour avoir placé imperceptiblement les principaux chefs des Troyens dans sa description. Ces éloges sont précisément une censure ; en effet, on dirait qu'il n'y a personne sur la flotte d'Énée, ou bien que ses compagnons, que le poëte nous fait connaître pour la première fois en les appelant le fidèle Oronte, le brave Achate, le vieil Alétès, restent immobiles comme des chré-

ÉNÉIDE, LIVRE I.

tiens résignés qui se diraient à eux-mêmes : « Si le ciel a résolu de nous perdre, notre résistance est inutile; s'il veut nous sauver, nos efforts ne sont pas nécessaires. » Quant à leur chef, comment se montre-t-il d'abord à nos yeux? Le rival, le successeur d'Hector, glacé de terreur, tremble comme une femme; ses genoux se dérobent sous lui aux premiers coups de la tempête[1]; arraché du milieu des ruines de sa patrie, grâce à la protection manifeste des immortels, vingt oracles, rendus par eux ou par leurs plus saints ministres, ne peuvent le rassurer en face du péril : la première pensée de cet homme, qu'on nous propose comme un modèle de constance dans l'adversité, est une pensée de découragement; il gémit, et, tendant ses deux mains vers le ciel, il exprime, en vers nobles et touchants à la vérité, le regret de n'avoir pas perdu la vie sous les coups du fils de Tydée[2] dans les champs troyens, lui que les

---

[1] Extemplo Æneæ solvuntur frigore membra.

Les expressions mêmes du poëte semblent augmenter la faute qu'il a commise pour avoir voulu emprunter un vers au cinquième chant de l'Odyssée.

[2] Il n'est pas heureux de rappeler ici ce combat avec Diomède, dont Énée sortit d'une manière assez peu digne de lui, et grâce à la protection de Vénus, qui le laissa tomber en chemin.

Dans l'Odyssée, Ulysse, qui n'était pas au premier rang des

dieux ont chargé d'une mission sublime, celle de ressusciter les cendres d'Ilion et de fonder l'empire des maîtres du monde! Le religieux Énée ne croit donc pas aux promesses de Jupiter? Ensuite, est-il le seul que la mort menace? pourquoi ne semble-t-il parler que de lui? Anchise et Astyanax, la religion de la patrie et les débris du peuple de Priam, ne devraient-ils pas occuper toutes les pensées d'un fils, d'un père, d'un pontife et d'un roi[1]? En veillant sur tant d'objets sacrés au milieu des fureurs du ciel et de la mer, en remplissant tous les devoirs d'un chef qui sait donner des ordres et des exemples, Énée pourrait tout au plus s'écrier, dans un déchirement de cœur, dans le transport d'une pitié profonde pour tout ce qui reste d'un si grand empire : « O dieux ! auriez-vous résolu de perdre une seconde fois la mal-

---

guerriers, ne se représente pas vaincu par un homme, mais accablé par toute une armée qui le couvrit d'une nuée de javelots près du cadavre d'Achille qu'il voulait défendre.

[1] Au chant II de son poëme, Apollonius prête à Jason les vrais sentiments du chef d'une entreprise en lui faisant dire à ses compagnons : « Il est facile de parler à celui qui ne songe qu'à sa conservation. Ce n'est pas ce soin qui m'occupe ; je fais peu de cas de ma vie ; c'est la tienne, Typhis, et celle de mes compagnons qui m'est chère : la crainte de ne pas vous ramener tous sains et saufs dans la Grèce fait mon seul tourment. »

heureuse Ilion? Grand Jupiter! aurais-tu révoqué tes promesses? Et vous, destins, vos immortels arrêts sont-ils changés? » J'emprunte à Virgile lui-même les sentiments dont il aurait pu mettre ici la touchante expression dans la bouche du héros.

Après les exclamations d'Énée, le poëte achève sa peinture par des vers pleins de richesse et d'harmonie imitative. On voit, on entend ce qu'il vient de décrire, et cependant il nous laisse froids, parce que toute espèce de mouvement dramatique et d'accent des passions manquent à la scène. Si la flotte d'Énée portait des hommes déjà célèbres dans la guerre de Troie, de dignes héritiers des héros morts pour la patrie; s'ils donnaient sous nos yeux des preuves d'un courage supérieur à tous les dangers; si on nous montrait le jeune Ascagne auprès d'Anchise ou d'Énée, surpris et satisfaits de voir cet enfant au-dessus de son âge et tranquille au milieu de la tempête, comme Hercule souriant aux monstres envoyés par Junon [1]; si le fils de Vénus

---

[1] On trouve dans Sénèque le tragique un trait qui atteste que le poëte n'avait pas oublié ce qu'il devait au caractère du fils d'Hector; sa mère lui dit : « Entre dans le tombeau de ton père, Astyanax... Mais tu recules d'horreur; tu as honte de te cacher : je reconnais là son sang; tu rougirais de craindre. Mais renonce à cette fierté trop généreuse, à tes premières inclinations. Fais-toi des sentiments conformes à ton mal-

nous inspirait la plus haute idée de sa constance et de son génie, un grand intérêt s'attacherait au spectacle de leurs épreuves, et nous aurions le cœur serré par l'effroi, la douleur et la pitié. Mais nous ne trouvons rien de pareil dans le tableau; et, par une double faute du poëte, Énée ne fait

---

heur. Regarde ce qui reste de Troie, un tombeau, un enfant, une captive. » *Troyennes*, acte III, scène 1.

Peut-être la fin de ce passage a-t-elle inspiré à Racine ces deux vers :

> Qu'il ait de ses aïeux un souvenir modeste ;
> Il est du sang d'Hector, mais il en est le reste.

Dans Valérius Flaccus, Chiron amène le jeune Achille à Pélée, son père, qui va s'embarquer avec les Argonautes.

> L'enfant saute à son cou, se jette dans ses bras,
> Et s'attache aux baisers d'un père qu'il adore.
> L'éclat des vins pourprés dont l'argent se colore,
> L'éclat des coupes d'or n'éblouit point ses yeux.
> Son regard étonné parcourt ces demi-dieux ;
> Il dévore en son cœur leur haute renommée
> Et mesure de l'œil le monstre de Némée.
> Dans les bras de son père Achille entrelacé
> Vingt fois en un moment sur son cœur est pressé.

C'est alors que Pélée demande aux dieux la conservation d'une tête si chère, et recommande au Centaure de donner à son fils une éducation sévère et propre à former un guerrier, l'honneur et l'appui de la Grèce. Il y a bien loin de ce discours à la prière du magnanime Hector, élevant le faible Astyanax vers le ciel ; mais la situation est d'une invention

pas plus paraître sa piété que son courage ; comme il oublie de combattre pour les siens, il oublie de prier les dieux, il ne se rappelle pas même qu'il a une mère dans l'Olympe [1].

Préservé de ces fautes par son sujet lui-même, et sans doute aussi par l'exemple de Virgile, Va-

---

heureuse, et les paroles de Pélée servent à augmenter l'ardeur des Argonautes.

Les vers latins méritent d'être cités pour leur énergique précision :

> Illum nec valido spumantia pocula Baccho
> Sollicitant, veteri nec conspicienda metallo
> Signa tenent. Stupet in ducibus, magnumque sonantes
> Haurit, et Herculeo fert comminus ora leoni.
>
> Chant Ier, v. 260 et suiv.

Ces traits ne sont pas dans Apollonius.

[1] Dans le premier chant de l'Argonautique de Valérius, Jason, prêt à partir pour l'expédition de la toison d'or, adresse à Junon, qu'il a sauvée, sans la connaître, du courroux de Jupiter lui-même, une noble et religieuse prière. On y lit ces admirables vers qui donnent un si grand démenti à l'arrêt porté par La Harpe contre leur auteur :

> Omnipotens regina, inquit, quam turbidus atro
> Æthere cœruleum quateret quum Jupiter imbrem,
> Ipse ego præcipiti tumidum per Enipea nimbo
> In campos et tuta tuli, nec credere quivi
> Ante deam, quam te tonitru nutuque reposci
> Conjugis, et subita raptam formidine vidi.
>
> V. 79 et suiv.

> O Junon, le jour que ton époux,
> En noirs torrents de pluie épanchant son courroux,

lérius Flaccus nous montre une élite de héros sur la flotte de Jason, prêt à partir pour la conquête de la Toison d'or [1]. On voit parmi eux Iphitus et Deucalion, jumeaux si ressemblants que leur mère ne pouvait les distinguer l'un de l'autre; Nauplius et le fils d'Oïlée, qu'attendent le naufrage et la foudre à leur retour du siége de Troie; Nestor, condamné à vivre trois âges d'homme; Tydée, le devin Mopsus; Castor et Pollux, les modèles de l'amitié fraternelle; Zéthès et Calaïs, enfants de Borée et de la nymphe Orithye; le vigilant Argus, Nestor, Philoctète, le magnanime Alcide, et enfin, Jason, le chef de l'entreprise, protégé par la reine des dieux. Ils sont partis: les mères, debout sur le rivage, s'obstinent à suivre de leurs regards les voiles et les armes étincelantes aux rayons du soleil, jusqu'à ce que l'onde, qui semble s'élever de-

---

Chassait loin de ses bords le fougueux Énipée,
Souviens-toi que, déjà par l'onde enveloppée,
Je courus t'arracher à leur noir tourbillon.
Jason, sans la connaître, avait sauvé Junon,
Quand il vit tout à coup le maître de la terre
Te rappeler aux cieux par la voix du tonnerre,
Et leur reine y monter dans un cercle de feux.

Dans le même chant, Jason adresse encore une prière à Neptune, dont il craint de violer l'empire. (Vers 172 et suivants.)

[1] Chant Ier de l'Argonautique, vers 350 et suivants.

vant elles comme un rempart, et l'immensité de
l'espace, leur dérobent le navire.

> Jupiter cependant avec plaisir contemple
> Ce noble essor des Grecs, ce magnifique exemple
> Qui doit unir entre eux les bords les plus lointains,
> Et du monde étonné va changer les destins.
> Ce dieu n'approuvait pas le repos taciturne
> Où l'homme s'endormait aux jours du vieux Saturne.
> L'Olympe de son roi partage les transports ;
> La parque aussi triomphe au noir séjour des morts
> De voir ces fiers mortels qui, bravant les tempêtes,
> A de nouveaux périls viennent offrir leurs têtes,
> Et qui, pour l'avenir ouvrant les vastes mers,
> Vont d'un nouveau tribut enrichir l'univers [1].

Ici Valérius emprunte sans aucun scrupule la fiction d'Éole, qu'il rend plus vraisemblable peut-être et plus dramatique. En effet, les premiers mortels assez hardis pour s'élancer sur la mer avec un vaisseau doivent exciter le courroux des vents, qui s'attribuent l'empire de cet élément; et lorsque Borée, qui régnait sur les ondes avant d'être le sujet d'Éole, lui demande la permission de punir l'insolence des Grecs, son orgueil, doublement humilié, parle à des passions prêtes à lui accorder tout ce qu'il désire. A Dieu ne plaise que je compare Valérius à Virgile dans la peinture de la cour d'Éole

---

[1] Traduction de Dureau de Lamalle fils.

ou dans la description de la tempête suscitée par Borée et ses frères ; mais ne mérite-t-il pas des éloges pour ce qui suit ?

> Les héros dans le choc de ces flots pleins de rage,
> Novices matelots, méconnaissaient l'orage.
> Ils croyaient que la mer a toujours ces fureurs :
> « Voilà, se disaient-ils dans leurs mornes terreurs [1],
> Voilà ce qui, sans doute, a fait craindre à nos pères
> D'importuner les flots d'avirons téméraires.
> A peine nous sortons, dans son courroux soudain,
> Voyez comme l'Égée a soulevé son sein !
> Est-ce déjà la mer des roches Cyanées,
> Ou quelles mers, grands dieux ! nous sont donc destinées ?
> Perdez, mortels, perdez un espoir indiscret,
> Et de dompter les flots quittez le vain projet [2]. »
> Ils se reprochent tous leur attentat profane,
> Pleurant la mort sans gloire où le ciel les condamne.
> Le fils d'Amphitryon regardait son carquois,
> Sa massue et son arc impuissants cette fois [3] ;
> D'autres, d'un triste adieu, qu'ils trempaient de leurs larmes,
> Les bras tendus au ciel, exprimaient leurs alarmes ;

---

[1] Le texte dit avec plus de convenance : *Tum murmure mœsto :*

[2] Le texte dit avec un accent plus religieux :

> Linquite, terræ,
> Spem pelagi, sacrosque iterum seponite fluctus.

[3] Magnanimus spectat pharetras et inutile robur
Amphitryonades.

Sans cesse sur l'abîme ils attachaient leurs yeux ;
Ils se lassaient à suivre et la mer et les cieux [1].

Les Argonautes sont hommes : la crainte que leur cause l'aspect du phénomène inconnu d'une tempête sur un élément terrible et nouveau pour eux, est dans la nature; mais cette crainte n'a rien de pusillanime et ne glace ni leurs bras ni leur courage : d'ailleurs elle prend sa source dans un sentiment religieux ; ils se reprochent d'avoir violé l'empire de Neptune, et regardent la mort obscure à laquelle ils gémissent d'être condamnés comme une punition de leur faute. Attentif à nous peindre leur ignorance et les suppositions qu'elle leur suggère en augmentant leurs sujets d'effroi, Valérius ne laisse voir aucun signe de faiblesse dans Hercule, le modèle des héros. Cette observation nous conduit à remarquer avec quel soin Valérius, sans donner au fils d'Alcimède une perfection idéale qui n'est point dans la nature humaine, sait accorder la peinture de la vérité avec ce que demandait le caractère du guerrier que le fils de Jupiter lui-même reconnaît pour chef.

Jason, admirant les sujets représentés par le pinceau de Minerve sur le navire qu'elle a construit pour l'expédition des Argonautes, se dit à lui-même

---

[1] Traduction de Dureau de Lamalle fils.

en secret, dans un étonnement mêlé de quelque crainte peut-être :

> ..... Heu! miseros nostrum natosque patresque!
> Haccine nos, animæ faciles, rate nubila contra
> Mittimur?............[1]

> Ah! malheureux nos pères et leurs fils! Quoi! c'est sur ce bois fragile que de faibles mortels sont envoyés combattre les orages du ciel et de la mer!

Cette réflexion n'a rien qui annonce une âme faible, *degenerem animum*. Bientôt un aigle envoyé par le maître des dieux descend du haut des airs, enlève un agneau dans ses robustes serres, l'emporte malgré les cris des chiens et des bergers, et, reprenant son vol, traverse sans crainte les flots de la mer Égée; Jason accepte cet heureux présage et court au palais de Pélias.

Peu après, le devin Mopsus, qui, agité d'un délire semblable à celui de la Sibylle de Cumes, prédit comme elle la guerre, l'horrible guerre, les taureaux de Vulcain, les dragons des Hespérides, et surtout les crimes de Médée, son hymen funeste et le massacre de ses enfants par leur mère, jette, par tant de menaces confuses, un certain trouble dans l'âme des Argonautes et même dans celle de leur chef. Mais il est bon de remarquer que parmi

---

[1] Chant Ier, vers 150 et suivants.

les causes de leurs craintes, il y a des crimes qui font frémir la nature. En ce moment survient le paisible Idmon, interprète et fils du dieu de Délos, auquel on peut appliquer ces vers de J.-B. Rousseau, avec un léger changement :

> Il avait l'heureux don de ces esprits faciles
> Pour qui les doctes sœurs, caressantes, dociles,
>   Ouvrent tous leurs trésors,
> Et qui, dans la douceur d'un tranquille délire,
> N'éprouvèrent jamais, en maniant la lyre,
>   Ni fureurs ni transports.

Le texte dit en deux très beaux vers :

> Non pallore viris, non ullo horrore comarum
> Terribilis, plenus fatis Phœboque quieto.

Ce devin, après avoir annoncé des périls et des travaux immenses suivis de la victoire, s'exprime ainsi : « Courage, ô grandes âmes! allez et courez à » la gloire qui vous rendra les doux embrassements » de vos pères. » Ces simples et touchantes paroles suffisent pour ranimer toute l'ardeur de Jason.

Un peu plus loin, le héros, sur le bord du rivage, presse contre son cœur Alcimède, sa mère, chancelante de douleur et de faiblesse : touché de ses pleurs, mais non pas ébranlé par les alarmes qu'elle exprime, il n'entend que les vœux héroïques d'Éson pour le glorieux retour de son fils. En empruntant cette situation à Apollonius, l'imitateur a corrigé l'original et relevé le caractère d'Éson, que le poëte grec nous montre retenu dans son lit, en s'enveloppant le visage au moment des adieux d'Alcimède à Jason.

On trouve dans la suite le même sentiment des obligations qu'imposent à l'écrivain le caractère et la situation de ses personnages.

Au quatrième chant de l'Argonautique, le vieux Phinée, roi de Thrace, interrogé par Jason, lui révèle des dangers de toute espèce, et fait surtout une peinture effrayante des Symplégades ou Cyanées, roches flottantes qui se heurtent sans cesse à l'entrée du Pont-Euxin. Jason, s'apercevant de l'effet des paroles du devin sur les Grecs, tranche des délais propres à nourrir la peur dans les âmes, et se hâte de mettre à la voile. A peine sur la mer, les Argonautes croient voir déjà les écueils dont ils ont été menacés.

> Soudain un bruit affreux les consterne et les glace.
> De ces monts furieux l'épouvantable masse
> Leur parut un débris du vaste firmament,
> Tombé du haut des cieux dans l'abîme écumant.
> Ils voulaient à l'envi précipiter leur fuite,
> Quand la mer, que des monts refoulait la poursuite,
> S'élance, les emporte, et, d'un effort soudain,
> Les pousse et les entraîne en l'orageux bassin
> Qu'abandonnent les monts par leur prompte retraite.

Dans ce danger pressant, Jason ranime l'espérance de ses compagnons par des souvenirs de gloire; bientôt il saisit la place et les armes du pilote : il commande, on le suit avec ardeur en bravant tous les périls ; mais ces périls toujours croissants et la lutte héroïque des Grecs deviennent un spectacle digne des regards célestes. Les dieux eux-mêmes, les yeux fixés sur l'onde écumante, s'appliquent à voir comment cette élite guerrière franchira de tels obstacles, et leur faveur suit les efforts de la vertu aux prises avec le génie des tempêtes.

> Cependant la déesse au regard foudroyant,
> Pour signal du départ, lance un trait flamboyant.
> A peine les deux monts entr'ouvrent la barrière,
> Le trait part, et, glissant en sillons de lumière,
> Fuit au milieu des rocs d'un vol précipité.
> Ils retrouvent leur cœur et leur bras indompté,
> Dès que l'éclair propice a tracé leur passage [1].
> « Grand dieu, qui que tu sois, oui, j'en crois ton présage ;
> » Oui, dit l'ardent Jason, je te suis. » Et soudain
> Il se jette au travers du périlleux chemin,
> Dans l'humide fracas des vagues écumantes,
> Et dans l'épaisse nuit de leurs vapeurs fumantes.

---

[1] Ce trait, évidemment imité du passage où Virgile peint la brillante lumière qui court se cacher dans les forêts de l'Ida, et semble indiquer à Anchise l'asile où il doit retirer sa famille, n'a point la divine élégance des vers du maître ; mais on y peut trouver l'heureuse précision des poésies lyriques d'Horace. Ne semble-t-il pas que c'est lui qui a dit :

> Illa volans tenui per concita saxa
> Luce fugit. Rediere viris animique manusque
> Ut videre viam.

Le navire passe : il voguait emporté par les flots qui avaient envahi le passage naguère défendu par les deux rochers désunis pour un moment.

> Mais de nouveau les monts accourent; la mer gronde :
> De leur ombre déjà le navire pressé
> Voit se joindre leurs rocs, voit son flanc menacé.
> Mais Pallas, mais Junon, s'élancent sur les roches,
> Et de leurs bras divins repoussent leurs approches.
> Tels, sous le poids du joug, deux taureaux vigoureux
> Domptés d'un bras puissant courbent leurs fronts nerveux.
> Entre les deux écueils, la mer, qui se resserre,
> Et bouillonne et mugit, comme *si*, *sous* la terre,
> Elle eût couvé des feux, qui, s'allumant soudain,
> Eussent mêlé l'arène et les flots de son sein.
> Par-dessous les rochers l'onde en fureur s'élance;
> Dans ce péril la troupe avec ardeur s'avance :
> Et tous, précipitant leurs pesants avirons,
> Avant leur choc rapide ont traversé les monts.
> Cependant par le choc Argo se voit surprise;
> De sa poupe heurtée un ornement se brise :
> Le reste est immortel et doit briller aux cieux.
> La troupe jette un cri. Levant au ciel leurs yeux,
> Ils ont tous cru la nef en éclats fracassée.
> Le coup rase Typhis. Par les monts rechassée,
> La mer s'élance et fuit, et pousse les héros.
> D'une course rapide ils volent sur les flots.
> Ils n'osent regarder ce terrible passage,
> Ni goûter de repos que lorsqu'au noir rivage
> Derrière eux du Rhébas ils ont laissé les bords.
> Leurs bras étaient brisés par de si longs efforts,
> Leur souffle haletant, leur poitrine embrasée :
> Ils respirent enfin. Tels Alcide et Thésée,
> Arrivés du Tartare aux doux confins du jour,

S'embrassent, mais l'horreur du ténébreux séjour
D'un effroi morne et sombre attriste encor leur joie [1].

On peut noter ici les emprunts de Valérius soit à Apollonius, soit à Virgile; on peut approuver plus ou moins le choix de sa fiction, conforme toutefois aux traditions antiques : mais on ne saurait disconvenir qu'elle ne mette dans tout son jour le courage des Argonautes, et que le lecteur ne suive avec un vif intérêt leurs périls, leurs espérances, leurs craintes, et leurs généreux efforts. Ils se montrent dignes de la victoire, tandis que Jason conserve sur eux, sans les abaisser, l'ascendant d'un homme qui mérite la protection du ciel et l'honneur de commander à des héros. L'attention des dieux relève encore la gloire des Grecs ; et je ne puis m'empêcher de remarquer ici l'élévation et la sagesse de Valérius : mais le souvenir d'Alcide et de Thésée qui, secouant la terreur du Tartare, s'embrassent pâles de tristesse et de joie en revoyant les premières clartés de la lumière du jour, me semble un trait de génie [2].

───────────────

[1] Dans le texte, le bonheur de l'expression rivalise avec la beauté de la pensée :

 Discussa quales formidine Averni,
 Alcides Theseusque comes pallentia jungunt
 Oscula, vix primis amplexi luminis oris.
      Vers 700 et suiv.

[2] Ce trait se trouve indiqué par Apollonius.

Par une dernière convenance, que le poëte a due à des réflexions sévères pendant le travail de la composition, Jason, toujours maître de lui-même au milieu des plus effroyables dangers, ne conçoit d'alarmes que sur la possibilité de franchir de nouveau, après la conquête de la toison d'or, un si redoutable écueil. Ces alarmes, trop bien motivées, n'ont rien qui puisse rabaisser le caractère du chef des Argonautes. Le poëte ajoute : « Jason ne savait pas qu'un ordre de Jupiter venait d'enchaîner à jamais sur leurs bases les deux montagnes ennemies. Le destin avait voulu qu'il en fût ainsi du jour où un vaisseau ouvrirait le passage de l'Euxin. »

Le rapprochement des deux tableaux était plus propre que toutes les réflexions littéraires à montrer ce que la critique voudrait trouver dans celui de Virgile. Je reviens à ce grand poëte, et c'est pour lui payer un tribut d'admiration.

Cependant Neptune sent qu'une divinité a troublé son empire, et reconnaît Junon. Majestueux dans sa colère, et semblable à un roi qui commande à ses sujets[1], il gourmande les vents comme des

---

[1] Le texte porte :

Graviter commotus et alto
Prospiciens, summa placidum caput extulit unda.

ENÉIDE, LIVRE I.

rebelles, et les renvoie à leur prison d'Éolie, non pas sans quelques paroles sévères pour le roi qui a osé entreprendre sur les droits du trident[1].

La sérénité reparaît; le dieu arrache lui-même les vaisseaux aux bancs de sable, et apaise les flots qui s'aplanissent sous les roues de son char. Les Troyens, sauvés par Neptune, font voile vers

---

Vers que Delille traduit ainsi :

> Courroucé, mais tranquille
> Sur le sein orageux de la mer indocile,
> Il lève fièrement son front majestueux.

A propos de ces vers, l'habile traducteur dit avec beaucoup de sens et de délicatesse : « C'est là qu'on voit l'idée que les anciens se formaient du beau idéal, particulièrement réservé à la peinture des dieux; les passions humaines peuvent affecter leur âme, mais ne doivent pas défigurer leurs traits. Neptune est en courroux, mais son front est calme ; voilà comment il faut entendre l'apparente contradiction des mots *graviter commotus* et *placidum caput*. Dans l'Apollon du Belvédère, représenté au moment où il vient de percer le serpent Python, le sculpteur a exprimé non pas l'ivresse mais la satisfaction de la victoire.

[1] Quand on voit la colère de Neptune contre Éole ou les vents, et son silence sur Junon, qui leur a commandé le crime dont le dieu se plaint, on pense, en souriant, à ce trait si malin de la fable des animaux malades de la peste :

> On n'osa trop approfondir
> Du tigre, ni de l'ours, ni des autres puissances,
> Les moins pardonnables offenses.

l'Afrique; mais nous ignorons pourquoi le dieu qui naguère servait avec tant de violence le ressentiment de Junon protége aujourd'hui les débris de l'empire qu'il a renversé lui-même [1]. Le bon Homère nous l'aurait appris, car il est extrêmement attentif à tout motiver. Sans donner trop d'importance à cette observation, livrons-nous au plaisir de louer la variété des scènes, toujours empruntées à la vie humaine, et l'admirable peinture du sage au milieu des fureurs d'une sédition ; et gardons-nous de paraître insensibles à l'élégance, à la douceur des vers qui expriment le retour de la sérénité dans le ciel et sur les flots. Théocrite offre dans sa XXIIe idylle des traces d'un art pareil à celui de Virgile [2]; Lucrèce les surpasse tous deux [3]; six

---

[1] Euripide, dans l'exposition d'Hécube, fournit une excuse à Virgile. A peine Troie est-elle renversée que Neptune, en contemplant les ruines qu'il a faites, prend pitié de la ville de Priam, et verse des larmes sur les maux de la guerre qui détruit les empires.

On a reproché à Euripide d'aimer à prodiguer les réflexions morales et les pensées philosophiques ; mais ici les unes et les autres sont également à leur place, parce qu'elles servent à peindre d'une manière dramatique ce retour d'humanité qui succède aux fougueuses passions du guerrier naguère altéré de carnage et possédé de la fureur de détruire ses ennemis, c'est-à-dire ses semblables.

[2] Vers 8 et suivants.

[3] Poëme de la nature des choses, chant I, vers 8.

ÉNÉIDE, LIVRE I.

vers suffisent à Horace [1] pour paraître plus grand peintre encore que le chantre d'Énée. Valérius n'a fait sur le même sujet que l'esquisse d'un écolier qui défigure un maître en l'imitant [2].

Les Troyens, fatigués, abordent en Libye [3]; ils entrent dans un golfe qui leur offre un port commode, et pour asile un antre frais, demeure des jeunes Néréides [4]. C'est là qu'Énée retire les restes de sa flotte. Pressés d'un grand désir de toucher la terre, les Troyens descendent et sèchent leurs habits mouillés par les flots. Tandis que le fidèle

---

[1] Livre III, ode XII, vers 27.
[2] Livre I, vers 641.
[3] On s'étonne que le pieux Énée, arraché à une mort certaine, grâce à la clémence de Neptune, ne reconnaisse pas ce bienfait par une prière et un sacrifice; il avait plus d'une raison pour ne pas oublier ce double devoir. Valérius a senti l'omission du maître. Plus religieux qu'Énée, le jeune et intrépide Jason paie un noble tribut au dieu qui vient de sauver l'élite des héros de la Grèce, contre lesquels Borée avait soulevé les flots. Il y a un trait bien touchant dans la prière de Jason : « Dieu paternel, accorde-moi de rendre à la Grèce et d'embrasser sur le seuil de la patrie tous les compagnons de cette entreprise, et ma juste reconnaissance te promet des temples et des autels. » (Livre I, vers 667 et suivants.)
[4] Cette riante description est empruntée du XIIIe livre de l'Odyssée, où elle offre plus de charme et d'imagination. (Vers 95 et suivants.)

Achate tire du feu d'un caillou et allume des feuilles sèches, d'autres se préparent à rôtir les présents de Cérès ou à les écraser sur la pierre.

Énée monte sur un rocher, et cherche en vain sur la vaste étendue des mers les vaisseaux qui lui manquent. Un troupeau de cerfs apparaît sur le rivage ; il en tue sept pour en donner un à chaque équipage. Après cet exploit, que tout autre que lui pouvait faire, le héros revoit ses Troyens, auxquels il partage les fruits de sa chasse et les vins du généreux Aceste [1]. Mais la tristesse règne parmi les Troyens : Énée cherche à les consoler par des

---

[1] Ce passage est emprunté d'Homère. Ulysse, revêtu de ses armes, franchit une haute montagne, et regarde la terre de Circé pour y trouver des traces de l'industrie humaine. Il n'aperçoit dans l'éloignement qu'une noire fumée qui s'élève du milieu d'une forêt épaisse. Son premier mouvement est d'aller lui-même reconnaître les lieux, mais la réflexion le porte à préférer à tout autre soin la nécessité de procurer quelque nourriture à ses compagnons. Ce devoir rempli, il enverra des guerriers à la découverte. En ce moment un dieu, touché de la détresse où se trouve un prince si vigilant, envoie devant lui un grand cerf, au bois majestueux, que la chaleur du soleil pressait d'aller se désaltérer dans le fleuve.

Le cerf tombe abattu par les traits d'Ulysse. Possesseur de cette prise, il la porte à ses compagnons, menacés d'une mort cruelle. A la voix de leur prince qui les appelle, on les voit sortir des antres où ils se sont retirés ; ils se rassemblent sur le rivage, et considèrent avec une admiration pleine de joie cet

paroles conformes à leurs pensées. « Compagnons
» de ma fortune, dit-il, ce n'est pas d'aujourd'hui
» que nous connaissons les malheurs. Vous en avez
» éprouvé de plus cruels ; ils sont passés : un dieu
» fera finir aussi ces nouvelles épreuves. Vous avez
» affronté la rage de Scylla et ses rochers battus
» par les flots mugissants ; vous avez abordé les fu-
» nestes rivages de l'île des Cyclopes. Rappelez votre
» courage, et bannissez les tristes alarmes ; un jour
» peut-être ces souvenirs auront des charmes pour
» vous. A travers tant de hasards, à travers tant de
» périls, nous faisons voile pour l'Italie où les des-
» tins nous montrent un séjour tranquille et for-
» tuné. Armez-vous de constance, et réservez-vous
» pour cet heureux avenir. »

---

animal d'une grandeur démesurée. (*Odyssée*, livre X, vers 144 et suivants.)

 Le récit de Virgile est dénué de tout intérêt ; nous n'y voyons ni la détresse des Troyens, ni la pitié d'un dieu touché de leur situation, ni la prévoyance d'un prince qui a le cœur d'un père pour les siens, ni le soin touchant d'apporter lui-même sur ses épaules la lourde proie qu'il vient d'abattre, ni la joie de tant de malheureux à l'aspect du présent qui va les sauver des horreurs de la famine. En un mot, il y a une scène de la vie humaine dans Homère : on chercherait vainement ce genre de mérite dans les vers de Virgile. Homère représente fidèlement la nature ; et, sous ce rapport, on ne saurait trop méditer ses ouvrages.

Les Troyens, au lieu de répondre à leur prince, ne pensent qu'aux préparatifs du repas, que le poëte retrace avec beaucoup de brièveté, parce que son goût l'avertissait que de longs détails, comme ceux qu'Homère prodigue quelquefois, ne convenaient point à la situation. Tout est prêt, les Troyens, couchés sur l'herbe, réparent leurs forces avec les présents de Cérès et de Bacchus. La faim des convives apaisée, on déplore en de longs discours le malheur des compagnons qu'on a perdus. Vivent-ils encore, auraient-ils subi le dernier des malheurs, et ne peuvent-ils plus entendre la voix qui les appelle? voilà les sujets d'espérance et de crainte qui se partagent le cœur des Troyens. Le pieux Énée, surtout, plaint en secret tantôt le malheur de l'ardent Oronte, tantôt celui d'Amycus, la cruelle destinée de Lycus, et le brave Gyas, et le malheureux Cloanthe [1].

Les vers les mieux faits, le style le plus harmonieux, ne sauraient cacher la maigreur et la nudité de cette narration. Où donc est la peinture de la joie des Troyens, en touchant le rivage, après les

---

[1] Ulysse et ses compagnons sont dans la même situation au XIIe chant de l'Odyssée; mais le poëte grec finit sa peinture par un trait bien plus heureux que celui de Virgile. Leurs larmes coulaient encore lorsque le sommeil vint se répandre sur leurs paupières.

horribles dangers qu'ils ont courus sur mer? où est la tristesse qui doit bientôt empoisonner cette joie? Le discours d'Énée, dépourvu de grandeur et d'éloquence, ne produit aucun effet, parce que l'orateur n'est ni convaincu ni persuadé. Virgile trahit lui-même la faiblesse de son héros en ajoutant: « Malade des plus grandes inquiétudes, il affecte » au dehors l'espérance, et renferme en lui-même » sa profonde douleur. » Ainsi, toujours en défiance des dieux, il désespère toujours de sa fortune. Un tel homme est-il donc fait pour gouverner les passions et les volontés de ses semblables? La douleur des Troyens, qui ne se réveille qu'après le repas, quoique conforme peut-être à la nature, ne paraît pas exempte d'un léger ridicule par la manière dont le poëte a présenté la scène. Quelques mots ajoutés au commencement auraient prévenu cette inconvenance, et rendu plus vrai et plus touchant le souvenir qui s'élève dans le cœur des Troyens. Pour comble de malheur, les derniers vers consacrés à l'affliction d'Énée sont d'une froideur extrême: on le dirait médiocrement touché d'une perte aussi grande que celle de quatorze vaisseaux sur vingt et un; d'ailleurs les noms qui devaient donner du prix aux regrets du prince sont tellement placés dans une aride énumération, que le principal personnage et le poëte ne paraissent pas plus émus l'un que l'autre.

« Leurs plaintes avaient cessé, lorsque Jupiter, » regardant du haut des cieux la mer couverte de » voiles flottantes, la terre et les peuples épars sur » sa vaste surface, s'arrête ainsi au sommet de » l'Olympe, et attache sa vue sur les royaumes de » Libye [1]. Le cœur du dieu se livrait tout entier à » des soins paternels pour les Troyens : soudain » Vénus, plus triste que jamais, et levant vers lui » ses yeux qui brillent à travers des larmes, vient » l'implorer en faveur d'Énée. »

Le discours de la déesse est plein d'une éloquence insinuante et douce qui convient à une mère suppliante : en l'écoutant, on croirait entendre quelquefois la timide Esther devant Assuérus. Esther a un charme particulier comme la déesse : les yeux de l'une sont obscurcis par des larmes, l'autre a sur le front la pâleur de la mort; toutes deux prient pour un peuple, toutes deux ont à redouter un ennemi puissant qui veille nuit et jour, toutes deux abordent avec une crainte religieuse un maître souverain qui les aime, sans pouvoir effacer l'impression de terreur que cause sa présence.

---

[1] On peut comparer ici Virgile avec le Tasse, qui nous montre l'Éternel abaissant encore ses regards sur la terre, et embrassant d'un coup d'œil tout ce que le monde renferme. (Chant I, strophes 7 et 8.)

Si Vénus, malgré la tendresse du souverain des dieux pour elle, ne peut s'empêcher d'exprimer en ces mots qu'elle tremble devant lui,

> O qui res hominum deumque
> Æternis regis imperiis, et fulmine terres,

plus timide encore, parce qu'elle est esclave quoique reine, et que les mortels ne sont pas si faciles que les dieux, Esther a dû dire :

> Seigneur, je n'ai jamais contemplé qu'avec crainte
> L'auguste majesté sur votre front empreinte ;
> Jugez combien ce front irrité contre moi
> Dans mon âme troublée a dû jeter d'effroi ;
> Sur ce trône sacré qu'environne la foudre
> J'ai cru vous voir tout prêt à me réduire en poudre.
> Hélas ! sans frissonner quel cœur audacieux
> Soutiendrait les éclairs qui partent de vos yeux ?
> Ainsi du Dieu vivant la colère étincelle.
> (Acte II, scène VII.)

Dans l'acte précédent, Esther rappelle à Dieu ses promesses en faveur des Juifs, et s'exprime quelquefois comme Vénus ; mais Massillon n'aurait pas manqué de faire sentir que l'élève de Mardochée est plus confiante et plus familière avec l'arbitre de l'univers qu'avec le roi des Perses. Il est encore bon d'observer que Racine, qui voulait que tout fût vraisemblable, a trouvé dans la piété même d'Esther les moyens de préparer le succès qu'elle obtient sur le cœur d'Assuérus. Elle dit à Dieu, avant de paraître devant son époux :

J'attendais le moment marqué dans ton arrêt,
Pour oser de ton peuple embrasser l'intérêt :
Ce moment est venu. Ma prompte obéissance
Va d'un roi redoutable affronter la présence.
C'est pour toi que je marche : accompagne mes pas
Devant ce fier lion qui ne te connaît pas ;
Commande en me voyant que son courroux s'apaise ;
Et prête à mes discours un charme qui lui plaise.

Virgile n'avait pas besoin de cet artifice, parce que le pouvoir irrésistible de Vénus sur Jupiter lui-même était une croyance religieuse des Grecs et des Romains; en voyant ses larmes, on ne doute pas un moment de son triomphe.

« Le père des dieux et des hommes, souriant à
» Vénus avec la douce majesté qui apaise les tem-
» pêtes et rend la sérénité au ciel, effleure un baiser
» sur les lèvres de sa fille, et lui dit : Rassure-toi,
» Cythérée ; l'inconstance du sort n'est point à
» craindre pour les tiens. Tu verras s'élever les
» remparts de Lavinium, qui te sont promis, et toi-
» même tu raviras jusque dans le palais des dieux
» le magnanime Énée : rien n'a changé mes réso-
» lutions. Mais, pour calmer les soucis qui dévo-
» rent ton cœur, je vais te dévoiler la trame secrète
» des destinées du chef des Troyens. Énée aura une
» grande guerre à soutenir en Italie ; il domptera
» des peuples féroces ; il leur donnera une ville et
» des mœurs communes, et les gouvernera pendant
» trois hivers et trois étés, après la soumission des

» Rutules. Son fils Ascagne, qui maintenant porte
» le nom d'Iule (il s'appelait Ilus lorsque l'empire
» d'Ilion était debout), remplira des faits de son
» règne ce long cercle de mois qui forme trente
» années ; il transportera le siége de l'empire hors
» de Lavinium, et défendra par des remparts inex-
» pugnables la ville d'Albe la longue. Là, trois siè-
» cles entiers voient des rois commander à la race
» d'Hector; enfin, Ilia, reine-prêtresse, enceinte du
» dieu Mars, enfante deux jumeaux. L'aîné, Romu-
» lus, fier de porter la dépouille d'une louve, sa sau-
» vage nourrice, rassemble un nouveau peuple sous
» son sceptre, bâtit la ville de Mars et donne son
» nom aux Romains. Je ne mets aucune limite à
» l'étendue ou à la durée de leur puissance; je leur
» ai donné un empire sans fin. Bien plus, l'impla-
» cable Junon, qui fatigue maintenant de ses fureurs
» la mer, la terre et le ciel effrayés, Junon, adop-
» tant de meilleures résolutions, favorisera comme
» moi les Romains, dont la race doit commander à
» l'univers : telle est ma volonté. Un temps viendra,
» dans la révolution des âges, où la maison d'Assa-
» racus rangera sous le joug la Thessalie, ainsi que
» la célèbre Mycènes, et dominera sur les Argiens
» vaincus par ses armes. Du sang illustre des Troyens
» naîtra César, appelé Jules, du nom de son auguste
» aïeul ; César, qui doit porter ses conquêtes jusqu'à
» l'Océan, et sa renommée jusqu'aux cieux. Un

» jour, libre de toute crainte, tu recevras toi-même
» dans l'Olympe ce nouveau dieu chargé des dé-
» pouilles de l'Orient, et les mortels l'imploreront
» par des vœux. Alors le siècle de fer adoucira sa
» férocité en déposant les armes, tandis que Vesta,
» Rémus avec son frère, donneront des lois au
» monde; de fortes chaînes fermeront les portes du
» cruel temple de la Guerre; au fond de ce temple,
» la Discorde impie, assise sur un amas de glaives,
» les bras liés derrière le dos par cent chaînes d'ai-
» rain, et la bouche teinte de sang, frémira de rage.

» Il avait dit, et, du haut de l'Olympe, il envoie
» le fils de Maïa ouvrir aux Troyens une terre hos-
» pitalière et les remparts de la nouvelle Carthage
» Il craignait que Didon, ignorant l'ordre du Des-
» tin, ne les éloignât de son empire. »

La réponse de Jupiter, un peu longue peut-être, mais d'ailleurs si pleine qu'elle contient un abrégé de l'histoire des Romains, porte cependant le caractère de précision des paroles d'un oracle ou d'un dieu; chaque pensée ressemble à une sentence du destin. Il ne faut pas oublier ici le soin que prend Jupiter de satisfaire à toutes les questions de Vénus, et la variété, la différence de tons avec laquelle le poëte répète les choses qu'il avait déjà fait dire à la déesse. C'est le trait d'un maître de l'art d'avoir placé dans la bouche de Jupiter les grandes destinées de Rome; c'est le propre du flatteur le plus

ÉNÉIDE, LIVRE I. 49

habile d'en avoir rapporté toute la gloire au fils d'Énée, dont Jules César et Auguste lui-même prétendaient tirer leur origine.

Virgile a eu l'intention de faire de l'Énéide un poëme national; il a voulu flatter l'orgueil d'un peuple qui se regardait comme choisi par les dieux pour donner des lois à l'univers. Sans doute les applaudissements de Rome entière ont donné au rival d'Homère cette première récompense par laquelle le suffrage des contemporains prépare et devance le jugement de la postérité; sans doute aussi les Pollion, les Tucca, les Varius et les Agrippa, ornements de la cour d'Auguste, ont entendu avec enthousiasme cette magnifique description de la grandeur romaine : mais, en présence du maître qui attendait sa part d'éloges avec une curiosité secrète, quels transports d'admiration ont dû accueillir l'apothéose d'Auguste, et cette admirable peinture de la Discorde enchaînée par sa sagesse ! Comme les courtisans, les favoris, et Mécène, si attentif à ce qu'aucune convenance ne fût blessée par les personnes admises au commerce du prince, Mécène, qui savait combien l'oreille des rois est chatouilleuse, ont approuvé le silence prudent de Jupiter sur les guerres civiles et les proscriptions ! Comme Virgile s'est insinué dans les bonnes grâces d'Auguste par des éloges si délicats, et plus encore par cette adroite omission qui a permis de substituer à des images funestes le tableau de la paix du monde, cette grande excuse d'Auguste pour les crimes d'Octave.

En voulant plaire à son siècle, et surtout à un maître, on se laisse emporter au-delà des bornes de la raison. N'est-il pas à craindre que le fils d'Anchise ne se trouve déjà effacé par Auguste? Cependant le fils d'Anchise est le héros du poëme. D'ailleurs comment Énée pourra-t-il porter le poids des magnifiques promesses de Jupiter? Que n'attendons-nous pas d'un homme auquel le maître des dieux annonce une postérité si glorieuse et le ciel pour récompense? Homère, qui n'a ni peuple ni prince à flatter, Homère, dont le génie ne portait pas le joug d'une cour, n'est point sujet à ces exagérations. Il ne donne pas des vertus sans tache à ses rois; il n'en fait point des modèles accomplis, en dissimulant leurs vices : il les peint tels qu'ils étaient. Chez lui, Nestor est sage, mais il aime à se vanter; Agamemnon a de la grandeur, et plus encore de violence et d'orgueil; la prudence d'Ulysse n'est pas exempte de duplicité; Achille montre un courage sublime et une cruauté impitoyable; la bonté de Priam dégénère en faiblesse. Virgile, en attribuant toutes les perfections à ses principaux personnages, Auguste et Énée, a méconnu la nature, et s'est privé des ressources que lui aurait fournies une imitation plus fidèle de la vérité. Mais ce poëte a une étonnante supériorité lorsqu'il fait parler Jupiter. Dans l'Iliade, le dieu dit à Thétis des choses indignes de lui, telles que celles-ci : « Que de maux tu » vas causer en m'excitant à offenser Junon, qui » m'irrite si souvent par ses discours injurieux! elle » ne cesse de lutter avec témérité contre moi en » présence des dieux, et m'accuse de favoriser les » Troyens dans les combats. Mais dérobe-toi promp- » tement de ces lieux avant qu'elle t'aperçoive; je » te promets de satisfaire tes désirs, et, pour t'en » convaincre, je t'accorde un signe de ma tête, gage » le plus sacré de mes promesses entre les immor- » tels. » Ainsi parle le fils de Saturne, et il baisse ses noirs sourcils. En même temps la divine chevelure s'agite sur la tête immortelle du monarque, et le vaste Olympe en est ébranlé. Assurément les paroles qui précèdent déparent singulièrement cette peinture. La querelle de Junon avec son époux, qu'elle traite d'artificieux et de perfide, ne répond guère mieux à une si grande image, et accuse un goût moins sûr que celui des contemporains d'Auguste. Dans l'Odyssée, Jupiter parle sur l'injustice des mortels envers les dieux, et sur la punition d'Égisthe, avec une haute éloquence; mais il ne s'exprime pas assez en souverain. Le ton du poëte latin a plus de convenance. Le Tasse, imitateur quelquefois trop exact de Virgile, n'a point adopté la faute de son modèle [1] : Dieu n'annonce pas d'avance des merveilles de Godefroi. L'auteur du Télémaque [2], doué d'une imagination riante comme celle d'un poëte grec, en donnant des grâces nouvelles et moins sévères à la Vénus de Virgile, tempère la majesté suprême, et ne prête au fils de Saturne que des paroles simples et sans faste.

Tandis que Mercure, fidèle aux ordres de son père, va disposer Didon en faveur des Troyens, Énée, après avoir caché la flotte troyenne dans un asile sûr et commode, marche à la découverte du pays, accompagné du seul Achate. Là s'ouvre une scène pleine de charmes, où les artifices de composition, les pensées, les sentiments, les images et le style méritent les mêmes éloges. Rien de plus agréable que la métamorphose de Vénus en chasseresse : nous venons de la voir devant Jupiter dans tout l'éclat de sa beauté; Virgile nous la montre maintenant telle que les dieux ne l'ont jamais vue.

> Son air, son vêtement, sa démarche légère,
> D'une vierge de Sparte offrent tous les dehors;
> Ou telle, au pied d'Hémus, l'Hèbre voit sur ses bords
> L'amazone, animant les coursiers qu'elle dresse,
> Voler, et de l'Eurus devancer la vitesse.

---

[1] Jérusalem, livre I, strophe xii.
[2] Télémaque, livre IX.

Pareil est son habit, semblable est son carquois;
Sa flèche semble attendre un habitant des bois;
Un souple brodequin compose sa chaussure;
Au-dessus du genou, les nœuds de sa ceinture
De ses légers habits serrent les plis mouvants,
Et ses cheveux épars flottent au gré des vents [1].

Vénus répond au discours touchant et simple d'Énée par une légère fiction, qui n'est pas un mensonge grossier, comme le sont quelquefois les contes du sage Ulysse. La narration qui apprend au fils d'Anchise les malheurs de Didon, veuve de Sichée, son courage, sa fuite sur les mers, et sa nouvelle destinée, respire l'éloquente gravité du sujet: le langage de la déesse est plein d'images, comme tout ce qui sort du cœur d'une femme émue; cependant il conviendrait peut-être plus à Minerve qu'à Vénus. La réplique d'Énée a le caractère de l'élégance et de la précision. Vénus interrompt le héros au milieu de ses douleurs par d'heureuses nouvelles de ses vaisseaux, et lui montre, comme un présage favorable, une troupe de cygnes, qui, naguère dispersés par l'oiseau de Jupiter, sont réunis maintenant dans les plaines du ciel et chantent le bonheur de leur retour. Ces

---

[1] Traduction de Delille.

L'Andromaque d'Euripide a pu fournir à Virgile l'idée de la métamorphose de Vénus, qui ressemble ici à Hélène.

charmantes images servent de transition au dénouement de la scène. « Vénus dit, et détourne la tête; » son cou de rose brille du plus vif éclat; ses cheveux, » parfumés d'ambroisie, exhalent une divine odeur; » les plis de sa robe descendent avec grâce jusqu'à ses » pieds, et sa noble démarche révèle une déesse [1]. » On reconnaît ici un poëte et un peintre. Le naïf Homère n'a peut-être jamais ce genre de beautés sévères, gracieuses et pures, comme une statue de Phidias ou une vierge de Raphaël [2].

---

[1] L'imagination de Milton, si riante et si féconde, se plaît à comparer la jeune Ève, quittant son époux, à Diane, à Palès ou Pomone qui fuit devant Vertumne, ou à Cérès vierge encore; et toutes ces comparaisons, même en les supposant permises dans un sujet sacré, ne sauraient égaler ces seuls mots : *Et vera incessu patuit dea.*

[2] Le poëte ajoute : « Énée reconnaît sa mère, et la poursuit »avec ces paroles : Pourquoi, cruelle déesse, te jouer ainsi tant »de fois de ton fils par des déguisements trompeurs? Pourquoi »ne m'est-il pas permis d'unir ma main à la tienne, d'entendre »vraiment ma mère et de répondre à sa voix? Au milieu de ses »plaintes, il marche vers Carthage. » Cette apostrophe est maigre; un cœur touché s'exprime autrement. En général, Énée parle et agit trop souvent comme un homme qui ne garde aucune trace des choses dont il a paru s'émouvoir. On pourrait croire que ses sentiments n'ont rien de profond.

Adam, qui ne peut se rassasier du plaisir de regarder la jeune Ève qui l'abandonne, est dans la même position qu'Énée poursuivant des yeux sa mère qu'il voudrait en vain retenir.

ÉNÉIDE, LIVRE I. 55

Voici maintenant de savantes oppositions, qui ont d'autant plus de prix qu'elles paraissent naître d'elles-mêmes sous la main du poëte.

Énée, enveloppé d'une nue épaisse par les soins de sa mère [1], s'avance avec le fidèle Achate; il voit, il admire les superbes commencements de Carthage et les travaux de la nouvelle colonie des Tyriens. Il envie leur bonheur et se mêle avec eux sans être vu de personne. Dans ce moment que fait cette reine courageuse dont Vénus vient de tracer un si beau portrait? Elle bâtit un temple à Junon, protectrice de la ville naissante. Cependant Énée, que la présence et les paroles de sa mère elle-même n'ont pu rassurer, commence à calmer ses craintes et à oser concevoir quelque espérance de salut [2]. Tandis que ses yeux contemplent le magnifique monument de la piété de la reine, les portes du temple lui offrent dans une vivante peinture tous les combats de la guerre de Troie.

Il s'arrête en pleurant à cet aspect: «Quel lieu, » dit-il, mon cher Achate, quel pays dans l'univers » ne sont pas remplis de nos travaux? Voilà Priam.

---

[1] Le Tasse a imité cette fiction, et en a tiré de nouvelles beautés. (Chant X, strophe XVI et suivantes, strophe XXXV.)

[2] Toujours des traces de la même faute; il ne peut avoir confiance dans les dieux.

»Il est ici des souvenirs et des honneurs pour la
» vertu : l'Afrique elle-même a des larmes pour les
» grandes infortunes, et l'humanité y trouve des
» cœurs sensibles. Dissipe tes craintes ; la renommée
» d'Ilion nous sera de quelque secours. En par-
» lant ainsi, il repaît sa douleur de ces vaines ima-
» ges de la triste vérité ; elles touchent son cœur et
» lui font verser un torrent de larmes. Pourrait-il les
» retenir? Ici les Troyens sont victorieux des Grecs ;
» là, debout sur son char, Achille presse les en-
» fants de Dardanus, épouvantés par le casque ter-
» rible, ouvrage de Vulcain. Maintenant voilà Dio-
» mède qui enlève les chevaux de Rhésus, l'une
» des fatalités d'Ilion. Ailleurs le jeune Troïle excite
» notre pitié : faible enfant ! il ose se mesurer avec
» le fils de Thétis, et nous le voyons déjà les pieds
» embarrassés dans les rênes de ses coursiers, la tête
» et les cheveux traînant dans la poussière, et le
» corps traversé par la pique sanglante ! D'un autre
» côté s'avance à pas lents un groupe de femmes
» troyennes : tristes, comme des suppliantes, elles
» vont offrir à Minerve un voile magnifique ; mais
» la déesse irritée détourne les yeux et rejette leur
» offrande. Plus loin quelles scènes déchirantes !
» Achille a traîné trois fois autour des remparts
» d'Ilion le cadavre d'Hector ; maintenant, assis dans
» sa tente, le cruel vainqueur vend à prix d'or les
» restes défigurés de la victime de Patrocle au

» malheureux Priam, réduit à baiser les mains du
» meurtrier de son fils ! » Pour que rien ne manque
ici à l'intérêt dont la reine de Carthage doit être
prévenue en faveur d'Énée, le poëte le jette dans
la mêlée au milieu des bataillons ennemis [1]. « Tan-
» dis que l'ami d'Hector, immobile d'étonnement,
» ne peut se lasser de regarder ces divers tableaux,
» la reine Didon, éclatante de beauté, s'avance vers
» le temple, accompagnée d'une nombreuse jeu-
» nesse. Telle sur les rives de l'Eurotas, ou sur les
» hauteurs du Cynthe, Diane conduit ses chœurs :
» mille Oréades forment sur ses pas des danses
» variées ; la déesse, qui s'avance le carquois sur
» l'épaule, surpasse de la tête toutes ces immor-
» telles, et fait tressaillir d'une secrète joie le cœur
» de Latone. Telle est Didon ; c'est ainsi qu'elle mar-
» chait pleine d'allégresse au milieu de son peuple,
» tout occupée des soins et de la grandeur de son
» nouvel empire. »

Virgile a traduit ici Homère avec la plus rare
élégance ; ses amis l'auront félicité, lui-même se
sera peut-être applaudi de ce brillant larcin, comme
Boileau quand il avait vaincu une difficulté pres-

---

[1] Se quoque principibus permixtum agnovit achivis.

Ce trait ingénieux est un artifice de composition employé
avec un goût exquis. Un mot de plus passait la mesure.

que insurmontable : cependant on a regardé cet emprunt de Virgile comme l'un des moins judicieux qu'il ait pu faire. Homère compare à propos la vierge Nausicaa, au milieu de ses jeunes compagnes, à la chaste Diane qui s'amuse au plaisir de la chasse avec ses folâtres nymphes. Mais la comparaison ne convient pas de même à la veuve de Sichée, qui a connu l'amour, à une reine imposante, entourée de respects, grande par la vertu, fière de ses desseins, environnée de gloire et de puissance. Virgile lui-même a pressenti cette critique; aussi a-t-il fait tous ses efforts pour atténuer une faute qu'il n'avait pas la force d'éviter en renonçant avec courage à de beaux vers. Il a rendu plus sévères les riantes images du grec[1] pour les

---

[1] Voici le texte de l'Odyssée : « Le repas achevé, la vierge et ses compagnes déposent leurs voiles et font voler tour à tour un léger ballon dans les airs ; la belle Nausicaa mêle ses chants à ce folâtre amusement. Telle Diane franchit les hauteurs du Taygète, ou, sur les sommets de l'Érymanthe, ses flèches à la main, elle poursuit avec ardeur les cerfs agiles et le fougueux sanglier ; autour d'elle se jouent ses champêtres nymphes, filles de Jupiter. Latone les voit et tressaille d'allégresse. Sa fille surpasse de la tête leur troupe entière. Au premier regard on reconnaît la déesse au milieu de toutes ces nymphes, qu'elle efface par sa beauté. Telle la fille d'Alcinoüs, vierge et belle, brillait au milieu de ses compagnes. »

Fénélon, en imitant ce passage dans le livre I du Télé-

accommoder à son sujet et ne pas faire une disparate entre les jeux de la déesse et les graves occupations d'une reine qui médite un empire. Sans cette sage précaution, il n'aurait pas trouvé facilement une heureuse transition à ce qui suit : « Aux
» portes du sanctuaire et sous la voûte du temple, la
» reine, environnée de son cortége guerrier, prend
» place sur un trône élevé au-dessus de tous. C'est
» du haut de ce trône, c'est dans ce temple où sa sa-
» gesse rend la justice et dicte des lois sous les re-
» gards des dieux [1], qu'elle reçoit les Troyens sauvés
» par la tempête. » La situation du héros, qui les voit sans être aperçu par eux, qui peut entendre, sans rougir, son éloge dans la bouche d'un guerrier courageux et d'un ami fidèle, a quelque chose d'ingénieux et de touchant. La fierté sans orgueil, la prière sans abaissement, la confiance dans la justice des

---

maque, où Calypso rappelle tout-à-fait la Diane d'Homère, n'a point eu, comme Virgile, la faiblesse de copier le trait de Latone, qui ne convenait pas plus à son sujet qu'à celui de l'Énéide, dans les situations données.

[1] Dans Valérius Flaccus, chant V, vers 405, Médée dit à Jason :

> Du temple de Phébus tu vois briller le faîte :
> Là, dit-elle, le roi, sortant de son palais,
> Vient écouter les vœux de ses moindres sujets.
> Tous ont un libre accès près du monarque auguste :
> La présence du dieu l'avertit d'être juste.

dieux, l'amour de la patrie, et un culte religieux pour un prince infortuné, voilà les caractères du discours d'Ilionée; son éloquence est douce et majestueuse. On reconnaît avec plaisir dans la réponse de Didon la modestie d'une femme, la dignité d'une reine, et la sensibilité du malheur.

Sans le secours de la fiction, cette grande scène n'aurait eu qu'une issue ordinaire et commune. Un élève d'Homère ne pouvait tomber dans une telle faute. « Frappés des paroles de la reine, dit le » poëte, le courageux Achate et le pieux Énée » brûlaient de s'élancer hors du nuage protecteur. » Achate le premier : Fils d'une déesse, quelle pen- » sée s'élève maintenant dans votre âme? Vous le » voyez, tout est en sûreté; votre flotte, vos com- » pagnons vous sont rendus : il ne manque ici qu'un » seul vaisseau, celui qui fut englouti dans les on- » des sous nos propres yeux; tout le reste répond » aux promesses de votre mère[1]. »

---

[1] Je ne voudrais point assurer que le discours d'Achate fût d'une parfaite convenance ; je crois voir encore jusque dans les paroles du serviteur quelque chose des craintes qui nuisent au caractère du maître. Au dixième livre de la Jérusalem, Soliman ne peut plus rester caché dans la nue qui le dérobe à tous les regards; et quand Ismen lui dit, Souffriras-tu plus long-temps qu'on parle de cette manière en ta présence? le fier sultan répond : « C'est contre mon gré que je demeure ici caché; je brûle de dépit et de colère. »

ÉNÉIDE, LIVRE I.

A peine il a parlé, soudain le nuage répandu autour d'eux se déchire et se dissipe dans l'azur des cieux. Énée paraît et brille comme un astre éclatant de lumière. Il a les traits et le port, la chevelure dorée d'un immortel. Vénus elle-même, d'un souffle de sa bouche de rose, a donné à son fils les couleurs et l'éclat du printemps, elle a mis dans ses regards la douce allégresse avec la majesté[1].

Les vers du texte, que je rapporte ici pour ne pas nuire à l'original par la faiblesse d'une traduction qui n'en approcherait jamais malgré tous mes efforts, sont d'une perfection désespérante :

> Vix ea fatus erat, quum circumfusa repente
> Scindit se nubes, et in æthera purgat apertum.

---

[1] On trouve dans Klopstock une peinture différente et qui prouve qu'on pouvait créer encore après Virgile. Le Christ, absorbé dans de profondes méditations, s'est endormi sur la pointe d'un rocher dans une vallée profonde, formée entre les sommets de la montagne céleste des oliviers. Gabriel s'arrête de surprise : il contemple son maître plongé dans un sommeil paisible et léger... Il admire l'accord heureux, le charme inexprimable des traits de la divinité confondus avec ceux de la nature humaine. Le sentiment de l'amour tranquille ; un sourire divin, où se peint la clémence ; le caractère de la bonté, de la douceur, répandu sur son visage ; les larmes de la miséricorde infinie, tout annonçait en lui l'âme du bienfaiteur de l'humanité. Cette image cependant était affaiblie par l'impression du sommeil. (*Messiade*, chant I.)

> Restitit Æneas, claraque in luce refulsit,
> Os humerosque deo similis; namque ipsa decoram
> Cæsariem nato genitrix, lumenque juventæ
> Purpureum, et lætos oculis adflarat honores [1].

Après ces vers, dont la beauté nous montre ce que le talent de Virgile sait ajouter à la poésie d'Homère, je ne voudrais pas trouver ceux-ci, qui ne peuvent aucunement soutenir le parallèle avec les autres :

> Quale manus addunt ebori decus, aut ubi flavo
> Argentum, pariusve lapis, circumdatur auro.

Virgile, en surpassant le passage d'Homère qu'il a imité [2], devait sentir qu'il ne fallait pas le traduire tout entier, et que ce qui se trouvait en harmonie dans le poëte grec ne serait plus d'accord avec des images beaucoup plus grandes et plus riches

---

[1] Le Tasse a encore imité ou plutôt traduit ici Virgile; mais quelle différence entre un héros que sa mère revêt tout-à-coup d'une beauté divine pour qu'il inspire une passion funeste à une femme vertueuse, et le terrible Soliman apparaissant avec toute sa majesté dans le conseil d'un roi pour démentir un lâche courtisan et ranimer le courage d'un peuple !
Dans l'Énéide, le prodige et surtout son but, loin d'ajouter à la dignité morale du personnage, tendraient plutôt à le rabaisser ; dans la Jérusalem, le caractère de Soliman est agrandi à nos yeux par une fiction qui le fait agir d'une manière digne de lui. (Voyez le chant X, strophe XLIX.)

[2] Livre VI de l'Odyssée, vers 229 et suivants.

ÉNÉIDE, LIVRE I. 63

que les siennes. Du reste il était impossible de mieux préparer que ne l'a fait Virgile cette première impression dont Vénus elle-même connaissait le pouvoir. Comment Didon pourrait-elle échapper au piége de la déesse? Comment ne serait-elle pas surprise et touchée de trouver la beauté suprême dans le héros qu'elle admire?

Voyons si les paroles d'Énée répondent au prodige qui l'amène sur la scène dans tout l'éclat d'un dieu.

« Reine, il est devant vous celui que vous cher-
» chez : le voilà cet Énée, ce Troyen échappé aux
» flots de la Libye. O vous, qui seule avez pitié des
» inexprimables infortunes d'Ilion, quoi! vous nous
» recevez dans votre ville naissante! quoi! ces tristes
» restes de la fureur des Grecs, épuisés par tant de
» travaux sur la terre et sur les mers, quoi! des
» malheureux qui manquent de tout, vous les asso-
» ciez à votre empire! Vous rendre de dignes actions
» de grâces, ô Didon, surpasse notre pouvoir et ce-
» lui de tout ce qui reste de la race de Dardanus
» éparse dans l'univers. Si la justice et la conscience
» du bien ne sont pas de vains noms, que les dieux,
» s'il en est qui regardent la vertu, vous accordent
» le juste prix de votre humanité. O fortuné le
» siècle qui vous a vue naître! Quels illustres pa-
» rents ont donné le jour à une si grande reine?
» Tant que les fleuves courront se précipiter dans

» les mers, tant que l'ombre fera le tour des mon-
» tagnes, tant que le ciel nourrira la lumière des
» astres, partout où les destins m'appelleront, vo-
» tre nom, votre éloge, et les honneurs qui vous
» sont dus, demeureront parmi les Troyens. Il dit,
» et tend la main droite à Ségeste, son ami, la
» gauche à Ilionée, ensuite aux autres Troyens, au
» brave Gyas, au courageux Cloanthe. »

Je regarde le début du héros comme un modèle de convenance; mais quelles raisons pour excuser le doute qui lui échappe sur la justice et la bonté des dieux?

> Di tibi, si qua pios respectant numina, si quid
> Usquam justitia est...

Quoi! le religieux Énée, à peine sorti de l'entretien de sa mère, qui est venue lui montrer une pitié si tendre, qui l'a préservé de toute injure par sa prévoyante sollicitude, peut avoir de pareils sentiments, et ose les exprimer devant une reine dont le nouvel empire atteste que les dieux ne sont point indifférents aux malheurs de la vertu! Delille a reconnu cette faute. Sans doute c'est pour l'effacer, et pour mieux lier les remerciements d'Énée aux promesses de sa reconnaissance, qu'il a supprimé ici quatre vers du texte; mais, en le corrigeant par une omission volontaire, il a singulièrement affaibli l'accent du cœur dans les paroles d'Énée.

Dans le quatrième livre, la reine de Carthage, désespérée par le plus cruel abandon, s'exprime avec plus de retenue que le prince troyen; elle dit seulement :

.... Si quid pia numina possunt.

Enfin, mieux inspiré que son maître, Ilionée parle aussi plus sagement, témoin ce beau vers :

At sperate Deos memores fandi atque nefandi [1].

Les compliments du prince à Didon, plus conformes au caractère du personnage, mais rendus avec plus de froideur que ceux d'Ulysse à Nausicaa [2], ne paraissent point l'expression d'un sentiment vrai. Sans sortir des bornes d'une sage réserve, on loue davantage et mieux une belle reine assez généreuse pour offrir l'hospitalité à tout un peuple. La fin du discours donne lieu à d'autres observations. Plus le personnage est grand, plus ses paroles doivent être simples : les pompeux serments d'Énée touchent à l'exagération; mais leur principal défaut est de ressembler à une formule banale. Peut-être dira-t-on que cette formule était usitée dans les cérémonies religieuses, et que Virgile lui-même en fournit la preuve dans l'apothéose de Daphnis; mais ce n'est là qu'une faible réponse.

---

[1] Reine, rappelez-vous qu'il est des dieux qui gardent la mémoire du bien et du mal.
[2] *Odyssée,* chant VI, vers 150 et suivants.

Dans les transports d'une joie pareille à celle qu'Énée doit ressentir du salut de son peuple, le cœur a toujours des créations nouvelles pour exprimer ce qu'il éprouve. Enfin un héros, fils de Vénus et déjà presque un dieu, ne devait pas se montrer moins éloquent qu'un simple mortel animé d'une juste reconnaissance. Il faut regarder ce passage comme l'un de ceux dans lesquels Virgile se contentait d'une ébauche en attendant une inspiration plus heureuse. Toutes ces fautes de détail sont couronnées par l'accueil sans épanchement et sans dignité du prince aux Troyens qu'il a crus perdus pour toujours. Ce n'est ni la vive affection d'un ami qui a répandu des larmes amères, ni la noble familiarité d'un maître qui se communique avec bonté. Le populaire Henri IV aurait pu tendre ainsi la main à Sully, trop long-temps séparé de lui dans la chaleur d'une action périlleuse; il aurait fait plus, il se serait jeté dans les bras du plus dévoué des serviteurs, et sa touchante bonhomie aurait encore relevé la simplicité de l'action par des paroles sorties du cœur d'un homme. Mais ici nous sommes dans une cour élégante et polie, devant une femme assise sur un trône; et loin de ressembler au frère d'armes de Crillon et de tant d'autres braves, Énée, métamorphosé par Vénus, nous rappellerait plutôt le jeune et beau Louis XIV au temps où il éblouissait les regards et enlevait le cœur de toutes les femmes de sa cour : ce parallèle explique ma pensée entière.

Virgile a fait parler Didon avec bien plus de raison et d'éloquence que le héros ou le dieu qui est devant elle. La dernière postérité redira encore, les larmes aux yeux, l'admirable vers qui termine sa réponse :

> Non ignara mali miseris succurrere disco.

Delille traduit ainsi ce trait sorti du cœur :

> Malheureuse, j'appris à plaindre le malheur [1].

On ne peut rien désirer dans cette réponse. Homère va nous apprendre encore ce qui manque de charme au discours du Troyen.

Ulysse est devant Alcinoüs, comme Énée en présence de Didon. Pressé de raconter ses aventures, il éprouve aussi un serrement de douleur au souvenir de ses longues infortunes ; mais enfin il commence ainsi : « Je suis le fils de Laërte, cet » Ulysse si connu par ses stratagèmes ; mon nom » est parvenu jusqu'au ciel. J'habite Ithaque, que » le soleil regarde à son déclin ; Ithaque, où se voit » le mont Nérite couronné de feuillages. Autour

---

[1] La Fontaine a fait, sans y penser, un commentaire philosophique de ce trait dans un vers de la fable des deux pigeons :

> Mais un fripon d'enfant (cet âge est sans pitié)...

»de là sont répandues, l'une auprès de l'autre,
» un grand nombre d'îles, Dulichium, Samé, la verte
» Zacynthe peuplée de forêts. Ithaque, plus humble
» et plus voisine du couchant, est hérissée de ro-
» chers; mais elle nourrit une vaillante jeunesse.
» Non, je ne pourrai jamais voir de terre plus
» douce que la terre natale. En vain la belle Ca-
» lypso voulut me retenir dans sa grotte, en vain elle
» souhaitait de m'avoir pour époux; en vain Circé,
» l'artificieuse Circé m'arrêta dans son île et vou-
» lut aussi m'unir à elle par les nœuds de l'hymen;
» elles ne purent fléchir mon cœur et changer mes
» pensées, tant la patrie et les auteurs de nos jours
» nous inspirent un attachement que ne sauraient
» balancer les richesses ou les honneurs dans une
» terre étrangère et loin d'une famille chérie!»

Scaliger, en critiquant ce discours et surtout le début, demande si des ruses sont des sujets d'éloges. Il n'a pas senti que ces ruses, non moins puissantes que les exploits de Diomède ou d'Achille, ont renversé Ilion. Le critique avait-il oublié le nom du prince à qui les Grecs ont accordé les armes du fils de Thétis en présence d'Ajax et de tant de héros? Mais, au lieu de chercher à rabaisser Homère avec tant d'injustice, il devait sentir que le discours du Grec est plus touchant que celui du Troyen, et entre bien mieux dans le cœur. L'amour de la patrie est la première des vertus du roi d'Ithaque; il sert de mobile à toutes ses actions. Énée, envoyé par les dieux en Italie, ne peut avoir pour elle cette passion que l'on reçoit avec le sang de ses pères, et qui s'accroît avec l'âge par une suite d'impressions reçues dès le berceau. Ulysse ne voit, ne cherche, ne demande, ne veut que ses rochers, où il retrouvera, pour prix de sa constance, le bon Laërte, la sage Pénélope, le jeune Télémaque, le fidèle Eumée, et aussi sa vieille nourrice qui l'attend pour l'embrasser encore avant de mourir.

Énée est entré dans le palais de Didon; il se souvient, un peu tard peut-être, de son fils Ascagne[1], et l'envoie chercher avec les présents qu'il destine à Didon. Le choix de ces présents atteste un sentiment exquis des convenances; ce sont le voile d'Hélène, et le sceptre d'Ilionée, l'aînée des filles de Priam, c'est-à-dire la parure de la beauté et le symbole de la puissance.

Cependant Vénus, toujours alarmée sur son fils, redoute un asile accordé par Junon, et la

---

[1] Nous sommes à la fin du premier chant, et nous ne savions pas encore que le prince troyen eût un fils. Virgile a manqué dans sa tempête une heureuse occasion d'introduire le jeune Ascagne sur la scène, ainsi que nous l'avons dit plus haut. C'est la nature héroïque que le poëte nous a promise, et d'ailleurs Ascagne descend de l'Olympe comme le fils de Jupiter.

haine constante de cette déesse. Pour prévenir des retours funestes, elle veut que l'Amour prenne les traits d'Ascagne, et vienne allumer lui-même une passion incurable dans le cœur de la reine. La tendre et flatteuse prière de Vénus à ce fils qui méprise la foudre de Jupiter est empreinte d'un charme particulier. Catulle seul, avant Virgile, avait pu faire soupçonner aux Latins que leur langue dût atteindre un jour à la mollesse et à la grâce de la peinture d'Ascagne endormi dans les bosquets de Paphos. Le dieu, semblable en tout à ce jeune prince, paraît tout-à-coup au milieu du festin qui rassemble l'élite des Troyens et la cour de Carthage. On admire les présents du héros; on admire Iule, l'éclat divin de son visage, la douceur de sa voix si bien imitée. Mais Didon, dévouée à une passion fatale, ne peut se rassasier du plaisir de regarder le fils d'Énée; elle s'enflamme en le contemplant. Le faux Ascagne, après avoir embrassé son père, s'avance vers la reine. Les yeux, l'âme tout entière de cette princesse s'attachent à lui; elle l'approche de son sein, le couvre de baisers. Malheureuse! elle ignore quel dieu redoutable est assis sur ses genoux. L'Amour, fidèle aux ordres d'une mère, efface par degrés l'image de Sichée, et cherche à réchauffer par une ardeur nouvelle un cœur paisible et tiède comme le feu endormi sous la cendre.

Si cette fiction, qui entre comme un ressort dans l'action, ne détruit pas l'économie du poëme, si elle peut s'accommoder avec l'âge, le caractère et les mœurs du héros, on ne peut que la louer : le choix en est heureux, le merveilleux rempli d'agrément ; elle prépare à Didon une excuse semblable à celle de Phèdre,

> Je reconnus Vénus et ses feux redoutables,
> D'un cœur qu'elle poursuit tourments inévitables ;

elle explique comment la veuve de Sichée a pu passer si promptement du respect le plus tendre pour des cendres chéries à une passion nouvelle. Vénus a pris soin d'y préparer le cœur de la reine par l'admiration et la pitié, qui sont dans une femme des commencements d'amour : le dieu maître de tous les dieux vient lui-même enivrer l'infortunée par ses dangereuses caresses ; mortelle, comment résister à deux divinités? Tout cela est heureusement inventé, sans doute ; mais un dernier artifice du poëte se dévoile ici à nos regards. Grâce à la fiction, il évite des détails qui répugnaient à la gravité de son sujet et l'exposaient encore à rabaisser le principal personnage. En effet, si la passion de la reine de Carthage suit tous les degrés d'une passion ordinaire; si Didon, victime du pouvoir de Vénus comme Phèdre ou Médée, ne brûle pas d'abord avec fureur, et pour ainsi dire à l'insu du héros, il ne peut paraître auprès d'elle que dans un état indigne de lui, soit qu'il partage sa naissante faiblesse, soit qu'il en profite sans la partager.

Fénélon a imité Virgile, mais avec discernement. L'amour est une passion de la jeunesse; Télémaque, en adorant Eucharis, tombe dans une faute de son âge : cette faute devient un des ressorts de l'action, dont le but est de conduire Télémaque au trône par les épreuves qui seules peuvent confirmer la vertu d'un homme et d'un prince. Les peintures du vénérable archevêque sont plus riantes et plus vives que celles de Virgile; il y règne une tendresse qu'on ne trouve pas dans le poëte latin : à la vérité la situation de Télémaque en présence de Calypso et de toutes ses nymphes, qui deviennent les rivales de la déesse, est propre à enflammer le cœur d'un jeune homme; mais quelle morale sort naturellement du sujet, et combien les paroles de Mentor et le tableau des malheurs entraînés par une passion qui paraît d'abord innocente sont faits pour inspirer de profondes réflexions sur ses dangers! Du reste la précision et la sobriété de détails étaient imposées à Virgile par le bon sens et par les convenances; Fénélon a pu se livrer davantage à sa féconde imagination. Dans le poëme de ce grand écrivain, l'Amour, imploré aussi par sa mère, est amené par elle à Calypso, que Vénus vient flatter d'une espérance de bonheur en lui adressant ces paroles :

« Malheureuse déesse, l'ingrat Ulysse vous a méprisée ; son fils, encore plus dur que lui, vous prépare un semblable mépris : mais l'Amour vient lui-même pour vous venger. Je vous le laisse; il demeurera parmi vos nymphes, comme autrefois l'enfant Bacchus fut nourri par les nymphes de l'île de Naxos. Télémaque le verra comme un enfant ordinaire ; il ne pourra s'en défier, et il sentira bientôt son pouvoir. Elle dit, et, remontant dans le nuage doré d'où elle était sortie, elle laissa après elle une odeur d'ambroisie dont tous les bois de Calypso furent parfumés[1].

» L'Amour demeure entre les mains de Calypso. Quoique déesse, elle sentit la flamme qui coulait déjà dans son sein. Pour se soulager, elle le donne aussitôt à la nymphe qui était auprès d'elle, nommée Eucharis. Mais, hélas! dans la suite, combien elle se repentit de l'avoir fait ! D'abord rien ne paraissait plus innocent, plus doux, plus ingénu et plus gracieux que cet enfant ; à le voir enjoué, flatteur, toujours riant, on aurait cru qu'il ne pouvait donner que des plaisirs : mais à peine

---

[1] Ambrosiæque comæ divinum vertice odorem
Spiravere . . . .

s'était-on fié à ses caresses qu'on y sentait je ne sais quoi d'empoisonné.

» Cependant Télémaque, voyant cet enfant qui se jouait parmi les nymphes, fut surpris de sa douceur et de sa beauté : il l'embrasse, il le prend tantôt sur ses genoux, tantôt dans ses bras. Il sent en lui-même une inquiétude dont il ne peut démêler la cause. »

J'ai loué plus haut la sagesse de Virgile; toutefois ce poëte, en portant presque toujours la sévérité de la tragédie dans l'épopée, ôte à celle-ci une naïveté pleine de charmes. La muse d'Homère ne chausse pas toujours le cothurne; Fénélon le savait bien : ensuite le goût de la précision, une excessive sobriété de détails, ne permettent pas toujours à Virgile de développer les situations. Dans Fénélon la scène est plus complète et produit plus d'illusion, parce que le lecteur a en quelque sorte le temps de voir les progrès de l'amour, qui se développent bientôt avec l'incroyable énergie d'une dévorante passion dans le cœur du jeune Télémaque. Mais aussi quelle prose, quelle poésie, pourraient approcher des admirables vers que je vais citer !

> Præcipue infelix, pesti devota futuræ,
> Expleri mentem nequit, ardescitque tuendo
> Phœnissa, et pariter puero donisque movetur.
> Ille, ubi complexu Æneæ colloque pependit,
> Et magnum falsi implevit genitoris amorem,

> Reginam petit. Hæc oculis, hæc pectore toto
> Hæret; et interdum gremio fovet, inscia Dido,
> Insidat quantus miseræ deus! At memor ille
> Matris Acidaliæ, paulatim abolere Sychæum
> Incipit, et vivo tentat prævertere amore
> Jampridem resides animos, desuetaque corda[1].

La beauté même de ce passage donne encore plus de poids à une observation de Delille sur le festin offert par Didon au prince troyen : il désirait avec raison plus d'imagination et de poésie dans la description de cette fête. À la cour d'une reine qui bâtit des temples superbes et des palais magnifiques, à la table d'une femme que l'amour rend ingénieuse à saisir tous les moyens de plaire, il doit régner plus de goût et d'élégance. L'auteur de la Pharsale, trop enclin à abuser des dons les plus précieux de la nature, a développé plus de richesses dans la peinture du banquet que Cléopâtre offre à César dans le palais des Ptolémées. Entre le luxe du jeune Lucain et la parcimonie du sage Virgile, le goût indique ce que l'imagination pouvait choisir et conserver pour flatter un lecteur délicat. Dans la quinzième idylle de Théocrite, intitulée les

---

[1] Il y a quelque chose de cet état de calme et de tiédeur d'une âme qui peut se rallumer au premier moment, dans Phèdre, délivrée du danger de la présence d'Hippolyte :

> Je respirais, Œnone, et depuis son absence
> Mes jours, moins agités, coulaient dans l'innocence.

Syracusaines, on trouve une description dont les riantes couleurs auraient pu enrichir la palette de son élève. Fénélon nous offre encore un exemple qui motive le regret de Delille [1].

Quoique Didon fût une femme forte et d'un grand caractère, sa cour est trop triste et trop nue : on devrait y trouver de jeunes et belles princesses qui en fissent l'ornement ; on voudrait voir et entendre à côté de la reine cette tendre Élise qui doit exercer sur le héros un empire dont sa sœur sera presque jalouse. Je ne sais quelle dignité froide, comme celle qui règne dans une cour moderne, semble annoncer que tout le monde attend un signe, un coup d'œil ou un sourire, pour oser se livrer à une douce joie. Les usages du palais d'Auguste ressemblent beaucoup aux nôtres ; ce prince parlait peu à son grand couvert, suivant toutes les apparences, et tout le monde se taisait devant lui. Les images du temps, trop présentes à Virgile, l'ont souvent empêché de remonter vers les siècles héroïques ; il a peint en beaux vers ce qu'il a vu, et non pas les mœurs des prédécesseurs ou des contemporains d'Homère ; voilà souvent une des causes de son infériorité : Hélène, Ménélas, étaient bien plus poétiques qu'Auguste et Livie.

---

[1] Voyez le repas offert par Adoam sur la flotte phénicienne à Mentor et à son élève. (*Télémaque*, livre VIII.)

« Cependant, dès qu'un premier repos succède
» aux festins, et que les tables sont éloignées, on
» apporte de larges coupes que l'on couronne de
» fleurs. Le bruit circule de toutes parts, et les vastes
» appartements répètent d'échos en échos les voix
» des convives. Aux lambris dorés sont suspendus
» des lustres étincelants dont les feux triomphent
» de la nuit. La reine alors demande et remplit de
» vin la coupe brillante dont se servaient Bélus et
» ses nombreux descendants. Soudain règne un pro-
» fond silence : Jupiter, dit-elle, toi qui consacras
» les droits de l'hospitalité, fais que ce jour soit
» heureux pour les Tyriens et pour les guerriers
» sortis de Troie ; fais que nos derniers neveux en
» conservent la mémoire. Viens au milieu de nous,
» Bacchus, père de la joie; viens aussi, favorable
» Junon; et vous, ô Tyriens, applaudissez à cette
» heureuse réunion de deux peuples amis.

» Elle dit, verse sur la table les prémices de
» la liqueur vermeille, l'effleure la première du
» bord de ses lèvres, et la remet à Bitias en excitant
» son ardeur. Bitias, sans hésiter, vide la coupe et
» inonde ses entrailles du nectar écumant; les autres
» grands de la cour suivent son exemple. »

On ne peut refuser de la dignité à l'invocation de
la reine; mais il n'y a pas un mot de femme, pas un
accent du cœur. Hélène s'exprime autrement dans
le quatrième livre de l'Odyssée. Une âme sensible

perce dans tout ce qu'elle dit, et cependant Hélène n'est pas occupée comme Didon par un sentiment qui passionne les moindres paroles. L'action d'effleurer la coupe et de la tendre à l'un des convives n'est que la peinture d'un usage antique. Combien le vieil Homère a plus d'invention! Le fils de Nestor et celui d'Ulysse sont à la table de Ménélas, au milieu des apprêts de l'hymen d'Hermione avec Pyrrhus; Ménélas leur prodigue les soins de l'hospitalité; l'amitié la plus tendre, les regrets les plus sincères, animent ses discours sur Ulysse, devant Télémaque qu'il ne connaît pas encore. Dans ce moment, Hélène descend avec ses femmes du haut de son palais, et s'avance au milieu de la salle avec la majesté de Diane portant un carquois d'or. C'est elle qui reconnaît le fils d'Ulysse, circonstance judicieusement trouvée, parce que les femmes, plus attentives aux dons extérieurs, en conservent plus fidèlement l'image, et la démêlent jusque dans les traits de la première enfance. Hélène confie sa découverte à Ménélas, et donne naissance à de nouveaux éloges d'Ulysse, et surtout à des plaintes douloureuses, sur le destin qui ferme à ce seul infortuné le chemin de sa patrie. Ces mots réveillent dans toute l'assemblée la douleur et les regrets : la fille de Jupiter, Hélène verse des larmes ; on en voit couler des yeux de Télémaque et de Ménélas : ceux du fils de Nestor se mouillent aussi de pleurs; les infortunes d'Ulysse lui rappelaient son frère Antiloque, immolé par le célèbre fils de la brillante Aurore.

Cependant le festin et les discours se prolongent. Alors la tendre Hélène, pour mettre un terme à des plaisirs douloureux, mêle aux vins offerts à ses convives les sucs merveilleux d'une plante qui, bannissant le deuil et la colère, procure encore aux mortels l'oubli de tous leurs maux. Celui qui buvait la liqueur ainsi préparée ne versait point de larmes pendant tout un jour, eût-il perdu ou son père ou sa mère, eût-il vu immoler devant lui par le glaive un fils ou une fille adorés. Tel est le baume souverain qu'une reine d'Égypte avait remis entre les mains de l'épouse de Ménélas. Ainsi la plus belle des femmes possède encore un charme qui suspend toutes les peines! Peut-on inventer avec plus de bonheur? peut-on cacher la vérité sous une plus riante allégorie? Et l'imagination des Grecs n'est-elle pas aussi raisonnable et plus gracieuse que la sévérité des Romains, trop souvent voisine de la sécheresse?

Virgile! Virgile! vous n'étiez pas encore assez rempli d'Homère, ou plutôt l'excès de votre respect pour ce grand poëte vous a rendu trop timide à transporter dans votre langue les beautés naïves et surtout les scènes dramatiques de votre maître.

Quel est ce chanteur Jopas qui remplace dans

l'Énéide le Démodocus de l'Odyssée ? Virgile nous dit seulement qu'il a une longue chevelure et une lyre d'or. Le bon Homère nous fait toujours connaître les personnages qu'il nous présente pour la première fois. Chez lui, Démodocus est un poëte privé de la vue, mais inspiré des dieux et révéré par les rois. Sa seule présence excite l'intérêt : l'opposition de ses malheurs avec son génie le rend un objet d'admiration et de pitié. Jopas chante les phases de la lune, les travaux du soleil, la naissance des animaux, et les signes célestes. Sans doute ces sujets sont beaux, mais ils touchent peu ; il n'y a rien pour les guerriers d'Ilion, rien pour Énée, dans les hymnes du poëte. Il était néanmoins dans les convenances délicates d'une cour hospitalière de chercher à causer au héros une douce surprise par le choix des sujets indiqués à Jopas. Sans toucher à la narration qui va suivre, on pouvait faire des allusions à quelques scènes du grand drame de la ruine de Troie. Didon, déjà si loin d'avoir la grâce et le charme d'Hélène, Didon, reine, femme et amante, oublie une attention que le bon Alcinoüs se garde bien de négliger, comme nous le verrons bientôt. De son côté le prince troyen, en présence de la reine, ne justifie par aucune chose remarquable l'amour qu'il inspire. Froid, silencieux, il assiste au festin et ne prend part à rien, parce que rien ne le touche. Il ne paraît pas s'apercevoir de l'attention passionnée dont il est l'objet.

Cependant Didon prolongeait la nuit dans des entretiens pleins de charme, et s'enivrait à longs traits du poison de l'amour. Sans cesse elle interroge Énée sur Priam, sur Hector; tantôt elle veut savoir avec quelles armes a paru le fils de l'Aurore, tantôt quels étaient les coursiers de Diomède; elle veut connaître encore le grand Achille; enfin elle demande le récit entier des malheurs d'Ilion et des voyages du héros. La situation n'est réellement qu'ébauchée; Virgile ne nous donne qu'une esquisse à la place d'un tableau : la noblesse, la convenance, la curiosité vive et réservée pourtant, la peinture des degrés de la passion qui s'allume de moment en moment, manquent ici entièrement. Ce n'est pas avec cette négligence et cette froideur que Fénélon a représenté la passion naissante de Calypso et son ardeur à connaître et à écouter les aventures du jeune héros en qui elle retrouve l'image d'Ulysse. Milton exprime avec bien plus de grâce, de chaleur et de retenue, le désir passionné qu'Adam et la jeune Ève éprouvent d'entendre de la bouche de Raphaël le récit des merveilles de la création [1].

Il est temps maintenant de justifier l'ensemble de mes critiques et de montrer par un grand exemple

---

[1] Chant VII du Paradis perdu.

qu'elles ne sont dictées ni par la passion ni par une orgueilleuse témérité : Virgile a eu constamment l'Odyssée en vue dans toute la première partie de l'Énéide; mettons Virgile en présence d'Homère, et voyons comment il soutient la comparaison avec son maître.

On peut reprocher à Homère d'avoir commencé son cinquième chant par une faible répétition de la scène qui ouvre l'Odyssée. Le poëte, pressé de nous montrer le jeune Télémaque, oublie pendant quatre chants de donner suite aux promesses de Jupiter à la déesse de la sagesse; et quittant tout-à-coup le palais de Ménélas pour nous ramener à celui de Pénélope, il nous transporte, sans autre préparation, dans le conseil des dieux assemblés une seconde fois, parce qu'Homère a besoin de leur présence. Minerve fait les mêmes prières, Jupiter donne les mêmes assurances; mais, pressé par les nouvelles instances de sa fille, il envoie enfin Mercure au secours d'Ulysse. On ne saurait trouver beaucoup d'art dans cette manière de composer; mais, outre l'heureuse opposition entre les inquiétudes de la sage Pénélope et les complaisances de l'artificieuse déesse qui ne peut l'effacer du cœur d'Ulysse, il y a ici d'autres beautés dignes de fixer l'attention du critique judicieux.

Nous connaissons dès long-temps Ulysse par tout ce qu'il a fait devant Troie; nous voyons en

lui un prince estimé d'Achille, le compagnon de
Diomède dans les périls, l'émule de Nestor dans
les conseils, et en quelque sorte la providence de
l'armée par la fertilité des ressources de son esprit
dans les circonstances difficiles. Si le héros tarde
long-temps à paraître sur le devant de la scène,
il occupe cependant les quatre premiers chants du
poëme : dans l'Olympe, Jupiter loue la vertu du
favori de Minerve; dans Ithaque, son fils, sa femme
et son peuple le regrettent sans cesse et n'espèrent
qu'en lui pour sortir d'oppression; on le célèbre
comme un modèle de prudence et de courage à la
cour de Pylos, où règne le sage Nestor; à Sparte,
Ménélas l'honore comme un héros et un ami. Enée,
peu favorablement connu dans la guerre de Troie,
obtient tout-à-coup une renommée nouvelle dans
les quatre premiers vers de l'Énéide; mais il se
montre d'abord peu digne de ce présent de Virgile,
qui a peut-être violé pour lui la vérité historique.
L'Ulysse de l'Odyssée ressemble à celui de l'Iliade,
avec cette différence seule, que le malheur a aug-
menté sa défiance naturelle et donné une trempe
plus forte à son âme; on n'a pas besoin de nous
annoncer des merveilles de sa constance, tandis
qu'il a fallu réparer par le luxe des promesses la
réputation au moins équivoque d'Énée. Et, soit
dit en passant, Virgile a presque toujours tenté de
vains efforts pour élever le fils de la molle et tendre

Vénus jusqu'aux proportions d'Achille ou d'Hector; il n'y a point de dieu dans Énée.

Poursuivi par la fatalité attachée aux vainqueurs de Troie, Ulysse est arrivé de naufrages en naufrages, de périls en périls, à l'île de Calypso, qui veut le conserver pour époux en lui faisant partager le privilége de l'immortalité. Dans ce lieu de délices, où la beauté lui prodigue les marques du plus tendre amour, il pleure sans cesse sa pauvre Ithaque. Jupiter, invoqué par Minerve, ordonne à Mercure d'arracher l'infortuné au pouvoir de la déesse qui le retient et l'enchaîne; elle obéit à regret au maître de l'Olympe, mais non pas sans prédire à Ulysse les maux effroyables qui vont fondre sur lui. Ulysse accepte avec joie tous les périls que le destin lui prépare. Le poëte a fait Calypso plus belle, plus tendre que jamais, pendant les préparatifs du départ; le matin du jour fatal, elle a tous les soins de l'amour, toutes les prévoyances de la tendresse et de la crainte, pour celui qui la quitte : on dirait que, par une espèce de confiance dans l'empire de sa beauté, à laquelle la parure ajoute un nouvel éclat, elle conserve quelque espoir de le retenir. Ulysse, plein d'allégresse au fond du cœur, fait voile pour sa patrie sur un radeau construit par lui-même; après dix-sept nuits d'une navigation sans sommeil, l'île des Phéaciens apparaît à sa vue.

En ce moment Neptune, irrité du malheur de Polyphème[1], aperçoit Ulysse et lui suscite une affreuse tempête. Exposé à toute la colère du dieu, sans secours, sans appui, ignorant les promesses de Jupiter à Minerve, peu confiant parce qu'il a été souvent trahi par la fortune, frappé des prédictions récentes de Calypso, Ulysse se croit perdu sans retour. C'est alors qu'après le premier cri d'effroi arraché à l'humanité, sortent du cœur du héros les nobles et touchants regrets que Virgile a imités sans avoir assez réfléchi aux convenances de son sujet. Observons que lorsque Achille et Ulysse, l'un dans l'Iliade, l'autre dans l'Odyssée, expriment les mêmes sentiments qu'Énée, personne, excepté les dieux, ne peut les voir ou les entendre; leur désespoir, bien autrement motivé que celui d'Énée, n'éclate point devant un peuple qui se croit marqué au sceau du malheur, et dont le courage a besoin de trouver dans ses chefs l'exemple d'une constance à toute épreuve. D'ailleurs leur faiblesse, si c'en est une, repose encore sur la crainte de mourir d'une mort obscure, sans tombeau et sans apothéose. Non seulement Virgile s'est vu contraint de supprimer cette héroïque excuse, mais il a commis encore une

---

[1] On se rappelle qu'Ulysse a brûlé l'œil du géant avec un pieu, pour échapper à une mort inévitable et cruelle (*Odyssée,* chant IXe).

faute que le bon sens d'Homère a su éviter. L'image d'Énée succombant sous les coups de Tydée a quelque chose qui le rabaisse à nos yeux; Ulysse n'était pas au premier rang des héros grecs pour la valeur, et cependant il ne se suppose pas vaincu par un homme, mais accablé par l'armée entière, qui le couvrit d'une nuée de javelots près d'Achille expirant. Quelle différence de l'imitateur au modèle! Reprenons la narration d'Homère.

« Le héros parlait encore, lorsqu'une vague menaçante fond sur la poupe et le précipite dans les ondes. Accablé de leur poids, qui pèse sur sa tête, il demeure long-temps enseveli sous l'abîme. Il reparaît enfin; un élan vigoureux le reporte sur sa nacelle, que les flots et les vents poussent de tous côtés. La belle Ino, l'une des divinités de la mer, vole à son secours : mortelle autrefois, elle a pitié d'un mortel; assise sur la poupe, elle lui donne le conseil de gagner en nageant l'île des Phéaciens, et lui tend une écharpe divine comme un talisman contre la mort. Le défiant Ulysse craint un nouveau piége de quelque dieu caché. Pendant qu'il délibère avec lui-même, Neptune, toujours appliqué à sa vengeance, roule une montagne d'eau qui sépare les ais de la nacelle; Ulysse en saisit un débris, et, ceint de l'écharpe de Leucothée, se jette à la nage. Durant deux jours entiers ses efforts et l'appui secret de Minerve le soutiennent sur les flots, où la mort est sans cesse présente à ses yeux. Au lever de l'aurore, le calme renaît sur les flots; le héros, porté sur une vague élevée, aperçoit la rive à peu de distance. A l'aspect de la terre ombragée de ses forêts, il éprouve des transports de joie pareils à ceux d'une famille qui embrasse un père revenu des portes du tombeau. Ulysse redouble d'efforts; déjà il approche du terme de ses fatigues: quelle épreuve nouvelle pour sa constance! la mer, poussée entre des écueils, bat avec fureur le continent; nul accès possible; partout des rocs escarpés, inabordables. Une terreur trop bien fondée s'empare du généreux cœur d'Ulysse. Tout-à-coup une vague, dont la violence est toutefois ralentie par Minerve, le pousse contre une roche aiguë; il y reste suspendu pour laisser passer la vague, mais elle revient, et le rejette au milieu de la mer. Une seconde fois englouti par les flots, c'en était fait de lui si la déesse ne l'eût encore armé de prudence et de courage : il s'élance au-dessus des ondes, et, résistant à la violence des flots, il nage, en côtoyant les bords de la mer, l'œil toujours fixé sur la terre; enfin il parvient à l'entrée d'un fleuve paisible et pur, qui promet un abri à sa faiblesse. Le premier mouvement d'Ulysse est de recourir à la prière. Les vœux du malheur sont exaucés; le dieu du fleuve reçoit son suppliant, et le porte doucement vers un asile assuré. Ulysse a pris possession du rivage, mais les forces l'abandonnent; sans voix, sans haleine, il tombe évanoui : on dirait qu'il a rendu le dernier soupir. A peine la respiration l'a-t-elle ranimé, sa seconde pensée est pour s'acquitter d'un devoir religieux envers Leucothée; il achève alors de sortir du fleuve, et, dans un transport de reconnaissance, il baise la terre, cette commune mère de tous les hommes. Après cet éclair de joie, le prudent Ulysse songe au danger de passer la nuit sur les bords humides du fleuve et au milieu des brouillards qui s'élèvent du sein des eaux. Ira-t-il se reposer sur les coteaux voisins? On n'y aperçoit aucune trace humaine, et peut-être les bois ne sont habités que par des bêtes féroces. Il se traîne lentement vers le sommet du coteau : là, dans un beau site, se présentent deux oliviers tellement entrelacés ensemble que leur voûte impénétrable ne craint ni les rayons du soleil, ni les orages du ciel, ni la colère des vents. C'est dans ce sauvage asile que l'ami d'Agamemnon, le roi d'Ithaque et l'amant de Calypso, va chercher, sur un lit de feuilles qui le recouvrent tout entier, un sommeil réparateur dont Pallas accroît pour lui les délices. »

Sans doute Virgile ne devait pas s'appliquer ici à une exacte imitation d'Homère; mais il fallait faire courir d'autres périls à Énée, et trouver une autre source d'intérêt dans des sentiments encore plus généreux que ceux d'Ulysse, qui n'est chargé que de se sauver lui-même. Il fallait surtout prêter au prince troyen des soins et des actions dignes de lui. Pleurant au lieu d'agir, il ressemble trop à Octave caché sur la flotte d'Agrippa pendant la bataille d'Actium. Quelle différence de courage entre Ulysse et lui!

Deux grands écrivains, le Tasse et le cygne de Cambrai, ont senti et corrigé la faute de Virgile. Godefroi est Énée tel que l'avait conçu Virgile dans une inspiration du génie. Dès le début du poëme il nous apparaît au milieu d'une armée dont Dieu lui a concilié les suffrages unanimes; chef illustre d'une foule de héros, il parle, prévoit et commande en grand capitaine; si, comme Énée, maître de lui, il cache aussi sous un front serein des douleurs et des inquiétudes, il est trop ferme et trop religieux pour jamais perdre l'espoir : dans les plus grands périls; un regard vers le ciel suffit à sa constance. Au sixième chant du poëme de Fénélon, Mentor, tranquille et souriant au milieu des flots conjurés contre lui et le jeune Télémaque, fait la censure du héros de Virgile; les paroles de ce même Mentor à son élève, paroles qu'on serait en droit d'adresser à Énée, nous avertissent de ce que nous devrions trouver dans le plus religieux des princes. Enfin l'éloquent Bossuet, plus hautement inspiré que Virgile, le Tasse et Fénélon, vient nous donner un modèle des proportions héroïques que le génie d'un poëte doit imprimer à ses créations. Henriette d'Angleterre ne gouverne point le navire qui la porte sur les flots, elle n'agit point, son rang et son sexe l'empêchent d'agir; mais elle commande à la crainte, et paraît digne du trône par sa seule attitude au milieu des fureurs de l'Océan. Personne ne peut trembler quand une femme montre un courage si tranquille. Nous prenons un double intérêt à elle parce que nous la voyons encore supérieure aux profondes douleurs qu'elle éprouve comme reine et surtout comme épouse; elle nous apparaît sur les flots ainsi que Jocaste dans son palais :

Magna cum majestate dolorum.

Dans le reste de la narration, combien Homère n'a-t-il point d'avantages sur Virgile ! Quelle succession toujours croissante de périls ! et cependant avec quel art le poëte a jeté de la variété dans une peinture qui pouvait pécher par l'unité de la situation ! Comme on tremble pour Ulysse accablé par Neptune ! Quel intérêt ne prenons-nous pas à cet homme que les naufrages n'ont point lassé, que les délices n'ont point amolli, qui, sortant des bras de Calypso, retrouve toute sa force pour lutter contre la violence des flots et la colère du dieu qui les a soulevés ! Comme Leucothée arrive heureusement pour ranimer nos espérances ! Comme on fait des vœux pour que le roi d'Ithaque aborde enfin au rivage! De quel nouvel effroi ne sommes-nous pas saisis lorsque nous le voyons suspendu à la pointe d'un rocher qui déchire ses mains, et rejeté par la vague au sein de la mer! Ulysse est homme; nous reconnaissons la nature dans les craintes qu'il éprouve, mais nous en admirons d'autant plus son courage, plus grand que ses dangers. Et lorsque, ranimé par Pallas, au moment où la dernière et la plus cruelle des épreuves jetterait tout autre que lui dans le désespoir, il touche enfin le rivage, nous remercions les dieux de l'avoir sauvé en lui laissant le mérite de sa vertu. Il n'est pas jusqu'à son évanouissement, lorsqu'il a pris possession de la terre, qui n'ajoute à l'idée que le poëte a voulu nous donner de son héros en nous montrant que la vigueur de l'âme survivait en lui aux forces du corps, épuisées par une lutte si longue et si terrible. L'usage qu'Ulysse fait de son premier réveil est encore digne de lui, puisqu'il se montre religieux, sensible, et courageux même dans sa prudence. Peut-on comparer un moment le silence d'Énée à la prière d'Ulysse; la joie des Troyens parvenus en Afrique, aux transports du sensible Ulysse embrassant la terre lorsque ses forces ranimées lui permettent de sentir le bonheur de l'avoir retrouvée? Si Virgile eût fait agir et parler son héros comme la situation le demandait, Énée, s'oubliant lui-même pour donner des conseils et rendre le courage à ses compagnons qui viendraient de recevoir de lui de nobles exemples, Énée veillant sur les siens en père et en roi, serait plus grand qu'Ulysse occupé de lui seul. La situation du prince nous toucherait plus dans le fils de Vénus que celle de l'homme dans le père de Télémaque. Le contraire arrive précisément parce qu'Homère a mis plus d'âme dans ses peintures que Virgile dans les siennes; nous prenons moins d'intérêt à Énée qu'à Ulysse. Le poëte grec conserve encore plus d'une fois la supériorité dans le reste de la comparaison que j'ai entreprise. On se souvient des scènes qui suivent immédiatement l'arrivée des Troyens en Libye. Voici comment Homère reprend la narration qui me sert à continuer le parallèle entre deux grands maîtres.

« Ulysse est réveillé par les jeux et les cris de Nausicaa et de ses jeunes compagnes, qui folâtrent sur le rivage. Il se lève, et marche vers le bruit qu'il a entendu. Entouré d'une ceinture de feuillage, comme l'Adam de Milton, il approche : son aspect fait frémir d'effroi cette troupe de timides colombes; mais la fille d'Alcinoüs, touchée en secret par Minerve, se sent attirer vers le malheur. Ulysse, incertain de savoir s'il doit supplier de loin la vierge royale, ou aller se jeter à ses pieds au risque de l'offenser, se détermine au premier de ces deux partis. La gravité latine a quelque chose de froid et de triste auprès de la grâce et de l'élégance du discours d'Ulysse : il s'insinue avec un art infini dans le cœur de Nausicaa ; mais peut-être les éloges qu'il lui prodigue, cette admiration respectueuse dont il paraît saisi, le ton passionné qui anime ses paroles, blessent plus d'une convenance. Un jeune homme pourrait sentir ce qu'Ulysse paraît affecter, mais les paroles lui manqueraient pour l'exprimer ; le héros qui les trouve sans peine ne peut les puiser dans un sentiment vrai, et ressemble un peu à un homme qui sait par expérience combien les femmes ont le cœur ouvert à la flatterie. Mais si l'on peut désirer plus de retenue dans ce discours, il y a beaucoup d'art à corriger ainsi par le charme du langage la fâcheuse impression qu'aurait pu causer la présence du personnage. La comparaison de la princesse avec le jeune palmier qu'Ulysse a vu à Délos, auprès de l'autel d'Apollon, a quelque chose d'élégant dans l'image et de religieux dans le sentiment qui doit plaire et toucher. La vierge répond avec bonté, rappelle ses compagnes, et leur commande de porter des vêtements à l'étranger, qui est, dit-elle, envoyé par Jupiter. Les compagnes de Nausicaa, dociles à ses ordres, conduisent le prince vers la rive, en l'invitant à se baigner dans le fleuve. Ulysse les avertit de s'éloigner. Quelque liberté que l'on puisse supposer dans les mœurs grecques, la nécessité de cet avis semble une injure à la pudeur. Je n'oserais pas décider si la métamorphose d'Ulysse, et l'opposition de l'état affreux dans lequel il s'est montré avec l'éclat de la beauté nouvelle que Minerve lui donne tout-à-coup, égalent ou surpassent la peinture de Virgile. Quoi qu'il en soit, le prodige ne manque pas de produire l'effet prévu par la déesse ; un aveu involontaire s'échappe du cœur de Nausicaa, qui fait présenter des aliments à l'étranger. L'avidité d'Ulysse à les dévorer nous paraîtrait commune ; la vierge émue doit trouver que le dieu qu'elle admirait ressemble un peu trop en ce moment à un mortel vulgaire.

Enfin Nausicaa conduit Ulysse vers la cité. Le discours qui précède leur départ aurait des longueurs pour nous ; toutefois il y règne un charme de pureté, de candeur, de piété filiale, de mœurs simples et pourtant mêlées de dignité, qui donne le plus doux intérêt à cette scène naïve. L'art le plus exquis a trouvé ici, dans une ingénuité charmante, le second éloge de la beauté d'Ulysse, que Nausicaa met si adroitement dans la bouche des Phéaciens, surpris de la voir avec lui : c'est une de ces imprudences du cœur des vierges, qui se trahissent elles-mêmes, en laissant toutefois un voile sur leur pensée.

Le chant se termine par une prière d'Ulysse à

Pallas. Il ignore que cette déesse lui a prêté des secours pendant la tempête, il ne l'a pas vue comme Énée a vu sa mère; cependant, au lieu de cesser de se confier à elle, il lui demande le don de l'éloquence pour toucher le peuple et le prince qu'il va connaître pour la première fois : Pallas l'entend du haut du ciel. Jamais le bon sens d'Homère n'est en défaut, jamais il n'oublie ce que nous avons droit d'attendre du personnage; il ne néglige jamais d'ajouter un trait nécessaire à la peinture d'un caractère.

Tandis que le héros marche vers le palais, Minerve l'enveloppe d'un nuage pour le dérober aux outrages d'un peuple grossier, et lui apparaît sous la forme d'une jeune Phénicienne qui porte une urne sur la tête. L'intervention de la déesse peut être regardée comme un hors d'œuvre; elle vient dire des choses qu'on devrait avoir entendues de la bouche de Nausicaa. Pope et Rochefort ont pu voir dans la délicieuse description du palais d'Alcinoüs un artifice d'Homère[1]; mais il nous est impossible de nier qu'elle ne ralentisse la marche du poëme dans un moment où l'on veut voir Ulysse devant le roi. Virgile a péché dans la même circonstance par un excès de sécheresse et de so-

---

[1] Toutefois la défense de ce passage par Rochefort est ingénieuse.

briété ; après l'avoir lu, nous ne saurions avoir une idée même confuse du palais de Didon. Homère est tombé dans le défaut contraire, mais du moins il nous enchante par une peinture aussi vraie qu'elle est riche et agréable.

Ulysse a pénétré dans le palais; le nuage qui le couvre se dissipe et laisse voir à tous un suppliant aux genoux de la reine. Après lui avoir adressé sa prière, Ulysse s'approche du foyer, s'assied sur la cendre, au grand étonnement des convives, qui gardent le silence. Un sage vieillard réclame les devoirs de l'hospitalité; Alcinoüs aborde l'étranger et l'admet à ses côtés en invoquant le maître de l'Olympe; la nuit vient, la cour se retire. Ulysse, resté seul avec Alcinoüs et la reine, leur conte rapidement ses derniers malheurs. Cette scène domestique, où chaque personnage se révèle, où Ulysse exprime avec tant de chaleur le désir de rentrer dans sa patrie, content, dit-il, s'il pouvait la revoir et mourir, finit avec l'heure qui appelle tous les mortels au repos.

L'aurore se lève; Ulysse et Alcinoüs sont réunis. Quel rôle digne de lui va jouer maintenant le prince qui a paru d'abord comme un suppliant aux genoux d'une femme! Minerve répand sur lui une majesté inconnue : au milieu du conseil du prince, et en présence du peuple, il attire tous les regards. Invité au festin royal, il ne peut retenir ses larmes au récit de sa querelle avec Achille; mais il a soin de les cacher, tandis que le grand Énée n'a point honte de pleurer à tout propos, et devant le monde. Admis aux jeux divers qu'Alcinoüs célèbre pour l'honorer, il réprime par de sages paroles l'imprudente audace d'un jeune homme; il surprend toute l'assemblée par sa vigueur à lancer un disque au-delà du but, et défie au ceste, à la lutte, à la course même, tous les concurrents, excepté Laodamas, son hôte et son ami. Quand les jeunes athlètes viennent danser sous ses yeux, son admiration de leur souplesse et de leur agilité flatte le bon Alcinoüs et le peuple assemblé. C'est ainsi qu'attentif à toutes les convenances, on l'a vu, dans le chant précédent, excuser par un mensonge innocent et flatteur la vertueuse Nausicaa devant les auteurs de ses jours. Cependant Démodocus, sur la demande du roi des Phéaciens, interrompt les jeux par le récit des amours de Mars et de Vénus. Homère a eu du moins la prudence de ne pas exposer la vierge royale à entendre ici les chants du poëte : Virgile était d'un goût trop sévère et trop délicat pour répéter devant Didon ce que l'on ose décrire devant la reine d'un peuple ami des plaisirs et livré aux voluptés. Le poëte a cessé de chanter. Les deux fils du roi viennent lutter ensemble d'adresse et de vigueur : Ulysse, en les louant tous deux, cause la plus vive satisfaction au cœur paternel d'Alcinoüs; bientôt il pardonne une offense avec une sagesse pleine de bonté. Les jeux sont finis. Comblé des présents d'Alcinoüs, rafraîchi dans un bain délicieux, couvert de vêtements magnifiques, Ulysse vient rejoindre la troupe des convives du roi.

Alors Nausicaa, belle par un bienfait des dieux, s'arrête près de la porte de la brillante salle du festin. Elle admire, elle contemple Ulysse, et lui adresse ces mots qui volent échappés de son cœur : « Salut, hôte de mon père : quand tu seras dans ta terre natale, souviens-toi de moi comme aujourd'hui ; tu me dois le prix des jours que je t'ai conservés. » « Nausicaa, fille du magnanime Alcinoüs, répond Ulysse, si Jupiter, l'époux de Junon, daigne m'accorder de rentrer dans le palais paternel, si je revois le moment souhaité du retour, je t'adresserai chaque jour des vœux comme à une divinité : tu m'as rendu la vie, ô vierge tutélaire ! » Que si l'on veut un dernier exemple de l'attention d'Homère à faire ressortir le caractère de son héros dans toutes les circonstances, le voici. Démodocus vient prendre sa place à la table du roi ; Ulysse, reconnaissant du plaisir qu'il a éprouvé à l'entendre, charge un héraut de porter au poëte une part du festin ; il veut lui témoigner sa bienveillance, malgré sa profonde tristesse. « Les poëtes, dit-il, méritent des honneurs et des respects par toute la terre ; une muse les inspire et chérit leur race sacrée. »

Démodocus se réjouit du présent, mais il est transporté de joie par les nobles paroles qui sortent bientôt de la bouche du sage élève de Minerve. « Démodocus, je te mets au-dessus de tous les mortels ; oui, tu as eu pour maîtres une muse, fille de Jupiter, et Apollon lui-même ; tu viens de célébrer les grands travaux des Grecs, leurs épreuves, leurs longues souffrances, comme si tu avais été présent à leurs exploits, ou qu'un témoin fidèle te les eût racontés. Mais poursuis tes chants ; dis ce cheval que le fameux Ulysse, par un stratagème heureux, conduisit, avec le secours de Pallas, dans la citadelle, après l'avoir rempli de guerriers qui parvinrent à renverser les remparts d'Ilion. Si tu répètes avec le même talent cette mémorable entreprise, je publierai devant tous les hommes que la bienveillance d'un dieu t'inspire des chants dignes du ciel. »

Démodocus obéit ; il retrace l'entrée de la fatale machine dans les murs de Priam, et la dernière victoire d'Ulysse dans le palais de Déiphobe, où il le montre semblable au dieu Mars lui-même, auprès du divin Ménélas. Pour la seconde fois Ulysse laisse couler ses larmes ; mais il les cache encore : le seul Alcinoüs les aperçoit, et interrompt les chants du poëte pour rappeler l'attention de l'assemblée sur l'hôte illustre qui est présent devant elle. Après un discours plein de noblesse et de convenance, le roi conjure Ulysse de raconter ses voyages et ses aventures; il termine par ces touchantes paroles : « Dis-nous encore d'où vient ta tristesse, et pourquoi tu pleures au fond du cœur lorsque tu entends raconter le destin des Grecs et celui d'Ilion. Les dieux ont détruit cette ville; ils ont voulu que sa ruine fût le sujet des chants des poëtes et un exemple à la postérité. Aurais-tu perdu devant Ilion un frère, un gendre, ou un beau-père? ce sont les liens les plus étroits après ceux du sang? Aurais-tu perdu un ami sage et plein de grâces et de bonté? un tel ami n'est pas moins qu'un frère. »

Je ne sais si je me trompe, mais il me semble que les riantes peintures d'Homère l'emportent sur la noblesse des fictions de Virgile, qui, du reste, conviennent parfaitement au caractère de l'épopée. J'aime encore mieux Nausicaa que Vénus : les paroles de la jeune vierge ont un charme indicible; celles de Vénus tiennent un peu de la sévérité du langage de Minerve, l'accent d'une mère y manque. Plus malheureux, plus éloquent, plus sensible à l'attrait de la beauté que le héros troyen, Ulysse le surpasse aussi en courage et en respect pour les dieux.

Les tableaux qui causent un si douloureux plaisir à Énée sont une invention plus heureuse et bien mieux placée que la description des jardins d'Alcinoüs, et rien n'égale dans le poëte grec cet admirable trait:

Sunt lacrymæ rerum, et mentem mortalia tangunt.

Mais Homère reprend bientôt l'avantage. Après avoir lu Virgile, nous ne connaissons pas la cour de Carthage ; nous ignorons les personnages qui la composent ; nous n'y voyons pas les femmes dont la reine doit être entourée. Le poëte a oublié de nous montrer les sentiments qu'Élise éprouve en écoutant le héros qu'elle admire, et qu'elle aime peut-être en secret. Il y a une cour brillante dans le palais d'Alcinoüs : une jeune princesse que nous avons appris à connaître, des vierges ses compagnes, un amour commencé sous les auspices de l'innocence, une reine adorée qui exerce un doux ascendant sur les cœurs, excitent un vif intérêt. Le bon roi permet à de sages vieillards d'ouvrir un avis vertueux, et s'empresse de le suivre; il parle à ses courtisans, aux rois ses égaux, comme à des amis. Le respect pour les dieux, la noble hospitalité, la pitié pour les malheureux, sont en honneur dans le palais; mais on y aime encore les jeux, la danse, les habits magnifiques, et les douceurs du sommeil. Ces mœurs faciles sont aussi celles de la nation, qui est d'accord avec son roi pour honorer Ulysse et charger son vaisseau de présents magnifiques.

Est-il quelque comparaison entre l'accueil cérémonieux de Didon et les honneurs de toute espèce rendus à Ulysse avec une grâce qui vient du cœur? Que de froideur règne dans le repas offert par la reine de Carthage! quelle aimable liberté anime celui de la cour d'Alcinoüs! On a vu combien le froid Jopas de Virgile est inférieur au Démodocus d'Homère. L'un n'a rien qui nous frappe: l'autre est privé de la vue; il ne peut se conduire, mais un génie veille au-dedans de lui et met des yeux dans son âme, comme l'a dit l'aveugle d'Albion. Énée reste immobile en présence de Didon : Ulysse prend part à toutes les scènes qui passent devant ses yeux; il s'intéresse aux jeux célébrés devant lui, il y triomphe et fait éclater sa sagesse et sa générosité. Pendant le festin, cet homme accablé de malheurs et rempli de tristesse conserve un cœur sensible aux chants d'un favori des muses. Enfin la curiosité d'Alcinoüs s'exprime avec bien plus de charme que celle de Didon; et le chant d'Homère finit par des traits de sentiment qu'on aimerait à trouver dans la bouche d'une femme dont le cœur est si disposé à prendre sa part dans les peines de tous les infortunés.

Homère l'emporte évidemment sur Virgile par le génie, par l'imagination, le naturel et la grâce; il est à la fois plus peintre et plus poëte : mais quelle coupable et absurde injustice pourrait méconnaître toutes les beautés du premier chant de l'Énéide : la majesté de l'exposition, la fierté de dessin qu'on remarque dans la figure de Junon, cet épisode d'Éole, plus magnifique et plus achevé qu'aucun passage du poëte grec, qui n'avait pas, comme son rival, à dompter un idiome rebelle, ou plutôt à former une nouvelle langue? L'instrument dont Homère devait se servir était la plus heureuse création du climat, des mœurs et du caractère d'un peuple né pour toutes les supériorités du talent ; celui que Virgile avait à manier, rude, pauvre et imparfait, attendait une main créatrice.

Les descriptions de l'Iliade et de l'Odyssée sont riantes, mais vous ne trouverez ni dans l'un ni dans l'autre de ces poëmes la majesté des discours de Jupiter. On y sent quelque chose de plus grave, de plus fort, de plus haut que tout ce que nous admirons dans les Grecs. Il en est de ce discours comme de l'éloge de Rome, placé par Horace dans la bouche d'Annibal, désespéré de la mort de son frère. Les deux poëtes ont été inspirés par ce génie de Rome, aussi sévère et plus grand que le génie de Sparte, qui ne prétendit jamais à l'empire du monde. On a pu remarquer aussi dans le premier livre quelques uns de ces traits que le cœur n'oublie jamais quand on les a entendus une fois ; ils respirent, avec la douce sensibilité dont Térence et Catulle avaient donné des exemples, une mélancolie particulière à Virgile. Cette mélancolie naturelle ne vient pas d'un calcul de l'esprit, comme dans plusieurs écrivains modernes; elle vient de l'âme, et prête un charme indéfinissable aux vers de Virgile, et principalement aux six derniers livres de l'Énéide. Mais il faut surtout louer ici l'étonnante merveille d'un style clair, simple, élégant, riche, varié, toujours noble, souvent magnifique, et pourtant facile, au moins en apparence, puisqu'on n'aperçoit jamais les traces du travail immense qu'il a dû coûter. On y pourrait désirer plus d'abandon et de naïveté. Virgile ne se livre jamais comme Homère; il ne sait pas descendre de son vol sublime ainsi que le fils de Jupiter, qui, se précipitant des hauteurs de l'Atlas, vient effleurer d'une aile légère les rochers, les flots et le rivage: mais comment ne pas admirer un poëte qui parle toujours avec goût le langage de la raison, un peintre dont les couleurs représentent si vivement les objets que nous croyons les voir et les toucher, un interprète habile dont la voix sait prêter tant d'éloquence au langage des passions?

PUBLII
VIRGILII MARONIS
ÆNEIS.

LIBER PRIMUS.

Arma virumque cano Trojæ qui primus ab oris
Italiam, fato profugus, Lavinia venit
Littora. Multum ille et terris jactatus et alto,
Vi superum, sævæ memorem Junonis ob iram.
Multa quoque et bello passus, dum conderet urbem,
Inferretque deos Latio : genus unde Latinum,
Albanique patres, atque altæ moenia Romæ.
 Musa, mihi causas memora, quo numine læso,
Quidve dolens regina deum tot volvere casus
Insignem pietate virum, tot adire labores,
Impulerit : tantæne animis coelestibus iræ!
 Urbs antiqua fuit, Tyrii tenuere coloni,
Carthago, Italiam contra Tiberinaque longe
Ostia, dives opum, studiisque asperrima belli;
Quam Juno fertur terris magis omnibus unam
Posthabita coluisse Samo : hic illius arma,
Hic currus fuit : hoc regnum dea gentibus esse,
Si qua fata sinant, jam tum tenditque fovetque.

Progeniem sed enim Trojano a sanguine duci
Audierat, Tyrias olim quæ verteret arces;
Hinc populum late regem, belloque superbum,
Venturum excidio Libyæ : sic volvere Parcas.
Id metuens, veterisque memor Saturnia belli
Prima quod ad Trojam pro caris gesserat Argis,
Necdum etiam causæ irarum sævique dolores
Exciderant animo : manet alta mente repostum
Judicium Paridis, spretæque injuria formæ,
Et genus invisum, et rapti Ganymedis honores.
His accensa super, jactatos æquore toto
Troas, reliquias Danaum atque immitis Achilli,
Arcebat longe Latio : multosque per annos
Errabant acti fatis maria omnia circum.
Tantæ molis erat Romanam condere gentem!

  Vix e conspectu Siculæ telluris in altum
Vela dabant læti, et spumas salis ære ruebant;
Quum Juno, æternum servans sub pectore vulnus,
Hæc secum : Mene incepto desistere victam?
Nec posse Italia Teucrorum avertere regem?
Quippe vetor fatis! Pallasne exurere classem
Argivum, atque ipsos potuit submergere ponto,
Unius ob noxam et furias Ajacis Oilei?
Ipsa, Jovis rapidum jaculata e nubibus ignem,
Disjecitque rates, evertitque æquora ventis;
Illum exspirantem transfixo pectore flammas
Turbine corripuit, scopuloque infixit acuto :
Ast ego, quæ divum incedo regina, Jovisque
Et soror et conjux, una cum gente tot annos
Bella gero! Et quisquam numen Junonis adoret

Præterea, aut supplex aris imponat honorem?
 Talia flammato secum dea corde volutans,
Nimborum in patriam, loca feta furentibus austris,
Æoliam venit. Hic vasto rex Æolus antro
Luctantes ventos tempestatesque sonoras
Imperio premit, ac vinclis et carcere frenat.
Illi indignantes magno cum murmure montis
Circum claustra fremunt. Celsa sedet Æolus arce,
Sceptra tenens; mollitque animos, et temperat iras.
Ni faciat, maria, ac terras, cœlumque profundum,
Quippe ferant rapidi secum, verrantque per auras.
Sed pater omnipotens speluncis abdidit atris,
Hoc metuens : molemque et montes insuper altos
Imposuit; regemque dedit, qui fœdere certo
Et premere, et laxas sciret dare jussus habenas.
Ad quem tum Juno supplex his vocibus usa est :
 Æole (namque tibi divum pater atque hominum rex
Et mulcere dedit fluctus, et tollere vento),
Gens inimica mihi Tyrrhenum navigat æquor,
Ilium in Italiam portans, victosque Penates :
Incute vim ventis, submersasque obrue puppes;
Aut age diversos, et disjice corpora ponto.
Sunt mihi bis septem præstanti corpore Nymphæ,
Quarum, quæ forma pulcherrima, Deiopeam
Connubio jungam stabili, propriamque dicabo;
Omnes ut tecum meritis pro talibus annos
Exigat, et pulchra faciat te prole parentem.
 Æolus hæc contra : Tuus, o regina, quid optes
Explorare labor; mihi jussa capessere fas est.
Tu mihi quodcumque hoc regni, tu sceptra Jovemque

Concilias; tu das epulis accumbere divum,
Nimborumque facis tempestatumque potentem.

 Hæc ubi dicta, cavum conversa cuspide montem
Impulit in latus : ac venti, velut agmine facto,
Qua data porta, ruunt, et terras turbine perflant.
Incubuere mari, totumque a sedibus imis
Una Eurusque Notusque ruunt, creberque procellis
Africus; et vastos volvunt ad littora fluctus.
Insequitur clamorque virum, stridorque rudentum.
Eripiunt subito nubes cœlumque diemque
Teucrorum ex oculis : ponto nox incubat atra.
Intonuere poli, et crebris micat ignibus æther :
Præsentemque viris intentant omnia mortem.

 Extemplo Æneæ solvuntur frigore membra :
Ingemit, et, duplices tendens ad sidera palmas,
Talia voce refert : O terque quaterque beati
Queis ante ora patrum, Trojæ sub mœnibus altis,
Contigit oppetere! O Danaum fortissime gentis
Tydide, mene Iliacis occumbere campis
Non potuisse, tuaque animam hanc effundere dextra,
Sævus ubi Æacidæ telo jacet Hector, ubi ingens
Sarpedon, ubi tot Simois correpta sub undis
Scuta virum galeasque et fortia corpora volvit!

 Talia jactanti stridens aquilone procella
Velum adversa ferit, fluctusque ad sidera tollit.
Franguntur remi : tum prora avertit, et undis
Dat latus; insequitur cumulo præruptus aquæ mons.
Hi summo in fluctu pendent; his unda dehiscens
Terram inter fluctus aperit : furit æstus arenis.
Tres Notus abreptas in saxa latentia torquet;

LIBER I.

Saxa vocant Itali mediis quæ in fluctibus aras,
Dorsum immane mari summo. Tres Eurus ab alto
In brevia et syrtes urget, miserabile visu,
Illiditque vadis, atque aggere cingit arenæ.
Unam, quæ Lycios fidumque vehebat Orontem,
Ipsius ante oculos ingens a vertice pontus
In puppim ferit; excutitur, pronusque magister
Volvitur in caput; ast illam ter fluctus ibidem
Torquet agens circum, et rapidus vorat æquore vortex.
Apparent rari nantes in gurgite vasto :
Arma virum, tabulæque, et Troia gaza per undas.
Jam validam Ilionei navem, jam fortis Achatæ,
Et qua vectus Abas, et qua grandævus Aletes,
Vicit hiems : laxis laterum compagibus omnes
Accipiunt inimicum imbrem, rimisque fatiscunt.

 Interea magno misceri murmure pontum,
Emissamque hiemem sensit Neptunus, et imis
Stagna refusa vadis, graviter commotus; et alto
Prospiciens, summa placidum caput extulit unda.
Disjectam Æneæ toto videt æquore classem,
Fluctibus oppressos Troas cœlique ruina.
Nec latuere doli fratrem Junonis et iræ.
Eurum ad se Zephyrumque vocat; dehinc talia fatur :
Tantane vos generis tenuit fiducia vestri?
Jam cœlum terramque meo sine numine, venti,
Miscere, et tantas audetis tollere moles?
Quos ego... Sed motos præstat componere fluctus.
Post mihi non simili pœna commissa luetis.
Maturate fugam, regique hæc dicite vestro :
Non illi imperium pelagi, sævumque tridentem,

ÆNEIDOS

Sed mihi sorte datum. Tenet ille immania saxa,
Vestras, Eure, domos : illa se jactet in aula
Æolus, et clauso ventorum carcere regnet.
   Sic ait, et dicto citius tumida æquora placat,
Collectasque fugat nubes, solemque reducit.
Cymothoe, simul et Triton adnixus, acuto
Detrudunt naves scopulo : levat ipse tridenti;
Et vastas aperit syrtes, et temperat æquor;
Atque rotis summas levibus perlabitur undas.
Ac veluti magno in populo quum sæpe coorta est
Seditio, sævitque animis ignobile vulgus;
Jamque faces et saxa volant; furor arma ministrat :
Tum, pietate gravem ac meritis si forte virum quem
Conspexere, silent, arrectisque auribus adstant;
Iste regit dictis animos, et pectora mulcet.
Sic cunctus pelagi cecidit fragor, æquora postquam
Prospiciens genitor, cœloque invectus aperto,
Flectit equos, curruque volans dat lora secundo.
Defessi Æneadæ, quæ proxima, littora cursu
Contendunt petere, et Libyæ vertuntur ad oras.
Est in secessu longo locus : insula portum
Efficit objectu laterum, quibus omnis ab alto
Frangitur inque sinus scindit sese unda reductos.
Hinc atque hinc vastæ rupes geminique minantur
In cœlum scopuli, quorum sub vertice late
Æquora tuta silent; tum silvis scena coruscis
Desuper, horrentique atrum nemus imminet umbra.
Fronte sub adversa scopulis pendentibus antrum ;
Intus aquæ dulces, vivoque sedilia saxo,
Nympharum domus : hic fessas non vincula naves

LIBER I.

Ulla tenent, unco non alligat anchora morsu.
Huc septem Æneas collectis navibus omni
Ex numero subit; ac, magno telluris amore
Egressi, optata potiuntur Troes arena,
Et sale tabentes artus in littore ponunt.
Ac primum silici scintillam excudit Achates,
Suscepitque ignem foliis, atque arida circum
Nutrimenta dedit, rapuitque in fomite flammam.
Tum cererem corruptam undis cerealiaque arma
Expediunt fessi rerum; frugesque receptas
Et torrere parant flammis, et frangere saxo.
    Æneas scopulum interea conscendit, et omnem
Prospectum late pelago petit; Anthea si quem
Jactatum vento videat, Phrygiasque biremes,
Aut Capyn, aut celsis in puppibus arma Caici.
Navem in conspectu nullam, tres littore cervos
Prospicit errantes; hos tota armenta sequuntur
A tergo, et longum per valles pascitur agmen.
Constitit hic, arcumque manu celeresque sagittas
Corripuit, fidus quæ tela gerebat Achates;
Ductoresque ipsos primum, capita alta ferentes
Cornibus arboreis, sternit; tum vulgus et omnem
Miscet agens telis nemora inter frondea turbam.
Nec prius absistit, quam septem ingentia victor
Corpora fundat humi, et numerum cum navibus æquet.
Hinc portum petit, et socios partitur in omnes.
Vina, bonus quæ deinde cadis onerarat Acestes
Littore Trinacrio, dederatque abeuntibus heros,
Dividit, et dictis mærentia pectora mulcet:
    O socii (neque enim ignari sumus ante malorum),

ÆNEIDOS

O passi graviora, dabit deus his quoque finem.
Vos et Scyllæam rabiem penitusque sonantes
Accestis scopulos, vos et Cyclopia saxa
Experti : revocate animos, mæstumque timorem
Mittite ; forsan et hæc olim meminisse juvabit.
Per varios casus, per tot discrimina rerum,
Tendimus in Latium, sedes ubi fata quietas
Ostendunt : illic fas regna resurgere Trojæ.
Durate, et vosmet rebus servate secundis.

    Talia voce refert, curisque ingentibus æger
Spem vultu simulat, premit altum corde dolorem.
Illi se prædæ accingunt dapibusque futuris :
Tergora deripiunt costis, et viscera nudant.
Pars in frusta secant, veribusque trementia figunt :
Littore ahena locant alii, flammasque ministrant.
Tum victu revocant vires ; fusique per herbam
Implentur veteris bacchi pinguisque ferinæ.

    Postquam exempta fames epulis, mensæque remotæ,
Amissos longo socios sermone requirunt,
Spemque metumque inter dubii, seu vivere credant,
Sive extrema pati, nec jam exaudire vocatos.
Præcipue pius Æneas nunc acris Oronti,
Nunc Amyci casum gemit, et crudelia secum
Fata Lyci, fortemque Gyan, fortemque Cloanthum.

    Et jam finis erat, quum Juppiter æthere summo
Despiciens mare velivolum, terrasque jacentes,
Littoraque, et latos populos, sic vertice cœli
Constitit, et Libyæ defixit lumina regnis.
Atque illum tales jactantem pectore curas
Tristior, et lacrymis oculos suffusa nitentes,

LIBER I.

Alloquitur Venus : O qui res hominumque deumque
Æternis regis imperiis, et fulmine terres,
Quid meus Æneas in te committere tantum,
Quid Troes potuere, quibus tot funera passis
Cunctus ob Italiam terrarum clauditur orbis?
Certe hinc Romanos olim volventibus annis
Hinc fore ductores, revocato a sanguine Teucri,
Qui mare, qui terras omni ditione tenerent,
Pollicitus : quæ te, genitor, sententia vertit?
Hoc equidem occasum Trojæ tristesque ruinas
Solabar, fatis contraria fata rependens.
Nunc eadem fortuna viros tot casibus actos
Insequitur : quem das finem, rex magne, laborum?
Antenor potuit, mediis elapsus Achivis,
Illyricos penetrare sinus atque intima tutus
Regna Liburnorum, et fontem superare Timavi,
Unde per ora novem vasto cum murmure montis
It mare proruptum, et pelago premit arva sonanti.
Hic tamen ille urbem Patavi sedesque locavit
Teucrorum, et genti nomen dedit, armaque fixit
Troia; nunc placida compostus pace quiescit.
Nos, tua progenies, cœli quibus annuis arcem,
Navibus (infandum) amissis, unius ob iram
Prodimur, atque Italis longe disjungimur oris.
Hic pietatis honos? sic nos in sceptra reponis?
   Olli subridens hominum sator atque deorum,
Vultu quo cœlum tempestatesque serenat,
Oscula libavit natæ; dehinc talia fatur :
Parce metu, Cytherea : manent immota tuorum
Fata tibi; cernes urbem et promissa Lavini

Mœnia, sublimemque feres ad sidera cœli
Magnanimum Æneam; neque me sententia vertit.
Hic (tibi fabor enim, quando hæc te cura remordet
Longius et volvens fatorum arcana movebo)
Bellum ingens geret Italia, populosque feroces
Contundet, moresque viris et mœnia ponet,
Tertia dum Latio regnantem viderit æstas,
Ternaque transierint Rutulis hiberna subactis.
At puer Ascanius, cui nunc cognomen Iulo
Additur (Ilus erat, dum res stetit Ilia regno),
Triginta magnos volvendis mensibus orbes
Imperio explebit, regnumque ab sede Lavini
Transferet, et longam multa vi muniet Albam.
Hic jam ter centum totos regnabitur annos
Gente sub Hectorea, donec regina sacerdos
Marte gravis geminam partu dabit Ilia prolem.
Inde lupæ fulvo nutricis tegmine lætus
Romulus excipiet gentem, et Mavortia condet
Mœnia, Romanosque suo de nomine dicet.
His ego nec metas rerum nec tempora pono:
Imperium sine fine dedi. Quin aspera Juno,
Quæ mare nunc terrasque metu cœlumque fatigat,
Consilia in melius referet, mecumque fovebit
Romanos rerum dominos gentemque togatam.
Sic placitum. Veniet lustris labentibus ætas,
Quum domus Assaraci Phthiam clarasque Mycenas
Servitio premet, ac victis dominabitur Argis.
Nascetur pulchra Trojanus origine Cæsar,
Imperium oceano, famam qui terminet astris,
Julius, a magno demissum nomen Iulo.

LIBER I.

Hunc tu olim cœlo, spoliis Orientis onustum,
Accipies secura: vocabitur hic quoque votis.
Aspera tum positis mitescent sæcula bellis.
Cana Fides, et Vesta, Remo cum fratre Quirinus,
Jura dabunt: diræ ferro et compagibus arctis
Claudentur belli portæ: Furor impius intus,
Sæva sedens super arma, et centum vinctus ahenis
Post tergum nodis, fremet horridus ore cruento.

 Hæc ait; et Maia genitum demittit ab alto,
Ut terræ, utque novæ pateant Carthaginis arces
Hospitio Teucris; ne fati nescia Dido
Finibus arceret. Volat ille per aera magnum
Remigio alarum, ac Libyæ citus adstitit oris.
Et jam jussa facit: ponuntque ferocia Pœni
Corda, volente deo: in primis regina quietum
Accipit in Teucros animum mentemque benignam.

 At pius Æneas, per noctem plurima volvens,
Ut primum lux alma data est, exire, locosque
Explorare novos, quas vento accesserit oras,
Qui teneant, nam inculta videt, hominesne, feræne,
Quærere constituit, sociisque exacta referre.
Classem in convexo nemorum, sub rupe cavata,
Arboribus clausam circum atque horrentibus umbris,
Occulit: ipse uno graditur comitatus Achate,
Bina manu lato crispans hastilia ferro.
Cui mater media sese tulit obvia silva,
Virginis os habitumque gerens, et virginis arma
Spartanæ; vel qualis equos Threissa fatigat
Harpalyce, volucremque fuga prævertitur Eurum.
Namque humeris de more habilem suspenderat arcum

8.

Venatrix, dederatque comam diffundere ventis;
Nuda genu, nodoque sinus collecta fluentes.
Ac prior: Heus, inquit, juvenes, monstrate mearum
Vidistis si quam hic errantem forte sororum,
Succinctam pharetra et maculosæ tegmine lyncis,
Aut spumantis apri cursum clamore prementem.
Sic Venus; et Veneris contra sic filius orsus:
Nulla tuarum audita mihi neque visa sororum,
O, quam te memorem? virgo; namque haud tibi vultus
Mortalis, nec vox hominem sonat; o dea certe;
An Phœbi soror, an Nympharum sanguinis una?
Sis felix, nostrumque leves, quæcumque, laborem;
Et quo sub cœlo tandem, quibus orbis in oris
Jactemur, doceas: ignari hominumque locorumque
Erramus, vento huc et vastis fluctibus acti.
Multa tibi ante aras nostra cadet hostia dextra.
  Tum Venus: Haud equidem tali me dignor honore
Virginibus Tyriis mos est gestare pharetram,
Purpureoque alte suras vincire cothurno.
Punica regna vides, Tyrios, et Agenoris urbem;
Sed fines Libyci, genus intractabile bello.
Imperium Dido Tyria regit urbe profecta,
Germanum fugiens: longa est injuria, longæ
Ambages; sed summa sequar fastigia rerum.
  Huic conjux Sychæus erat, ditissimus agri
Phœnicum, et magno miseræ dilectus amore:
Cui pater intactam dederat, primisque jugarat
Ominibus. Sed regna Tyri germanus habebat
Pygmalion, scelere ante alios immanior omnes.
Quos inter medius venit furor: ille Sychæum

Impius ante aras, atque auri cæcus amore,
Clam ferro incautum superat, securus amorum
Germanæ; factumque diu celavit; et ægram,
Multa malus simulans, vana spe lusit amantem.
Ipsa sed in somnis inhumati venit imago
Conjugis, ora modis attollens pallida miris:
Crudeles aras trajectaque pectora ferro
Nudavit, cæcumque domus scelus omne retexit.
Tum celerare fugam patriaque excedere suadet:
Auxiliumque viæ veteres tellure recludit
Thesauros, ignotum argenti pondus et auri.
His commota, fugam Dido sociosque parabat.
Conveniunt quibus aut odium crudele tyranni,
Aut metus acer erat; naves quæ forte paratæ
Corripiunt, onerantque auro; portantur avari
Pygmalionis opes pelago: dux femina facti.
Devenere locos ubi nunc ingentia cernes
Mœnia, surgentemque novæ Carthaginis arcem:
Mercatique solum, facti de nomine Byrsam,
Taurino quantum possent circumdare tergo.
Sed vos qui tandem? quibus aut venistis ab oris?
Quove tenetis iter? Quærenti talibus ille
Suspirans, imoque trahens a pectore vocem:

    O dea, si prima repetens ab origine pergam,
Et vacet annales nostrorum audire laborum,
Ante diem clauso componet Vesper olympo.
Nos Troja antiqua, si vestras forte per aures
Trojæ nomen iit, diversa per æquora vectos
Forte sua Libycis tempestas appulit oris.
Sum pius Æneas, raptos qui ex hoste Penates

Classe veho mecum, fama super æthera notus.
Italiam quæro patriam, genus ab Jove summo:
Bis denis Phrygium conscendi navibus æquor,
Matre dea monstrante viam, data fata secutus;
Vix septem convulsæ undis Euroque supersunt.
Ipse ignotus, egens, Libyæ deserta peragro,
Europa atque Asia pulsus. Nec plura querentem
Passa Venus, medio sic interfata dolore est:

   Quisquis es, haud, credo, invisus cœlestibus auras
Vitales carpis, Tyriam qui adveneris urbem.
Perge modo, atque hinc te reginæ ad limina perfer.
Namque tibi reduces socios classemque relatam
Nuntio, et in tutum versis Aquilonibus actam;
Ni frustra augurium vani docuere parentes.
Adspice bis senos lætantes agmine cycnos,
Ætheria quos lapsa plaga Jovis ales aperto
Turbabat cœlo: nunc terras ordine longo
Aut capere, aut captas jam despectare videntur.
Ut reduces illi ludunt stridentibus alis,
Et cœtu cinxere polum, cantusque dedere;
Haud aliter puppesque tuæ, pubesque tuorum,
Aut portum tenet, aut pleno subit ostia velo.
Perge modo, et qua te ducit via dirige gressum.

   Dixit, et avertens rosea cervice refulsit,
Ambrosiæque comæ divinum vertice odorem
Spiravere; pedes vestis defluxit ad imos;
Et vera incessu patuit dea. Ille, ubi matrem
Agnovit, tali fugientem est voce secutus:
Quid natum toties, crudelis tu quoque, falsis
Ludis imaginibus? cur dextræ jungere dextram

LIBER I.

Non datur, ac veras audire et reddere voces?
Talibus incusat, gressumque ad mœnia tendit.
At Venus obscuro gradientes aere sæpsit,
Et multo nebulæ circum dea fudit amictu,
Cernere ne quis eos, neu quis contingere posset,
Molirive moram, aut veniendi poscere causas.
Ipsa Paphum sublimis abit, sedesque revisit
Læta suas, ubi templum illi, centumque Sabæo
Ture calent aræ, sertisque recentibus halant.
 Corripuere viam interea, qua semita monstrat.
Jamque ascendebant collem qui plurimus urbi
Imminet, adversasque adspectat desuper arces.
Miratur molem Æneas, magalia quondam;
Miratur portas, strepitumque, et strata viarum.
Instant ardentes Tyrii: pars ducere muros,
Molirique arcem, et manibus subvolvere saxa;
Pars optare locum tecto, et concludere sulco.
Jura, magistratusque legunt, sanctumque senatum.
Hic portus alii effodiunt; hic alta theatris
Fundamenta locant alii; immanesque columnas
Rupibus excidunt, scenis decora alta futuris.
Qualis apes æstate nova per florea rura
Exercet sub sole labor, quum gentis adultos
Educunt fetus; aut quum liquentia mella
Stipant, et dulci distendunt nectare cellas;
Aut onera accipiunt venientum; aut, agmine facto,
Ignavum fucos pecus a præsepibus arcent.
Fervet opus, redolentque thymo fragrantia mella.
O fortunati, quorum jam mœnia surgunt!
Æneas ait; et fastigia suspicit urbis.

Infert se sæptus nebula, mirabile dictu,
Per medios, miscetque viris; neque cernitur ulli.
    Lucus in urbe fuit media, lætissimus umbræ
Quo primum jactati undis et turbine Pœni
Effodere loco signum, quod regia Juno
Monstrarat, caput acris equi; sic nam fore bello
Egregiam et facilem victu per sæcula gentem.
Hic templum Junoni ingens Sidonia Dido
Condebat, donis opulentum et numine divæ;
Ærea cui gradibus surgebant limina, nexæque
Ære trabes, foribus cardo stridebat ahenis.
Hoc primum in luco nova res oblata timorem
Leniit: hic primum Æneas sperare salutem
Ausus, et afflictis melius confidere rebus.
Namque, sub ingenti lustrat dum singula templo,
Reginam opperiens, dum, quæ fortuna sit urbi,
Artificumque manus inter se, operumque laborem,
Miratur, videt Iliacas ex ordine pugnas,
Bellaque jam fama totum vulgata per orbem;
Atridas, Priamumque, et sævum ambobus Achillem.
Constitit; et lacrymans, Quis jam locus, inquit, Achate,
Quæ regio in terris nostri non plena laboris?
En Priamus: sunt hic etiam sua præmia laudi,
Sunt lacrymæ rerum, et mentem mortalia tangunt.
Solve metus; feret hæc aliquam tibi fama salutem.
Sic ait, atque animum pictura pascit inani,
Multa gemens, largoque humectat flumine vultum.
Namque videbat uti bellantes Pergama circum
Hac fugerent Graii, premeret Trojana juventus;
Hac Phryges, instaret curru cristatus Achilles.

Nec procul hinc Rhesi niveis tentoria velis
Agnoscit lacrymans, primo quæ prodita somno
Tydides multa vastabat cæde cruentus;
Ardentesque avertit equos in castra, prius quam
Pabula gustassent Trojæ, Xanthumque bibissent.
Parte alia fugiens amissis Troilus armis,
Infelix puer, atque impar congressus Achilli,
Fertur equis, curruque hæret resupinus inani,
Lora tenens tamen: huic cervixque comæque trahuntur
Per terram, et versa pulvis inscribitur hasta.
Interea ad templum non æquæ Palladis ibant
Crinibus Iliades passis, peplumque ferebant
Suppliciter tristes, et tunsæ pectora palmis.
Diva solo fixos oculos aversa tenebat.
Ter circum Iliacos raptaverat Hectora muros,
Exanimumque auro corpus vendebat Achilles.
Tum vero ingentem gemitum dat pectore ab imo,
Ut spolia, ut currus, utque ipsum corpus amici,
Tendentemque manus Priamum conspexit inermes.
Se quoque principibus permixtum agnovit Achivis,
Eoasque acies, et nigri Memnonis arma.
Ducit Amazonidum lunatis agmina peltis
Penthesilea furens, mediisque in millibus ardet,
Aurea subnectens exsertæ cingula mammæ
Bellatrix, audetque viris concurrere virgo.

 Hæc dum Dardanio Æneæ miranda videntur,
Dum stupet, obtutuque hæret defixus in uno,
Regina ad templum, forma pulcherrima, Dido
Incessit, magna juvenum stipante caterva.
Qualis in Eurotæ ripis aut per juga Cynthi

Exercet Diana choros; quam mille secutæ
Hinc atque hinc glomerantur Oreades; illa pharetram
Fert humero, gradiensque deas supereminet omnes:
Latonæ tacitum pertentant gaudia pectus.
Talis erat Dido, talem se læta ferebat
Per medios, instans operi regnisque futuris.
Tum foribus divæ, media testudine templi,
Sæpta armis solioque alte subnixa, resedit.
Jura dabat legesque viris, operumque laborem
Partibus æquabat justis, aut sorte trahebat:
Quum subito Æneas concursu accedere magno
Anthea, Sergestumque videt, fortemque Cloanthum,
Teucrorumque alios, ater quos æquore turbo
Dispulerat, penitusque alias avexerat oras.
Obstupuit simul ipse, simul percussus Achates
Lætitiaque metuque : avidi conjungere dextras
Ardebant; sed res animos incognita turbat.
Dissimulant; et nube cava speculantur amicti,
Quæ fortuna viris, classem quo littore linquant,
Quid veniant; cunctis nam lecti navibus ibant
Orantes veniam, et templum clamore petebant.

Postquam introgressi, et coram data copia fandi,
Maximus Ilioneus placido sic pectore cœpit:
O regina, novam cui condere Juppiter urbem,
Justitiaque dedit gentes frenare superbas,
Troes te miseri, ventis maria omnia vecti,
Oramus: prohibe infandos a navibus ignes,
Parce pio generi, et propius res adspice nostras.
Non nos aut ferro Libyeos populare Penates
Venimus, aut raptas ad littora vertere prædas:

LIBER I.

Non ea vis animo, nec tanta superbia victis.
Est locus, Hesperiam Graii cognomine dicunt,
Terra antiqua, potens armis atque ubere glebæ;
OEnotri coluere viri: nunc fama minores
Italiam dixisse, ducis de nomine, gentem.
Huc cursus fuit:
Quum subito assurgens fluctu nimbosus Orion
In vada cæca tulit, penitusque procacibus Austris
Perque undas, superante salo, perque invia saxa,
Dispulit: huc pauci vestris adnavimus oris.
Quod genus hoc hominum, quæve hunc tam barbara morem
Permittit patria? hospitio prohibemur arenæ:
Bella cient, primaque vetant consistere terra.
Si genus humanum et mortalia temnitis arma,
At sperate deos memores fandi atque nefandi.
Rex erat Æneas nobis, quo justior alter
Nec pietate fuit, nec bello major et armis:
Quem si fata virum servant, si vescitur aura
Ætheria, neque adhuc crudelibus occubat umbris,
Non metus officio ne te certasse priorem
Pœniteat. Sunt et Siculis regionibus urbes,
Arvaque, Trojanoque a sanguine clarus Acestes.
Quassatam ventis liceat subducere classem,
Et silvis aptare trabes, et stringere remos;
Si datur Italiam, sociis et rege recepto,
Tendere, ut Italiam læti Latiumque petamus;
Sin absumpta salus, et te, pater optime Teucrum,
Pontus habet Libyæ, nec spes jam restat Iuli,
At freta Sicaniæ saltem, sedesque paratas,
Unde huc advecti, regemque petamus Acesten.

Talibus Ilioneus : cuncti simul ore fremebant
Dardanidæ.
  Tum breviter Dido, vultum demissa, profatur :
Solvite corde metum, Teucri; secludite curas.
Res dura et regni novitas me talia cogunt
Moliri, et late fines custode tueri.
Quis genus Æneadum, quis Trojæ nesciat urbem,
Virtutesque, virosque, aut tanti incendia belli?
Non obtusa adeo gestamus pectora Pœni;
Nec tam aversus equos Tyria sol jungit ab urbe.
Seu vos Hesperiam magnam Saturniaque arva,
Sive Erycis fines regemque optatis Acesten,
Auxilio tutos dimittam, opibusque juvabo.
Vultis et his mecum pariter considere regnis?
Urbem quam statuo vestra est : subducite naves :
Tros Tyriusque mihi nullo discrimine agetur.
Atque utinam rex ipse Noto compulsus eodem
Afforet Æneas! Equidem per littora certos
Dimittam, et Libyæ lustrare extrema jubebo,
Si quibus ejectus silvis aut urbibus errat.
  His animum arrecti dictis, et fortis Achates
Et pater Æneas jamdudum erumpere nubem
Ardebant. Prior Æneam compellat Achates :
Nate dea, quæ nunc animo sententia surgit?
Omnia tuta vides, classem, sociosque receptos.
Unus abest, medio in fluctu quem vidimus ipsi
Submersum : dictis respondent cetera matris.
Vix ea fatus erat, quum circumfusa repente
Scindit se nubes, et in æthera purgat apertum.
Restitit Æneas, claraque in luce refulsit,

LIBER I.

Os humerosque deo similis : namque ipsa decoram
Cæsariem nato genetrix, lumenque juventæ
Purpureum, et lætos oculis afflarat honores.
Quale manus addunt ebori decus; aut ubi flavo
Argentum, Pariusve lapis, circumdatur auro.
   Tum sic reginam alloquitur, cunctisque repente
Improvisus ait : Coram, quem quæritis, adsum
Troius Æneas, Libycis ereptus ab undis.
O sola infandos Trojæ miserata labores,
Quæ nos, reliquias Danaum, terræque, marisque,
Omnibus exhaustos jam casibus, omnium egenos,
Urbe, domo, socias! grates persolvere dignas
Non opis est nostræ, Dido, nec quidquid ubique est
Gentis Dardaniæ, magnum quæ sparsa per orbem.
Di tibi, si qua pios respectant numina, si quid
Usquam justitia est, et mens sibi conscia recti,
Præmia digna ferant. Quæ te tam læta tulerunt
Sæcula? qui tanti talem genuere parentes?
In freta dum fluvii current, dum montibus umbræ
Lustrabunt convexa, polus dum sidera pascet,
Semper honos, nomenque tuum, laudesque manebunt,
Quæ me cumque vocant terræ. Sic fatus, amicum
Ilionea petit dextra, lævaque Serestum;
Post, alios, fortemque Gyan, fortemque Cloanthum.
   Obstupuit primo adspectu Sidonia Dido,
Casu deinde viri tanto; et sic ore locuta est :
Quis te, nate dea, per tanta pericula casus
Insequitur? quæ vis immanibus applicat oris?
Tune ille Æneas quem Dardanio Anchisæ
Alma Venus Phrygii genuit Simoentis ad undam?

ÆNEIDOS

Atque equidem Teucrum memini Sidona venire,
Finibus expulsum patriis, nova regna petentem
Auxilio Beli. Genitor tum Belus opimam
Vastabat Cyprum, et victor ditione tenebat.
Tempore jam ex illo casus mihi cognitus urbis
Trojanæ, nomenque tuum, regesque Pelasgi.
Ipse hostis Teucros insigni laude ferebat,
Seque ortum antiqua Teucrorum ab stirpe volebat.
Quare agite, o, tectis, juvenes, succedite nostris.
Me quoque per multos similis fortuna labores
Jactatam hac demum voluit consistere terra.
Non ignara mali, miseris succurrere disco.
  Sic memorat; simul Æneen in regia ducit
Tecta, simul divum templis indicit honorem.
Nec minus interea sociis ad littora mittit
Viginti tauros, magnorum horrentia centum
Terga suum, pingues centum cum matribus agnos;
Munera lætitiamque dii.
  At domus interior regali splendida luxu
Instruitur, mediisque parant convivia tectis:
Arte laboratæ vestes, ostroque superbo;
Ingens argentum mensis, cælataque in auro
Fortia facta patrum, series longissima rerum,
Per tot ducta viros antiqua ab origine gentis.
  Æneas (neque enim patrius consistere mentem
Passus amor) rapidum ad naves præmittit Achaten,
Ascanio ferat hæc, ipsumque ad mœnia ducat.
Omnis in Ascanio cari stat cura parentis.
Munera præterea, Iliacis erepta ruinis,
Ferre jubet; pallam signis auroque rigentem,

Et circumtextum croceo velamen acantho,
Ornatus Argivæ Helenæ, quos illa Mycenis,
Pergama quum peteret inconcessosque hymenæos,
Extulerat, matris Ledæ mirabile donum :
Præterea sceptrum, Ilione quod gesserat olim,
Maxima natarum Priami, colloque monile
Baccatum, et duplicem gemmis auroque coronam.
Hæc celerans, iter ad naves tendebat Achates.
 At Cytherea novas artes, nova pectore versat
Consilia; ut faciem mutatus et ora Cupido
Pro dulci Ascanio veniat, donisque furentem
Incendat reginam, atque ossibus implicet ignem.
Quippe domum timet ambiguam, Tyriosque bilingues.
Urit atrox Juno, et sub noctem cura recursat.
Ergo his aligerum dictis affatur Amorem :
Nate, meæ vires, mea magna potentia, solus,
Nate, patris summi qui tela Typhoia temnis,
Ad te confugio, et supplex tua numina posco.
Frater ut Æneas pelago tuus omnia circum
Littora jactetur odiis Junonis iniquæ,
Nota tibi; et nostro doluisti sæpe dolore.
Hunc Phœnissa tenet Dido, blandisque moratur
Vocibus : et vereor quo se Junonia vertant
Hospitia : haud tanto cessabit cardine rerum.
Quocirca capere ante dolis, et cingere flamma
Reginam meditor; ne quo se numine mutet,
Sed magno Æneæ mecum teneatur amore.
Qua facere id possis, nostram nunc accipe mentem.
Regius, accitu cari genitoris, ad urbem
Sidoniam puer ire parat, mea maxima cura,

Dona ferens, pelago et flammis restantia Trojæ :
Hunc ego sopitum somno, super alta Cythera,
Aut super Idalium, sacrata sede recondam;
Ne qua scire dolos, mediusve occurrere possit.
Tu faciem illius, noctem non amplius unam,
Falle dolo, et notos pueri puer indue vultus;
Ut, quum te gremio accipiet lætissima Dido
Regales inter mensas laticemque Lyæum,
Quum dabit amplexus atque oscula dulcia figet,
Occultum inspires ignem, fallasque veneno.
  Paret Amor dictis caræ genetricis, et alas
Exuit, et gressu gaudens incedit Iuli.
At Venus Ascanio placidam per membra quietem
Irrigat; et fotum gremio dea tollit in altos
Idaliæ lucos, ubi mollis amaracus illum
Floribus et dulci adspirans complectitur umbra.
Jamque ibat, dicto parens, et dona Cupido
Regia portabat Tyriis, duce lætus Achate.
Quum venit, aulæis jam se regina superbis
Aurea composuit sponda, mediamque locavit.
  Jam pater Æneas et jam Trojana juventus
Conveniunt, stratoque super discumbitur ostro.
Dant famuli manibus lymphas, cereremque canistris
Expediunt, tonsisque ferunt mantelia villis.
Quinquaginta intus famulæ, quibus ordine longo
Cura penum struere, et flammis adolere Penates.
Centum aliæ, totidemque pares ætate ministri,
Qui dapibus mensas onerent et pocula ponant.
Nec non et Tyrii per limina læta frequentes
Convenere, toris jussi discumbere pictis.

LIBER I.

Mirantur dona Æneæ; mirantur Iulum,
Flagrantesque dei vultus, simulataque verba,
Pallamque, et pictum croceo velamen acantho.
Præcipue infelix, pesti devota futuræ,
Expleri mentem nequit, ardescitque tuendo,
Phœnissa; et puero pariter donisque movetur.
Ille, ubi complexu Æneæ colloque pependit,
Et magnum falsi implevit genitoris amorem,
Reginam petit. Hæc oculis, hæc pectore toto,
Hæret, et interdum gremio fovet, inscia Dido
Insidat quantus miseræ deus. At memor ille
Matris Acidaliæ paulatim abolere Sychæum
Incipit, et vivo tentat prævertere amore
Jam pridem resides animos desuetaque corda.

    Postquam prima quies epulis, mensæque remotæ,
Crateras magnos statuunt, et vina coronant.
Fit strepitus tectis, vocemque per ampla volutant
Atria: dependent lychni laquearibus aureis
Incensi, et noctem flammis funalia vincunt.
Hic regina gravem gemmis auroque poposcit,
Implevitque mero, pateram, quam Belus et omnes
A Belo soliti. Tum facta silentia tectis:
Juppiter, hospitibus nam te dare jura loquuntur,
Hunc lætum Tyriisque diem Trojaque profectis
Esse velis, nostrosque hujus meminisse minores:
Adsit lætitiæ Bacchus dator, et bona Juno:
Et vos, o, cœtum, Tyrii, celebrate faventes.
Dixit, et in mensam laticum libavit honorem;
Primaque, libato, summo tenus attigit ore.
Tum Bitiæ dedit increpitans: ille impiger hausit

Spumantem pateram, et pleno se proluit auro :
Post, alii proceres. Cithara crinitus Iopas
Personat aurata docuit quæ maximus Atlas.
Hic canit errantem lunam, solisque labores ;
Unde hominum genus, et pecudes ; unde imber, et ignes ;
Arcturum, pluviasque Hyadas, geminosque Triones ;
Quid tantum oceano properent se tingere soles
Hiberni, vel quæ tardis mora noctibus obstet.
Ingeminant plausu Tyrii, Troesque sequuntur.
Nec non et vario noctem sermone trahebat
Infelix Dido, longumque bibebat amorem,
Multa super Priamo rogitans, super Hectore multa :
Nunc, quibus Auroræ venisset filius armis ;
Nunc, quales Diomedis equi ; nunc, quantus Achilles.
Immo age, et a prima dic, hospes, origine nobis
Insidias, inquit, Danaum, casusque tuorum,
Erroresque tuos ; nam te jam septima portat
Omnibus errantem terris et fluctibus æstas.

LIVRE II.

Le sujet du poëme étant l'établissement d'Énée en Italie, l'action commence au moment où le héros arrache aux flammes les dieux protecteurs d'Ilion. Le deuxième et le troisième livre devraient donc précéder le premier; mais le poëte n'est pas un maigre historien qui suive l'ordre des temps. Virgile, à l'exemple d'Homère, nous transporte d'abord en Afrique, pour nous ramener ensuite en Asie, et nous apprendre tout ce qui s'est passé avant le départ du prince troyen et son arrivée à la cour de Didon.

Voyons d'abord combien le récit d'Énée reçoit d'intérêt du livre qui le précède, et comment il se lie à la marche du poëme, dont il ne paraît être qu'un épisode trop magnifique peut-être.

Énée, fugitif et non pas déserteur de sa patrie, jeté par une tempête affreuse sur les côtes de l'Afrique, qui lui est inconnue, inspire au lecteur, comme à la reine de Carthage, un profond sentiment de pitié; et, s'il ne soutient pas d'abord assez dignement la haute opinion que nous avons conçue de lui sur la foi du poëte, il nous touche par ses malheurs, il nous étonne par la grandeur de sa mission, et se relève de quelques faiblesses que nous remarquons en lui avec peine, par les sentiments qu'il inspire à ses ennemis comme à ses sujets. Mais, en donnant des larmes à l'homme et au prince, nous voulons connaître le héros; nous avons besoin d'être convaincus, par des preuves irrécusables, qu'il n'a pas quitté sa patrie comme un traître, qu'il a voulu répandre tout son sang pour elle, et que sa fuite est un ordre des dieux, qui avaient résolu de relever l'empire de Priam.

Virgile s'empresse de répondre à notre attente. Il ressuscite un moment la ville de Neptune, déplorable théâtre des exploits d'Énée; il nous représente la dernière nuit d'un roi et d'un peuple, dans le dessein de nous montrer comment l'héritier d'Hector a su les défendre. Du comble de l'infortune, l'exilé d'Ilion, le prince persécuté par la reine des dieux, le jouet des vents et des tempêtes, s'élèvera devant nous au faîte de la gloire. L'admiration va succéder à la pitié, ou plutôt ces deux sentiments se confondront ensemble pour porter au dernier degré dans le cœur de Didon un amour qui doit retenir Énée à Carthage, et former l'un des nœuds les plus intéressants du poëme. Nous avons laissé cette reine les yeux fixés sur le héros, et pressée du désir d'entendre de sa bouche le récit des désastres de Troie; voici comment il se hâte de satisfaire une curiosité si vive :

« Reine, vous m'ordonnez de renouveler d'in-
» exprimables douleurs ; vous voulez que je dise
» comment les Grecs ont renversé la puissance
» troyenne et le déplorable empire de Priam : af-
» freux désastre dont je fus le témoin et en partie
» la victime! A ce récit, quel est, parmi les Myrmi-
» dons ou parmi les Dolopes, quel est le soldat du
» cruel Ulysse qui pourrait retenir ses larmes? Mais
» déjà l'ombre humide se précipite du ciel, et les
» astres de la nuit sur leur déclin invitent les mor-
» tels au sommeil ; cependant, si vous avez un si
» grand désir de connaître mes malheurs et d'ap-
» prendre en peu de mots la dernière journée de
» Troie, quoique mon âme ait horreur de ces sou-
» venirs et qu'elle recule de douleur devant un tel
» spectacle, je vais vous satisfaire. »

Ce début est majestueux et triste comme le sujet ; il respire la profonde émotion d'un homme qui pleure sa patrie comme un fils pleure une mère adorée ; il annonce de la manière la plus convenable les tristes événements que le héros va raconter. Ulysse, à la cour d'Alcinoüs, ne commence pas d'un ton aussi noble et aussi touchant le récit de ses aventures : mais, dans l'Odyssée, il s'agit des malheurs d'un homme ; dans l'Énéide, il s'agit de la ruine d'un empire. Platon a blâmé,

Lucien a voulu ridiculiser l'éloge des plaisirs d'un festin par le sage Ulysse ; l'un et l'autre se sont trompés, à mon avis : cet éloge, pris dans l'observation des mœurs des Grecs, chez qui l'hospitalité était si douce, me paraît renfermé dans de justes bornes ; d'ailleurs la plus simple observation de la nature ne nous dit-elle pas que l'homme éprouvé par de longues infortunes, souvent exposé à un entier abandon, et réduit même aux plus dures nécessités, doit se montrer plus sensible qu'un autre aux innocentes joies d'une réunion de convives assis à la table d'un roi qui mérite d'avoir des amis ? Au sortir de l'affreuse tempête dont il n'a triomphé que par des prodiges de constance, envierons-nous au malheureux Ulysse le charme qu'il éprouve à partager un festin auquel président la Vertu, les Grâces et les Muses ?

On trouve dans le Dante une imitation pleine de charme qui rappelle les derniers traits de l'exorde du prince troyen. Françoise de Rimini vient de raconter son malheur au poëte qui la trouve dans le cercle des âmes que l'amour a perdues. En l'écoutant, dit-il, je courbai la tête, et je la tins si long-temps baissée que Virgile me dit enfin : Que penses-tu ? Je lui répondis : Hélas ! combien de douces pensées, combien de désirs ont conduit ces infortunés à cette fin douloureuse ! Puis je me retournai vers eux en leur parlant ainsi : « Françoise,

tes souffrances m'arrachent des larmes de tristesse et de pitié. Mais, dis-moi, dans le temps de vos doux soupirs, à quel signe et comment l'amour vous accorda-t-il de connaître des désirs qui étaient pour vous un doute et un mystère? »
Elle me répondit : « Il n'est point de plus grande douleur que de se rappeler ses félicités au temps de ses misères : ton maître le sait; mais, si tu as un si grand désir de connaître la première origine de notre amour, je ferai comme celui qui pleure, et qui parle pourtant [1]. »

Cette simplicité naïve et convenable au sujet donne à l'imitation du Dante des beautés neuves et un air d'originalité. Il a égalé Virgile en prenant un ton plus simple. Milton atteint le même but en prêtant au contraire un accent plus solennel à la réponse que fait Raphaël aux questions d'Adam, empressé d'apprendre la cause des désordres qui ont troublé le Paradis : « Père des hommes, dit l'envoyé du ciel, tu me demandes des choses très élevées, des choses difficiles et tristes à raconter. Comment pourrai-je faire entendre aux sens humains les invisibles exploits des esprits qui ont combattu? Comment pourrai-je, sans douleur, retracer la ruine de tant de substances si glorieuses

---

[1] Enfer, chant V.

et si parfaites dans le temps de leur fidélité? Comment raconter les secrets d'un autre monde, secrets que peut-être il n'est point permis de révéler[1]? »

Voltaire a imité aussi le début d'Énée dans la réponse de Henri IV à Élisabeth, qui veut savoir les troubles de la France :

> Hélas! reprit Bourbon, faut-il que ma mémoire
> Rappelle de ces temps la malheureuse histoire!
> Plût au ciel irrité, témoin de mes douleurs,
> Qu'un éternel oubli nous cachât tant d'horreurs!
> Pourquoi demandez-vous que ma bouche raconte
> Des princes de mon sang les fureurs et la honte?
> Mon cœur frémit encore à ce seul souvenir;
> Mais vous me l'ordonnez, je vais vous obéir.
> Un autre, en vous parlant, pourrait avec adresse
> Déguiser leurs forfaits, excuser leur faiblesse :
> Mais ce vain artifice est peu fait pour mon cœur;
> Et je parle en soldat plus qu'en ambassadeur.

Ces vers suffiraient seuls pour marquer une différence entre les épopées d'Homère, de Virgile, de Milton, et celle de Voltaire. Ce n'est là ni le ton de la muse héroïque, ni l'accent d'une douleur profonde, ni le langage d'un grand roi à une reine comme Élisabeth.

Énée commence la narration des faits en ces termes :

---

[1] Paradis perdu, chant V.

ÉNÉIDE, LIVRE II.

« Les Grecs, épuisés des travaux d'un siége qui durait depuis dix ans, construisent un colosse égal en hauteur à une montagne; ils feignent que c'est une offrande à Pallas. L'élite des guerriers d'Argos remplit l'enceinte de la fatale machine, tandis que l'armée s'éloigne des murs d'Ilion et va se cacher dans l'île de Ténédos. Cependant Troie entière, affranchie d'un long deuil, se répand avec joie dans la campagne; la foule aime à reconnaître la place où campait Achille, le rivage que couvrait la flotte, et la plaine où l'armée se rangeait en bataille [1]. » Ce tableau est de la plus grande vérité; il nous rappelle des scènes dont nous avons pu être témoins nous-mêmes quand l'étranger a quitté notre beau pays ! Peut-être on regrette de ne pas trouver ici un souvenir d'Hector; mais Virgile a sans doute voulu ménager l'intérêt du songe où il apparaît à Énée. Les Troyens contemplent

---

[1] Quintus Calaber dit qu'un reste de défiance leur faisait encore conserver leurs armes.

Tryphiodore : « Les cavaliers troyens se répandaient dans la campagne, en regardant toutefois autour d'eux pour voir s'il n'y avait pas là quelque ruse des Grecs. »

Priam et les autres vieillards de sa cour arrivent sur des chars; ils se réjouissent, pour les fils qui leur restent, du départ du cruel dieu de la guerre; ils espèrent une vieillesse tranquille. Hélas! ils ne devaient pas se réjouir ou espérer longtemps.

avec une admiration stupide le simulacre trompeur; Thymétès, le premier, soit lâche trahison, soit qu'ainsi l'ordonnât la destinée, veut déjà l'introduire dans la citadelle. Les plus sages d'entre les Troyens disent qu'il faut sonder le colosse et le livrer aux flammes[1] : le peuple, que la superstition enchaîne, flotte irrésolu ; soudain Laocoon s'élance au milieu de la foule. Dans un discours où le simple bon sens parle le langage de la passion la plus éloquente, il cherche à détromper ses aveugles concitoyens ; lui-même il lance sa javeline dans les flancs du monstre : le sourd gémissement dont retentit la masse ébranlée ne peut désabuser un peuple crédule, qu'un vertige fatal entraîne à sa ruine.

Le lecteur s'indigne ici comme Laocoon, il gémit comme Énée; il attend avec une vive impatience quel sera le dénouement de la scène[2].

---

[1] Cette partie du récit est imitée d'Homère. (Odyssée, chant VIII, vers 500 et suivants.)

[2] Quintus Calaber, en s'attachant aussi à une fiction consacrée, s'est répandu en détails sur la construction du colosse, il en a fait même une assez longue description ; mais la sobriété de Virgile annonce plus de raison et de goût. Cependant on ne saurait s'empêcher de remarquer à l'avantage du poëte de Smyrne que la confiance inspirée par le prodige que raconte Calchas, la ruse inventée par Ulysse, toujours fertile en stratagèmes, l'approbation du vieux Nestor, trop

Quelque légère que soit la multitude, le discours d'un vieillard plein de sagesse et revêtu d'un caractère sacré doit avoir produit quelque impression sur les esprits ; aux transports de l'allégresse a succédé quelque défiance : Troie peut encore être sauvée; elle n'a point encore admis la fatale machine dans ses murs[1].

---

porté à juger des choses suivant la sagesse humaine, l'emportement d'Achille, qui s'indigne de toute surprise dans la guerre, la réponse d'Ulysse, le triomphe de l'avis le plus sûr et le moins généreux dans le conseil des Grecs, ne soient une peinture vraie de la société. (Voyez le chant XII, depuis le premier vers jusqu'au 146e.)

Tryphiodore, dans le premier chant de son poëme, décrit aussi assez longuement le cheval de Troie, auquel il donne des yeux de pierres précieuses, des dents d'argent, une grande bouche ouverte, pour laisser aux Grecs les moyens de respirer, de grandes oreilles, toujours prêtes à écouter. (Livre I.)

[1] Quintus Calaber, en exprimant cette pensée qui sort du sujet, fait ébranler la terre sous les yeux du pontife. Un supplice horrible et dégoûtant lui est infligé par Minerve, irritée contre la ville de Troie. Malgré ses souffrances, le vieillard ne cesse de représenter à ses concitoyens le danger qui les menace; alors la déesse le frappe d'un entier aveuglement, et ses paupières entr'ouvertes ne laissent plus apercevoir qu'un hideux amas d'eau mêlée de sang. Cette invention est bien faible. Dans Virgile, le grand prêtre voit ce qu'aucun père n'avait jamais vu peut-être avant lui, ses deux enfants saisis et dévorés par des monstres. (Quintus, chant XII, vers 388 et suivants.)

En ce moment, un jeune homme chargé de fers est traîné devant le roi par des bergers phrygiens; la foule impatiente s'empresse autour de lui et insulte à son malheur. C'est le premier mouvement du peuple à la vue d'un ennemi; mais ce mouvement passager ne laisse point de trace dans le cœur humain : le malheureux désarme notre haine; et celui qu'on avait outragé d'abord finit par obtenir nos larmes.

Le captif, troublé, hors de lui-même, promène des regards inquiets sur les Troyens assemblés. Cet embarras timide est une éloquente préparation. Les exclamations du désespoir de Sinon, qui se dit chassé de sa patrie, et n'espère de refuge que parmi les enfants d'Ilion, changent la disposition des esprits; on consent à l'entendre. C'est alors que le perfide orateur, sûr de l'effet qu'il voulait produire, déploie les artifices de ces Grecs, qui passaient pour avoir en eux le génie de la duplicité : il commence par avouer avec une feinte candeur que la Grèce est sa patrie; et cet aveu l'autorise à réclamer la confiance pour le reste de ses révélations.

Le souvenir de Palamède livré au supplice pour avoir conseillé aux Grecs de ne point porter la guerre sous les murs d'Ilion, l'éducation militaire de Sinon sous ce héros, le deuil de l'innocence qu'il a porté sous les yeux de l'armée, sa fidélité au malheur et à l'amitié, l'imprudent courage de ses menaces adressées au meurtrier de Palamède [1], les rumeurs insidieuses semées dans le camp par le fourbe Ulysse qui voulait perdre un ami de ce prince, ces cruels artifices du calomniateur, dont Juvénal a dit avec tant d'énergie, *Et tenui jugulos aperire susurro*, sont autant de moyens habilement employés pour exciter l'indignation contre l'inventeur des crimes [2]. Sinon termine sa harangue par ces mots remarquables : « Ulysse ne » cessa point de me poursuivre jusqu'au moment » où, secondé par le grand prêtre Calchas son » complice... » Ici l'orateur s'arrête ; et, changeant tout-à-coup de langage, comme un homme inspiré qui voit sa sentence de mort écrite dans tous les regards, il laisse échapper ces paroles du désespoir : « Mais pourquoi retracer tant de choses qui » vous lassent peut-être ? Pourquoi retarder ainsi » votre colère ? Si tous les Grecs sont égaux à vos

---

[1] L'antiquité accusait Ulysse d'avoir fait périr Palamède sous le prétexte d'une trahison ; le roi d'Ithaque avait même, dit-on, poussé l'infamie jusqu'à cacher une somme d'argent dans la tente de son compagnon d'armes, et à supposer un commerce de lettres entre Priam et ce prince. Dion Chrysostome dit qu'Agamemnon et Ménélas tuèrent Palamède, après avoir appris de lui tous les secrets de l'art de la guerre et d'autres encore.

[2] . . . . Scelerumque inventor Ulysses. Expression de Virgile.

» yeux, si leur nom suffit à votre haine, frappez,
» punissez un Grec; vous réjouirez Ulysse, et les
» Atrides vous paieront à grand prix le service de
» m'avoir donné la mort. »

On sent toute l'habileté de la suspension du récit, et combien cette manière de tromper la curiosité doit la redoubler. Sinon ne peut douter qu'on ne veuille l'entendre; effectivement les Troyens, étrangers comme leur roi aux profonds détours de la perfidie des Grecs, le pressent de reprendre son discours. Il se hâte de poursuivre d'une voix tremblante et avec un effroi qui n'est pas dans son cœur [1].

« Les Grecs, épuisés des fatigues d'une guerre si longue, avaient résolu d'abandonner le siége de Troie, mais la tempête leur fermait les mers. Depuis le jour où l'on vit s'élever en ces lieux ce cheval de bois, tout le ciel, environné de nuages, retentit des éclats de la foudre. Incertain du sens de ces prodiges, ils envoient consulter l'oracle d'Apollon par Euripyle, qui rapporte cette réponse sortie du sanctuaire : « Grecs, vous avez apaisé les
» vents par le sang et par la mort d'une vierge au mo-
» ment de votre départ pour les rivages de Troie;
» il faut encore du sang, il faut encore le sacrifice

---

[1] Prosequitur pavitans et ficto pectore fatur.

ÉNÉIDE, LIVRE II.   143

» d'une victime d'Argos pour acheter votre retour.»
Au fort de l'épouvante répandue par une révélation
si terrible, tandis que tout le monde cherche la victime expiatrice, Ulysse entraîne à grand bruit Calchas au milieu de l'armée réunie, et lui demande
d'expliquer la volonté des dieux; et déjà plusieurs,
comprenant le détestable artifice du traître, me
prédisaient en eux-mêmes un sort funeste. Calchas
s'obstine à se taire pendant dix jours; caché à tous
les yeux, il refuse de produire la victime et de la
mettre en face de la mort. Il rompt enfin le silence,
et me dévoue au sacrifice. Toute l'armée applaudit
à la sentence : chacun vit avec plaisir un danger
qu'il craignait pour soi se détourner sur la tête
d'un malheureux offert pour le salut de l'armée [1].
Déjà le jour fatal était arrivé, déjà on préparait le
sacrifice et les bandelettes sacrées. Je me suis dérobé, je l'avoue, au trépas levé sur moi; protégé
par les ombres de la nuit, j'ai couru me cacher

---

[1] Racine, dans son Iphigénie en Aulide, a heureusement
imité les plus beaux passages de ce récit, qu'il a mêlés habilement à des traits empruntés de l'Iphigénie d'Euripide.
(Voyez le premier acte, discours d'Agamemnon, et le récit
d'Ulysse dans le cinquième acte.)

Virgile était présent à la pensée de Fénélon, lorsque ce dernier a représenté à la manière antique le sacrifice où Télémaque et Mentor sont menacés d'être immolés par Oreste sur le
tombeau d'Anchise.

dans un marais fangeux en attendant le départ de mes cruels ennemis.» Tous les cœurs sont émus par cette peinture dramatique; Sinon achève de les ouvrir à la pitié par une touchante péroraison. Il pleure sa patrie interdite désormais à son amour; il plaint le malheur de ses enfants et d'un vieux père qui paieront peut-être de leur vie le crime de sa fuite. C'est après avoir prononcé tous ces noms sacrés, dont il connaît l'empire sur tous les hommes et sur le père d'Hector, qu'il lui adresse cette éloquente prière : « Ah! par les dieux de l'O-
» lympe, témoins immortels de la vérité, au nom
» de la bonne foi, s'il est encore quelques mortels
» qui la conservent pure et sans tache dans leur
» cœur! ô roi, donnez des larmes à tant de misère,
» ayez pitié d'un infortuné qui n'a point mérité son
» sort. »

La grâce de l'imposteur est accordée par les pleurs de l'armée. Priam, fidèle à la bonté de son caractère, fait détacher les fers du captif, l'adopte déjà comme un enfant de Troie, et, lui demandant la vérité pour toute reconnaissance, veut savoir dans quel dessein les Grecs ont construit l'immense machine qui semble menacer les murs d'Ilion.

Ici le poëte fait contraster la candeur d'un vieillard vertueux, qui n'a pu apprendre à soupçonner le crime, avec la fatale expérience d'un homme jeune encore, que ses vices ont instruit dans l'art de con-

naître ses semblables, de mettre à profit leurs vices, et d'abuser même de leurs vertus. Aux questions de Priam, Sinon, levant vers le ciel ses mains libres de chaînes, s'écrie : « Feux éternels de Vesta, in-
» violable divinité ; vous aussi, funestes autels, glai-
» ves cruels que j'ai fuis, bandelettes des dieux que
» j'ai portées comme une victime, je vous prends à
» témoin qu'il m'est permis d'enfreindre des droits
» sacrés envers les Grecs ; oui, il m'est permis de les
» haïr et de révéler au jour tous les secrets qu'ils veu-
» lent cacher. Je ne tiens plus à ma patrie par au-
» cune loi. Mais vous, Priam, gardez-moi vos pro-
» messes ; Troyens, sauvez celui qui vous aura sauvés,
» si je dis la vérité, si je révèle de grands mystères [1]. »

Après cette exclamation, où l'accent du cœur est imité avec une vérité qui fait frémir, l'imposteur poursuit en ces termes :

«Tout l'espoir de la Grèce, toute sa confiance
» dans la guerre, reposaient sur l'appui de Pallas.
» Mais du jour où le fils impie de Tydée, et Ulysse
» l'âme des forfaits, résolus d'arracher de son
» temple auguste le fatal Palladium, eurent massa-
» cré les gardes de la citadelle, saisi l'image sacrée
» de la déesse, et touché de leurs mains sanglantes

---

[1] C'est avec bien de l'adresse que Sinon met les promesses de Priam sous la protection des dieux qu'il vient d'invoquer avec un si profond artifice.

» ses bandelettes sacrées, les brillantes espérances
» des Grecs s'évanouirent, le découragement s'em-
» para des cœurs, les forces tombèrent, la déesse
» irritée se détourna de nous; et ce ne fut pas par
» des signes équivoques qu'elle fit paraître son res-
» sentiment. A peine sa statue était-elle posée au mi-
» lieu du camp, que des flammes étincelèrent dans
» ses yeux menaçants; une sueur amère courut sur
» ses membres, et trois fois, ô prodige! on la vit
» tressaillir levant son bouclier divin et sa lance
» frémissante. » A la faveur de l'illusion produite
par le récit de ces prodiges, Sinon persuade aux
Troyens que leurs ennemis, obligés d'aller chercher
dans Argos des auspices plus heureux [1], ont construit le colosse pour remplacer le Palladium. Il
ajoute que la plus légère atteinte au don que les
Grecs ont offert à Minerve attirerait les plus grands
malheurs aux Troyens, mais que son entrée dans
leurs murs serait le signal du triomphe de l'Asie.

Dans ce nouveau discours, Sinon parle à toutes
les passions des Troyens; il intéresse à la fois leur
haine pour Ulysse, leur croyance aux prodiges,

---

[1] Allusion à une coutume des Romains. Le consul, avant de sortir de Rome, prenait les auspices pour toute la campagne; mais si le sort des armes avait été contraire, le général retournait à Rome prendre de nouveaux auspices : c'est ce qu'on appelait *omen repetere*.

ÉNÉIDE, LIVRE II.

leurs terreurs religieuses, leur amour pour une patrie qui penche sur le bord de l'abîme. Ses paroles obtiennent la confiance, parcequ'il mêle habilement à des vérités connues de tous ceux qui l'écoutent, des mensonges dont aucun indice ne peut les aider à démêler la trame. On peut bien appliquer à Sinon ce vers de Racine :

> Toujours les scélérats ont recours au parjure.

Sinon fait ici une horrible profanation des choses saintes ; mais il assure le succès de sa ruse en redoublant son crime. Les dieux, qu'il invoque à tout moment, deviennent ses complices ; ce sont eux que les Troyens croient entendre parler par la bouche du traître.

Il y a tout un traité d'éloquence dans les discours de Sinon, et jamais on ne vit un tel triomphe de l'art de persuader en trompant[1]. Cependant l'épisode, qui n'est pas sans quelques longueurs peut-être, deviendrait, malgré sa perfection, un défaut dans le poëme, si, en parais-

---

[1] Armide devant Godefroi ressemble beaucoup à Sinon devant Priam ; même imposture, même art de tromper, même éloquence, même talent de toucher les cœurs par la puissance de la parole, même succès dans l'un et l'autre personnage : mais, en imitant Virgile, le Tasse a su modifier ce qu'il empruntait, et mettre dans la bouche d'Armide des paroles convenables à son sexe, à son caractère et à son âge. (*Jérusalem*, chant IV.)

sant attirer sur un si odieux personnage toute l'attention que l'on voudrait donner aux grands événements de la guerre, il n'était pas un des ressorts du poëme et la cause qui détermine la chute de Troie. Aussi est-ce avec un art bien judicieux, avec une prévoyance d'écrivain habile, que Virgile ajoute ici, pour faire sentir la grandeur des conséquences du crime de Sinon : « Voilà » les embûches, voilà les artifices et les parjures » qui nous persuadèrent; un peuple, que ni le fils » de Tydée, ni le redoutable Achille, ni dix années » de siége et mille vaisseaux n'avaient pu dompter, » fut surpris par la ruse et vaincu par des larmes. »

Q. Calaber introduit aussi sur la scène le personnage de Sinon, mais moins heureusement que ne l'a fait Virgile.

Sinon reste auprès du colosse : on le découvre, on l'interroge; il répond que les Grecs ont quitté le rivage de Troie : on le mutile avec cruauté pour qu'il déclare ce que le cheval renferme dans ses vastes flancs; il commence par affirmer que c'est une offrande destinée à calmer le courroux de Pallas offensée du massacre des Troyens, et finit par dire qu'Ulysse a demandé sa tête, mais qu'il s'est réfugié auprès du colosse qui l'a protégé contre la mort[1].

---

[1] Chant XII, vers 367 et suivants. Si Quintus est venu

Il n'y a point ici d'art ni de préparation, surtout point de puissance de la parole; la crédulité des Troyens est une invraisemblance sans excuses : on la pardonne à peine dans Virgile, malgré les savants efforts que le poëte a faits pour la justifier en la rendant vraisemblable par l'éloquence de Sinon et les divers mouvements qu'elle excite. Toutefois, si Hector était présent, nous serions plus difficiles à admettre le succès des ruses du perfide; mais nous ne sommes pas surpris qu'on puisse abuser un vieillard dont la bonté va jusqu'à la faiblesse, et un peuple malheureux et crédule.

A la sécurité, aux espérances inspirées aux Troyens par un traître, va succéder un effroi qui précipitera leur ruine : rien de plus aveugle et de plus impérieux que ce sentiment sur le cœur de la multitude; il devient plus puissant encore quand il prend sa source dans la religion.

« Laocoon, grand prêtre de Neptune, offrait un

---

après Virgile, on doit lui reprocher d'avoir mutilé comme il l'a fait l'admirable tableau de son modèle ; s'il a précédé le poëte latin, on doit admirer l'imitation de celui-ci comme une suite de créations du génie.

Il faut surtout reprocher à Quintus d'avoir fait jouer presqu'un beau rôle à Sinon ; le fourbe montre toute la constance d'un citoyen prêt à mourir pour son pays. Est-ce là connaître et peindre le cœur humain ?

» sacrifice solennel à ce dieu ¹ des Troyens. Tout-
» à-coup voilà que, sortis de Ténédos (j'en tremble
» encore d'horreur), deux serpents alongent sur
» les flots aplanis leurs anneaux immenses, et s'a-
» vancent de front sur le rivage. Leurs poitrines se
» dressent au milieu des flots, leurs crêtes ensan-
» glantées dominent les ondes, le reste de leurs
» corps effleure la surface de la mer, et leurs dos
» mobiles se lèvent et se courbent en replis d'une
» grandeur démesurée. L'onde écumante retentit
» de leurs sifflements. Déjà ces monstres occupent
» les champs troyens, on les voit s'avancer les yeux
» ardents, rouges de sang et de feu ; les dards rapides
» de leurs langues lèchent en sifflant leurs gueules
» béantes. A cet aspect, nous fuyons pâles d'effroi.
» Les monstres, toujours de front, et sans se dé-
» tourner, vont droit vers Laocoon. D'abord ils
» embrassent dans leurs flexibles anneaux les deux
» faibles enfants du grand prêtre, les déchirent de

---

¹ Le choix du dieu n'est pas sans dessein. Rempli de son ancienne injure, Neptune repousse les sacrifices d'une ville odieuse. On peut déjà dire de Troie comme Racine de la ville de Jérusalem :

Ses honneurs sont détruits, ses rois sont rejetés.

Observez encore les autres circonstances choisies par le poëte ; c'est de Ténédos, la retraite des Grecs, que partent les monstres suscités par Pallas : *Dona divæ et Danaum !*

» morsures et se repaissent de leurs membres. Lao-
» coon, le glaive en main, vole au secours de ses
» fils; les dragons le saisissent lui-même et l'enchaî-
» nent dans des replis tortueux. Déjà ils l'ont em-
» brassé deux fois par le milieu du corps, deux fois
» ils ont roidi leurs anneaux écaillés autour de
» lui, et cependant leurs fronts étincelants et leur
» crêtes superbes s'élèvent encore au-dessus de sa
» tête. En vain ce malheureux père s'efforce d'arra-
» cher avec ses deux mains les nœuds qui l'envi-
» ronnent, un sang corrompu et de noirs poisons
» inondent ses bandelettes sacrées. En même temps
» il pousse vers le ciel des clameurs horribles: tels
» sont les mugissements d'un taureau qui, blessé
» par le sacrificateur, échappe de l'autel, et rejette
» de son cou la hache incertaine. Alors les deux
» dragons s'élancent d'un vol rapide vers le temple
» de Minerve; ils entrent dans la citadelle de la
» cruelle déesse, et se cachent à ses pieds sous
» l'orbe de son bouclier. »

Le suffrage des siècles a consacré cet épisode. Jamais on ne porta plus haut l'art de peindre; jamais on ne le fit plus habilement oublier. Il faut le secours de la réflexion pour se souvenir du poëte, tant les yeux, l'attention, la pensée, sont fortement occupés par la situation. Ce n'est point ici un récit ou un tableau, c'est une suite de scènes terribles et touchantes qui se passent en notre présence.

Nous avons vu partir de Ténédos les deux monstres envoyés par Pallas. Leur premier aspect, si effrayant dans un lointain qui les agrandit aux yeux de l'imagination, leurs formes qui appartiennent à une nature inconnue, leur taille démesurée, leurs crêtes de la couleur du sang dont ils s'abreuvent, le bruit dont ils font résonner les ondes écumantes, tout annonce en eux des ministres de quelque vengeance du ciel. Le calme des flots ajoute à la terreur que les dragons inspirent; l'effet de la scène était manqué ou affaibli si le poëte les eût fait vomir sur le rivage par une tempête, comme dans Phèdre. Il fallait que les Troyens pussent les contempler et se repaître du spectacle qui causait leur épouvante. Elle s'accroît par degrés en suivant tous les mouvements des monstres sur les eaux. Ils approchent. Leurs yeux lancent des éclairs sinistres comme ceux qui précèdent la foudre : ils annoncent le malheur qui s'apprête. Les horribles sifflements que redoublent leurs langues avides de boire le sang qu'ils sont venus chercher de si loin, deviennent le signal de la fuite pour les plus intrépides. Laocoon, soit confiance dans les dieux, soit respect du ministère auguste qu'il remplissait alors, soit inspiration de l'amour paternel, reste seul avec ses fils en présence de la mort. Toutes ces circonstances, si habilement enchaînées, sont bien propres à ébranler la multitude, mais la marche assurée des serpents vers le grand prêtre, en rassurant chacun sur ses propres dangers, devient pour tous le signe manifeste de la colère divine. Laocoon est la victime choisie par le ciel; voilà ce que pense l'armée entière.

Suivons l'admirable gradation que le peintre a observée dans le reste du tableau. Les reptiles embrassent d'abord les deux fils de Laocoon; ce malheureux père se sent déjà mourir dans ce qu'il a de plus cher au monde; cependant il vole au secours de ses enfants : tel est le premier mouvement de la nature. Mais aussitôt, enchaîné lui-même par ces monstres, il voit leurs têtes sanglantes dominer la sienne et celles de ses deux fils, innocentes victimes qui, ne pouvant tendre les bras à leur père, tournent vers lui leurs douloureux et derniers regards [1]. Toutes les souffrances du corps, toutes les douleurs de l'âme sont en lui; mais il se roidit contre elles, et s'efforce de déchirer les invincibles nœuds

---

[1] M. de Châteaubriand a visiblement imité Virgile dans le passage de son poëme où Eudore et Cymodocée sont livrés aux bêtes dans le cirque romain : le tigre arrive aux deux martyrs, il se lève debout, et, enfonçant ses ongles dans les flancs du fils de Lasthénès, il déchire avec ses dents les épaules du confesseur intrépide. Comme Cymodocée, toujours pressée dans le sein de son époux, ouvrait sur lui des yeux pleins d'amour et de frayeur, elle aperçoit la tête sanglante du monstre au-dessus de la tête d'Eudore. (Livre XXIV.)

qui l'empêchent de défendre ses enfants [1]. Ce spectacle nous pénètre d'un effroi qui rend notre pitié muette, et excite nos larmes; nous sommes trop épouvantés pour pouvoir pleurer, même quand chacun des cris du grand prêtre retentit dans notre cœur. Virgile a négligé de peindre les derniers moments du sacrificateur et de sa famille; il a sagement fait, l'image de leur mort n'eût pas été aussi affreuse que l'aspect de leur douleur dans les horribles embrassements des monstres. Il y a des choses qui paraissent indispensables au vulgaire, et que le talent rejette par un conseil du génie.

Pourquoi faut-il que la comparaison du grand prêtre avec un taureau blessé, qui fuit l'autel et secoue en fuyant la hache incertaine dont il a été frappé, vienne interrompre un moment le plaisir douloureux d'une terreur si profonde, et nous désabuser en nous montrant le poëte si bien caché jusqu'alors [2]. Un écrivain pouvait seul commettre

---

[1] Le poëte a placé ici une image qui nous rappelle le prêtre dans le père :
Perfusus sanie vittas atroque veneno.

[2] Sénèque, en empruntant la comparaison de Virgile, l'applique d'une manière plus judicieuse à Hercule déjà revêtu de la tunique de Nessus, et déchiré par les premières douleurs :

In medias preces,
Stupente et ipso, cecidit. Hinc cœlum horrido
Clamore complet. Qualis impressa fugax

ÉNÉIDE, LIVRE II.

la faute de Virgile; jamais un témoin de la scène, dans quelque classe que vous le choisissiez, n'aurait pensé au taureau du sacrifice en retraçant les dernières souffrances de Laocoon. La comparaison manque de noblesse, de convenance, de vérité. On dirait, en continuant le parallèle des images, que Laocoon a pu sortir vivant du plus cruel des supplices : mais, s'il en était ainsi, ce malheureux père ne fuirait pas; inspiré par l'amour paternel, il viendrait exhaler les restes de sa vie auprès de ses fils privés de la lumière, et nous rappellerait à la fois la mort de Priam et celle de Nisus :

> Tum super exanimem sese projecit amicum
> Confossus, placidaque ibi demum morte quievit.

Presque affligés d'avoir trouvé une tache dans une admirable création, hâtons-nous d'ajouter que la retraite des serpents réfugiés sous l'orbe du bouclier de Pallas achève le prodige, met le comble aux impressions que le poëte a voulu produire,

---

> Taurus bipenni vulnus et telum ferens,
> Delubra vasto trepida mugitu replet.

«Au milieu de cette prière, il tombe, étonné lui-même de sa chute imprévue, et remplit le ciel d'une clameur horrible. Tel un taureau échappé des mains du sacrificateur, et emportant avec lui la blessure et la hache meurtrière, remplit et fait trembler le temple par ses vastes mugissements.» (*Hercule au mont OEta*, acte III, scène II.)

et justifie d'une manière irrésistible aux yeux de la raison elle-même l'introduction du colosse dans la ville de Troie.

Quintus Calaber, qui décrit le même prodige, fait sortir les deux serpents d'une île opposée à celle de Ténédos, et appelée Calydna, où se trouve une caverne obscure, habitée par des monstres de la race de Typhon qui en défendent l'accès à tous les humains. Mais quelle différence dans la peinture de l'affreuse catastrophe! Au moment de l'arrivée des serpents, le sage Virgile, imité depuis par Racine, dit seulement : *Diffugimus visu exsangues.* Quintus Calaber s'amuse à décrire l'épouvante et la fuite des Troyens; Laocoon, dont un génie malfaisant retardait les pas, reste seul en présence des dragons avec ses fils; en vain il leur tend les bras, rien ne peut les soustraire à la fureur des monstres; ils sont dévorés sous les yeux des Troyens, à qui l'éloignement ne permet qu'une stérile pitié. Aussitôt la terre s'entr'ouvre et reçoit dans ses abîmes les instruments du courroux de Minerve.

Sur le lieu même où les fils de Laocoon ont péri, le peuple se hâte d'élever un monument vide de leur dépouille; le grand prêtre et leur mère viennent y répandre des larmes. Cette fin est touchante; mais, outre la faiblesse de pinceau qu'on peut reprocher au poëte, l'invention pèche peut-être contre la vérité. Les hommes tremblant pour leur propre vie ne sont pas très sensibles au malheur des autres ; ou si la pitié émeut en secret leur cœur, elle n'éclate pas ainsi par des actions qui les distrairaient d'eux-mêmes et de leurs propres périls. D'ailleurs ce long incident, qui divise l'attention, nuit à l'effet du prodige si heureusement préparé dans Virgile. Enfin la douleur de la mère, qui devrait ressembler au désespoir d'Hécube ou au saisissement de Niobé immobile d'effroi, est ridiculement comparée à la tristesse de Philomèle privée de ses petits dévorés par un perfide serpent[1].

Les lecteurs amis des comparaisons littéraires trouveront dans la vingt-quatrième idylle de Théocrite[2] une description des serpents envoyés par Junon pour dévorer Hercule, description qui étincelle de toutes les beautés du style poétique : on y voit plus d'un exemple de ces suspensions habiles, de ces coupes savantes, de ces contrastes éloquents, qui frappaient Delille d'admiration. La constance du fils de Jupiter, qui sourit aux plus affreux des périls, peut encore servir à motiver une observation sur les traits qui manquent au caractère du jeune Ascagne pour qu'il paraisse déjà digne des hautes destinées qui l'attendent.

---

[1] Chant XII, vers 481 et suivants.
[2] Vers 13 et suivants.

Manilius a montré de la sagesse dans la description du monstre qui s'élance de la mer pour dévorer Andromède. Plein de force et de précision, il ne dit que ce qu'il doit dire, et termine son récit par ces beaux vers qui produisent aussi une impression de terreur à l'aide d'un autre artifice que celui de la retraite précipitée des serpents de Virgile, bientôt réfugiés sous le bouclier de Minerve :

> Tandem confossis subsedit bellua membris,
> Plena maris, summasque iterum remeavit ad undas ;
> Et magnum vasto contexit corpore pontum,
> Tunc quoque terribilis nec virginis ore videnda [1].

Valérius Flaccus [2] offre aussi la description d'un monstre qui vient pour dévorer Hésione sur son rocher : on y peut remarquer quelques beaux traits ; mais l'exagération des images, une concision qui produit l'obscurité, l'absence totale d'harmonie imitative, mettent l'auteur de l'Argonautique bien au-dessous de Virgile. Contemporain de Tacite, on dirait que Valérius s'applique à reproduire la manière de l'historien : comme son mo-

---

[1] « Enfin le monstre, percé de coups, plonge dans les flots ; gonflé par l'onde amère, il remonte une dernière fois à leur surface, et couvre de son vaste corps une étendue immense, spectacle trop terrible encore pour les yeux d'une vierge timide. » Liv. V, v. 605.

[2] Livre XI, vers 497 et suivants.

dèle, il renferme quelquefois beaucoup de sens en peu de mots ; mais la force de la pensée et l'expression pittoresque lui manquent. Juvénal seul sait faire du Tacite en beaux vers; Racine a eu le même secret dans Britannicus.

Ceux qui voudront connaître avec quel jugement ce poëte de la raison et du goût savait rejeter les défauts et choisir les beautés dans ses imitations, peuvent opposer l'une à l'autre la description du monstre dans le quatrième acte de l'Hippolyte de Sénèque[1], et celle de Racine dans Phèdre. Mais Fénélon a justement reproché à l'auteur du récit de Théramène un luxe, je dirais presque une ambition de poésie, que sa raison devait lui interdire. Virgile, plus judicieux, plus précis, plus dramatique, porte ici la terreur et la pitié au plus haut degré; il surpasse autant son imitateur par la beauté de la situation que par les conséquences qu'il en tire dans une nouvelle scène amenée avec autant d'art que de vérité, ainsi qu'on en va juger.

« A la vue du supplice de Laocoon et de ses
» fils, une nouvelle terreur se répand comme une
» contagion parmi les Troyens; ils disent que le
» coupable a justement expié son crime, lui qui

---

[1] Vers 1007 et suivants.

» a osé violer avec une lance impie un monument
» sacré. Tout le peuple s'écrie à la fois qu'il faut
» l'introduire dans les remparts, et implorer l'ap-
» pui de la divine Pallas. Aussitôt, dit Énée, nous
» abattons une partie des murailles de la ville.
» Le fatal colosse, rempli des guerriers de Mycènes,
» monte majestueusement vers Pergame ; autour de
» lui des chœurs de jeunes guerriers et de jeunes
» vierges chantent des hymnes, et se plaisent à
» toucher de leurs mains les cordages qui le traî-
» nent. Il entre enfin, et s'avance jusqu'au milieu
» de la ville, qu'il domine de sa tête menaçante.
» O patrie ! ô Troie, maison des dieux ! ô cité guer-
» rière et renommée ! quatre fois le monstre s'ar-
» rête sur le seuil de nos murs, et quatre fois on
» entendit dans ses flancs le bruit des armes re-
» tentissantes. Mais, oubliant cet avis de la Fortune,
» aveuglés par notre délire, nous poursuivons notre
» entreprise, et le fatal colosse est debout dans la
» citadelle sacrée. Alors Cassandre laisse sortir de
» sa bouche ces oracles que l'ordre d'un dieu nous
» défendait de croire. Cependant nous ornons de
» fleurs et de guirlandes les temples répandus dans
» toute la ville. Malheureux ! nous ignorions que
» le dernier jour de Troie était arrivé [1]. »

---

[1] Nos delubra deum miseri, quibus ultimus esset
Ille dies, festa velamus fronde per urbem.

Comme Virgile, toujours ami de la variété, oppose habilement ici l'effroi causé par la mort de Laocoon à l'aveugle emportement des Troyens appliqués à leur ruine ; l'entrée de la fatale machine avec la joie insensée de ce même peuple, et surtout avec la confiante sécurité de ces jeunes vierges qui, empressées de toucher la corde qui traîne le monstre, fêtent la cause de leur ruine, et chantent pour ainsi dire leur cantique de mort!

On trouve dans Sénèque un beau passage qui se rapporte aux vers de Virgile.

Agamemnon dit à Cassandre tombée en délire et renversée sur le parvis :

« Cassandre, reprends tes sens. Après tant de malheurs nous voici arrivés au port si long-temps désiré : ce jour est un jour de fête.

CASSANDRE.

Le jour de la ruine de Troie était aussi un jour de fête.

AGAMEMNON.

Allons adorer les autels.

CASSANDRE.

C'est devant les autels que mon père est tombé.

AGAMEMNON.

Adressons ensemble nos vœux à Jupiter.

CASSANDRE.

A Jupiter Hercéen*? »

Agamemnon, acte IV, scène I.

* C'est devant l'autel de Jupiter Hercéon que Pyrrhus immola Priam.

Virgile a emprunté à Euripide l'invention et les détails de ce tableau. L'opposition entre l'effroi général et l'allégresse qui lui succède est peut-être encore plus fortement marquée dans le poëte grec que dans l'auteur de l'Énéide; mais ce dernier me paraît plus peintre et plus savant dans ses effets dramatiques, témoin le bruit des armes qui résonnent dans les flancs du cheval où sont cachés les guerriers ennemis. A quoi tiennent les destinées de deux nations! Si les Troyens qui entendent le bruit révélateur y donnent un moment d'attention, la ruse est découverte, l'élite de l'armée grecque reçoit la mort sans résistance, et l'empire de Priam reste debout. Si, au contraire, quelque dieu ou leur propre délire ferment les oreilles des descendants du peuple de Laomédon, ce sont les Grecs qui triomphent, et Pergame expire sous leurs coups [1].

Quintus Calaber est loin d'égaler ici Virgile, son imitateur ou son modèle. Occupé à décrire lon-

---

[1] Sénèque a développé cette pensée dans une description qui plaît encore après celle de Virgile, parcequ'on y voit Astyanax et Polyxène, l'un à la tête des jeunes Grecs, l'autre conduisant le chœur des vierges de Troie. Le poëte ajoute : « L'aspect de l'allégresse est dans toute la ville, et, ce que nous n'avons jamais vu depuis le trépas d'Hector, Hécube montre quelque joie. » (*Agamemnon*, acte III, scène 11.)

guement les prodiges nouveaux qui annoncent la colère des dieux, il surcharge encore son récit par un discours violent de Cassandre, dont Virgile n'a dit qu'un mot en passant; enfin il s'amuse à peindre les fêtes des Troyens pendant la nuit, et même les suites de leur ivresse. Le chantre d'Énée sait qu'une composition tire souvent sa principale beauté des choses qui ne s'y trouvent pas; aucune description n'eût égalé l'impression produite par cette brusque transition qui interrompt la scène : « Cependant le ciel change; la nuit s'élance du sein de l'Océan pour envelopper de ses grandes ombres la terre, le ciel et les embûches des Grecs[1]!» Quel pressentiment cette seule image nous donne de la ruine des Troyens! Ah! les malheureux! ils ne se réveilleront plus! Qui pourrait les sauver? la nuit les trahit, Morphée les enchaîne, et déjà la flotte grecque s'avance en bon ordre de Ténédos à la faveur du silence et de l'ombre. Un signal de feu s'élève sur la poupe royale; au même instant Sinon, protégé par les dieux ennemis de Troie, ouvre les flancs du monstre, qui vomissent Sthénélus, Thersandre, Néoptolème, Ménélas, et le cruel

---

[1] On lit dans l'Andromaque de Racine :

Songe, songe, Céphise, à cette nuit cruelle
Qui fut pour tout un peuple une nuit éternelle.

Ulysse [1]; ils envahissent la ville ensevelie dans le vin et le sommeil, massacrent les gardes, ouvrent les portes, et reçoivent leurs compagnons qui les attendaient.

Énée était, comme toute la ville, livré à ce premier sommeil qui suspend les douleurs des mortels, et se répand comme une douce rosée dans leurs membres épuisés de peines et de travaux. « Tout-à-coup, dit le héros, voilà que m'apparaît en songe » Hector, accablé de tristesse et versant de longs » ruisseaux de larmes ; tel on le vit autrefois traîné » au char du vainqueur, le visage noirci d'une san-» glante poussière, et les pieds gonflés par les bles-» sures des courroies qui les traversaient. Grands

---

[1] Dans Quintus Calaber (chant XIIe), on trouve un trait de caractère qui est tout-à-fait dans la manière antique. Sinon s'approche du colosse, et parle à voix basse pour n'être pas entendu de l'ennemi. Les héros veillaient, attendant impatiemment l'heure du combat. A peine ont-ils reconnu Sinon qu'ils prêtent l'oreille à ce que va dire Ulysse : « Sortons, s'écrie celui-ci, c'est le moment de marcher à la victoire. » Tous veulent s'élancer avec précipitation, mais il les retient; et, secondé par Épéus, il ouvre d'abord de chaque côté les flancs du colosse, puis, avançant la tête, il écoute et porte çà et là ses regards, pour s'assurer si quelque sentinelle n'est point réveillée.

Ulysse ne dément jamais sa prudence; on voit encore ici que, dans les grands dangers, le plus sage devient l'arbitre et l'oracle des plus braves.

» dieux, quel effrayant aspect! Qu'Hector, défiguré,
» était différent de cet Hector qui revenait chargé des
» dépouilles d'Achille, ou qui lançait les feux phry-
» giens sur les vaisseaux des Grecs! Sa barbe était
» hideuse, ses cheveux collés ensemble par un sang
» noir et glacé; son sein portait encore les nom-
» breuses blessures qu'il reçut sous les murs de la
» patrie. »

Hector n'est plus depuis long-temps; qui donc l'a ramené du séjour des ombres? Quelle auguste mission vient-il remplir? Pourquoi cette profonde tristesse? Pourquoi ces longs ruisseaux de larmes? Pourquoi me montrer le héros dans l'état affreux où l'avait mis la vengeance de l'inexorable Achille[1]? Pourquoi ressusciter tout-à-coup, par un éloquent souvenir, l'Hector victorieux qui foudroyait les Grecs[2]? Pourquoi m'arracher à ces brillantes images et me représenter encore une fois le dieu de la guerre, nu, pâle, sanglant, souillé de poussière, et couvert de blessures encore ouvertes comme au

---

[1] Homère, chant XXII, vers 395 et suivants.

[2] Dans le onzième chant de l'Iliade et dans ceux qui le suivent, Hector devient tout-à-fait le héros du poëme; il efface tous les guerriers d'Argos. Après l'avoir vu si grand, on ne conçoit pas comment Achille lui-même pourra le surpasser. Le génie d'Homère se joue de cette difficulté. Le fils de Pélée reparaît sur la scène des combats. Debout sur le fossé du camp des Grecs, il pousse un cri, et l'armée troyenne tout

jour de sa mort[1]? Ah! poëte du génie, je vous entends; vous voulez m'apprendre que Troie est perdue, et qu'elle ne sera bientôt plus qu'un cadavre comme le plus grand de ses défenseurs.

A l'aspect de son ami qui se présente à lui sous une forme si effrayante, Énée s'écrie avec un ac-

---

entière s'enfuit d'épouvante. (Chant VIII, vers 207 et suivants.)

Racine, traduisant Virgile ou Homère sans y penser peut-être, a dit :

> Tel qu'on a vu son père embraser nos vaisseaux,
> Et la flamme à la main les suivre sur les eaux.

[1] Il y a un beau trait d'imagination dans le cinquième chant de la Messiade. L'ange Éloa s'approche pour voir les souffrances de Messie. A leur aspect, le feu de ses yeux s'éteignit tout-à-coup ; son éclat et sa beauté céleste s'éclipsèrent ; il ne ressembla plus qu'à un mortel. Le rédempteur leva sur lui un regard plein de majesté ; dans l'instant même le séraphin se trouva revêtu de toute la splendeur dont brillent les immortels. Cette manière de représenter par des images sensibles les métamorphoses que la douleur et la joie produisent sur la figure de l'homme, est d'un poëte qui sait donner à la fiction même les couleurs de la vérité.

Le même chant nous offre cette belle pensée dans un hymne chanté par Éloa sur les souffrances du Christ prêt à boire le calice de la mort : « Avec quels transports d'allégresse te verront alors sur ton trône tous ceux que tu auras réconciliés ! Avec quelle adoration, avec quel respect leurs yeux avides chercheront et contempleront ces plaies brillantes dont tu seras couvert, ces plaies sacrées, gages d'un amour qui t'a porté à mourir sur la croix ! »

cent douloureux : « O lumière de Dardanie ! ô la
» plus ferme espérance des Troyens ! quels si grands
» sujets de retard ont pu te retenir ? De quels riva-
» ges reviens-tu, cher Hector, toi, l'objet d'une si
» longue attente ? Faut-il ne te revoir qu'après les fu-
» nérailles des tiens, après tant de travaux de Troie
» et de ses peuples ? Quoi ! tu nous es rendu quand
» tout succombe sous le faix de la guerre ! Mais
» quelle injuste cause a pu troubler la sérénité de
» ton front, et quelles sont ces blessures que j'aper-
» çois [1] ? »

---

[1] Éloa dit dans la Messiade à l'Éternel qui l'envoie vers le Christ mourant : « Lorsque je verrai l'Homme-Dieu nageant dans son sang et dans les sueurs de la mort, lorsque je verrai son visage, autrefois si serein, défiguré par la douleur et par la terreur de son jugement, et que j'aurai peine à démêler la divinité sur ses traits obscurcis, aurai-je la force de parler ? »
Mais il y a ici un rapprochement plus curieux, parcequ'il nous fait réfléchir sur l'impression que doivent produire les récits d'Énée en ce moment.
Didon a vu aussi en songe son époux Sichée, triste, pâle, sanglant, le cœur traversé par un glaive impie ; elle a entendu sa voix ; elle a reçu aussi d'une ombre chère et terrible l'ordre de quitter la patrie et d'aller fonder un nouvel empire. Quels étonnants rapports de situation entre les deux personnages ! Comme Didon doit frémir au récit de l'apparition d'Hector ! Et quel aliment pour une passion naissante que cette conformité de malheurs, de périls passés et de situation présente, entre elle et le héros fils de Vénus !

Il n'y a rien de plus déchirant que ces cris de l'amitié; l'illusion d'Énée nous serre tellement le cœur, que nous sommes près de la dissiper par une exclamation involontaire. Le silence d'Hector à toutes ces vaines questions, son profond soupir, suivi de ces paroles, « Fuis, ô fils d'une déesse, ar-
» rache-toi aux flammes qui t'environnent; l'en-
» nemi occupe nos murs, Troie tombe du faîte
» de ses grandeurs, » font dresser les cheveux sur la tête. Virgile, retournant toujours le poignard dans la plaie, n'a cessé de nous prédire la ruine de Troie; et tel est cependant son art, que nous sommes frappés d'un coup inattendu, comme celui de la foudre qui tombe à son premier éclat, lorsque nous entendons sortir de la bouche d'Hector l'arrêt fatal de l'empire. Un regret plein de tristesse s'empare de nous quand le héros ajoute : «Nous avons assez fait pour la patrie et pour Priam.
» Si la main d'un mortel avait pu défendre Pergame,
» la mienne l'aurait défendue. »

Maintenant, voici l'objet de la venue d'Hector expliqué dans les paroles solennelles qu'il adresse à Énée : « Troie te confie son culte et ses dieux pé-
» nates; prends-les pour compagnons de ta fortune;
» cherche pour eux ces superbes remparts que tu
» dois fonder après avoir parcouru la vaste éten-
» due des mers. » Il dit, et, dans ses mains augustes, il emporte du fond du sanctuaire la puissante

Vesta, les chastes bandelettes, et la flamme éternelle qui brûle sur l'autel de la déesse.

On lit dans M. de Châteaubriand : « Ce songe mé-
» rite toute notre attention, parceque c'est comme
» un abrégé du génie de Virgile, où l'on trouve dans
» un cadre étroit toutes les beautés qui lui sont pro-
» pres. » Nous voyons en effet, dans l'apparition
d'Hector, la vérité des peintures, même dans l'idéal, l'artifice des préparations, la variété des effets dramatiques, les sentiments tendres, et l'éloquence des grandes douleurs. Ajoutons que le style
du poëte, toujours d'accord avec les convenances
du sujet, est partout la plus riche comme la plus
fidèle expression de ses pensées. Néanmoins, après
tous ces éloges, nous sommes encore loin d'avoir
assez fait connaître cet épisode, plus admirable sous
d'autres rapports que ceux qui nous ont frappés
jusqu'ici.

Sans l'intervention mystérieuse d'Hector, Énée,
endormi au fond d'un palais situé dans un lieu
retiré, sera surpris et massacré par les Grecs. Le
poëte a trouvé dans sa belle fiction le moyen de
nous transporter au milieu de Troie en flammes,
et de justifier la fuite d'Énée. En effet, pour que
ce prince puisse quitter sans crime sa patrie qui
succombe, il ne faut rien moins qu'un ordre du
ciel. Les dieux pourraient le donner eux-mêmes;
mais combien il était plus heureux de faire d'Hector

l'interprète de leurs volontés! Celui qui a reculé dix ans la perte de Troie, celui qui a péri en défendant son père et son roi, revient du séjour des ombres prescrire à Énée la fuite comme un devoir; est-il une autorité plus entraînante pour l'ami et le compagnon d'Hector? Et comment, malgré les murmures secrets du courage qui craint jusqu'à l'ombre d'un reproche, résister aux conseils et aux oracles d'un héros qui commande au nom de la patrie? Le temps, le lieu, le caractère d'Hector, le miracle de sa présence, cette étrange confusion de la mort et de la vie qui est en lui, sa douleur si profonde sur Ilion, cette voix qui semble être celle d'un ministre des dieux, les vérités terribles qu'il annonce, les devoirs sacrés qu'il impose, le glorieux avenir qu'il promet, tout se réunit pour persuader le fils d'Anchise et motiver sa confiance. Cependant le poëte ne se contente pas de cette justification si propre à nous convaincre. Non seulement Énée doit être à l'abri du soupçon dans sa fuite, mais encore il ne sortira de Pergame en cendres que pour la relever ailleurs; Hector confie la nouvelle Troie au guerrier dont il a éprouvé le courage dans la défense de la première; il remet le culte de ses pères et l'image des dieux de sa patrie entre les mains de son successeur et du plus religieux des Troyens. On sent combien cette adoption guerrière et cette mission sublime agrandissent le héros du poëme.

L'apparition de Patrocle devant Achille, au vingt-troisième livre de l'Iliade, l'emporte à quelques égards sur celle d'Hector. Dans l'Énéide, le héros, qui ressemble trop souvent à un homme ordinaire, a le malheur de dormir presque à la dernière heure de sa patrie; rien de semblable dans Homère.

Achille, victorieux du meurtrier de Patrocle, Achille, qui vient de lui rendre les premiers honneurs funèbres, est entraîné avec peine à la tente du roi des rois. Il ne veut pas laver le sang et la poussière dont il est souillé avant d'avoir placé son ami sur le bûcher. Un repas s'achève sans qu'il y prenne aucune part. En vain tous les convives vont chercher le repos; Achille reste étendu au milieu de ses Thessaliens sur le rivage de la mer retentissante, et remplit l'air de ses gémissements. Enfin le sommeil vient suspendre les chagrins, et réparer les forces du héros fatigué d'avoir poursuivi Hector sous les remparts d'Ilion. C'est dans ce moment que Patrocle lui apparaît. On pourrait s'étonner de l'entendre dire au fils de Pélée : « Tu dors, et tu m'ou- » blies. » Le reproche paraît peu fondé; mais, à cette faute près, son discours me semble un modèle de l'éloquence du cœur. Homère est encore plus que Virgile le poëte de l'amitié; toutefois le songe d'Énée l'emporte de beaucoup sur celui d'Achille : dans le premier, qui porte la terreur jusqu'où elle peut aller, on découvre un ressort de l'action; dans le second, qui fait couler de plus douces larmes, je ne vois qu'un ornement propre à augmenter l'intérêt, mais dont le poëme aurait pu se passer.

On trouve aussi dans les Troyennes de Sénèque le tragique une apparition d'Hector; elle mérite d'être citée, même après celle que nous venons d'admirer. Andromaque parle en ces termes à un vieillard, le confident de ses peines:

« Les deux premières veilles de la douce nuit étaient passées, les sept astres de l'ours inclinaient leur char radieux : un repos, inconnu depuis long-temps à mes douleurs, me fut accordé pour un moment; je sentis mes paupières, fatiguées de larmes, se fermer à la vapeur du sommeil, si l'on peut appeler sommeil la stupeur d'une âme anéantie[1]. Tout-à-coup Hector paraît devant mes yeux, non plus tel qu'il était lorsque, son bras armé d'un flambeau, portant la guerre aux enfants d'Argos, il lançait la flamme sur leurs vaisseaux, ou que, rassasié de carnage, il rentrait dans nos murs couvert des véritables armes d'Achille, qu'il avait cru combattre dans Patrocle[2]. L'éclat divin de sa beauté guerrière

---

[1] Si somnus mentis attonitæ stupor.
　　　　　　　　　　　　　Acte III, scène IV.
Ce vers est d'une grande vérité d'expression.

[2] Le texte porte :

ne brillait plus en lui; je le voyais triste, abattu, accablé comme moi sous le faix de la douleur, le front tout couvert de sa chevelure souillée de sang et de poussière; et cependant j'avais encore du plaisir à le voir[1]. Mais, secouant sa tête vénérable,

---

>   Vera ex Achille spolia simulato tulit.

Ce trait pourrait être bien placé dans un récit tranquille du poëte; dans la bouche d'Andromaque, il sent une vaine recherche, et nous déplaît d'autant plus, qu'il rappelle les éloquentes images de Virgile :

>   Hei mihi, qualis erat! quantum mutatus ab illo
>   Hectore qui redit exuvias indutus Achilli,
>   Aut Danaum Phrygios jaculatus puppibus ignes!

Quelle froideur dans Sénèque! quelle vie, quel mouvement dans Virgile !

[1] On lit dans le texte de Sénèque :

>   Non ille vultus flammeum intendens jubar,
>   Sed fessus ac dejectus, et fletu gravis,
>   Similisque nostro, squalida obtectus coma :
>   Juvat tamen vidisse.

Il ne faut que citer Virgile à côté de cette versification morte, pour montrer aux esprits les plus prévenus la magie de couleurs et la puissance d'harmonie que le vrai poëte sait imprimer aux expressions du sentiment et de la pensée :

>   In somnis ecce ante oculos mœstissimus Hector
>   Visus adesse mihi, largosque effundere fletus;
>   Raptatus bigis, ut quondam, aterque cruento
>   Pulvere, perque pedes trajectus lora tumentes.

Et plus loin :

Romps ce sommeil perfide, dit-il, sauve ton fils, ô ma fidèle épouse! cache-le promptement, c'est le seul moyen de le sauver. Sèche tes pleurs. Tu gémis de la chute de Troie! Que n'est-elle tombée tout entière! Hâte-toi : dérobe à nos ennemis l'unique et faible espérance de ma maison.

» Le frisson de l'horreur et l'épouvante m'arrachent au sommeil; je porte partout mes yeux égarés; oubliant mon fils, je cherche le seul Hector, mais son ombre trompeuse échappe à mes embrassements et disparaît. »

Ovide, plus éloquent, plus harmonieux, plus peintre, est presque digne de Virgile dans la fable de Ceyx et d'Alcyone, soit par le mérite de la composition, soit par l'éloquence des sentiments et la beauté dramatique de l'expression. Ceyx a péri dans

---

  Squalentem barbam, et concretos sanguine crines,
  Vulneraque illa gerens quæ circum plurima muros
  Accepit patrios.

Mais, dans Sénèque, le trait *Juvat tamen vidisse* est pris au fond du cœur humain; il se mêle des joies secrètes à nos plus grandes douleurs.

Sénèque est resté sans doute à une grande distance de Virgile; cependant l'apparition d'Hector mériterait encore des éloges si elle servait à sauver les jours d'Astyanax. Andromaque perd son fils; dès lors l'inutilité de la scène, en nous rendant plus sévères, nous fait sentir plus vivement l'infériorité de l'imitateur, qui nous a rappelé un grand modèle avec tant d'imprudence.

ÉNÉIDE, LIVRE II. 175

les flots en murmurant le nom de sa tendre et fidèle épouse[1]. Pendant ce malheur, Alcyone ne demandait aux dieux que le salut de Ceyx. Junon, touchée de la piété de cette jeune reine, lui envoie Morphée, qui, revêtu de la figure de l'époux qu'elle redemande sans cesse, vient lui révéler la cruelle vérité. Voici comment le dieu paraît devant Alcyone :

> Luridus, exsangui similis, sine vestibus ullis,
> Conjugis ante torum miseræ stetit. Uda videtur
> Barba viri, madidisque gravis fluere unda capillis.
> Tum lecto incumbens, fletu super ora refuso,
> Hæc ait : Agnoscis Ceyca, miserrima conjux ?
> An mea mutata est facies nece ? Respice, nosces;
> Inveniesque tuo pro conjuge conjugis umbram.
> Nil opis, Alcyone, nobis tua vota tulerunt;
> Occidimus.

« Pâle, souillé, livide, dépouillé de ses vêtements, il

---

[1]   Socerumque patremque
Invocat, heu ! frustra. Sed plurima nantis in ore
Alcyone conjux. Illam meminitque refertque ;
Illius ante oculos ut agant sua corpora fluctus
Optat, et exanimis manibus tumuletur amicis.
Dum natat, absentem, quoties sinit hiscere fluctus,
Nominat Alcyonem, ipsisque immurmurat undis.

« Il invoque à la fois son père et son beau-père, mais, hélas ! en vain. Le nom d'Alcyone est toujours dans sa bouche ; c'est d'elle dont il se souvient, c'est d'elle dont il parle au milieu de la mort. Il souhaite que les flots poussent son corps sous les yeux d'Alcyone, et que des mains amies l'enferment dans le tombeau. En luttant contre les flots, il appelle Alcyone, il murmure son nom à la vague en colère. »

est debout devant le lit de la triste Alcyone; sa barbe est humide, l'onde amère coule de ses cheveux. Alors, s'inclinant vers la couche conjugale en répandant des larmes : « Reconnais-tu Ceyx, ô la plus malheureuse des épouses? ou ma figure aurait-elle changé à ce point par une mort cruelle? Regarde, tu vas me reconnaître; mais tu ne trouveras ici que l'ombre de ton époux. Alcyone, tes vœux ne nous ont été d'aucun secours; Ceyx n'est plus. »

On trouve ici quelques traits de ressemblance avec l'Hector de Virgile et l'Athalie de Racine; on lit dans ce dernier :

> En achevant ces mots épouvantables,
> Son ombre vers mon lit a paru se baisser,
> Et moi je lui tendais les bras pour l'embrasser.

L'auteur du *Génie du christianisme* a comparé le songe d'Énée avec celui d'Athalie, sans oser donner la préférence à l'un des deux rivaux[1]. En

---

[1] *Génie du christianisme*, vol. II, chap. xi.
Le même auteur a imité librement l'épisode de Virgile dans le dix-huitième livre des *Martyrs* :
« C'était l'heure où le sommeil fermait les yeux des mortels; l'oiseau reposait dans son nid, et le troupeau dans la vallée; les travaux étaient suspendus; à peine la mère de famille tournait encore ses fuseaux près des feux assoupis de son humble foyer : Cymodocée, après avoir long-temps prié pour son époux et pour son père, s'était endormie. Démodocus lui apparaît au milieu d'un songe. Sa barbe était négligée, de larges pleurs tombaient de ses yeux; il agitait lentement son sceptre augural, et de pro-

gardant la même réserve, je me permettrai ici quelques observations. La seule idée de l'apparition d'Hector me paraît d'un ordre supérieur au rêve de la fille de Jézabel; en effet, s'il faut admirer le savant contraste entre une reine victorieuse et superbe qui commande à vingt peuples, et l'enfant qu'elle redoute comme destiné à lui donner la mort, entre la mission sublime de Joas et l'innocence de son âge; s'il y a dans cette opposition la plus grande leçon sur la faiblesse des grandeurs humaines, qui ont l'éclat du verre et sa fragilité, comme le dit Corneille dans Polyeucte; si l'effroyable supplice de Jézabel, sans trop dévoiler le dénouement, nous laisse soupçonner le sort de la coupable héritière de son orgueil et de ses crimes, l'apparition d'Hector, plus terrible et plus touchante à la fois, plus nécessaire au poëme que le rêve à la tragédie, produit des impressions bien plus profondes et sert à mettre en action les derniers périls d'Ilion, auxquels Énée va prendre une si grande part.

---

fonds soupirs échappaient de sa poitrine. Cymodocée croyait lui adresser ces paroles : O mon père, comment as-tu si long-temps abandonné ta fille! Où est Eudore? vient-il réclamer la foi jurée? Pourquoi ces pleurs qui baignent ton visage? Ne veux-tu pas presser ta Cymodocée sur ton cœur? »

Le fantôme :

« Fuis, ma fille, fuis! Les flammes t'environnent. Hiéroclès te poursuit. Les dieux que tu as abandonnés te livrent à sa

M. de Châteaubriand dit à ce sujet : « La scène » annoncée par l'apparition d'Hector, c'est-à-dire » la nuit fatale d'un grand peuple et la fondation » de l'empire romain, serait plus magnifique que » la chute d'une seule reine, si Joas, en rallu- » mant le flambeau de David, ne nous montrait » dans le lointain le Messie et la révolution de toute » la terre[1]. » Malgré cette ingénieuse observation, je crois la scène de Virgile beaucoup plus grande que celle de Racine et par la nature même des choses et par la réunion des sentiments qu'elles inspirent. Nous restons presque froids au récit d'Athalie ; ses craintes n'effleurent pas notre cœur, parceque nous les concevons à peine ; nous ne sommes point effrayés du supplice de sa détestable mère. Les crimes de Jézabel sont une tradition ; et comme ils n'ont pas éclaté sur la scène,

---

puissance. Ton nouveau dieu triomphera ; mais que de larmes il fera verser à ton père ! »

Le spectre s'évanouit, et emporte le flambeau que Cymodocée reçut à l'autel le jour de son union avec Eudore : Cymodocée se réveille. La lueur d'un incendie rougissait les murs de son appartement et les voiles de son lit. Elle se lève ; elle aperçoit l'église du saint sépulcre embrasée. Les flammes, parmi des tourbillons de fumée, montaient jusqu'au ciel, et réfléchissaient une lumière sanglante sur les ruines de Jérusalem et les montagnes de la Judée.

[1] *Génie du christianisme,* livre V, chapitre XI.

leur châtiment, tout effroyable qu'en est la peinture, perd la moitié de son effet sur les spectateurs.

Le seul aspect de la victime de Patrocle et d'Achille suffit pour nous arracher des cris d'effroi, de douleur, d'admiration et de pitié. Nous avons peine à reconnaître dans Joas enfant l'espérance de tout un peuple à venir; mais nous voyons dans Hector sanglant, défiguré, l'un de ces hommes extraordinaires de qui dépend la destinée des empires. Enfin, par une magie de création qu'on ne peut méconnaître, ce même héros que Troie a tant pleuré, ce pâle habitant de la tombe, ce sujet de la mort, renaît en quelque sorte dans la personne d'Énée suscité par les dieux comme un autre Hector pour ranimer les cendres d'Ilion [1].

Dès ce moment voilà Énée amené sur le théâtre, il ne le quittera qu'au fatal dénouement. Parmi tant de scènes que la ruine d'Ilion étalera sous nos yeux, il fixera toujours notre attention; nous ne cesserons pas de suivre, avec l'inquiétude d'un pressant intérêt, l'homme qui porte avec lui l'avenir d'un peuple entier. On ne saurait trop admirer

---

[1] Un emprunt assez malheureux du Tasse ne sert qu'à relever ici la perfection de Virgile et le talent de Racine, qui crée presque toujours en imitant. (Voyez le chant IV de la Jérusalem, strophe LXIX, etc.)

cette conception de Virgile, surtout quand on compare ce livre immortel au second chant de la Henriade, où les images se succèdent sans être subordonnées à une idée principale qui domine le tableau et se rattache au héros du poëme. Henri IV, passif au milieu de la guerre civile, condamné par la politique de Catherine de Médicis ou à conserver la vie comme une grâce, ou à mourir sans pouvoir se défendre, ne peut pas dire ainsi que le fils d'Anchise :

> Quæque ipse miserrima vidi,
> Et quorum pars magna fui.

Cette différence est tout à l'avantage du poëte latin et de son héros.

Le bruit des clairons et le fracas des armes parviennent dans la retraite d'Énée; il s'éveille, il vole au faîte de son palais, et voit l'incendie promener ses ravages dans les murs de Troie. A ce spectacle de désolation, le premier mouvement du prince est de prendre les armes. De quoi lui serviront ces armes? Il l'ignore, mais il brûle de rassembler ses guerriers et de s'élancer vers la citadelle. Dans le délire de sa douleur, il embrasse avec transport l'espérance de trouver une mort glorieuse au milieu des combats. Si Énée n'oubliait pas en ce moment l'ordre d'Hector, il ne serait ni un soldat, ni un patriote, ni un héros. Voilà l'ennemi, il faut combattre; la patrie succombe, il faut encore la défendre;

une armée est en face de nous, il faut vaincre ou mourir.

Le Troyen se précipite vers le théâtre du carnage. Mais quelle cruelle rencontre l'arrête un moment dans sa course! Échappé aux traits des Grecs, Panthée, fils d'Othrys, prêtre de la citadelle d'Apollon, portant dans ses mains les vases sacrés, ses dieux vaincus, et traînant d'une main son petit-fils, fuyait éperdu vers le palais [1]. « Où en sommes-nous, » Panthée? lui dit le héros ; quel poste pouvons- » nous saisir encore pour nous défendre? A peine » avais-je dit, qu'il répond en gémissant : Il est venu » le dernier jour, le jour inévitable de Dardanie : il » fut des Troyens, il fut un Ilion, il fut un peuple » couvert de gloire. Le cruel Jupiter a transporté » dans Argos toutes nos prospérités : les Grecs do- » minent dans cette ville en flammes, où Sinon vic- » torieux promène l'incendie en insultant à nos dé- » sastres.

» Triomphant au milieu de nos murs enflammés
»Un monstre affreux vomit des bataillons armés,
»Et, tandis que ses flancs enferment leurs cohortes,
»Des milliers d'ennemis se pressant sous nos portes,

---

[1] Delille a dit en beaux vers :

Tout-à-coup d'Apollon je vois le saint ministre
Tout pâle des horreurs de cette nuit sinistre,

»Fondent sur nos remparts à flots plus débordés
»Qu'ils n'ont jamais paru dans nos champs inondés.
»Les uns courent au loin répandre le carnage ;
»D'autres, le fer en main, gardent chaque passage.
»L'affreux tranchant du glaive et la pointe des dards,
»Prêts à donner la mort, brillent de toutes parts ;
»Et des gardes tremblants à peine un petit nombre
»Se défend au hasard et résiste dans l'ombre.»

Voilà comment un récit fait illusion : nous voyons, nous entendons le vénérable ministre ; chacune de ses paroles retentit en nous comme l'écho de son âme ; nous sentons toute sa tristesse d'avoir assez vécu pour être le témoin de la ruine d'Ilion. Hector, précis comme un oracle ou comme un dieu, se contente de ces mots :

Hostis habet muros ; ruit alto a culmine Troja.

Le vieillard, dont les paroles sont en quelque sorte un dernier adieu, a dû dire :

Venit summa dies et ineluctabile tempus
Dardaniæ : fuimus Troes ; fuit Ilium, et ingens
Gloria Teucrorum : ferus omnia Juppiter Argos
Transtulit : incensa Danai dominantur in urbe.
Arduus armatos mediis in mœnibus adstans
Fundit equus, victorque Sinon incendia miscet
Insultans.

Peut-être oserais-je penser que le discours est un peu long, et qu'il aurait plus de convenance et de beauté en s'arrêtant à ce trait, *victorque Sinon incendia miscet*. Tout est dit quand le poëte a jeté les Grecs au milieu d'Ilion, et montré les soldats qu'un traître conduit à l'incendie de la ville sacrée de Neptune. Au reste, je ne dois pas oublier que la peinture des nombreux obstacles qu'Énée va rencontrer se lie heureusement aux scènes suivantes [1].

Plus le danger s'accroît, plus le courage d'Énée devient impétueux; il s'élance au milieu des flammes et des armes, partout où l'appellent la triste Érinnys, la rage et les horribles clameurs de la guerre; il rassemble autour de lui, il forme en bataillon sacré de fidèles Troyens qui s'offrent à lui aux clartés de la lune. Parmi ces Troyens, on compte Rhipée, Hypanis, Dymas, et le jeune Corèbe qui était venu par hasard à Troie pendant ces jours de douleur, conduit par un fol amour pour Cassandre : gendre futur de Priam, il apportait son secours à ce prince et aux Phrygiens; malheureux, qui ne sut pas comprendre les oracles de son amante transportée d'un délire prophétique! Telle est la valeureuse élite à laquelle Énée adresse ces paroles brûlantes de son courage : « Jeunes guerriers, cœurs vainement gé-

---

[1] Il n'échappera point au lecteur attentif que Panthée, emportant avec lui ses dieux vaincus et traînant son petit-fils sur ses pas, en rappelant à Énée les ordres d'Hector, lui montre une image des extrémités auxquelles il sera bientôt réduit lui-même. Panthée lui dit par la plus éloquente des leçons : « Il faut sauver sa famille et ses dieux ou mourir avec eux. »

» néreux, si vous avez résolu de suivre mon audace
» jusque dans les dernières extrémités, vous voyez
» quelle est notre fortune : ils nous ont abandonnés,
» ils ont déserté leur sanctuaire et leurs autels, ces
» dieux par qui subsistait cet empire. Vous venez
» secourir une ville enflammée; mourons, et pré-
» cipitons-nous ensemble au milieu des armes : le
» seul salut des vaincus est de n'espérer aucun sa-
» lut. » Il dit, et s'élance avec eux. Semblables à des
loups ravisseurs et dévorants[1], les Troyens courent
à travers les traits et les périls, cherchant une mort
qui ne peut les fuir. Au milieu de la nuit, dont
l'incendie éclaire partout les ténèbres, se découvre
une suite de scènes plus horribles encore que le
tableau de Panthée; ce qu'il peignit à grands traits,
nous le voyons de nos propres yeux. Les chemins,
les palais et les temples sont inondés de sang.
Cependant les Troyens ne périssent pas seuls;
la fureur réveille le courage des vaincus, et les
Grecs vainqueurs tombent à leur tour : partout
des pleurs cruels, le deuil, l'épouvante et la mort

---

[1] Malgré ce qu'on pourrait alléguer en faveur de Virgile,
la comparaison que fait Énée de ses compagnons avec des
loups furieux ne me paraît pas convenir à la circonstance. Ici
les loups ravisseurs, affamés, perfides et cruels, sont les
Grecs; mais je ne vois dans les Troyens que des héros qui
veulent mourir pour leur patrie en cendres. La vérité qui
condamne ici Virgile appartient à tous les temps.

sous mille formes différentes. Il était difficile de prolonger l'intérêt de la ruine d'Ilion. Comment une faible troupe de Troyens pourrait-elle résister avec vraisemblance à la Grèce tout entière? C'est alors que le poëte se distingue par le mérite de l'invention.

Le Grec Androgée se confond imprudemment parmi les soldats d'Énée, qu'il prend pour les siens. Cette méprise, qui seconde les premiers efforts des Troyens, est pour eux un sourire de la fortune. Sur l'avis de ce Corèbe, marqué au sceau du malheur, comme la prêtresse d'Apollon, ils prennent l'armure des guerriers tombés sous leurs coups. A la faveur de ce déguisement, ils se mêlent parmi les Grecs, massacrent une foule d'ennemis, et mettent en fuite les autres. « Mais hélas, dit le poëte, » est-il permis d'espérer dans la fortune quand les » dieux sont contraires? » Ce vers de sentiment est une transition à d'autres malheurs qui vont éclater devant nous. Les Grecs arrachent du temple et du sanctuaire de Pallas la fille de Priam, Cassandre, qui élève ses regards vers le ciel, ses regards seuls, puisque des fers enchaînaient ses faibles mains [1].

---

[1] Ce trait paraît emprunté à Euripide. Andromaque, condamnée à mourir, par Hermione et Ménélas, avec son fils Molossus, va recevoir le coup mortel. Au moment où Pélée arrive sur la scène, son cœur se ranime à l'espérance, et se

Corèbe ne peut soutenir un spectacle si douloureux; résolu de mourir, il fond sur les Grecs qui entraînent son amante; Énée et ses compagnons le suivent au milieu de la mêlée, mais ils sont accablés sous les traits que font pleuvoir, du haut du temple de Minerve, les Troyens trompés par l'aspect des armures étrangères.

Les Argiens, furieux d'avoir laissé échapper leur proie, se rassemblent de tous côtés; on voit accourir à la fois le bouillant Ajax, les deux Atrides, et l'armée entière des Dolopes. Ceux mêmes que les compagnons d'Énée ont dispersés à la faveur de la nuit reparaissent, et l'artifice des Troyens est bientôt reconnu; le nombre les accable. Corèbe le premier meurt immolé sur l'autel de Pallas; d'autres périssent sous les traits de leurs compagnons. Le plus juste des hommes, le plus saint observateur des lois, Rhipée, tombe à son tour. Une piété profonde et la tiare d'Apollon ne peuvent sauver Panthée.

Quand les dieux abandonnent ainsi la vertu, comment Énée n'a-t-il point partagé le sort de tant

---

jetant aux pieds de ce prince, elle lui dit : « Vieillard, au nom des dieux, écoutez une suppliante : je tombe à vos genoux : hélas! les fers dont mes mains sont chargées ne me permettent pas de toucher votre visage chéri! » Vers 572 et suivants.

d'illustres victimes? comment a-t-il échappé à la fureur des Grecs? Écoutez la réponse du héros : « Cendres d'Ilion, et vous, derniers débris de ma pa- » trie en flammes, je vous atteste que dans la ruine » commune je n'évitai ni les traits ennemis ni les » hasards des combats. Vous savez que si les des- » tins eussent voulu que je périsse, mon courage » et mon bras n'avaient que trop mérité la mort. » Sans tout ce qui précède, cette éloquente exclamation ne nous paraîtrait qu'une vaine précaution du poëte; mais, après les belles actions qu'il vient de raconter avec un accent de vérité qui persuade, nous ne pensons pas même à soupçonner le courage ou la fidélité du héros troyen; et si le moindre doute s'élevait dans notre esprit sur les causes légitimes de son salut, nous prendrions plaisir à le dissiper en nous répondant à nous-mêmes : «·Le fils d'Anchise est l'homme des destinées, il n'a point péri parceque les dieux ne l'ont pas voulu. » Virgile a eu soin de nous suggérer cette réflexion par ces deux traits nécessaires dans le discours d'Énée :

Et, si fata fuissent
Ut caderem, meruisse manu.

Je ne connais pas d'artifice de composition plus remarquable que cette sublime excuse.

Toujours attentif à nous convaincre, le poëte poursuit avec habileté : « Le flux impétueux de » la guerre nous emporte loin de ce lieu, Iphite,

» Pélias et moi ; Iphite appesanti par les ans, et Pé-
» lias retardé par la blessure que lui avait faite la
» lance d'Ulysse. Tout-à-coup des cris affreux nous
» appellent au palais de Priam [1]. Là se livre un com-
» bat si terrible, que toute la guerre semble réunie
» sur ce théâtre, l'armée des Grecs et Mars lui-
» même, avec toute sa rage, se sont précipités vers
» le palais du monarque.

» Les échelles sont dressées contre les murs ; une
» partie des Troyens, armés d'un glaive étincelant,
» défendent les portes ; les autres, montés au faîte de
» la maison des rois, en arrachent les tours super-
» bes et les magnifiques ornements, pour écraser
» les vainqueurs ; ce sont les seules armes qu'une
» mort prochaine leur conseille de prendre : ils sont
» eux-mêmes réduits par les destinées à devenir les
» premiers auteurs de la ruine d'un palais qui ren-
» ferme toutes les richesses de Troie, et représente
» la majesté de l'empire d'Asie. » Le courage d'Énée
se rallume encore à ce triste spectacle ; il veut secourir le palais du roi, soutenir les combattants,
et prêter quelque force aux vaincus [2]. Il était, dit

---

[1] Cette circonstance est naturelle, mais j'aimerais mieux que l'héritier d'Hector eût pensé de lui-même à Priam au milieu du carnage ; c'est autour de son prince qu'il doit vouloir mourir.

[2] Les deux vers de Virgile viennent justifier l'observation

le poëte, une porte secrète qui unissait entre eux les appartements de Priam. Par cette issue cachée, derrière le palais, la malheureuse Andromaque, au temps des prospérités de l'empire, se rendait souvent auprès d'Hécube et de Priam, et amenait par la main Astyanax, encore enfant, à son aïeul[1]. Énée, qui connaît cette secrète entrée, s'élance au faîte du palais d'où les malheureux Troyens lançaient des traits inutiles. Le héros, mécontent de cette faible et vaine résistance, déracine avec eux une tour antique qui s'élevait jusqu'aux cieux, et

---

que j'ai faite plus haut, et la rendre plus sévère : non seulement ce mouvement d'Énée est tardif, mais il n'a point la chaleur d'un mouvement de l'âme. Quoi donc! a-t-il besoin de voir le palais assiégé par l'ennemi pour songer à Priam? Il veut secourir le palais du roi ; c'est le roi lui-même et sa famille qu'il doit brûler de défendre jusqu'au dernier soupir.

[1] On sent avec quelle adresse Virgile a trouvé dans un trait si touchant le moyen de motiver l'entrée d'Énée dans un palais assiégé de toutes parts. Mais, comme dans Racine, l'art se cache si bien sous le naturel, que nous oublions entièrement le poëte qui nous émeut par ces souvenirs de la gloire et du bonheur de Priam, dont toute la grandeur et toutes les félicités sont évanouies. Ovide n'aurait pas manqué d'entrer ici dans des développements ; il aurait trouvé de beaux vers, exprimé des sentiments vrais, et il aurait détruit tout l'effet de sa narration en s'arrêtant sur une circonstance à laquelle nous ne pouvons donner qu'un moment d'attention. Virgile se contente de nous faire verser une larme sur Andromaque.

d'où l'on découvrait Troie, les vaisseaux et le camp des Grecs. Arrachée à ses vastes fondements, elle tombe avec fracas sur les bataillons d'Argos; d'autres prennent leur place, et l'orage de la guerre ne se ralentit pas un moment.

Sénèque parle aussi de cette tour, et donne sur elle des détails assez curieux, qui auraient trouvé convenablement leur place dans l'Énéide; en effet, on y désirerait peut-être quelques traits pour rappeler ce que Priam faisait comme roi pour la défense du peuple troyen. Sénèque dit:

« Il ne reste plus de Troie qu'une seule tour, long-temps habituée à la présence de Priam. Ce malheureux prince montait souvent au faîte de cette tour; là, siégeant comme un arbitre suprême de la guerre, il conduisait les mouvements de nos armées; là, pressant son petit-fils contre son sein paternel, il lui montrait Hector qui, le fer et la flamme en main, mettait en fuite les bataillons de Danaüs: le vieillard montrait à l'enfant les exploits de son père[1]. »

Trouverait-on dans Homère ou dans Virgile des traits plus heureux que le passage de Sénèque? et quel prix n'acquerrait pas à nos yeux cet éloge indirect de Priam, s'il précédait la scène où le monarque accablé d'années veut encore prendre les

---

[1] Acte V, scène 1.

armes! Un poëte ne saurait trop étudier un caractère avant de le mettre en scène. Peut-être si le judicieux Virgile avait eu les mêmes pensées que Sénèque, il aurait ajouté, pour achever la vraisemblance : « Là, depuis le trépas d'Hector, ce monarque, autrefois illustre par les armes, et devenu le successeur de son fils, dirigeait avec sa vieille expérience les mouvements des Troyens. » Au reste, même en admettant ces nouveaux ornements du sujet, il aurait fallu user encore d'une grande sobriété dans les détails; car nous sommes entraînés par la situation, et les plus belles choses pourraient refroidir le spectateur ou lui causer de l'impatience.

>   Devant le vestibule, aux portes du palais,
>   Pyrrhus, le cœur brûlant d'une audace guerrière,
>   De ses armes d'airain fait jaillir la lumière.
>   Tel un affreux serpent qui, nourri de poison,
>   Sous la terre dormait dans la froide saison,
>   Tout-à-coup reparaît, rayonnant de jeunesse,
>   S'étale avec orgueil, se roule, se redresse,
>   Darde un triple aiguillon, et de son corps vermeil
>   Allume les couleurs aux rayons du soleil [1].
>   De héros sur ses pas une foule s'avance :
>   Ici c'est Périphas, fier de sa taille immense;

---

[1] Satan qui vient séduire la jeune Ève et déploie avec orgueil devant elle les couleurs et les mouvements de son corps brillant et flexible, offre, dans une imitation de génie, des ressemblances avec le serpent de Virgile.

Là c'est Automédon qui d'Achille autrefois
Vit les coursiers fougueux obéir à sa voix ;
Et de Scyros enfin la jeunesse bouillante
Fait voler jusqu'aux toits la flamme étincelante.
A leur tête, Pyrrhus, une hache à la main,
Frappe à coups redoublés sur les portes d'airain.
Les gonds tremblent ; des ais la vaste épaisseur s'ouvre :
Soudain jusques au fond l'œil étonné découvre
Ces longs appartements, ces lambris somptueux,
De nos antiques rois séjour majestueux.
On approche, on regarde, et, debout sur la porte,
Paraît, le fer en main, une fière cohorte,
Qui d'un roi malheureux, d'un malheureux vieillard,
Dans son dernier asile est le dernier rempart :
Sa garde sur le seuil demeure inébranlable.
Mais au fond du palais quel tableau lamentable !
Partout l'effroi, le trouble et les gémissements :
Les femmes, perçant l'air d'horribles hurlements,
Dans l'enceinte royale errent désespérées ;
L'une embrasse à genoux ses colonnes sacrées,
L'autre y colle sa bouche, et ses mains, et ses yeux,
Et par mille baisers leur fait de longs adieux.
Au milieu des horreurs de ce jour sanguinaire,
Trop digne d'achever l'ouvrage de son père,
Du meurtrier d'Hector le barbare héritier,
Pyrrhus vient, et déploie Achille tout entier :
Il menace, il attaque ; à sa fureur extrême,
Les barrières, les murs, et la garde elle-même,
Tout cède. Le bélier tonne à coups redoublés.
Arrachée à grand bruit de ses gonds ébranlés,
Enfin la porte tombe ; aussitôt on s'élance ;
Un passage sanglant s'ouvre à la violence ;
A travers les débris, l'ennemi furieux
Poursuit rapidement son cours victorieux.
Déjà jusqu'au portique il porte le carnage ;

ÉNÉIDE, LIVRE II.

Les premiers des Troyens que rencontre sa rage,
Égorgés les premiers, expirent sous ses pas.
Il entre, et le palais se remplit de soldats.
Tel, enfin triomphant de sa digue impuissante,
Un fier torrent s'échappe ; et l'onde mugissante
Traîne, en précipitant ses flots amoncelés,
Pâtre, étable et troupeau, confusément roulés.
J'ai vu Pyrrhus, j'ai vu les féroces Atrides
Rassasier de sang leurs armes homicides ;
Hécube, échevelée, errer sous ces lambris ;
Le glaive moissonner les femmes de ses fils ;
Et son époux, hélas! à son moment suprême,
Ensanglanter l'autel qu'il consacra lui-même.
De sa postérité les rejetons naissants,
Dont la foule chérie entourait ses vieux ans,
De ses cinquante fils les couches nuptiales,
Ces dépouilles des rois, ces pompes triomphales,
Trésors, enfants, grandeurs, tout périt sous ses yeux,
Et le glaive détruit ce qu'épargnent les feux......[1]

Le Pyrrhus de Virgile est tout-à-fait digne de l'Achille d'Homère, c'est ainsi que le fils de Thétis aurait paru sur le seuil du palais des rois de l'Asie, si le sort lui eût permis de voir la dernière jour-

---

[1] Quintus Calaber a représenté aussi le sac de Troie, et son tableau mérite quelque attention, parcequ'on y trouve des choses qui ne sont point dans Virgile. De ce nombre est le délire prophétique de Cassandre, qui suit immédiatement la mort des deux fils de Laocoon. La prêtresse annonce aux Troyens la mort qui va les surprendre au milieu de leur dernier festin. Instrument aveugle de sa propre ruine, le peuple l'insulte, en la forçant de s'éloigner au moment où, la

née d'Ilion. On ne saurait rien ajouter à la richesse des couleurs de la comparaison de Virgile; elle peint admirablement la colère, les menaces de Pyrrhus, l'éclat que sa beauté guerrière reçoit de l'éclat de ses armes et de l'ivresse de la victoire. Il y a un nouvel homme et presque un dieu dans

---

flamme et le fer à la main, elle allait attaquer ou réduire en cendres le colosse fatal. Les Grecs cachés dans les flancs du monstre avaient entendu avec effroi les menaces de Cassandre; mais ils furent bientôt rassurés par les clameurs tumultueuses élevées contre elle, et par le bruit de l'imprudente joie des Troyens.

On s'étonne au premier coup d'œil que Virgile ait résisté au plaisir d'ajouter à son poëme une scène aussi dramatique, aussi touchante que celle des prédictions de Cassandre; mais peut-être a-t-il eu raison de ne pas développer cette situation. Peut-être eût-elle détruit l'effet de combinaisons beaucoup plus savantes que j'ai remarquées plus haut. Je crois en outre qu'une longue prédiction de Cassandre, en effaçant l'impression du songe d'Hector, aurait encore nui à l'admirable situation où Vénus montre à son fils les grandes divinités qui renversent Ilion.

On lit dans les Troyennes de Sénèque :

> Stat avidus victor, et lentum Ilium
> Metitur oculis, ac decem tandem ferus
> Ignoscit annis. Horret afflictam quoque;
> Victamque quamvis videat, haud credit sibi
> Potuisse vinci.
> Acte I, scène I.

« Le vainqueur insatiable est là debout avec toute sa colère; il mesure des yeux les progrès de l'incendie d'Ilion, trop lent

Néoptolème orgueilleux d'achever et de surpasser la victoire de son père. Achille n'a fait tomber qu'Hector ; Pyrrhus voit expirer Ilion sous ses coups. A cette pensée il redouble d'efforts ; digne héritier de la force paternelle, il assiége la porte et lui fait une large ouverture. « L'imagination, dit notre Delille, s'enfonce dans la profondeur de ces vastes et augustes demeures, sanctuaire de la royauté. » Sur le seuil, la garde fidèle même en un danger extrême et sans ressource nous inspire la pitié due au courage malheureux ; au-dedans du palais aucun être vivant ne se montre encore, mais nous entendons avec effroi les hurlements des femmes : alors apparaissent quelques mères errantes, qui embrassent les portes du palais et leur font de tristes adieux ; je voudrais voir ici des enfants suspendus à leur sein ou portés dans leurs bras. Le reste du tableau est peint avec cette énergie, avec cette rapidité que l'on trouve à tout moment dans l'Iliade d'Homère. Le trait *vidi Hecubam* est faible peut-être ; peut-être aussi Virgile a-t-il pensé qu'ici le seul nom de cette reine disait plus à la

---

à se consumer ; ce spectacle est nécessaire à sa vengeance pour que le cruel nous pardonne ses dix années de combats. Il semble même avoir horreur de la destruction de cette grande cité ; il la voit vaincue et tombée par terre, et doute encore qu'il ait pu la vaincre et la renverser. »

pensée que toutes les images de ses douleurs. Il faut remarquer encore que les derniers traits du tableau sont une admirable transition à la scène qui nous attend. Les anciens enchaînent leurs compositions et produisent presque tous leurs effets par des rapprochements ou des oppositions.

Priam va paraître en ce moment: Troie tombe en ruines, le palais des monarques de l'Asie s'écroule; les Grecs occupent tout ce qui n'a point été envahi par la flamme. A cette vue, le vieillard, saisi de douleur et d'indignation, veut mourir comme un guerrier qui représente la patrie et la royauté; il charge ses épaules tremblantes du poids d'une armure, prend un glaive, et marche vers les bataillons ennemis. Ce noble dévouement excite l'admiration, la terreur et la pitié. « Au milieu du pa-
» lais, sous la voûte des cieux, est un grand autel,
» et tout auprès un antique laurier qui couvre de
» son ombre les pénates; là Hécube et ses filles
» craintives et religieuses comme le malheur, et
» semblables à des colombes réunies par la sombre
» tempête, embrassaient les images des dieux.

» Dès que la reine voit Priam revêtu des armes
» de sa jeunesse: Quelle aveugle fureur, ô le plus
» infortuné des époux, t'a poussé à revêtir cette ar-
» mure? où cours-tu? lui dit-elle. Ce n'est ni d'un tel
» secours ni d'un tel défenseur dont ce jour a besoin;
» non, quand mon Hector lui-même serait ici pré-

ÉNÉIDE, LIVRE II.   197

» sent...[1] Contente-toi de rentrer dans notre asile;
» cet autel nous protégera tous, ou bien nous
» mourrons ensemble. A ces mots elle reçoit près
» d'elle le vénérable vieillard et le place dans l'en-
» ceinte sacrée. »

On pourrait craindre que cette scène si vraie ne portât quelque atteinte au caractère de Priam, et que sa facile obéissance ne détruisît l'effet de son généreux dessein; mais un peu de réflexion suffira pour dissiper cette crainte. Hécube, avertie par un pressentiment qui veille comme un génie dans le cœur des épouses et des mères, reconnaît que la mort ne peut être détournée que par un miracle; tout ce qui l'environne lui défend ou ne lui permet guère d'espérer ce miracle; elle ne veut pas que Priam s'expose à réveiller la colère des dieux ennemis par un effort inutile; elle plaint le monarque et ne l'insulte pas. Remarquez, en effet, comment le souvenir d'Hector vient prévenir ou effacer jusqu'à l'ombre d'une injure pour le père du héros. Quant à Priam, chaque mot d'Hécube porte la conviction dans son esprit; il cède à cette éloquence de la vérité si entraînante dans les femmes; il dit en secret comme Hécube : « Non, mon Hector

---

[1] Ce trait touchant rappelle un vers heureux de Manilius :

Hectoreamque facem, tutamque sub Hectore Trojam.
Liv. II, v. 3.

lui-même ne nous sauverait pas. » Enfin un reste de confiance dans la bonté des dieux l'entraîne; mais il obéit sans rien perdre de sa dignité, parceque le poids des années l'avertit de son impuissance, et qu'il ne va chercher un asile auprès de l'autel de Jupiter que pour y mourir avec sa famille. Tout est prêt pour le sacrifice, l'autel, la victime, et bientôt le ministre du glaive. Homère n'est pas toujours attentif à ces convenances. Agamemnon veut détourner Ménélas du projet de combattre Hector, et, pour réprimer ses transports, il lui adresse des paroles qui sont autant d'offenses pour un cœur généreux. Le vieux Priam ne pourrait pas écouter ce qu'Homère fait entendre à Ménélas en présence de l'armée. Pour compléter la faute, le poëte grec ajoute que les serviteurs de Ménélas lui ôtent avec joie les armes dont il venait de se revêtir [1].

Virgile a su ménager dans Priam un guerrier, un monarque, et un père placé sous la garde des dieux par la tendresse de la mère d'Hector. L'auguste vieillard nous inspire le respect; nous l'admirons en pleurant sur lui et sur sa triste famille. « Mais voilà qu'échappé aux massacres de Pyrrhus » qui le menace, le jeune Polite, un des fils du roi,

---

[1] *Iliade*, liv. VII, v. 109 et suivants.

» à travers les traits et les ennemis, fuit sous les
» longs portiques et parcourt les appartements dé-
» serts ; il est déjà blessé. L'ardent Pyrrhus le pour-
» suit, altéré de carnage ; déjà sa main le saisit, déjà
» sa lance le presse ; Polite enfin arrive sous les yeux
» de ses parents, et tombe en exhalant sa vie dans
» des flots de sang[1]. »

Quoique en face de la mort[2], le vieux monarque
ne peut retenir sa colère et sa voix. « Scélérat, s'é-
» crie-t-il, que les dieux, s'il est au ciel quelque
» divinité qui regarde le crime et l'innocence, te
» rendent de dignes actions de grâces ; qu'ils t'ac-
» cordent le juste salaire de ton audace : barbare,
» tu m'as fait voir en face le trépas de mon fils,
» tu as souillé de son sang les regards paternels.
» Ah ! cet Achille dont tu te fais descendre par un
» mensonge ne traita point ainsi Priam son ennemi ;

---

[1] Voilà Pyrrhus tel que le dépeint l'Andromaque de Racine :

> Figure-toi Pyrrhus les yeux étincelants,
> Entrant à la lueur de nos palais brûlants,
> Sur tous mes frères morts se frayant un passage,
> Et, de sang tout couvert, échauffant le carnage.

[2] Voyez si Virgile oublie une seule occasion de conserver au vieux roi la constance qui fait toute la dignité du malheur. Et quelle force dans la pensée comme dans l'image : *Quamquam in media morte tenetur!* En effet, Pyrrhus ou la mort sont ici la même chose.

»il eut la pudeur de respecter les droits sacrés
»d'un suppliant; il me rendit la pâle dépouille
»d'Hector, et me renvoya dans mon royaume[1]. »
» Ainsi parle Priam, et il lance à Pyrrhus un trait
» sans force qui, repoussé par l'airain sonore, reste
» inutilement suspendu au sommet du bouclier. »

Les premiers cris de Priam sortent du fond du cœur. La cruelle ironie de ses reproches [2]

---

[1] On trouve dans Sénèque un bien touchant souvenir des malheurs attachés à la destinée de Priam. Andromaque suppliante aux pieds d'Ulysse pour obtenir le salut d'Astyanax dit à cet enfant : « Ce n'est pas d'aujourd'hui que Troie a vu pleurer ses rois au berceau : Priam, enfant, a fléchi la colère menaçante du farouche Alcide. Oui, ce héros impitoyable dont les bras nerveux ont terrassé tous les monstres de la terre, ce héros qui, après avoir rompu les barrières du Ténare, a su se frayer à travers les ténèbres une route vers le séjour de la lumière, vaincu par les larmes d'un ennemi dans un âge si tendre, lui dit : Jeune roi, prends les rênes de l'empire, monte sur le trône de ton père; mais garde ta parole avec plus de bonne foi que lui. Tel fut le sort du captif d'Hercule. Grecs, apprenez à imiter sa clémence au milieu de la colère. » (*Troyennes*, acte III, scène II.)

[2] Sénèque emploie avec succès la même figure dans ces paroles d'Hécube : « Mais voici Pyrrhus qui arrive d'un pas rapide et la fureur peinte sur le visage... Fils d'Achille, qui t'arrête ? frappe; ouvre mon sein avec le glaive; réunis la belle-mère de ton Achille à son beau-père. Frappe, assassin des vieillards; ce sang est encore digne de toi. » (*Troyennes*, acte IV, scène I.)

rappelle l'accent d'Oreste adressant au ciel, qu'il regarde avec un sourire effrayant, cette exclamation :

> Grâce aux dieux, mon malheur passe mon espérance !

Quoi de plus déchirant que la situation de ce père réduit à louer la générosité du meurtrier d'Hector? Comme le vieillard est auguste en face du glaive de Pyrrhus! comme chacune de ses paroles allume la rage dans le cœur de son ennemi! Didon, furieuse d'amour et de douleur, dit à Énée : « Non, tu n'es » pas le fils d'une déesse. » Priam, désespéré, plein d'une horreur qu'il ne peut surmonter, s'écrie : « Tu » mens comme un lâche, en usurpant le titre de fils » d'Achille; » mots terribles, parcequ'ils deviennent l'arrêt de mort de celui qui les a prononcés; mais cette mort il la veut, il la cherche, il est sûr de l'obtenir : le faible trait que sa main débile osa lancer met le comble à l'outrage; plus de pitié, plus de salut. Pyrrhus, transporté de colère, lui répond avec une ironie féroce : « Va, messager fidèle, ré- » péter ce que tu vois à mon père, souviens-toi » bien de lui raconter la honte de Néoptolème dé- » généré; mais, en attendant, meurs. » A ces mots il » traîne vers l'autel cet infortuné qui chancelait en » marchant sur les traces du sang de son fils; de la » main gauche il saisit la chevelure du vieillard, » de la droite il lève l'épée étincelante et la plonge

» tout entière dans ses flancs [1]. » Regardez tour à tour Polite, Priam et Pyrrhus pendant toutes ces scènes; voyez ces trois contrastes, de la vie qui vient de s'éteindre dans le premier, de la mort qui saisit déjà sa victime dans le second, et de Pyrrhus semblable en ce moment à une furie des enfers, inexorable comme le dieu qui l'envoie. Contemplez ensuite les deux victimes dont le sang confondu rougit le sol du sanctuaire. Peut-être demanderez-vous au poëte le tableau des douleurs de la royale famille; mais son art lui défend de s'y arrêter. C'est Priam qui préside à l'empire d'Ilion; cet empire n'est plus qu'un monceau de cendres: vous êtes pressé de savoir ce que devient son maître; Virgile vous devine, et satisfait en ces mots votre curiosité : « Telle fut la fin de Priam; ainsi le sort fit
» périr, à la vue de Troie en flammes et de Pergame
» renversée, le maître superbe de tant de peuples
» et de contrées, le dominateur de la florissante
» Asie. » Frappés d'un coup si terrible, vous avez besoin de respirer et de répandre des larmes; mais Virgile veut encore ajouter à la pitié par la terreur. Priam n'aura pas même son palais pour sé-

---

[1] Racine a dit :

Dois-je oublier son père, à mes pieds renversé,
Ensanglantant l'autel qu'il tenait embrassé?
Andromaque, acte III, scène VIII.

pulture; il ne dormira pas du sommeil éternel à côté de ses pères. Au milieu du tumulte de la guerre, son corps a été ou entraîné ou jeté au dehors; et si le hasard vous porte vers le rivage, vous trouverez étendu sur le sable, ici un tronc sanglant, là une tête vénérable, plus loin un cadavre sans nom et sans tombeau; c'est là le roi Priam[1] : mais peut-être, de tout un peuple empressé naguère autour de lui, il ne restera pas un serviteur fidèle pour rassembler ses vénérables débris, et recomposer, avec les restes de la mort, une image informe de la vie qui permette à la piété de s'assurer que c'est vraiment le maître de l'Asie qu'elle va déposer à la hâte dans une humble sépulture!

Homère a fait Virgile, on reconnaît partout cette vérité. Comme le Priam de l'Iliade ressemble au Priam de l'Énéide! comme le père qui a été chercher le cadavre d'Hector dans la tente d'Achille meurt d'une manière digne de son courage et de sa tendresse pour son fils! que cet accroissement de malheurs, comblés par une mort précédée de

---

[1] On lit dans le huitième livre de la Pharsale, au sujet de Pompée: « Son cadavre, poussé vers le rivage, retenu par les rochers, est le jouet des flots qui lavent ses profondes blessures. Il n'a plus la figure humaine, et la seule marque à laquelle on puisse reconnaître le grand Pompée, c'est que le glaive impie a tranché sa tête. »

tant de coups de poignard, produit sur nous une impression profonde! Et ce dernier outrage du sort, même après la perte de la vie, ce roi jeté, non pas dans la sépulture commune, mais confondu dans la foule de ses sujets abandonnés à la faim des vautours! Il y a cependant une plus grande infortune encore; c'est celle d'Hécube, témoin de tant d'horribles scènes, et conservée pour être un modèle accompli de l'adversité. En effet, on lui apportera bientôt la nouvelle de la mort de Polyxène; et un moment après elle recevra, avec le corps mutilé d'Astyanax arraché des bras d'Andromaque, l'ordre de porter les fers d'Ulysse! Cette situation nous rappelle les beaux vers d'Ovide, dont voici la traduction : « Ils gémissent sur ton sort, auguste épouse d'un monarque, mère de tant de rois; naguère tu étais, dans ta fécondité, l'image de la florissante Asie, et maintenant, vile part d'un butin distribué par le sort, Ulysse te refuserait pour esclave si tu n'avais pas donné le jour à Hector : à peine si Hector peut trouver un maître pour sa mère !

---

[1] Teque gemunt, virgo; teque, o modo regia conjux,
Regia dicta parens, Asiæ florentis imago;
Nunc etiam prædæ mala sors : quam victor Ulysses
Esse suam nollet, nisi quod tamen Hectora partu
Edideras : dominum matri vix repperit Hector.
Métamorphoses, liv. XII, v. 483 et suivants.

Euripide, dans ses *Troyennes* et dans *Hécube*, effleure seulement le sujet de la mort du monarque phrygien; on trouve pourtant chez lui ces douloureuses exclamations : « O Priam, Priam, tu n'es plus, tu n'as point de tombeau, tes amis ne t'ont pas arrosé de leurs larmes, tu ignores mes misères; la mort couvre tes yeux de son voile sombre, victime pure d'un sacrifice impie [1]! » Quintus Calaber n'a fait qu'une peinture ordinaire de ce qui a fourni un tableau sublime à Virgile. L'éloquence des passions manque à Quintus. Sénèque gâte les plus beaux traits que lui inspire un génie élevé, par une indigne affectation d'esprit [2]. On croit que la mort de Priam contient des allusions à celle de Pompée, privé de sépulture comme ce roi, après avoir subi comme lui une mort cruelle. Il y a ici la matière d'une utile et curieuse comparaison entre Virgile et Lucain. Mais, plus heureux que le roi de l'Asie, le grand Pompée a trouvé un compagnon fidèle pour lui rendre les derniers devoirs. Quelle scène attendrissante que celle où Codrus, ce pieux soldat, à

---

[1] *Troyennes*, vers 1313 et suivants.

[2] « J'ai vu le meurtre exécrable d'un roi, et les autels souillés par un crime plus grand que celui d'Ajax; j'ai vu un vainqueur féroce enlacer sa main cruelle dans la chevelure de Priam, et cacher son glaive tout entier dans la blessure du vieillard. La victime reçut avec joie le fer libérateur, qui, retiré de sa gorge, était à peine teint de sang. Rien ne put

la faible lueur de la lune, à moitié cachée par les nuages, retire avec peine de la mer le corps de son général, et va dérober à un bûcher abandonné la flamme qui doit consumer les restes sacrés du rival de César! La prière de Codrus au jeune mort, pour qu'il ne s'offense pas de ce larcin, a quelque chose de religieux qui arrache des larmes. Celle qu'il adresse à Pompée offre le même caractère avec plus de grandeur. Un trait sublime termine la peinture de cette triste cérémonie : « L'âme de Pompée ne reste pas renfermée dans son étroite demeure; elle s'élance du bûcher, monte vers le séjour des dieux, admire cette lumière auprès de laquelle le jour ressemble aux ténèbres, et rit des insultes éprouvées par son cadavre avant la sépulture. Ensuite, descendant vers les plaines d'Émathie, au-dessus des drapeaux sanglants de César et des vaisseaux romains dispersés par la tempête, elle vient habiter tour à tour, comme un sanctuaire, le cœur de Brutus, le vengeur des crimes, ou le sein de Caton, que la fortune et César ne purent jamais abattre.

---

apaiser la rage du barbare vainqueur, ni ce prince, chargé d'années, qui touchait aux bornes de la vie, ni les dieux témoins du crime de sa mort, ni le caractère sacré de la royauté tombée par terre. Ce père de tant de rois manque d'un tombeau ; Priam ne peut trouver dans Troie embrasée un peu de flamme pour consumer ses débris sur un bûcher. » (*Troyennes*, vers 44 et suivants.)

Grand peintre encore dans un sujet où le chantre de l'Énéide est hors de pair, Juvénal a dit :

> Longa dies igitur quid contulit? Omnia vidit
> Eversa, ac flammis Asiam ferroque cadentem;
> Tunc, miles tremulus, posita tulit arma tiara,
> Et ruit ante aram summi Jovis, ut vetulus bos,
> Qui domini cultris tenue et miserabile collum
> Præbet, ab ingrato jam fastiditus aratro [1].

Je ne sais si je me trompe, mais il me semble que la bassesse même de la comparaison devient sublime ici, parcequ'elle fait encore mieux sentir les affreuses chances de ce grand jeu de la Fortune, où la victime choisie par l'inconstante déesse passe en un moment du faîte des prospérités dans un abîme sans fond.

Mais si l'on veut trouver le plus éloquent commentaire de deux vers de Virgile,

> Jacet ingens littore truncus,
> Avulsumque humeris caput, et sine nomine corpus,

il faut lire ce passage de l'oraison funèbre de Hen-

---

[1] « A quoi lui ont servi ses longues années ? A voir la ruine de son empire, Troie dévorée par la flamme et ravagée par le glaive. Alors, tremblant sous le poids de la vieillesse, inutile soldat, il quitta sa couronne pour prendre les armes, et vint tomber à l'autel de Jupiter, tel qu'un vieux taureau qui tend son cou maigre et décharné aux couteaux d'un maître, et meurt déjà méprisé par l'ingrate charrue qu'il traîna si long-temps. »

riette d'Angleterre : « Notre chair change bientôt de nature; notre corps prend un autre nom; même celui de *cadavre*, dit Tertullien, parcequ'il nous montre encore quelque forme humaine, ne lui demeure pas : il devient un je ne sais quoi qui n'a plus de nom dans aucune langue; tant il est vrai que tout meurt en lui, jusqu'à ces termes funèbres par lesquels on exprimait ses malheureux restes. »

N'est-ce pas là le Priam de Virgile tel que la mort l'avait fait[1] ?

On trouve dans l'*Orphelin de la Chine* de Voltaire un tableau plein de souvenirs de Virgile, et qui semble représenter, dans les désastres du Cathay, tous les malheurs d'Ilion et de son peuple. Le mandarin Zamti décrit ainsi le dernier jour de l'empire chinois en répondant à cette question d'Idamé :

Hélas ! qu'avez-vous vu ?

ZAMTI.

Ce que je tremble à dire.
Le malheur est au comble; il n'est plus cet empire:

---

[1] On trouve dans Sénèque une admirable réflexion d'Agamemnon adressée aux Grecs sur les ruines fumantes d'Ilion et en présence du cadavre de Priam.

« Moi-même, je l'avoue, quelquefois trop plein de ma grandeur, et orgueilleux du titre de roi des rois, je me suis élevé au-dessus de la condition d'un mortel; mais elle a brisé mon orgueil cette Fortune dont le caprice pourrait accorder à d'autres ce qu'elle m'a donné : tu m'avais rendu fier, ô Priam, maintenant tu me rends humble et timide. »

Sous le glaive étranger j'ai vu tout abattu.
De quoi nous a servi d'adorer la vertu?
Nous étions vainement, dans une paix profonde,
Et les législateurs et l'exemple du monde;
Vainement par nos lois l'univers fut instruit :
La sagesse n'est rien; la force a tout détruit.
J'ai vu de ces brigands la horde hyperborée,
Par des fleuves de sang se frayant une entrée
Sur les corps entassés de nos frères mourants,
Portant partout le glaive et les feux dévorants.
Ils pénètrent en foule à la demeure auguste
Où de tous les humains le plus grand, le plus juste,
D'un front majestueux attendait le trépas.
La reine évanouie était entre ses bras.
De leurs nombreux enfants, ceux en qui le courage
Commençait vainement à croître avec leur âge,
Et qui pouvaient mourir les armes à la main,
Étaient déjà tombés sous le fer inhumain.
Il restait près de lui ceux dont la tendre enfance
N'avait que la faiblesse et des pleurs pour défense;
On les voyait encore autour de lui pressés,
Tremblants à ses genoux, qu'ils tenaient embrassés.
J'entre par des détours inconnus au vulgaire,
J'approche en frémissant de ce malheureux père;
Je vois ces vils humains, ces monstres des déserts,
A notre auguste maître osant donner des fers,
Traîner dans son palais, d'une main sanguinaire,
Le père, les enfants, et leur mourante mère.

Certes, voilà bien l'image de Priam et de toute sa famille après le meurtre de Polite; il ne reste au malheureux maître de l'empire du Cathay, comme au monarque troyen, que des vierges sans défense, et l'espérance de la mort pour échapper à l'esclavage.

Énée est un témoin trop tranquille et trop froid du meurtre de Priam. La force et la chaleur abandonnent presque toujours Virgile dans les mouvements d'une âme généreuse et passionnée qui enfantent de grandes choses. Qu'on se figure un moment Hector rendu à la vie ; de quel œil verra-t-il le successeur d'Achille entrant à la lueur des flambeaux dans le palais de son père ? Ne fera-t-il point à Priam un rempart de son corps ? Et si le vieillard succombe, ce fils héroïque et religieux ne s'élancera-t-il pas, le glaive à la main, contre Pyrrhus pour lui arracher la vie ? Vaincu, il exhalera son dernier soupir sur le corps de Priam ; vainqueur, il sauvera les dépouilles paternelles, qu'il aura défendues comme Ajax défendit le corps de Patrocle. Eh bien ! le prince troyen remplace Hector ; et quand il n'aurait pas hérité de sa tendresse filiale, il est citoyen ; le trépas du père de la patrie devrait allumer sa fureur. Énée éperdu, hors de lui-même, devrait crier à Pyrrhus : « Malheureux, tu mourras ! » Il devrait descendre à pas précipités et courir le glaive en main au meurtrier de Priam. Arrêté par des obstacles invincibles, ou retenu par sa mère, il aurait du moins acquitté, par une volonté sublime, la dette du courage et de la fidélité. Mais ce qu'on peut à peine concevoir est que Virgile, oubliant toutes ces idées prises dans le sujet, ait pu encore exprimer les sentiments de son héros

par les pensées suivantes : « Alors, pour la première
» fois, une sombre épouvante m'environne; je de-
» meure immobile : à la vue de ce roi du même âge
» qu'Anchise, et qui vient d'exhaler son dernier
» soupir d'une manière si cruelle, l'image d'un
» père chéri se présente à mes yeux; Créuse aban-
» donnée, ma maison livrée au pillage, et les périls
» de mon jeune Iule, viennent frapper mon esprit[1]. »
Voilà pourtant les conséquences d'une première
faute. Virgile, pour avoir manqué au caractère du
guerrier, rend le fils presque ridicule. Héroïque
d'abord, Énée nous aurait d'autant plus touchés
par sa tendresse; au lieu de cela, nous sommes
mécontents de son courage, et nous ne prenons
qu'une part médiocre à une situation qui devrait
nous arracher des larmes. Ces observations vont
devenir bien plus sensibles par le rapprochement
avec ce qui suit.

---

[1] Ce passage est d'une froideur extrême et peu convenable.
Un sujet fidèle qui voit mourir son roi, un fils qui tremble
pour son père, un époux qui craint le trépas de sa femme, ou
celui d'un jeune enfant, le seul rejeton de leur race, sont saisis
d'une douleur et d'un effroi qui éclatent par d'autres mouvements et d'autres expressions. Ici Virgile n'est pas un peintre;
il ne rend pas la nature avec l'énergie qu'elle inspire aux
grandes passions et aux sentiments profonds. Le trait *direpta
domus* est une tache, parcequ'il ressemble à ces indiscrétions
d'une douleur peu sentie ou plus faible que les démonstrations
par lesquelles on cherche à la prouver.

Énée regarde autour de lui et cherche les défenseurs d'Ilion. Tous l'ont abandonné; accablés de fatigues et mourants, ils se sont précipités du haut des remparts ou jetés dans les flammes. Énée restait seul, lorsqu'à la clarté de l'incendie il aperçoit la fille de Tyndare dans le temple de Vesta. Redoutant la haine de Pergame, le ressentiment des Grecs, et le courroux d'un époux abandonné, cette commune Euménide de Troie et de sa patrie se tenait cachée à l'ombre des autels. Énée la reconnaît et jure de la punir. Les plus douloureux souvenirs enflamment sa colère[1], et, quoique quelque honte peut-être soit attachée au châtiment d'une femme par un guerrier, il va frapper le crime et satisfaire les mânes de ses concitoyens. Tout cela est vrai, pathétique, brûlant d'éloquence, et si bien motivé, que la vengeance du prince troyen nous paraîtrait ici un arrêt de cette justice éternelle qui tombe quelquefois comme la foudre sur la tête des coupables[2]. Mais quand la réflexion suc-

---

[1] Les paroles par lesquelles Énée exprime les mouvements impétueux qui agitaient son cœur à la vue d'Hélène sont de l'éloquence la plus passionnée. Virgile, en imitant Euripide, l'a embelli et surpassé. Voyez la tragédie d'Oreste, vers 1132 et suivants.

[2] En voyant Hécube et ses filles réfugiées auprès des dieux pénates, nous avons été touchés de la pitié la plus profonde, et nous aurions béni le ciel d'envoyer un miracle pour les

ÉNÉIDE, LIVRE II.

cède à l'entraînement, quand nous nous rappelons le silence et l'immobilité d'Énée au spectacle déchirant de la mort de Priam, nous sommes tentés de demander au héros pourquoi cette fureur n'a pas éclaté contre Pyrrhus, soit par des

---

sauver. Hélène, la plus belle des femmes, est dans la même situation, et elle nous inspire de l'horreur. Nous ne voyons plus dans la rivale de Vénus qu'une affreuse Euménide ; et si tout autre qu'Énée menaçait de lui donner la mort, peut-être applaudirions-nous au châtiment de son crime.

On lit dans Euripide des choses assez belles sur le funeste empire de la beauté d'Hélène ; notre scène ne souffrirait pas les reproches qu'Hécube adresse à la coupable amante de Pâris, devant Ménélas, qui a la menace sur les lèvres et le pardon dans le cœur ; cependant il faut admirer dans toute la scène une grande connaissance du cœur humain, et une leçon de la plus haute morale donnée par la vertu, qui, même dans le dernier degré du malheur, garde encore sa sainte autorité sur le vice tremblant devant elle comme un coupable devant un juge irrité. *Troyennes*, vers 969 et suivants.

La muse sévère d'Eschyle a voulu punir aussi le crime de Pâris et d'Hélène. Voici une simple esquisse de son ode contre les deux complices :

« Les dieux ne daignent pas s'occuper de ceux qui foulent aux pieds les lois les plus saintes : ainsi disait l'impie... mais les dieux se montrent enfin...

» Une malheureuse confiance, fille insidieuse de la déesse de la perdition, entraîne ; mais la faiblesse de la ressource se décèle, on est éclairé par le jour du malheur. Alors les dieux n'écoutent plus les prières, ils exterminent l'homme injuste qui causa tous les maux : tel fut Pâris, qui, reçu chez le fils

actions, soit par des paroles. Dès lors nous ne voyons plus qu'un homme armé qui va immoler sans gloire une femme sans défense et réfugiée sous la protection de Vesta. Mais au moment où Énée

---

d'Atrée, déshonora la maison de son hôte et lui ravit son épouse.

» La malheureuse, laissant pour souvenir d'elle à ses concitoyens le fracas des lances et des boucliers, les apprêts d'une flotte, et portant pour dot aux Troyens la ruine et la mort, elle s'échappe des portes d'Argos ; elle ose ce qu'aucune femme n'avait osé avant elle.

» Les prophètes, pleurant sur cette maison abandonnée, s'écrièrent : O palais violé ! ô lit nuptial ! ô fuite d'une femme volage !

» Absente, on croit la voir, confuse, silencieuse, prévenant les reproches, toujours belle !

» Elle est au-delà des mers, mais son image semble encore régner en souveraine dans la maison conjugale. Ses portraits les plus beaux n'ont plus de grâce pour son époux : les yeux qui le charmaient n'y sont pas ; Vénus a disparu tout entière. Des songes, suivis de regrets, viennent lui retracer de vains plaisirs ; plaisirs vains, en effet, quand le bien que l'on croit posséder s'échappe des mains, et que l'illusion s'enfuit sur les ailes du sommeil.

» Tels et plus déchirants encore étaient nos tourments domestiques ; mais depuis le départ de l'armée, par toute la Grèce le deuil règne dans chaque maison, chacun a sa blessure dans le cœur.

» On a vu partir les gages les plus chers ; et il ne revient à leur place que des urnes et des cendres.» (*Agamemnon*, acte II, scène II, vers 378 et suivants.)

Que le début du poëte est grave et solennel ! que ces cris de

ÉNÉIDE, LIVRE II. 215

lève le glaive, Vénus lui apparaît dans tout l'éclat de la divinité[1]. Pour arrêter la vengeance de son fils, elle lui montre les grands dieux de l'Olympe qui renversent Ilion. Delille a traduit avec le plus

---

douleur proférés sur la coupable sont éloquents ! Il semble aussi qu'au moment de la fuite, deux peuples disent déjà : « Elle est partie vers Ilion, la commune furie des deux empires. » Mais dans le palais on la pleure, parcequ'elle est belle et qu'elle est reine. Quelle grâce et quelle science des passions dans cette peinture de l'empire irrésistible de la beauté, qui triomphe encore malgré son crime dans le cœur de celui qu'elle a offensé ! Mais tandis qu'un indigne roi ne pense qu'à regretter ses plaisirs perdus, dans chaque famille on pleure sur la cendre de quelque guerrier immolé pour une femme.

Horace, dont nous savons par cœur une ode admirable contre le ravisseur d'Hélène, n'offre peut-être pas une composition aussi vraie, aussi habilement contrastée, aussi dramatique, aussi morale que cette scène d'Eschyle.

[1] La déesse de la beauté ne pouvait abandonner la plus belle des femmes. L'intervention de Vénus était ici doublement nécessaire pour préserver Énée d'une action sujette au blâme et pour l'arracher à des périls dont il ne peut sortir que par un secours divin. Dans Homère, Vénus vient elle-même réconcilier Hélène avec le beau Pâris, que la fille de Tyndare ne voulait plus aimer parcequ'il avait manqué de courage dans un combat contre Ménélas. La scène est d'une grâce divine ; mais on y doit remarquer que le poëte, en attribuant à la volonté de Vénus la faute d'Hélène, donne cependant des remords à la coupable involontaire. (Homère, livre III, vers 390 et suivants.)

Dans Euripide, la déesse vient préserver Hélène de la fureur de Ménélas.

rare talent l'admirable description que Virgile a mise en scène d'une manière si vive, que nous croyons assister au désastre de la ville de Priam.

« Vois-tu ces longs débris, ces pierres dispersées,
» De ces brûlantes tours les masses renversées,
» Cette poudre, ces feux ondoyants dans les airs ?
» Là, le trident en main, le puissant dieu des mers,
» De la terre à grands coups entr'ouvrant les entrailles,
» A leur base profonde arrache nos murailles,
» Et dans ses fondements déracine Ilion.
» Ici tonne en fureur l'implacable Junon :
» Debout, le fer en main, la vois-tu sous ces portes
» Appeler ses soldats ? Vois-tu de ces cohortes
» L'Hellespont à grands flots lui vomir les secours ?
» Sur un nuage ardent, au sommet de ces tours,
» Regarde : c'est Pallas, dont la main homicide
» Agite dans les airs l'étincelante égide.
» Jupiter même aux Grecs souffle un feu belliqueux,
» Excite les mortels, et soulève les dieux.
» Fuis; calme un vain courroux : fuis, c'en est fait. Ta mère
» Va protéger tes pas, et te rendre à ton père. »
    Elle dit, et dans l'ombre échappe à mes regards.
Alors le voile tombe; alors, de toutes parts,
Je vois des dieux vengeurs la figure effrayante;
J'entends tonner les coups de leur main foudroyante;
Tout tombe : je crois voir, de son faîte orgueilleux,
Ilion tout entier s'écrouler dans les feux.
Ainsi contre un vieux pin qui, du haut des montagnes,
Dominait fièrement sur les humbles campagnes,
Lorsque des bûcherons, réunissant leurs bras,
De son tronc ébranlé font voler les éclats,
L'arbre altier, balançant sa tête chancelante,
Menace au loin les monts de sa chute pesante,
Attaqué, mutilé, déchiré lentement;

Enfin, dans un dernier et long gémissement,
Il épuise sa vie, il tombe, et les collines
Retentissent du poids de ses vastes ruines :
Ainsi tombe Ilion.................

Tous ces dieux réunis pour achever la ruine de Troie rappellent le début du vingtième chant de l'Iliade, et le moment où les habitants de l'Olympe descendent, avec la permission de Jupiter, pour combattre dans les plaines de Troie; la scène est d'une grandeur qui n'appartient qu'à Homère, et que Milton a eu peine à égaler dans ses plus sublimes inspirations : mais Virgile me semble plus dramatique et plus savant dans les motifs de sa peinture. Qu'elles sont terribles ces figures des grands dieux qui se montrent à travers les flammes et la fumée, les uns comme des vainqueurs furieux, les autres comme des juges inexorables! Jupiter ne paraît pas, mais il est représenté par sa fille, armée de la terrible Gorgone, et revêtue de la majesté du dieu qui ne se montre qu'à travers un nuage aux mortels incapables de soutenir sa splendeur. Énée pourrait-il encore persister à défendre une ville condamnée par Jupiter lui-même? ira-t-il, plus coupable que Diomède, lever le glaive contre les immortels? Non, sans doute; et cette réflexion nous apprend pourquoi Virgile a déployé devant nous le magnifique dénouement qui nous a laissés long-temps muets d'admiration et de terreur.

Le poëte n'est pas encore satisfait : versé dans la connaissance du cœur humain, instruit du plaisir douloureux qu'on éprouve quelquefois à contempler un grand malheur, à épuiser ses larmes en le mesurant tout entier, il arrête long-temps nos regards sur Troie qui tombe et s'abîme dans les feux; et, comme si cette imposante image ne suffisait pas, il nous la représente encore sous des formes nouvelles. Ordinairement la comparaison relève un objet parcequ'elle paraît plus grande que lui; il en est ainsi, par exemple, quand le poëte, pour achever de peindre la fureur d'un héros, la compare à l'irruption d'un torrent qui rompt ses digues. Ici cet ordre semble renversé. Qu'est-ce en effet qu'un arbre déraciné qui tombe, auprès d'une vaste cité qui s'abîme? Mais regardons les choses de plus près, et nous reconnaîtrons l'art de Virgile dans les effets merveilleux qu'il produit. Quelle illusion nous fait sa peinture! Ne voyons-nous pas Troie sapée par les dieux? ne la voyons-nous pas, ébranlée et soulevée par leur main puissante, balancer dans les airs ses édifices, ses palais et ses temples chancelants, menacer ruine, et tomber enfin tout entière avec un horrible fracas sur la terre émue jusqu'au fond de ses entrailles?

Priam n'est plus, Troie vient de rendre le dernier soupir; les paroles d'Hector sont devenues des oracles confirmés; il faut céder aux destins et obéir aux conseils de Vénus. Cette conséquence se présente d'abord à l'esprit, et la transition du poëte, qui consiste dans un habile rapprochement de circonstances, est aussi heureuse que facile à sentir.

Conduit par sa mère à travers les traits et la flamme, Énée arrive enfin à la maison paternelle. Grâce à la protection de Vénus, sa famille a survécu à la ruine d'Ilion; elle reste comme Deucalion et Pyrrha au milieu du naufrage du genre humain. La résolution obstinée, le courage tranquille et résigné d'Anchise, que son âge et ses malheurs attachent au sol natal par des liens invincibles, et qui aime mieux rester immobile et attendre la mort dans sa maison que d'en sortir pour affronter les périls, rappelle, à quelques égards, ces vieux sénateurs romains assis sur leur chaise curule au milieu du Capitole, où vont pénétrer les Gaulois. Mais il y a en outre dans le cœur d'Anchise le dégoût de la vie, la mélancolie du malheur, et un ardent amour de la mort [1]. La désolation, les larmes et les prières d'une famille en deuil et vainement occupée à fléchir l'obstination d'un père, forment une scène attendrissante et pleine de vérité. Le vieillard est sourd

---

[1] Homère, au chant XXII de l'Iliade, vers 268 et suivants, met dans la bouche d'Hector des pensées à peu près pareilles à celles d'Anchise.

à toutes les prières; le cœur déchiré par les refus d'Anchise, Énée s'écrie : « Moi, mettre le pied hors » de ces lieux et vous abandonner! ô mon père, » l'avez-vous pu croire? un tel blasphème est-il » sorti de la bouche paternelle? S'il plaît aux dieux » de ne rien laisser d'une ville si puissante, si votre » âme inflexible veut ajouter vous et votre famille » à la ruine de Troie, nous n'attendrons pas long-» temps cette cruelle mort que vous souhaitez. » Bientôt viendra, tout couvert du sang de Priam, » ce Pyrrhus qui égorge le fils aux yeux du père, » et le père devant les autels. O Vénus, ô ma mère, » ne m'aurais-tu sauvé du milieu des traits et des » flammes que pour me montrer l'ennemi dans ma » maison, Ascagne, Anchise et Créuse noyés dans » le sang l'un de l'autre? Mes armes, guerriers, » mes armes; la dernière heure appelle les vaincus; » rendez-moi aux Grecs, laissez-moi renouveler les » combats; du moins nous ne mourrons pas tous » aujourd'hui sans vengeance. » Ce discours est rempli de ces mouvements passionnés, de ces inspirations inattendues qui sont l'âme de la tragédie et le triomphe de l'éloquence [1]. Voici mainte-

---

[1] Racine offre des mouvements pareils dans la réponse d'Achille à Iphigénie qui commence par ce vers :

Vous allez à l'autel; et moi j'y cours, madame.

Comme Racine, Virgile cache beaucoup d'art jusque dans un

nant une nouvelle scène et un nouveau genre de pathétique.

La tendre Créuse, effrayée du désespoir d'un époux prêt à s'élancer de nouveau vers la mort, du danger qui la menace elle et son fils, tombe aux genoux d'Énée, présente le jeune Jule à son père, et le conjure ou de souffrir que sa famille se précipite avec lui à travers les flammes ennemies, ou de défendre l'asile sacré qui renferme tous les objets d'une affection si tendre. Le discours d'Andromaque à son époux, dans le sixième livre de l'Iliade, paraît avoir servi de modèle au discours de Créuse. Il faut admirer ici la sagesse de l'imitateur, qui saisit l'idée principale et néglige les développements pour ne point ralentir l'intérêt et la rapidité de ce récit. D'ailleurs la situation d'Andromaque est plus calme que celle de Créuse ; elle n'a que des pressentiments, tous ses malheurs sont dans l'avenir; elle peut encore donner un libre cours à ses gémissements et à ses larmes.

---

discours où la passion paraît abandonnée à toute son impétuosité. Remarquez en effet qu'Énée choisit précisément les images et les souvenirs les plus propres à frapper Anchise, la mort de Priam, la protection déclarée de Vénus qui aime le fils à cause du père, et enfin un second tableau des malheurs de la famille royale dans le désastre auquel Anchise lui-même semble dévouer volontairement sa propre famille.

Il n'en est pas de même de la compagne d'Énée : la mort l'environne de toutes parts ; elle n'a que le temps de pousser un cri de douleur et d'amour ; et ce cri d'une femme désespérée doit produire plus d'impression dans ce moment extrême, que les prières les plus attendrissantes et les discours les plus féconds en mouvements pathétiques. Le poëte a épuisé tous les moyens de l'éloquence du cœur pour fléchir Anchise ; il emploie maintenant le merveilleux, qui pouvait seul dénouer l'action au point où elle est parvenue.

L'aigrette de feu qui effleure la chevelure d'Ascagne, et sillonne son front sans l'offenser, l'étoile descendue du ciel pour tracer aux Troyens un sentier lumineux, l'éclat de la foudre qui semble répondre à la prière d'Anchise, tous ces présages annoncent la faveur et la clémence du ciel : le religieux Anchise reconnaît à tous ces signes la volonté manifeste des dieux ; il adore leur puissance, et se rend aux vœux de sa famille [1].

Cependant, pour presser encore le départ, ou plutôt pour mieux faire ressortir l'héroïque proposition d'Énée, le poëte accroît le bruit des flammes

---

[1] Cette scène, décrite avec la plus rare élégance et empreinte d'un caractère si religieux, est la seule scène heureuse qui nous délasse un moment au milieu de tant d'horreurs et de désolation.

et les tourbillons rapides de l'incendie qui s'avance[1];
c'est à leur clarté funèbre qu'Énée s'exprime ainsi :
«Venez, ô le plus chéri des pères, venez vous pla-
» cer sur mes épaules, je vous porterai; un far-
» deau si doux ne saurait m'accabler. Quel que
» soit l'événement, les chances de périls ou de sa-
» lut seront les mêmes pour nous deux. Que le pe-
» tit Jule m'accompagne, et que mon épouse suive
» de loin la trace de nos pas. Vous, serviteurs fidèles,
» écoutez et retenez bien ces paroles : au sortir de
» la ville, il est sur une hauteur un ancien temple
» de Cérès, abandonné maintenant; à côté s'élève
» un vieux cyprès que la piété de nos pères con-
» serve depuis de longues années; c'est là qu'il faut
» nous rendre par différents chemins. Vous, mon
» père, prenez dans vos mains les objets de notre
» culte et les dieux de la patrie; pour moi, à peine
» sorti de la guerre et du carnage, je ne saurais tou-
» cher sans crime les choses saintes, avant de m'être
» purifié dans une eau vive.

» A ces mots, ajoute Énée, je couvre mes épaules
» de la peau d'un lion, et je me courbe pour rece-
» voir mon fardeau; le petit Jule s'attache à ma main

---

[1] Horace a dit d'Énée, ode xix, livre v, vers 41:

Cui per ardentem sine fraude Trojam
Castus Æneas, patriæ superstes,
Liberum munivit iter.

» droite, et suit son père à pas inégaux; mon épouse
» vient sur nos traces. Nous marchons au milieu
» des ténèbres; et moi que n'avaient pu émouvoir
» ni les traits lancés de tous côtés, ni les Grecs ran-
» gés en bataille devant nous, maintenant le moindre
» souffle, le plus léger bruit m'épouvante, et je m'ar-
» rête également inquiet et tremblant pour le fardeau
» que je porte et pour l'enfant que je traîne avec moi.
» Déjà nous approchions des portes, et je pensais
» avoir franchi tous les dangers; tout-à-coup je crois
» entendre marcher des guerriers qui s'approchent
» de nous; et mon père, jetant au loin dans l'ombre
» ses yeux effrayés, me crie : Hâte-toi, fuis, mon
» fils, les voilà. J'aperçois des boucliers et des armes
» qui brillent comme des éclairs. En ce moment
» je ne sais quelle divinité vient troubler mes es-
» prits et m'ôter la mémoire; mais tandis que je
» me jette dans des lieux infréquentés, je perds
» ma chère Créuse. Est-ce le destin qui me l'en-
» leva? s'égara-t-elle dans sa route? fut-elle obligée
» de s'arrêter pour se reposer de ses fatigues? Je
» l'ignore; mais jamais le ciel ne la rendit à mes
» yeux. Je ne m'aperçus de ma perte, je ne regar-
» dai derrière moi pour chercher Créuse qu'au
» moment où nous étions parvenus au temple de
» Cérès. Là, tous les miens rassemblés, elle manqua
» seule, et trompa l'attente d'un fils, d'un époux,
» et de tous les Troyens réunis pour me suivre. »

ÉNÉIDE, LIVRE II.

L'antiquité n'a rien de plus sublime que la piété filiale d'Énée; le guerrier qui, après avoir tout tenté pour sauver sa patrie, emporte son père sur ses épaules, est au-dessus de tous les héros; son courage égale celui d'Achille, sa vertu surpasse la vertu d'Hector. Avec quelle simplicité il raconte une action si grande! On l'admire et on l'aime tremblant au moindre bruit pour Anchise et pour Ascagne. Mais un fils si religieux, un père si tendre, devait avoir aussi le cœur d'un époux. On a peine à concevoir ici les distractions du poëte. Combien l'ordre de suivre de loin les pas d'Énée a dû affliger la sensible Créuse [1]! Pourquoi ne trouve-t-elle pas sa place dans les alarmes d'Énée sur son père et sur son fils [2]? Par quel oubli des convenances, ou plutôt par quelle maladresse, Virgile a-t-il pu supposer qu'Énée n'avait pas une seule fois pensé à Créuse dans toute sa route? Comment une femme,

---

[1] Le texte dit:

> Et longe servet vestigia conjux.

Delille a dit avec plus de convenance:

> Et qu'observant mes pas
> Mon épouse me suive et ne me quitte pas.

[2] Delille a corrigé Virgile par une adroite traduction. Il a dit:

> Je n'ose respirer, et tremble au moindre bruit
> Et pour ce que je porte et pour ce qui me suit.

presque reine, a-t-elle été abandonnée au point que seule elle se perd, lorsque le dernier esclave arrive au rendez-vous donné? Toutes ces énigmes ne sont pas faciles à expliquer, ou plutôt il est évident que le poëte avait besoin de se débarrasser d'un personnage qui ne pouvait figurer à la cour de Didon, et qu'il a manqué d'art pour dissimuler cette impérieuse nécessité. Il fait disparaître Créuse pour donner sa place à la reine de Carthage, comme il fera mourir la reine de Carthage quand il aura besoin de produire Lavinie sur la scène. Mais, dans la première circonstance, il manque de génie et d'habileté; dans la seconde, il fera tout ce qu'on peut attendre d'un grand maître.

Aucune raison ne peut excuser ici la faute de Virgile.

La douleur d'Énée et sa résolution de rentrer dans les murs de Troie jettent sur cette faute un éclat qui la couvre sans la justifier. Rendons toutefois hommage au savant artifice du poëte, qui agrandit son héros au moment où nous serions tentés de l'accuser, et surpasse dans un dernier tableau tout ce que son génie avait enfanté pour nous émouvoir.

Troie est presque réduite en cendres; la nuit la plus épaisse la couvre d'un voile de deuil. Un silence plus effrayant que toutes les fureurs de la guerre elle-même règne dans cette enceinte immense et muette comme la mort. Ulysse et Phénix, assis sur les dépouilles des vaincus comme le tigre couché sur sa proie, gardent les richesses d'Ilion, les trésors arrachés aux temples des dieux, les vases d'or, les vêtements magnifiques, et les mères tremblantes, qui sont elles-mêmes une partie du butin.

Euripide a fourni le modèle de ce tableau dans les *Troyennes;* le récit est dans la bouche de Neptune, qui ouvre la scène :

« Les bois sacrés sont déserts, les temples sont souillés de sang, Jupiter a vu tomber Priam aux pieds de ses autels; les vaisseaux du vainqueur sont chargés des trésors et des dépouilles de la Phrygie. » Et plus loin : « Le Scamandre retentit des gémissements des captives qui attendent un maître des caprices du sort. Les unes sont distribuées aux différents peuples de la Grèce : l'Arcadien, le Thessalien, les héros issus de Thésée, qui commandent aux Athéniens, ont pris leur part du butin. Celles que leur rang exempte de la condition commune sont enfermées dans cette tente, et réservées aux chefs de l'armée. Hélène est avec elles; et c'est avec justice qu'on la compte parmi les captives. Que si quelqu'un veut contempler une image accomplie du malheur, voilà Hécube prosternée à l'entrée de la tente; elle verse beaucoup de larmes, et sur beaucoup de victimes. Sa fille Polyxène vient d'être immolée sur le tombeau d'Achille; Priam et ses enfants ne sont plus. Cassandre, dont Apollon lui-même a respecté la virginité, abandonne le culte et les autels du dieu, et se voit forcée d'entrer, par un hymen clandestin, dans le lit d'Agamemnon. »

On regrettera peut-être que Virgile ne nous ait pas instruits du sort d'Hécube et de ses filles ; mais il est vrai de dire qu'il ne pouvait entrer dans les mêmes développements que le poëte grec. Il s'est contenté de laisser dans l'esprit du lecteur quelques traits généraux qui offrent un champ libre à l'imagination; et ces traits, choisis par un grand peintre, produisent plus de terreur et de pitié que le tableau tout entier d'Euripide : d'ailleurs c'est de Créuse et d'Énée qu'il nous occupe en ce moment. Le prince troyen, incapable de compter les dangers, revole vers la maison de son père, qui est la proie des flammes, vers le palais de Priam, qui n'est plus qu'une vaste solitude : il y va chercher l'épouse qu'il a perdue. Il fait plus, il ose pousser des cris dans l'ombre, et attirer sur lui les Grecs et la mort, en appelant à plusieurs fois l'objet de ses regrets amers [1].

Tout-à-coup l'ombre de Créuse, qui, cachée dans un nuage, écoutait sans doute avec une joie mêlée

---

[1] Ici la vérité des détails sert à nous faire illusion sur la faiblesse du ressort employé par le poëte.

de tristesse les plaintes de son époux, lui apparaît pour calmer ses chagrins, pour confirmer les promesses d'Hector et les oracles des dieux. Elle lui montre, à travers beaucoup de périls à surmonter, la nouvelle patrie que les destins l'appellent à fonder sur les bords du Tibre. Mais il est quelques dernières prédictions qu'elle a peine sans doute à prononcer. « Là, dit-elle, t'attendent le bonheur, » l'empire, et une royale épouse : cesse de pleurer » cette Créuse que tu as tant aimée. » Elle ajoute : « Toutefois ne crains pas que je sois réduite à voir » les demeures orgueilleuses des Myrmidons ou des » Dolopes ; non, je ne servirai pas les femmes grec- » ques, moi, le sang de Dardanus et l'épouse du fils » de Cythérée : la puissante mère des dieux me re- » tient sur ce rivage. Adieu, conserve ton amour » au fruit de notre hymen [1]. » Le cœur de l'épouse se révèle tout entier dans les dernières paroles de la mère. Elle dit, avec cet ingénieux détour qui amène souvent et le premier et le dernier mot des femmes : « Aime cet enfant qui nous appartient » à tous deux; embrasse ce fils notre image, il te » rappellera Créuse même auprès de ta nouvelle » compagne [2]. »

---

[1] Le texte dit :

Et nati serva communis amorem.

[2] Il n'est pas besoin d'avertir les lecteurs que Virgile prépare

Le héros verse des larmes; les paroles se pressent sur ses lèvres, mais Créuse échappe et disparaît dans les airs. Trois fois il veut la serrer dans ses bras, trois fois il essaie en vain de saisir une image légère qui s'envole comme un songe. Cette éternelle séparation devrait arracher à Énée quelques cris involontaires; à son froid silence on ne reconnaît pas l'époux désespéré qui vient d'affronter de nouveaux dangers pour retrouver Créuse. Les mouvements d'une passion ardente ne tombent pas ainsi tout-à-coup; le cœur ne fait pas si promptement de cruels sacrifices, ses blessures ne se referment pas aussitôt qu'elles ont saigné. Après les dernières paroles de Créuse, paroles si tendres et si touchantes, il devrait rester à Énée sinon du désespoir, au moins une douleur dont nous aimerions à entendre l'accent. Homère n'oublie pas de compléter l'illusion d'une semblable scène entre

---

ici un autre hymen pour Énée, en le justifiant d'avance par l'ordre des dieux et presque par l'aveu de Créuse.

Il y a quelque chose de plus touchant encore dans les adieux d'Alceste mourante, qui remet aussi *communes natos* entre les mains d'Admète. (Euripide, vers 378 et suivants.)

Racine, héritier d'Euripide et de Virgile, prête à son Andromaque le langage de Créuse dans ces deux vers si connus :

Parle-lui tous les jours des vertus de son père,
Et quelquefois aussi parle-lui de sa mère.

Ulysse et sa mère Antyclée[1]. L'exemple d'Homère, mais surtout la nature, devaient préserver Virgile d'une faute qui malheureusement reviendra plus d'une fois dans le poëme.

Sans ajouter un mot sur une perte si cruelle, Énée s'empresse de rejoindre les Troyens, dont le nombre s'est beaucoup accru en son absence. Déjà l'étoile du matin commence à se lever au-dessus des sommets de l'Ida; le héros jette un dernier regard sur Troie : les Grecs en occupent les portes, nul espoir de salut pour la patrie. Il se retire et va déposer son père sur la hauteur du mont consacré par le triomphe de Vénus sur ses deux rivales, et par les amours secrets de la déesse avec Anchise.

Ainsi se termine un des plus beaux chants qui existent dans aucun poëme connu ; tous les genres de mérite y brillent sans se nuire, et en se prêtant au contraire un mutuel appui. L'ordonnance de cette tragédie est imposante, l'action une et simple; les scènes se succèdent avec une étonnante variété. L'intérêt, qu'elles modifient sans cesse, se rattache toujours au sujet principal, qui est la ruine de Troie. La fuite héroïque d'Énée est un dernier épisode qui nous conduit avec un art infini au terrible

---

[1] *Odyssée*, chant XI, vers 209 et suivants.

dénouement. Doué d'une sensibilité profonde, porté par la nature à consoler les hautes infortunes, Virgile se joue ici des plus grandes difficultés. Son génie ressemble à la source inépuisable où, suivant la fiction de Milton, les astres du ciel vont puiser la lumière dans des urnes d'or.

La terreur et la pitié paraissent portées au comble dans l'épisode de Laocoon; mais l'impression de ces deux sentiments redouble à l'aspect d'Hector, semblable à la reine Jésabel après son horrible métamorphose. Peut-être pensez-vous que le poëte ne saurait aller plus loin dans le genre d'effets produits par de si cruels spectacles. Eh bien! regardez Priam égorgé par Pyrrhus en face de ses filles, que menace le glaive, et d'Hécube, dont les douleurs réunies ne trouveraient d'expression dans aucune langue. Mais du moins Virgile ne pourra plus ajouter au spectacle de la déplorable fin du père d'Hector : vous vous trompez. Les restes de Priam, méconnaissables aux yeux d'Hécube elle-même, nous attendent et nous glaceront d'épouvante.

Après avoir frappé de si grands coups, que fera désormais Virgile pour nous émouvoir? sur qui pouvons-nous trembler et pleurer, lorsque Priam n'est plus et qu'Ilion touche à ses derniers moments? Arrivés au terme où la pitié devient une insupportable douleur, nous sommes prêts à crier au poëte : « Arrêtez-vous ; nous ne voulons plus rien entendre, il ne nous reste plus de larmes pour personne. » Virgile a prévu cette pensée ; il s'est dit à lui-même : « Je connais mon art ; non, je n'ai point encore épuisé la source de la terreur et de la pitié. Vous avez vu mourir un roi, vous allez voir périr un peuple et tomber un empire. »

Un homme survit à sa patrie ; cet homme est l'ami et presque le frère d'Hector ; il a reçu du héros l'ordre de fuir avec ses dieux et d'aller fonder une autre Troie. Il a défendu la première comme Hector lui-même aurait pu la défendre. Du haut du palais des rois, il vient de précipiter une tour qui écrase des milliers de Grecs. Il a retardé, autant qu'il était en son pouvoir, le triomphe des cruels Argiens ; il n'a quitté l'affreux théâtre de leurs fureurs qu'après la mort de Priam. Ilion et son roi n'ont rien à lui reprocher ; alors il pense à son père et à sa famille, il vole à leur secours. Une vengeance légitime, mais sans gloire, va le rejeter dans toutes les horreurs des combats ; mais Vénus elle-même, arrêtant le bras de son fils, vient ouvrir devant ses pas un chemin à travers la ville ardente ; les flammes reculent devant lui. C'est pendant ce prodige qu'il voit tomber sa patrie tout entière comme un édifice dont l'incendie a dévoré le cœur et les fondements, ou, ce qui est plus sublime encore, comme un seul arbre arraché du sein de la terre. Troie rendait le dernier soupir au moment où Énée touchait le seuil de la maison paternelle.

Mais Troie revivra dans le ministre des volontés du destin. Une famille, faible débris d'un peuple enseveli dans la tombe, apparaît comme une espérance envoyée par les dieux. Au milieu de la ville en flammes, cette famille ressemble à celle de Noé entourée des ruines du monde, et Vénus est la colombe qui apporte du ciel le rameau d'olivier. Mais avant d'arriver à cette scène qui doit nous consoler et sécher enfin nos larmes, nous avons encore de nouvelles angoisses à éprouver.

Affaibli par l'âge, lassé de la vie, dégoûté de la lumière du jour, prêt à embrasser la mort comme un asile et un repos, Anchise ne peut consentir à aller chercher les douleurs d'un exil éternel. Il a juré de ne pas sortir vivant de la terre natale; il veut mourir comme Priam de la main des Grecs : leur pitié ne saurait refuser le secours du glaive à un vieillard qui veut cesser de vivre; et s'il faut manquer d'un tombeau, il fera sans peine ce dernier sacrifice. Ici la piété filiale éclate par les cris du désespoir; Énée est vraiment sublime dans ses prières. Aux refus obstinés du vieillard, il redemande ses armes, comme Achille après la mort de Patrocle. Quel est l'événement qui nous menace maintenant? Énée cédera-t-il aux cris et aux larmes de Créuse qui veut partager ses périls, ou le conjure de rester pour défendre Anchise, Créuse et le jeune Jule? Le héros, emporté par sa fureur, va-t-il périr lui-même sur le seuil de son palais, que les Grecs franchissent déjà peut-être en demandant leurs victimes? Passeront-ils sur le corps sanglant du père pour arriver jusqu'à sa famille, réduite à le voir tomber auprès de ses dieux pénates, comme Hécube a vu tomber Priam à l'autel de Jupiter?

Au milieu de ces déchirantes incertitudes, d'heureux présages commencent à relever nos espérances : si la foudre de Jupiter nous effraie un moment, elle rassure Anchise, qui a la conscience des choses du ciel; une brillante étoile, parcourant l'horizon comme un sillon de lumière, confirme la pensée du vieillard, qui se prosterne pour adorer en elle un astre bienfaisant. Il se rend enfin, et nous bénissons avec lui le maître de l'Olympe, qui veut sauver les restes de Troie.

L'action d'Énée emportant son père sur ses épaules nous émeut d'une autre manière; notre admiration est mêlée d'une nouvelle terreur qui ne nous abandonne que lorsque Anchise et sa famille nous paraissent à l'abri de tout danger. Nous respirons un moment; mais le poëte ne nous laisse pas le temps de rendre grâces aux dieux: il tient nos cœurs entre ses mains, et, les agitant à son gré de passions semblables au flux et au reflux de la mer agitée, il veut que nous tremblions encore pour Énée, qui va chercher son épouse à travers des périls plus grands que tous ceux qu'il a traversés. Une faute, dont il faut remercier le poëte, devient l'occasion d'une peinture sublime, qui met le comble à la terreur et à la pitié, les deux ressorts de cette tragédie. En effet, le cadavre de Troie et le silence qui règne autour d'elle sont cent fois plus terribles à contempler que Troie en flammes, mais vivante encore et debout devant les dieux qui vont la renverser. On ne vit jamais de composition plus grande et plus savante ; jamais le talent ne donna des preuves plus éclatantes de sa force et de sa fécondité, jamais la raison n'exerça un plus haut empire sur l'imagination, jamais l'art de peindre et le don d'émouvoir ne furent portés à un pareil degré par aucun poëte. Le génie de Virgile prodigue les beautés comme le Dieu de Moïse sème les merveilles de la création en finissant par l'homme, le plus magnifique de ses ouvrages.

ÆNEIDOS

LIBER SECUNDUS.

Conticuere omnes, intentique ora tenebant;
Inde toro pater Æneas sic orsus ab alto :

Infandum, regina, jubes renovare dolorem;
Trojanas ut opes et lamentabile regnum
Eruerint Danai; quæque ipse miserrima vidi,
Et quorum pars magna fui. Quis, talia fando,
Myrmidonum, Dolopumve, aut duri miles Ulyxi
Temperet a lacrymis? Et jam nox humida cœlo
Præcipitat, suadentque cadentia sidera somnos :
Sed, si tantus amor casus cognoscere nostros,
Et breviter Trojæ supremum audire laborem,
Quamquam animus meminisse horret, luctuque refugit,
Incipiam. Fracti bello, fatisque repulsi,
Ductores Danaum, tot jam labentibus annis,
Instar montis equum, divina Palladis arte,
Ædificant, sectaque intexunt abiete costas :
Votum pro reditu simulant; ea fama vagatur.
Huc delecta virum sortiti corpora furtim
Includunt cæco lateri, penitusque cavernas
Ingentes, uterumque, armato milite complent.

Est in conspectu Tenedos, notissima fama
Insula, dives opum, Priami dum regna manebant;
Nunc tantum sinus, et statio male fida carinis:
Huc se provecti deserto in littore condunt.
Nos abiisse rati, et vento petiisse Mycenas.
Ergo omnis longo solvit se Teucria luctu:
Panduntur portæ, juvat ire, et Dorica castra,
Desertosque videre locos, littusque relictum.
Hic Dolopum manus, hic sævus tendebat Achilles;
Classibus hic locus; hic acie certare solebant.
Pars stupet innuptæ donum exitiale Minervæ,
Et molem mirantur equi: primusque Thymœtes
Duci intra muros hortatur, et arce locari;
Sive dolo, seu jam Trojæ sic fata ferebant.
At Capys, et quorum melior sententia menti,
Aut pelago Danaum insidias suspectaque dona
Præcipitare jubent, subjectisve urere flammis;
Aut terebrare cavas uteri et tentare latebras.
Scinditur incertum studia in contraria vulgus.

    Primus ibi ante omnes, magna comitante caterva,
Laocoon ardens summa decurrit ab arce;
Et procul: O miseri, quæ tanta insania, cives?
Creditis avectos hostes? aut ulla putatis
Dona carere dolis Danaum? Sic notus Ulyxes?
Aut hoc inclusi ligno occultantur Achivi;
Aut hæc in nostros fabricata est machina muros,
Inspectura domos, venturaque desuper urbi;
Aut aliquis latet error: equo ne credite, Teucri.
Quidquid id est, timeo Danaos et dona ferentes.
Sic fatus, validis ingentem viribus hastam

LIBER II.

In latus inque feri curvam compagibus alvum
Contorsit: stetit illa tremens, uteroque recusso
Insonuere cavæ gemitumque dedere cavernæ.
Et, si fata deum, si mens non læva fuisset,
Impulerat ferro Argolicas fœdare latebras:
Trojaque, nunc stares; Priamique arx alta, maneres.

Ecce manus juvenem interea post terga revinctum
Pastores magno ad regem clamore trahebant
Dardanidæ; qui se ignotum venientibus ultro,
Hoc ipsum ut strueret, Trojamque aperiret Achivis,
Obtulerat, fidens animi, atque in utrumque paratus,
Seu versare dolos, seu certæ occumbere morti.
Undique visendi studio Trojana juventus
Circumfusa ruit, certantque illudere capto.
Accipe nunc Danaum insidias; et crimine ab uno
Disce omnes.
Namque ut conspectu in medio, turbatus, inermis,
Constitit, atque oculis Phrygia agmina circumspexit:
Heu! quæ nunc tellus, inquit, quæ me æquora possunt
Accipere? aut quid jam misero mihi denique restat,
Cui neque apud Danaos usquam locus, et super ipsi
Dardanidæ infensi pœnas cum sanguine poscunt?
Quo gemitu conversi animi, compressus et omnis
Impetus: hortamur fari, quo sanguine cretus,
Quidve ferat memoret, quæ sit fiducia capto.
[Ille hæc, deposita tandem formidine, fatur:]

Cuncta equidem tibi, rex, fuerit quodcumque, fatebor
Vera, inquit: neque me Argolica de gente negabo;
Hoc primum: nec, si miserum fortuna Sinonem
Finxit, vanum etiam mendacemque improba finget.

Fando aliquod, si forte tuas pervenit ad aures
Belidæ nomen Palamedis, et inclyta fama
Gloria; quem falsa sub proditione Pelasgi
Insontem, infando indicio, quia bella vetabat,
Demisere neci; nunc cassum lumine lugent:
Illi me comitem, et consanguinitate propinquum,
Pauper in arma pater primis huc misit ab annis.
Dum stabat regno incolumis, regumque vigebat
Conciliis, et nos aliquod nomenque decusque
Gessimus: invidia postquam pellacis Ulyxi
(Haud ignota loquor) superis concessit ab oris,
Afflictus vitam in tenebris luctuque trahebam,
Et casum insontis mecum indignabar amici.
Nec tacui demens; et me, fors si qua tulisset,
Si patrios umquam remeassem victor ad Argos,
Promisi ultorem; et verbis odia aspera movi.
Hinc mihi prima mali labes; hinc semper Ulyxes
Criminibus terrere novis; hinc spargere voces
In vulgum ambiguas, et quærere conscius arma.
Nec requievit enim, donec Calchante ministro...
Sed quid ego hæc autem nequidquam ingrata revolvo?
Quidve moror? Si omnes uno ordine habetis Achivos,
Idque audire sat est, jamdudum sumite pœnas.
Hoc Ithacus velit, et magno mercentur Atridæ.

    Tum vero ardemus scitari et quærere causas,
Ignari scelerum tantorum artisque Pelasgæ.
Prosequitur pavitans, et ficto pectore fatur:

    Sæpe fugam Danai Troja cupiere relicta
Moliri, et longo fessi discedere bello.
Fecissentque utinam! Sæpe illos aspera ponti

Interclusit hiems, et terruit Auster euntes.
Præcipue, quum jam hic trabibus contextus acernis
Staret equus, toto sonuerunt æthere nimbi.
Suspensi Eurypylum scitatum oracula Phœbi
Mittimus; isque adytis hæc tristia dicta reportat:
Sanguine placastis ventos et virgine cæsa,
Quum primum Iliacas, Danai, venistis ad oras;
Sanguine quærendi reditus, animaque litandum
Argolica. Vulgi quæ vox ut venit ad aures,
Obstupuere animi, gelidusque per ima cucurrit
Ossa tremor; cui fata parent, quem poscat Apollo.
Hic Ithacus vatem magno Calchanta tumultu
Protrahit in medios; quæ sint ea numina divum
Flagitat: et mihi jam multi crudele canebant
Artificis scelus, et taciti ventura videbant.
Bis quinos silet ille dies, tectusque recusat
Prodere voce sua quemquam, aut opponere morti.
Vix tandem magnis Ithaci clamoribus actus,
Composito rumpit vocem, et me destinat aræ.
Assensere omnes; et quæ sibi quisque timebat
Unius in miseri exitium conversa tulere.
Jamque dies infanda aderat: mihi sacra parari,
Et salsæ fruges, et circum tempora vittæ.
Eripui, fateor, leto me, et vincula rupi;
Limosoque lacu per noctem obscurus in ulva
Delitui, dum vela, darent si forte, dedissent.
Nec mihi jam patriam antiquam spes ulla videndi,
Nec dulces natos, exoptatumque parentem;
Quos illi fors ad pœnas ob nostra reposcent
Effugia; et culpam hanc miserorum morte piabunt.

Quod te, per superos et conscia numina veri,
Per, si qua est quæ restet adhuc mortalibus usquam
Intemerata fides, oro, miserere laborum
Tantorum, miserere animi non digna ferentis.
  His lacrymis vitam damus, et miserescimus ultro.
Ipse viro primus manicas atque arcta levari
Vincla jubet Priamus; dictisque ita fatur amicis:
Quisquis es, amissos hinc jam obliviscere Graios;
Noster eris; mihique hæc edissere vera roganti:
Quo molem hanc immanis equi statuere? quis auctor?
Quidve petunt? quæ relligio? aut quæ machina belli?
Dixerat. Ille, dolis instructus et arte Pelasga,
Sustulit exutas vinclis ad sidera palmas:
Vos, æterni ignes, et non violabile vestrum
Testor numen, ait; vos, aræ, ensesque nefandi,
Quos fugi; vittæque deum, quas hostia gessi:
Fas mihi Graiorum sacrata resolvere jura,
Fas odisse viros, atque omnia ferre sub auras,
Si qua tegunt: teneor patriæ nec legibus ullis.
Tu modo promissis maneas, servataque serves
Troja fidem, si vera feram, si magna rependam.
  Omnis spes Danaum, et cœpti fiducia belli,
Palladis auxiliis semper stetit. Impius ex quo
Tydides sed enim, scelerumque inventor Ulyxes,
Fatale aggressi sacrato avellere templo
Palladium, cæsis summæ custodibus arcis,
Corripuere sacram effigiem, manibusque cruentis
Virgineas ausi divæ contingere vittas;
Ex illo fluere ac retro sublapsa referri
Spes Danaum, fractæ vires, aversa deæ mens.

Nec dubiis ea signa dedit Tritonia monstris :
Vix positum castris simulacrum, arsere coruscæ
Luminibus flammæ arrectis, salsusque per artus
Sudor iit; terque ipsa solo (mirabile dictu)
Emicuit, parmamque ferens hastamque trementem.
Extemplo tentanda fuga canit æquora Calchas,
Nec posse Argolicis exscindi Pergama telis,
Omina ni repetant Argis, numenque reducant
Quod pelago et curvis secum avexere carinis.
Et nunc, quod patrias vento petiere Mycenas,
Arma deosque parant comites; pelagoque remenso
Improvisi aderunt: ita digerit omina Calchas.
Hanc, pro Palladio, moniti, pro numine læso,
Effigiem statuere, nefas quæ triste piaret.
Hanc tamen immensam Calchas attollere molem
Roboribus textis, cœloque educere, jussit,
Ne recipi portis aut duci in mœnia possit,
Neu populum antiqua sub relligione tueri :
Nam si vestra manus violasset dona Minervæ,
Tum magnum exitium (quod di prius omen in ipsum
Convertant) Priami imperio Phrygibusque futurum;
Sin manibus vestris vestram ascendisset in urbem,
Ultro Asiam magno Pelopea ad mœnia bello
Venturam, et nostros ea fata manere nepotes.
 Talibus insidiis, perjurique arte Sinonis,
Credita res; captique dolis lacrymisque coactis,
Quos neque Tydides, nec Larissæus Achilles,
Non anni domuere decem, non mille carinæ.
 Hic aliud majus miseris multoque tremendum
Objicitur magis, atque improvida pectora turbat.

ÆNEIDOS

Laocoon, ductus Neptuno sorte sacerdos,
Solemnes taurum ingentem mactabat ad aras.
Ecce autem gemini a Tenedo tranquilla per alta
(Horresco referens) immensis orbibus angues
Incumbunt pelago, pariterque ad littora tendunt;
Pectora quorum inter fluctus arrecta jubæque
Sanguineæ exsuperant undas; pars cetera pontum
Pone legit, sinuantque immensa volumine terga.
Fit sonitus, spumante salo; jamque arva tenebant;
Ardentesque oculos suffecti sanguine et igni,
Sibila lambebant linguis vibrantibus ora.
Diffugimus visu exsangues. Illi agmine certo
Laocoonta petunt; et primum parva duorum
Corpora natorum serpens amplexus uterque
Implicat, et miseros morsu depascitur artus.
Post, ipsum, auxilio subeuntem ac tela ferentem,
Corripiunt, spirisque ligant ingentibus; et jam
Bis medium amplexi, bis collo squamea circum
Terga dati, superant capite et cervicibus altis.
Ille simul manibus tendit divellere nodos,
Perfusus sanie vittas atroque veneno;
Clamores simul horrendos ad sidera tollit :
Quales mugitus, fugit quum saucius aram
Taurus, et incertam excussit cervice securim.
At gemini lapsu delubra ad summa dracones
Effugiunt, sævæque petunt Tritonidis arcem;
Sub pedibusque deæ clypeique sub orbe teguntur.
    Tum vero tremefacta novus per pectora cunctis
Insinuat pavor; et scelus expendisse merentem
Laocoonta ferunt, sacrum qui cuspide robur

LIBER II.

Læserit, et tergo sceleratam intorserit hastam.
Ducendum ad sedes simulacrum, orandaque divæ
Numina, conclamant.
Dividimus muros, et mœnia pandimus urbis.
Accingunt omnes operi, pedibusque rotarum
Subjiciunt lapsus, et stuppea vincula collo
Intendunt. Scandit fatalis machina muros,
Feta armis : pueri circum innuptæque puellæ
Sacra canunt, funemque manu contingere gaudent.
Illa subit, mediæque minans illabitur urbi.
O patria! o divum domus Ilium! et inclyta bello
Mœnia Dardanidum! quater ipso in limine portæ
Substitit, atque utero sonitum quater arma dedere.
Instamus tamen immemores, cæcique furore,
Et monstrum infelix sacrata sistimus arce.
Tunc etiam fatis aperit Cassandra futuris
Ora, dei jussu non umquam credita Teucris.
Nos delubra deum miseri, quibus ultimus esset
Ille dies, festa velamus fronde per urbem.

   Vertitur interea cœlum, et ruit oceano nox,
Involvens umbra magna terramque, polumque,
Myrmidonumque dolos : fusi per mœnia Teucri
Conticuere; sopor fessos complectitur artus.

   Et jam Argiva phalanx instructis navibus ibat
A Tenedo, tacitæ per amica silentia lunæ
Littora nota petens, flammas quum regia puppis
Extulerat, fatisque deum defensus iniquis
Inclusos utero Danaos et pinea furtim
Laxat claustra Sinon : illos patefactus ad auras
Reddit equus; lætique cavo se robore promunt

Thessandrus Sthenelusque duces, et dirus Ulyxes,
Demissum lapsi per funem, Acamasque, Thoasque,
Pelidesque Neoptolemus, primusque Machaon,
Et Menelaus, et ipse doli fabricator Epeos.
Invadunt urbem somno vinoque sepultam :
Cæduntur vigiles; portisque patentibus omnes
Accipiunt socios, atque agmina conscia jungunt.
 Tempus erat quo prima quies mortalibus ægris
Incipit, et dono divum gratissima serpit.
In somnis ecce ante oculos mæstissimus Hector
Visus adesse mihi, largosque effundere fletus;
Raptatus bigis, ut quondam, aterque cruento
Pulvere, perque pedes trajectus lora tumentes.
Hei mihi, qualis erat! quantum mutatus ab illo
Hectore qui redit exuvias indutus Achilli,
Vel Danaum Phrygios jaculatus puppibus ignes!
Squalentem barbam, et concretos sanguine crines,
Vulneraque illa gerens quæ circum plurima muros
Accepit patrios. Ultro flens ipse videbar
Compellare virum, et mæstas expromere voces :
O lux Dardaniæ! spes o fidissima Teucrum!
Quæ tantæ tenuere moræ ? quibus Hector ab oris
Exspectate venis ? ut te post multa tuorum
Funera, post varios hominumque urbisque labores,
Defessi adspicimus! quæ causa indigna serenos
Fœdavit vultus? aut cur hæc vulnera cerno?
Ille nihil; nec me quærentem vana moratur;
Sed graviter gemitus imo de pectore ducens :
Heu! fuge, nate dea, teque his, ait, eripe flammis :
Hostis habet muros; ruit alto a culmine Troja.

Sat patriæ Priamoque datum. Si Pergama dextra
Defendi possent, etiam hac defensa fuissent.
Sacra suosque tibi commendat Troja Penates :
Hos cape fatorum comites; his mœnia quære,
Magna pererrato statues quæ denique ponto.
Sic ait; et manibus vittas, Vestamque potentem,
Æternumque adytis effert penetralibus ignem.
  Diverso interea miscentur mœnia luctu;
Et magis atque magis, quamquam secreta parentis
Anchisæ domus, arboribusque obtecta recessit,
Clarescunt sonitus, armorumque ingruit horror.
Excutior somno, et summi fastigia tecti
Ascensu supero, atque arrectis auribus adsto :
In segetem veluti quum flamma furentibus austris
Incidit, aut rapidus montano flumine torrens
Sternit agros, sternit sata læta, boumque labores,
Præcipitesque trahit silvas; stupet inscius alto
Accipiens sonitum saxi de vertice pastor.
Tum vero manifesta fides, Danaumque patescunt
Insidiæ : jam Deiphobi dedit ampla ruinam,
Vulcano superante, domus; jam proximus ardet
Ucalegon ; Sigea igni freta lata relucent.
Exoritur clamorque virum clangorque tubarum.
Arma amens capio; nec sat rationis in armis;
Sed glomerare manum bello, et concurrere in arcem
Cum sociis ardent animi : furor iraque mentem
Præcipitant; pulchrumque mori succurrit in armis.
  Ecce autem telis Panthus elapsus Achivum,
Panthus Othryades, arcis Phœbique sacerdos,
Sacra manu, victosque deos, parvumque nepotem,

Ipse trahit, cursuque amens ad limina tendit.
Quo res summa loco, Panthu? quam prendimus arcem?
Vix ea fatus eram, gemitu quum talia reddit:
Venit summa dies et ineluctabile tempus
Dardaniæ : fuimus Troes; fuit Ilium, et ingens
Gloria Teucrorum : ferus omnia Juppiter Argos
Transtulit : incensa Danai dominantur in urbe.
Arduus armatos mediis in mœnibus adstans
Fundit equus; victorque Sinon incendia miscet
Insultans : portis alii bipatentibus adsunt,
Millia quot magnis umquam venere Mycenis,
Obsedere alii telis angusta viarum
Oppositi : stat ferri acies mucrone corusco
Stricta, parata neci : vix primi prœlia tentant
Portarum vigiles, et cæco marte resistunt.

 Talibus Othryadæ dictis et numine divum
In flammas et in arma feror, quo tristis Erinnys,
Quo fremitus vocat, et sublatus ad æthera clamor.
Addunt se socios Rhipeus, et maximus armis
Epytus; oblati per lunam, Hypanisque, Dymasque;
Et lateri agglomerant nostro; juvenisque Corœbus
Mygdonides : illis ad Trojam forte diebus
Venerat, insano Cassandræ incensus amore;
Et gener auxilium Priamo Phrygibusque ferebat;
Infelix, qui non sponsæ præcepta furentis
Audierit.
Quos ubi confertos audere in prœlia vidi,
Incipio super his : Juvenes, fortissima frustra
Pectora, si vobis audentem extrema cupido
Certa sequi, quæ sit rebus fortuna videtis:

Excessere omnes, adytis arisque relictis,
Di quibus imperium hoc steterat : succurritis urbi
Incensæ : moriamur, et in media arma ruamus :
Una salus victis nullam sperare salutem.
Sic animis juvenum furor additus. Inde, lupi ceu
Raptores, atra in nebula, quos improba ventris
Exegit cæcos rabies, catulique relicti
Faucibus exspectant siccis, per tela, per hostes,
Vadimus haud dubiam in mortem; mediæque tenemus
Urbis iter : nox atra cava circumvolat umbra.
Quis cladem illius noctis, quis funera fando
Explicet, aut possit lacrymis æquare labores?
Urbs antiqua ruit, multos dominata per annos;
Plurima perque vias sternuntur inertia passim
Corpora, perque domos, et relligiosa deorum
Limina. Nec soli pœnas dant sanguine Teucri;
Quondam etiam victis redit in præcordia virtus :
Victoresque cadunt Danai : crudelis ubique
Luctus, ubique pavor, et plurima mortis imago.
    Primus se, Danaum magna comitante caterva,
Androgeus offert nobis, socia agmina credens
Inscius; atque ultro verbis compellat amicis :
Festinate, viri; nam quæ tam sera moratur
Segnities? alii rapiunt incensa feruntque
Pergama; vos celsis nunc primum a navibus itis!
Dixit, et extemplo (neque enim responsa dabantur
Fida satis) sensit medios delapsus in hostes.
Obstupuit, retroque pedem cum voce repressit.
Improvisum aspris veluti qui sentibus anguem
Pressit humi nitens, trepidusque repente refugit,

Attollentem iras, et cærula colla tumentem:
Haud secus Androgeus visu tremefactus abibat.
Irruimus, densis et circumfundimur armis;
Ignarosque loci passim et formidine captos
Sternimus: adspirat primo fortuna labori.
Atque hic successu exsultans animisque Corœbus:
O socii, qua prima, inquit, fortuna salutis
Monstrat iter, quaque ostendit se dextra, sequamur.
Mutemus clypeos, Danaumque insignia nobis
Aptemus: dolus, an virtus, quis in hoste requirat?
Arma dabunt ipsi. Sic fatus, deinde comantem
Androgei galeam clypeique insigne decorum
Induitur, laterique Argivum accommodat ensem.
Hoc Rhipeus, hoc ipse Dymas, omnisque juventus
Læta facit, spoliis se quisque recentibus armat.
Vadimus immixti Danais, haud numine nostro;
Multaque per cæcam congressi prœlia noctem
Conserimus; multos Danaum demittimus Orco.
Diffugiunt alii ad naves, et littora cursu
Fida petunt; pars ingentem formidine turpi
Scandunt rursus equum, et nota conduntur in alvo.
Heu! nihil invitis fas quemquam fidere divis.

 Ecce trahebatur passis Priameia virgo
Crinibus a templo Cassandra adytisque Minervæ,
Ad cœlum tendens ardentia lumina frustra;
Lumina, nam teneras arcebant vincula palmas.
Non tulit hanc speciem furiata mente Corœbus,
Et sese medium injecit periturus in agmen.
Consequimur cuncti, et densis incurrimus armis.
Hic primum ex alto delubri culmine telis

LIBER II.

Nostrorum obruimur, oriturque miserrima cædes,
Armorum facie et Graiarum errore jubarum.
Tum Danai, gemitu atque ereptæ virginis ira,
Undique collecti invadunt; acerrimus Ajax,
Et gemini Atridæ, Dolopumque exercitus omnis.
Adversi rupto ceu quondam turbine venti
Confligunt, Zephyrusque, Notusque, et lætus Eois
Eurus equis; stridunt silvæ; sævitque tridenti
Spumeus atque imo Nereus ciet æquora fundo.
Illi etiam, si quos obscura nocte per umbram
Fudimus insidiis, totaque agitavimus urbe,
Apparent; primi clypeos mentitaque tela
Agnoscunt, atque ora sono discordia signant.
Ilicet obruimur numero : primusque Corœbus,
Penelei dextra, divæ armipotentis ad aram
Procumbit; cadit et Rhipeus, justissimus unus
Qui fuit in Teucris, et servantissimus æqui:
Dis aliter visum. Pereunt Hypanisque, Dymasque,
Confixi a sociis : nec te tua plurima, Panthu,
Labentem pietas nec Apollinis infula texit.
Iliaci cineres, et flamma extrema meorum,
Testor, in occasu vestro, nec tela nec ullas
Vitavisse vices Danaum; et, si fata fuissent
Ut caderem, meruisse manu. Divellimur inde,
Iphitus et Pelias mecum, quorum Iphitus ævo
Jam gravior, Pelias et vulnere tardus Ulyxi :
Protinus ad sedes Priami clamore vocati.
Hic vero ingentem pugnam, ceu cetera nusquam
Bella forent, nulli tota morerentur in urbe :
Sic Martem indomitum, Danaosque ad tecta ruentes

Cernimus, obsessumque acta testudine limen.
Hærent parietibus scalæ, postesque sub ipsos
Nituntur gradibus; clypeosque ad tela sinistris
Protecti objiciunt; prensant fastigia dextris.
Dardanidæ contra turres ac tecta domorum
Culmina convellunt; his se, quando ultima cernunt,
Extrema jam in morte parant defendere telis:
Auratasque trabes, veterum decora alta parentum,
Devolvunt: alii strictis mucronibus imas
Obsedere fores; has servant agmine denso.
Instaurati animi regis succurrere tectis,
Auxilioque levare viros, vimque addere victis.

   Limen erat, cæcæque fores, et pervius usus
Tectorum inter se Priami, postesque relicti
A tergo, infelix qua se, dum regna manebant,
Sæpius Andromache ferre incomitata solebat
Ad soceros, et avo puerum Astyanacta trahebat.
Evado ad summi fastigia culminis, unde
Tela manu miseri jactabant irrita Teucri.
Turrim in præcipiti stantem, summisque sub astra
Eductam tectis, unde omnis Troja videri,
Et Danaum solitæ naves, et Achaia castra,
Aggressi ferro circum, qua summa labantes
Juncturas tabulata dabant, convellimus altis
Sedibus, impulimusque. Ea lapsa repente ruinam
Cum sonitu trahit, et Danaum super agmina late
Incidit: ast alii subeunt: nec saxa, nec ullum
Telorum interea cessat genus.
Vestibulum ante ipsum primoque in limine Pyrrhus
Exsultat, telis et luce coruscus ahena.

LIBER II.

Qualis ubi in lucem coluber, mala gramina pastus,
Frigida sub terra tumidum quem bruma tegebat,
Nunc positis novus exuviis, nitidusque juventa,
Lubrica convolvit sublato pectore terga
Arduus ad solem, et linguis micat ore trisulcis.
Una ingens Periphas, et equorum agitator Achillis
Armiger Automedon, una omnis Scyria pubes,
Succedunt tecto, et flammas ad culmina jactant.
Ipse inter primos correpta dura bipenni
Limina perrumpit, postesque a cardine vellit
Æratos; jamque, excisa trabe, firma cavavit
Robora, et ingentem lato dedit ore fenestram.
Apparet domus intus, et atria longa patescunt;
Apparent Priami et veterum penetralia regum;
Armatosque vident stantes in limine primo.
  At domus interior gemitu miseroque tumultu
Miscetur; penitusque cavæ plangoribus ædes
Femineis ululant : ferit aurea sidera clamor.
Tum pavidæ tectis matres ingentibus errant,
Amplexæque tenent postes, atque oscula figunt.
Instat vi patria Pyrrhus; nec claustra neque ipsi
Custodes sufferre valent. Labat ariete crebro
Janua, et emoti procumbunt cardine postes.
Fit via vi; rumpunt aditus, primosque trucidant
Immissi Danai, et late loca militi complent.
Non sic, aggeribus ruptis quum spumeus amnis
Exiit, oppositasque evicit gurgite moles,
Fertur in arva furens cumulo, camposque per omnes
Cum stabulis armenta trahit. Vidi ipse furentem
Cæde Neoptolemum, geminosque in limine Atridas:

ÆNEIDOS

Vidi Hecubam, centumque nurus, Priamumque per aras
Sanguine fœdantem quos ipse sacraverat ignes.
Quinquaginta illi thalami, spes tanta nepotum,
Barbarico postes auro spoliisque superbi
Procubuere : tenent Danai qua deficit ignis.
 Forsitan et Priami fuerint quæ fata requiras.
Urbis uti captæ casum, convulsaque vidit
Limina tectorum, et medium in penetralibus hostem;
Arma diu senior desueta trementibus ævo
Circumdat nequidquam humeris, et inutile ferrum
Cingitur, ac densos fertur moriturus in hostes.
 Ædibus in mediis, nudoque sub ætheris axe,
Ingens ara fuit; juxtaque veterrima laurus
Incumbens aræ, atque umbra complexa Penates :
Hic Hecuba et natæ nequidquam altaria circum,
Præcipites atra ceu tempestate columbæ,
Condensæ, et divum amplexæ simulacra, sedebant.
Ipsum autem sumptis Priamum juvenalibus armis
Ut vidit : Quæ mens tam dira, miserrime conjux,
Impulit his cingi telis? aut quo ruis? inquit.
Non tali auxilio nec defensoribus istis
Tempus eget; non, si ipse meus nunc afforet Hector.
Huc tandem concede: hæc ara tuebitur omnes,
Aut moriere simul. Sic ore effata, recepit
Ad sese, et sacra longævum in sede locavit.
 Ecce autem, elapsus Pyrrhi de cæde, Polites,
Unus natorum Priami, per tela, per hostes,
Porticibus longis fugit, et vacua atria lustrat
Saucius : illum ardens infesto vulnere Pyrrhus
Insequitur, jam jamque manu tenet, et premit hasta.

LIBER II.

Ut tandem ante oculos evasit et ora parentum,
Concidit, ac multo vitam cum sanguine fudit.
Hic Priamus, quamquam in media jam morte tenetur,
Non tamen abstinuit, nec voci iræque pepercit:
At tibi pro scelere, exclamat, pro talibus ausis,
Di (si qua est cœlo pietas quæ talia curet)
Persolvant grates dignas, et præmia reddant
Debita, qui nati coram me cernere letum
Fecisti, et patrios fœdasti funere vultus !
At non ille, satum quo te mentiris, Achilles
Talis in hoste fuit Priamo; sed jura fidemque
Supplicis erubuit, corpusque exsangue sepulcro
Reddidit Hectoreum, meque in mea regna remisit.
Sic fatus senior, telumque imbelle sine ictu
Conjecit, rauco quod protinus ære repulsum,
Et summo clypei nequidquam umbone pependit.
Cui Pyrrhus: Referes ergo hæc et nuntius ibis
Pelidæ genitori: illi mea tristia facta,
Degeneremque Neoptolemum, narrare memento.
Nunc morere. Hoc dicens, altaria ad ipsa trementem
Traxit, et in multo lapsantem sanguine nati;
Implicuitque comam læva, dextraque coruscum
Extulit ac lateri capulo tenus abdidit ensem.
Hæc finis Priami fatorum; hic exitus illum
Sorte tulit, Trojam incensam et prolapsa videntem
Pergama, tot quondam populis terrisque superbum
Regnatorem Asiæ. Jacet ingens littore truncus,
Avulsumque humeris caput, et sine nomine corpus.

 At me tum primum sævus circumstetit horror:
Obstupui: subiit cari genitoris imago,

Ut regem æquævum crudeli vulnere vidi
Vitam exhalantem; subiit deserta Creusa,
Et direpta domus, et parvi casus Iuli.
Respicio, et quæ sit me circum copia lustro.
Deseruere omnes defessi, et corpora saltu
Ad terram misere, aut ignibus ægra dedere.

   Jamque adeo super unus eram; quum limina Vestæ
Servantem et tacitam secreta in sede latentem
Tyndarida adspicio : dant clara incendia lucem
Erranti, passimque oculos per cuncta ferenti.
Illa sibi infestos eversa ob Pergama Teucros,
Et pœnas Danaum, et deserti conjugis iras,
Præmetuens, Trojæ et patriæ communis Erinnys,
Abdiderat sese, atque aris invisa sedebat.
Exarsere ignes animo; subit ira cadentem
Ulcisci patriam, et sceleratas sumere pœnas.
Scilicet hæc Spartam incolumis patriasque Mycenas
Adspiciet, partoque ibit regina triumpho?
Conjugiumque, domumque, patres, natosque videbit,
Iliadum turba et Phrygiis comitata ministris ?
Occiderit ferro Priamus? Troja arserit igni?
Dardanium toties sudarit sanguine littus?
Non ita, namque etsi nullum memorabile nomen
Feminea in pœna est, nec habet victoria laudem,
Extinxisse nefas tamen, et sumpsisse merentis
Laudabor pœnas; animumque explesse juvabit
Ultricis flammæ, et cineres satiasse meorum.

   Talia jactabam, et furiata mente ferebar;
Quum mihi se, non ante oculis tam clara, videndam
Obtulit, et pura per noctem in luce refulsit,

LIBER II.

Alma parens, confessa deam, qualisque videri
Cœlicolis et quanta solet; dextraque prehensum
Continuit, roseoque hæc insuper addidit ore:
   Nate, quis indomitas tantus dolor excitat iras?
Quid furis? aut quonam nostri tibi cura recessit?
Non prius adspicies ubi fessum ætate parentem
Liqueris Anchisen? superet conjuxne Creusa,
Ascaniusque puer? quos omnes undique Graiæ
Circum errant acies; et, ni mea cura resistat,
Jam flammæ tulerint, inimicus et hauserit ensis.
Non tibi Tyndaridis facies invisa Lacænæ,
Culpatusve Paris; divum inclementia, divum,
Has evertit opes, sternitque a culmine Trojam.
Adspice: namque omnem quæ nunc obducta tuenti
Mortales hebetat visus tibi, et humida circum
Caligat, nubem eripiam: tu ne qua parentis
Jussa time, neu præceptis parere recusa.
Hic, ubi disjectas moles, avulsaque saxis
Saxa vides, mixtoque undantem pulvere fumum,
Neptunus muros magnoque emota tridenti
Fundamenta quatit, totamque a sedibus urbem
Eruit. Hic Juno Scæas sævissima portas
Prima tenet, sociumque furens a navibus agmen
Ferro accincta vocat.
Jam summas arces Tritonia, respice, Pallas
Insedit, nimbo effulgens et Gorgone sæva.
Ipse pater Danais animos viresque secundas
Sufficit; ipse deos in Dardana suscitat arma.
Eripe, nate, fugam, finemque impone labori.
Nusquam abero, et tutum patrio te limine sistam.

Dixerat, et spissis noctis se condidit umbris.
Apparent diræ facies, inimicaque Trojæ
Numina magna deum.
  Tum vero omne mihi visum considere in ignes
Ilium, et ex imo verti Neptunia Troja.
Ac veluti summis antiquam in montibus ornum
Quum ferro accisam crebrisque bipennibus instant
Eruere agricolæ certatim; illa usque minatur,
Et tremefacta comam concusso vertice nutat;
Vulneribus donec paulatim evicta, supremum
Congemuit, traxitque jugis avulsa ruinam.
Descendo, ac, ducente deo, flammam inter et hostes
Expedior : dant tela locum, flammæque recedunt.
  Atque ubi jam patriæ perventum ad limina sedis,
Antiquasque domos, genitor, quem tollere in altos
Optabam primum montes, primumque petebam,
Abnegat excisa vitam producere Troja,
Exsiliumque pati. Vos o, quibus integer ævi
Sanguis, ait, solidæque suo stant robore vires,
Vos, agitate fugam.
Me si cœlicolæ voluissent ducere vitam,
Has mihi servassent sedes : satis una superque
Vidimus excidia, et captæ superavimus urbi.
Sic o sic positum affati discedite corpus.
Ipse manu mortem inveniam ; miserebitur hostis,
Exuviasque petet : facilis jactura sepulcri.
Jam pridem invisus divis, et inutilis, annos
Demoror, ex quo me divum pater atque hominum rex
Fulminis afflavit ventis et contigit igni.
Talia perstabat memorans, fixusque manebat.

LIBER II.

Nos contra effusi lacrymis, conjuxque Creusa,
Ascaniusque, omnisque domus, ne vertere secum
Cuncta pater, fatoque urgenti incumbere, vellet.
Abnegat, inceptoque et sedibus hæret in isdem.
Rursus in arma feror, mortemque miserrimus opto.
Nam quod consilium aut quæ jam fortuna dabatur?
Mene efferre pedem, genitor, te posse relicto
Sperasti? tantumque nefas patrio excidit ore?
Si nihil ex tanta superis placet urbe relinqui,
Et sedet hoc animo, perituræque addere Trojæ
Teque tuosque juvat; patet isti janua leto:
Jamque aderit multo Priami de sanguine Pyrrhus,
Natum ante ora patris, patrem qui obtruncat ad aras.
Hoc erat, alma parens, quod me, per tela, per ignes,
Eripis, ut mediis hostem in penetralibus, utque
Ascanium, patremque meum, juxtaque Creusam,
Alterum in alterius mactatos sanguine cernam?
Arma, viri, ferte arma: vocat lux ultima victos.
Reddite me Danais, sinite instaurata revisam
Prœlia : numquam omnes hodie moriemur inulti.
 Hinc ferro accingor rursus, clypeoque sinistram
Insertabam aptans, meque extra tecta ferebam.
Ecce autem complexa pedes in limine conjux
Hærebat, parvumque patri tendebat Iulum:
Si periturus abis, et nos rape in omnia tecum;
Sin aliquam expertus sumptis spem ponis in armis,
Hanc primum tutare domum: cui parvus Iulus,
Cui pater, et conjux, quondam tua dicta, relinquor?
 Talia vociferans, gemitu tectum omne replebat;
Quum subitum dictuque oritur mirabile monstrum :

Namque, manus inter mæstorumque ora parentum,
Ecce levis summo de vertice visus Iuli
Fundere lumen apex, tactuque innoxia molles
Lambere flamma comas, et circum tempora pasci.
Nos pavidi trepidare metu, crinemque flagrantem
Excutere, et sanctos restinguere fontibus ignes.
At pater Anchises oculos ad sidera lætus
Extulit, et cœlo palmas cum voce tetendit.
Juppiter omnipotens, precibus si flecteris ullis,
Adspice nos; hoc tantum: et, si pietate meremur,
Da deinde auxilium, pater, atque hæc omina firma.

   Vix ea fatus erat senior, subitoque fragore
Intonuit lævum, et de cœlo lapsa per umbras
Stella facem ducens multa cum luce cucurrit.
Illam, summa super labentem culmina tecti,
Cernimus Idæa claram se condere silva,
Signantemque vias: tum longo limite sulcus
Dat lucem, et late circum loca sulfure fumant.
Hic vero victus genitor se tollit ad auras,
Affaturque deos, et sanctum sidus adorat.
Jam jam nulla mora est: sequor, et, qua ducitis, adsum.
Di patrii, servate domum, servate nepotem:
Vestrum hoc augurium, vestroque in numine Troja est.
Cedo equidem; nec, nate, tibi comes ire recuso.

   Dixerat ille; et jam per mœnia clarior ignis
Auditur, propiusque æstus incendia volvunt.
Ergo age, care pater, cervici imponere nostræ;
Ipse subibo humeris, nec me labor iste gravabit:
Quo res cumque cadent, unum et commune periclum,
Una salus ambobus erit. Mihi parvus Iulus

Sit comes; et longe servet vestigia conjux.
Vos, famuli, quæ dicam animis advertite vestris.
Est urbe egressis tumulus, templumque vetustum
Desertæ Cereris, juxtaque antiqua cupressus
Relligione patrum multos servata per annos:
Hanc ex diverso sedem veniemus in unam.
Tu, genitor, cape sacra manu, patriosque Penates:
Me, bello e tanto digressum et cæde recenti,
Attrectare nefas, donec me flumine vivo
Abluero.
Hæc fatus, latos humeros subjectaque colla
Veste super fulvique insternor pelle leonis,
Succedoque oneri: dextræ se parvus Iulus
Implicuit, sequiturque patrem non passibus æquis;
Pone subit conjux. Ferimur per opaca locorum:
Et me, quem dudum non ulla injecta movebant
Tela, neque adverso glomerati ex agmine Graii,
Nunc omnes terrent auræ, sonus excitat omnis
Suspensum, et pariter comitique onerique timentem.

 Jamque propinquabam portis, omnemque videbar
Evasisse vicem; subito quum creber ad aures
Visus adesse pedum sonitus: genitorque per umbram
Prospiciens, Nate, exclamat, fuge, nate; propinquant:
Ardentes clypeos atque æra micantia cerno.
Hic mihi nescio quod trepido male numen amicum
Confusam eripuit mentem: namque avia cursu
Dum sequor, et nota excedo regione viarum,
Heu! misero conjux fatone erepta Creusa
Substitit, erravitne via, seu lassa resedit,
Incertum; nec post oculis est reddita nostris.

Nec prius amissam respexi, animumve reflexi,
Quam tumulum antiquæ Cereris sedemque sacratam
Venimus: hic demum collectis omnibus una
Defuit; et comites, natumque, virumque, fefellit.
Quem non incusavi amens hominumque deorumque?
Aut quid in eversa vidi crudelius urbe?
Ascanium, Anchisenque patrem, Teucrosque Penates,
Commendo sociis, et curva valle recondo:
Ipse urbem repeto, et cingor fulgentibus armis.
Stat casus renovare omnes, omnemque reverti
Per Trojam, et rursus caput objectare periclis.
Principio muros obscuraque limina portæ
Qua gressum extuleram repeto; et vestigia retro
Observata sequor per noctem, et lumine lustro:
Horror ubique animos, simul ipsa silentia terrent.
Inde domum, si forte pedem, si forte tulisset,
Me refero: irruerant Danai, et tectum omne tenebant.
Ilicet ignis edax summa ad fastigia vento
Volvitur; exsuperant flammæ; furit æstus ad auras.
Procedo, et Priami sedes arcemque reviso.
Et jam porticibus vacuis Junonis asylo
Custodes lecti Phœnix et dirus Ulyxes
Prædam asservabant: huc undique Troia gaza
Incensis erepta adytis, mensæque deorum,
Crateresque auro solidi, captivaque vestis
Congeritur: pueri et pavidæ longo ordine matres
Stant circum.
Ausus quin etiam voces jactare per umbram,
Implevi clamore vias, mæstusque Creusam
Nequidquam ingeminans iterumque iterumque vocavi.

LIBER II.

Quærenti et tectis urbis sine fine furenti
Infelix simulacrum atque ipsius umbra Creusæ
Visa mihi ante oculos, et nota major imago.
Obstupui, steteruntque comæ, et vox faucibus hæsit.
Tum sic affari, et curas his demere dictis:
Quid tantum insano juvat indulgere dolori,
O dulcis conjux? non hæc sine numine divum
Eveniunt : nec te hinc comitem asportare Creusam
Fas, aut ille sinit superi regnator olympi.
Longa tibi exsilia, et vastum maris æquor arandum :
Et terram Hesperiam venies, ubi Lydius, arva
Inter opima virum, leni fluit agmine Thybris.
Illic res lætæ, regnumque, et regia conjux
Parta tibi : lacrymas dilectæ pelle Creusæ.
Non ego Myrmidonum sedes Dolopumve superbas
Adspiciam, aut Graiis servitum matribus ibo,
Dardanis, et divæ Veneris nurus :
Sed me magna deum genitrix his detinet oris.
Jamque vale, et nati serva communis amorem.
Hæc ubi dicta dedit, lacrymantem et multa volentem
Dicere deseruit, tenuesque recessit in auras.
Ter conatus ibi collo dare brachia circum;
Ter frustra comprensa manus effugit imago,
Par levibus ventis, volucrique simillima somno.
Sic demum socios, consumpta nocte, reviso.

 Atque hic ingentem comitum affluxisse novorum
Invenio admirans numerum; matresque, virosque,
Collectam exsilio pubem, miserabile vulgus.
Undique convenere, animis opibusque parati,
In quascumque velim pelago deducere terras.

Jamque jugis summæ surgebat Lucifer Idæ,
Ducebatque diem; Danaique obsessa tenebant
Limina portarum; nec spes opis ulla dabatur.
Cessi, et sublato montem genitore petivi.

LIVRE III.

Énée vient d'achever son magnifique récit de la ruine de Troie; mais, comme tout le monde garde le silence au moment où il semble s'arrêter pour reprendre haleine, nous ne pouvons que supposer l'intérêt qu'il a excité. La vive curiosité de Didon ne permet pas de croire qu'elle soit restée muette après avoir entendu le prince troyen. La pitié, l'admiration, la reconnaissance pour celui qui s'est fait une violence cruelle en retraçant des souvenirs si douloureux, ont dû inspirer à la reine quelques touchantes paroles.

La femme sensible qui a dit avec tant de charme,

> Non ignara mali, miseris succurrere disco,

l'amante passionnée qui a déjà dans le cœur et presque sur les lèvres ces exclamations,

> Quis novus hic nostris successit sedibus hospes!
> Quem sese ore ferens! quam forti pectore, et armis!

n'a pu cacher les divers sentiments que lui ont fait éprouver la peinture des tragiques destinées d'un empire et les périls d'un héros sauvé de la mort par la protection des dieux.

Fénélon, disciple de la nature et d'Homère, représente avec plus de vérité les mêmes scènes que Virgile.

L'auteur du Télémaque suspend à propos les récits du fils d'Ulysse pour nous montrer leur effet sur Calypso; il laisse reposer le narrateur après les deux premiers chants, et nous voyons la déesse étonnée d'entendre des paroles si sages sortir de la bouche d'un jeune homme. Avide du plaisir de l'écouter encore, c'est elle qui le prie de poursuivre et de raconter sa sortie d'Égypte, où il avait été réduit en esclavage.

Après de nouveaux discours qui augmentent l'admiration et l'amour de la déesse, le poëte a encore le soin de nous révéler l'état de son cœur par un discours plein de tendresse et de grâce.

« Calypso, qui avait été jusqu'à ce moment immobile et transportée de plaisir en écoutant les aventures de Télémaque, l'interrompt pour lui faire prendre quelque repos. « Il est temps, lui dit-elle, que vous alliez goûter la douceur du sommeil après tant de travaux. Vous n'avez rien à craindre ici, tout vous est favorable; abandonnez-vous donc à la joie, goûtez la paix et tous les autres présents des dieux dont vous allez être comblé. Demain, quand l'aurore, avec ses doigts de rose, entr'ouvrira les portes dorées de l'orient, nous reprendrons, mon cher Télémaque, l'histoire de vos malheurs. Jamais votre père n'a égalé votre sagesse et votre courage; ni Achille vainqueur d'Hector, ni Thésée revenu des enfers, ni même le grand Alcide qui a purgé la terre de tant de monstres, n'ont fait voir autant de force et de vertu que vous. Je souhaite qu'un profond sommeil vous rende cette nuit courte. Mais, hélas, qu'elle sera longue pour moi! qu'il me tardera de vous voir, de vous entendre, de vous faire redire ce que je sais déjà, et de vous demander ce que je ne sais pas encore[1]! Allez, mon cher Télémaque, avec le sage Mentor que les dieux vous ont rendu, allez dans cette grotte écartée, où tout est préparé pour votre repos. Je prie Morphée de répandre ses plus doux charmes sur vos paupières appesanties, de faire couler une vapeur divine dans tous vos membres fatigués, et de vous envoyer des songes légers, qui, voltigeant autour de vous, flattent vos sens par les plus riantes images, et repoussent loin de vous tout ce qui pourrait vous réveiller trop promptement! »

Voilà une femme, une amante, des passions, des paroles du cœur, et une scène pleine de vérité. Il ne faut avertir aucun esprit délicat de lever

---

[1] Ces expressions sont bien plus vives, elles ont bien plus le mouvement de la passion que ce vers de Virgile :

Multa super Priamo rogitans, super Hectore multa.

Nous entendons Calypso elle-même dans Fénélon; c'est le poëte qui parle dans l'Énéide.

le voile léger qui couvre les véritables pensées de la déesse, ce qu'elle dirait peut-être sans la présence de ses nymphes et surtout de Mentor. On sent qu'elle demande à Morphée, ou plutôt à l'amour, d'envoyer à Télémaque des songes de Calypso ; la passion lui fait souhaiter d'apparaître encore embellie par le sommeil aux yeux du jeune Grec qu'elle veut enlacer dans ses chaînes.

Fénélon, en suivant dans ses tableaux une gradation d'intérêt qui accroît sans cesse l'impression produite par les exploits d'un jeune prince qui grandit sous nos yeux, n'oublie pas jusqu'au dernier moment ses devoirs de peintre fidèle, ainsi qu'on va le voir.

« Quand Télémaque eut achevé ce discours, toutes les nymphes, qui avaient été immobiles, les yeux attachés sur lui, se regardaient les unes les autres. Elles se disaient avec étonnement : « Quels sont donc ces deux hommes si chéris des dieux? A-t-on jamais ouï parler d'aventures si merveilleuses? Le fils d'Ulysse le surpasse déjà en éloquence, en sagesse et en valeur. Quelle mine! quelle beauté! quelle douceur! quelle modestie[1]! mais quelle noblesse et quelle grandeur! Si nous ne savions qu'il

---

[1] Elles disent comme Didon, comme toutes les femmes : *Quem sese ore ferens!*

est le fils d'un mortel, on le prendrait aisément pour Bacchus ou pour le grand Apollon. »

» Calypso écoutait ces paroles avec un trouble qu'elle ne pouvait cacher. Ses yeux errants allaient sans cesse de Mentor à Télémaque et de Télémaque à Mentor. Quelquefois elle voulait que Télémaque recommençât cette longue histoire de ses aventures; puis tout-à-coup elle s'interrompait elle-même. »

On reconnaît ici cette vérité de peinture dont Homère offre tant de modèles. Virgile, je le sais, avait d'autres convenances à garder; Didon ne pouvait point parler comme Calypso : mais la nature ne perd jamais ses droits; et, même en présence d'une cour attentive et jalouse, la passion éclate toujours par quelque trait. Le silence de Didon est une faute; ou bien, si on voulait la renfermer dans sa dignité de reine, il fallait prêter quelques discours à Élise, assez initiée déjà dans les secrets de sa sœur pour s'empresser de lui épargner une dangereuse épreuve, assez touchée du mérite d'Énée pour servir d'interprète aux sentiments de l'assemblée et surtout à ceux de la reine. Les femmes, qui sont si propres à ressentir un intérêt de pitié pour une passion qui est la grande affaire de leur vie, ont une habileté merveilleuse à prévenir l'embarras d'une amie qui ne peut s'exprimer, parcequ'elle a trop à dire et que la plus simple manifestation de sa pensée serait un écueil.

On a vu comment Fénélon a suspendu les récits de Télémaque, par une attention de Calypso qui l'invite à céder au sommeil, dont il doit avoir besoin. On voudrait trouver quelque chose de semblable dans Virgile. Après la tragédie de la ruine d'Ilion, l'attention est fatiguée; l'intérêt épuisé a besoin de quelque temps pour renaître. Un intervalle entre ce grand drame et le récit des voyages et des autres épreuves du héros aurait satisfait les auditeurs eux-mêmes. Par cette précaution, le poëte évitait un inconvénient grave, celui de refroidir l'attention en faisant succéder aux scènes les plus déchirantes, aux images les plus sublimes, des choses moins propres à frapper les esprits et à remuer les cœurs. Dans Fénélon l'intérêt augmente; il décroît dans Virgile. Le simple artifice de séparer les deux récits par un repos aurait au moins dû servir à pallier cette faute contre les principes de l'art. Virgile n'a point eu ce scrupule, et le héros troyen continue en ces termes le récit de ses aventures :

« Quand la volonté des dieux eut résolu de ren-
» verser la puissance de l'Asie et le peuple de Priam,
» qui ne méritait pas un tel malheur; quand le su-
» perbe Ilion fut tombé en ruines, et que toute la
» cité de Neptune n'offrit plus qu'un monceau de
» cendres fumantes, les augures des dieux nous for-
» cèrent enfin à nous séparer pour aller chercher

» des exils différents et des pays déserts et im-
» menses. Dans cette extrémité, nous construisons
» une flotte sous les hauteurs d'Antandre et du
» mont Ida qui couronne la Phrygie; incertains de
» savoir où le sort nous appelle, en quelle contrée
» il nous sera permis de fixer notre séjour, nous
» rassemblons nos guerriers. A peine s'ouvrait la
» saison favorable, mon père Anchise ordonne d'a-
» bandonner les voiles aux vents; je quitte en pleu-
» rant les rivages de ma patrie, le port hospitalier,
» et les champs où fut Troie; je pars pour l'exil,
» j'emmène avec moi sur les mers mes compa-
» gnons, mon fils, mes pénates, et les grands dieux
» de l'olympe. »

On remarque dans ce discours une assez singulière contradiction avec ce qui précède; Énée dit :

> Incerti quo fata ferant, ubi sistere detur.

Cependant il sait bien que les destins l'appellent
en Italie, lui-même l'a déclaré à ses compagnons
dans le premier livre; Ilionée parle deux fois de
l'Italie dans sa harangue à Didon. Créuse annonce
aussi au prince troyen l'Hespérie comme le terme
de ses voyages et la récompense de ses travaux.
Toutefois ce n'est là qu'une inattention assez légère, quoique trop fréquente dans Virgile; mais
pourquoi faut-il que le poëte trahisse entièrement
notre attente vers la fin de ce discours? C'est trop

peu que quelques larmes d'Énée dans le moment suprême d'une séparation si cruelle. Eh quoi ! les malheureux restes d'un grand peuple enseveli sous les ruines d'un grand empire, n'éprouvent-ils aucun regret en quittant la ville de Neptune et la maison des dieux? On ne les entend pas s'écrier : « Plus d'Ilion ! plus de patrie ! c'en est fait, nous ne reverrons plus les sommets du mont Ida et les tours de Dardanie. » Les femmes ne font pas retentir les échos de leurs plaintes avant d'entrer dans les vaisseaux qui doivent les conduire si loin des rives chéries du Xanthe et du Simoïs ! Euripide a été mieux inspiré ; voici comment il fait parler le chœur dans le troisième acte de sa tragédie des Troyennes : « Ainsi donc, ô Jupiter, tu livres aux Grecs le temple qu'Ilion t'avait bâti, l'autel parfumé de notre encens, où brillaient les flammes du sacrifice, d'où s'élevait jusqu'au ciel la fumée de la myrrhe odorante ! Tu abandonnes la sainte Pergame, le mont Ida, ces bois couronnés de lierre qu'arrosent des sources glacées, ce sommet merveilleux que le soleil éclaire de ses premiers rayons, et qui répand une clarté divine ! tes sacrifices ont cessé comme les chants des chœurs nocturnes ; nous ne verrons plus les traits révérés des simulacres d'or, ornements du sanctuaire ; l'astre des nuits n'entendra plus les Phrygiens célébrer ses douze révolutions. O roi des dieux et des hommes, en parcourant ta demeure céleste, ou les vastes plaines de l'air, dédaignes-tu d'abaisser tes regards sur une ville infortunée qui est devenue la proie des flammes? »

Virgile était trop habile pour emprunter tout ce passage à Euripide, mais il y pouvait puiser d'heureuses inspirations. Loin de cela, tous les Troyens se taisent : les femmes mêmes paraissent insensibles; elles ne saluent pas une dernière fois les lieux où elles sont devenues mères, elles ne tombent pas à genoux pour invoquer, dans un souvenir religieux, leurs époux qui reposent au sein de la terre natale. Il y avait à imiter quelque chose dans les paroles d'Hécube :

« J'embrasse l'autel de Diane, que je fatigue en vain de mes prières. Infortunée, mon époux a péri sous mes yeux. On m'emmène au travers des vastes flots loin de ma patrie! mes tristes regards restent fixés sur cette terre chérie, tandis que le gouvernail détache le vaisseau du rivage, et nous sépare à jamais d'Ilion. » On aurait achevé le tableau en nous montrant ces infortunées poursuivant la patrie de leurs derniers regards. Ce trait était tellement dans le caractère du talent de Virgile, qu'on ne conçoit pas qu'il l'ait négligé[1]. On conçoit encore

---

[1] On lit dans les Troyennes de Sénèque :
« Malheureuses, quelle sera notre douleur lorsque nous verrons décroître le rivage et la mer s'agrandir, lorsque les som-

moins qu'Anchise, qui avait refusé si obstinément d'abandonner les restes de Troie, oublie d'adresser quelques paroles à cette ville et aux mânes de Priam, à ce monarque si malheureux, mort au même âge que lui, et privé de sépulture. Que si le vieillard ne devait pas parler, pourquoi n'avoir pas prêté à son fils, au chef de la nouvelle entreprise, quelques apostrophes semblables à celle que nous avons admirée dans le livre précédent ?

Iliaci cineres et flamma extrema meorum.

Ah! qu'on serait ému de l'entendre s'écrier : « Adieu, terre de Priam! adieu, patrie d'Hector! adieu, superbes remparts bâtis par Neptune, et maintenant réduits en poussière! Je vous quitte, les destins l'ordonnent; mais votre souvenir me sera toujours cher et sacré. »

On pourrait encore souhaiter que, rempli des ordres d'Hector et inspiré par les oracles des dieux, Énée promît la nouvelle Troie à celle qui n'est plus qu'une ruine. Si la raison ne demande pas ici au

---

mets de l'Ida se cacheront pour nous dans un lointain obscur! Alors, en nous montrant les uns aux autres la contrée qui gardera le cadavre de Troie, le fils dira à sa mère, ou la mère à son fils : Ilion était là où cette fumée monte vers le ciel en nuages ténébreux. Tels sont les tristes signes auxquels les Troyens pourront encore reconnaître leur patrie » (Acte IV, scène II, vers 16 et suivants.)

personnage un hymne de prophète comme celui de Joad passant du délire de la douleur à l'ivresse de la joie, lorsque ses regards découvrent dans l'avenir les prospérités de la nouvelle Jérusalem; s'il ne fallait pas donner au grave Énée une inspiration semblable à celle qu'Apollon envoie à Cassandre, cette vierge qui cache sous le voile de l'hyménée la furie de la maison des Atrides [1], le sujet et la situation admettaient ou demandaient, avec plus de sobriété, quelques traits du même genre. Des vers pareils à ceux de Properce que nous allons citer seraient devenus sublimes dans la bouche d'Énée :

> .... Tu diruta fletus
> Supprime, et Euboicos respice, Troja, sinus.
> Nauplius ultores sub noctem porrigit ignes,
> Et natat exuviis Græcia pressa tuis.

Et ceux-ci :

> Vertite equum, Danai; male vincitis. Ilia tellus
> Vivet, et huic cineri Juppiter arma dabit [2].

Ces paroles, en animant la scène du départ, qui n'est qu'une froide narration du poëte, auraient

---

[1] Voyez Euripide, acte II, scène II.

[2] « Cesse de pleurer sur tes ruines, malheureuse Troie, et jette les yeux sur le golfe d'Eubée. Nauplius fait briller pour toi des feux vengeurs; vois flotter sur les ondes les débris des vaisseaux ennemis accablés sous le poids de tes richesses. Grecs, remmenez ce cheval perfide; vous avez vaincu sous de

l'avantage de montrer le héros à la fois pieux et plein de courage, et d'inspirer à ses compagnons une grande confiance dans les dieux, vertu dont ils auront souvent besoin au milieu des épreuves qui les attendent. Jamais un chef d'entreprise ne doit manquer de saisir une occasion solennelle de donner une haute idée de lui-même, et de frapper les esprits par des paroles et des actions qui laissent un long souvenir.

Énée s'embarque enfin; il aborde dans la Thrace, jadis soumise au sévère Lycurgue. Une hospitalité antique et des pénates amis unissaient la Thrace avec les Troyens au temps de leur prospérité. On regrette que le poëte n'ait consacré que trois vers à la description de ce pays, illustré par tant de souvenirs poétiques. L'Hèbre, qui roula les restes inanimés de l'époux d'Eurydice, le Rhodope, dont le sommet est couronné de frimas, où les Amazones et les bacchantes célébraient des chœurs de danse en l'honneur de Bacchus, ne sont pas même nommés. Les mœurs guerrières et sauvages des habitants sont à peine indiquées par ce trait : *Mavortia terra*.

Le prince troyen descend sur le rivage; il commence la fondation d'une nouvelle Troie; déjà il

---

malheureux auspices; Ilion doit renaître, et Jupiter lui-même armera cette cendre contre vous. » (Livre IV, élégie IV.)

offre un sacrifice à sa mère, aux dieux protecteurs
de ses nouveaux remparts, et au roi suprême de
l'olympe. Non loin s'élevait un tertre qu'ombrageaient un cornouiller et un myrte hérissé de rameaux épais. «Je m'approche, dit le héros; mais, en
» m'efforçant d'enlever cette forêt verdoyante pour
» couvrir les autels de feuillage, je vois soudain
» un prodige horrible, incroyable : le premier arbrisseau que j'enlève, après avoir brisé ses racines, distille un sang noir, qui souille la terre de
» taches impures. Mes membres frissonnent d'horreur, et mon sang glacé s'arrête d'épouvante.
» J'essaie encore d'arracher un rameau et de pénétrer entièrement les causes mystérieuses du prodige; un nouveau sang coule d'une nouvelle
» écorce. Troublé de mille pensées, je suppliais les
» nymphes champêtres, le dieu Mars protecteur
» des Gètes, de rendre favorable ce présage et d'écarter ce qu'il avait de sinistre; mais, tandis que
» j'attaque avec plus d'effort un troisième rameau,
» et que mes genoux luttent contre l'arène, le dirai-je? un gémissement lamentable sort du fond
» de la terre, et enfin ces paroles prononcées par
» une voix humaine arrivent jusqu'à mes oreilles :
» Énée, pourquoi déchirer un malheureux? Épargne
» ma cendre, cesse de souiller d'un crime tes mains
» pures. Troie ne m'est point étrangère; tu me connais, et le sang que tu vois n'a point coulé d'un

» tronc insensible. Ah! fuis ces terres cruelles, fuis
» ces rives avares. Je suis Polydore : ici mon corps
» a été couvert d'une moisson de dards homicides;
» leurs pointes aiguës ont pris racine dans la terre,
» et monté en longs rameaux [1]. A ce récit, l'âme
» oppressée de doute et de terreur, je frémis; mes
» cheveux se dressent, et ma voix expire sur mes
» lèvres. Autrefois le malheureux Priam avait en
» secret confié la tendre jeunesse de son fils avec
» d'immenses trésors aux soins du roi de Thrace.
» L'infortuné père avait pris cette précaution au
» moment où, se défiant déjà du succès de ses armes,
» il voyait la ville de Troie environnée d'ennemis
» prêts à l'assiéger. Dès que la fortune eut brisé les

---

[1] La traduction de Delille contient ici des vers qui ont le cachet de ces vers de Boileau, si pleins, si purs, si bien frappés, auxquels on ne peut rien ajouter et rien ôter.

> Du premier arbrisseau que mon effort détache
> Un suc affreux jaillit sous la main qui l'arrache,
> Et rougit, en tombant, le sol ensanglanté.
> Un froid mortel saisit mon cœur épouvanté;
> Je tressaille d'horreur. Mais ma main téméraire
> Du prodige effrayant veut sonder le mystère;
> Je tente d'arracher un second arbrisseau :
> Un nouveau sang jaillit d'un arbuste nouveau.
> Tremblant, j'offre mes vœux aux nymphes des bocages,
> Au fier dieu des combats; et mes pieux hommages
> Implorent humblement un présage plus doux;
> Et déjà sur la tombe appuyant mes genoux,
> Luttant contre la terre et redoublant de force,

» forces des Troyens et abandonné nos drapeaux,
» le traître Polymnestor, adoptant la fortune d'Aga-
» memnon et le parti de la victoire, viole toutes les
» lois, égorge Polydore, et s'empare de ses richesses
» par un second crime. A quoi ne forces-tu pas le
» cœur des mortels, exécrable soif de l'or? Remis
» de mon effroi, je rapporte ces prodiges des dieux
» aux chefs du peuple, et d'abord à mon père; je
» demande leur conseil : tous sont d'avis de s'éloi-
» gner d'une terre criminelle, où l'hospitalité fut
» trahie; tous veulent qu'on rende la flotte au souf-
» fle des vents. »

Cet épisode doit la naissance à l'*Hécube* d'Euri-

D'un troisième arbrisseau ma main pressait l'écorce,
Quand du fond du tombeau (j'en tremble encor d'effroi)
Une voix lamentable arrive jusqu'à moi :
Fils d'Anchise, pourquoi, souillant des mains si pures,
Viens-tu troubler mon ombre et rouvrir mes blessures?
Hélas! respecte au moins l'asile du trépas;
D'un insensible bois ce sang ne coule pas.
Cette contrée a vu terminer ma misère;
Mais celle où tu naquis ne m'est point étrangère.
Épargne donc ma cendre, ô généreux Troyen!
Ma patrie est la tienne et ce sang est le mien.
Ah! fuis ces lieux cruels, fuis cette terre avare :
J'y péris immolé par un tyran barbare.
Polydore est mon nom; ces arbustes sanglants
Furent autant de traits qui percèrent mes flancs.
La terre me reçut; et, dans mon sein plongée,
Leur moisson homicide en arbres s'est changée.

pide et à celle d'Ovide, dont nous allons d'abord donner une idée.

La reine d'Ilion, après avoir perdu Polyxène immolée sur la tombe d'Achille [1], veut du moins laver les blessures sanglantes de sa fille; elle demande une urne, et s'approche du fleuve pour la remplir. Tout-à-coup elle aperçoit le cadavre de Polydore rejeté sur le rivage par les flots, et percé de coups par les traits du cruel roi de Thrace. Les Troyennes poussent un cri d'effroi; Hécube ne peut parler; la douleur dévore à la fois ses paroles et ses larmes, qui rentrent dans son cœur. Dans sa stupeur, elle est immobile comme le dur rocher : d'abord ses regards demeurent attachés à la terre; quelquefois elle lève vers le ciel ses yeux hagards et menaçants : elle considère tantôt le visage, tantôt les blessures, mais surtout les blessures de son fils étendu sur le sable; elle amasse en son cœur et couve sa colère. Enfin elle éclate, et, comme si elle était reine encore, elle a résolu de punir le crime, et se repaît tout entière de l'image du supplice qu'elle réserve au coupable. Le poëte continue cette scène, en portant la terreur jusqu'où elle peut aller, par le cruel châtiment de Polymnestor, à qui Hécube, aidée de ses compagnes d'esclavage, arrache elle-même les yeux.

---

[1] Métamorphoses, livre XIII, vers 536 et suivants.

Euripide a osé montrer ce prince privé de la vue, hurlant de douleur, s'aidant de ses mains pour ramper dans les ténèbres, et poursuivant de ses cris les bacchantes infernales qui ont massacré ses fils et ravi la lumière du jour à leur père. Les Grecs osaient tout ce qui est dans la nature et conforme à la vérité; nos convenances, quelquefois trop sévères, nous enlèvent beaucoup de ressources pour émouvoir profondément les cœurs.

Voilà ce qu'on trouve sur Polydore dans les deux poëtes que je viens de citer.

« Cependant, dit Énée, nous célébrons les funé-
» railles de Polydore; un vaste amas de terre s'élève
» en l'honneur de l'infortuné; des autels dressés
» pour ses mânes sont couverts de sombres bande-
» lettes et de tristes cyprès, images de notre tristesse.
» Autour des deux autels on voit pleurer des femmes
» troyennes, les cheveux épars, suivant l'usage an-
» tique de leur patrie. Nous répandons sur les au-
» tels des coupes remplies d'un lait tiède, et du
» sang consacré; nous enfermons dans son tombeau
» cette âme plaintive, en lui adressant à haute voix
» l'adieu suprême. »

Tout cet épisode est bien pensé, il est dramatique, et surtout écrit avec une admirable élégance, avec une rare précision; pas un trait inutile ou déplacé : mais, comme le remarque Addison, si le merveilleux se trouve dans ce récit, on y chercherait en vain le vraisemblable, parceque le prodige est attaché à des causes naturelles, sans le secours d'une puissance divine, sans le secours même des enchantements [1]. On doit s'étonner encore du peu d'indignation d'Énée pour un si grand crime; il ne forme pas même le vœu de pouvoir le punir. Ensuite le sort du jeune prince ne touche point assez l'ami de Priam, et surtout un père qui peut se dire : « Ah! si j'avais le malheur d'être séparé de mon fils, je trouverais peut-être aussi un Polymnestor pour l'égorger. » Si Virgile eût médité davantage la tragédie d'*Hécube*, où la mort cruelle de Polydore produit des émotions si profondes, il ne serait pas resté au-dessous de son sujet. A la vérité il eût été difficile d'égaler Euripide en se privant, comme Virgile l'a fait, de la présence, de la douleur, du désespoir et de la vengeance d'Hécube. Ovide est ici supérieur à Virgile et à l'auteur d'Hécube.

Le Tasse a transporté avec beaucoup de bonheur, dans le treizième chant de sa Jérusalem délivrée, l'épisode de Polydore.

Tancrède envoyé par Godefroy pour aborder

---

[1] Dans l'Arioste, la métamorphose d'Astolphe en myrte est du moins motivée par le pouvoir surnaturel d'Alcine.

Dans cet épisode, trop long sans doute, l'Arioste a fondu ensemble des traits d'Ovide et de Virgile. (Chant VI, strophe xxvi et suivantes.)

les périls de cette forêt enchantée qui étonne les plus fiers courages, entend le vent qui frémit à travers les feuillages; bientôt des sons lugubres et un concert de soupirs et de sanglots viennent frapper ses oreilles, et portent dans son cœur des sentiments mêlés de pitié, d'épouvante, et de douleur. Enfin il tire son épée, et de toute sa force il frappe le cyprès. O prodige! le sang coule de l'écorce et va rougir la terre. Le héros frémit, mais il redouble ses coups, résolu d'approfondir ce mystère. Alors il entend sortir, comme du fond d'un tombeau, de longs gémissements. Bientôt une voix lui crie: « Ah! Tancrède, arrête; tu m'as déjà fait une trop cruelle blessure. Barbare! tu m'as arrachée du corps que j'animais; pourquoi viens-tu déchirer encore cet arbre malheureux auquel m'unit une triste destinée? Veux-tu, cruel, outrager jusque dans le tombeau les cendres de ton ennemie? Je fus Clorinde : je ne suis pas la seule qui habite cette forêt funeste; chrétien, infidèle, tout ce qui a péri sous les murs de Solime est enchaîné ici par la force d'un charme inconnu; ces rameaux, ces arbres sont animés, et tu ne peux en couper une branche sans être un assassin. » Le malade qui voit en songe des dragons ou des chimères que la flamme environne, les craint sans les croire; et quoique à demi convaincu de l'erreur de ses sens, il fait pour fuir d'inutiles efforts, tant l'aspect de ces monstres imaginaires lui imprime de terreur et d'effroi; ainsi le héros frémit, et cède à des illusions que son esprit combat encore. Son cœur, subjugué par un sentiment impérieux, s'alarme et se glace; dans ce mouvement imprévu le fer échappe de sa tremblante main; éperdu, hors de lui-même, il croit voir sa Clorinde gémissante, éplorée, qui lui reproche ses blessures et ses outrages; il ne peut plus regarder ce sang, il ne peut plus entendre ces douloureux soupirs. »

L'épisode du Tasse offre plus d'intérêt dramatique que celui de Virgile : la situation de Tancrède est plus déchirante que celle d'Énée. Le héros de l'Énéide n'éprouve qu'un sentiment de crainte; le héros du Tasse est pénétré de douleur, de pitié, de regrets, et d'épouvante. D'ailleurs la fiction du poëte italien, quoique la même que celle de Virgile, emprunte ici quelque vraisemblance de la situation de Tancrède. L'illusion qui l'abuse prend son pouvoir dans la passion dont il est possédé; la voix seule de Clorinde, cette voix si connue et dont les derniers accents résonnent encore aux oreilles de son amant, donne seule du pouvoir à des prestiges que Tancrède libre de passion rougirait de croire un moment. L'amour, qui est une faiblesse, ouvre les âmes les plus fortes à l'influence des superstitions, aux présages, aux craintes, et à mille chimères.

Énée continue sa course, et touche au rivage de Délos; cette île refuge de Latone, berceau de Diane et d'Apollon, cette fleur jetée au sein des mers, autour de laquelle les Cyclades semblent former un chœur, selon l'expression de Callimaque; Délos, le centre de l'univers, où toutes les nations apportaient chaque année les prémices de leurs fruits, ce sanctuaire que les peuples de l'antiquité n'osèrent jamais profaner, aurait dû peut-être inspirer à Virgile une description plus riche d'intérêt et de poésie.

On me permettra sans doute d'emprunter ici une citation à l'auteur d'Anacharsis pour appuyer ma réflexion d'une autorité.

« Dans l'heureux climat que j'habite, une lumière pure, inaltérable, se repose doucement sur les objets; c'est la lumière dont les dieux sont couronnés dans l'olympe.

» Quand elle se montre à l'horizon, les arbres agitent leurs feuilles naissantes, les bords de l'Ilissus retentissent du chant des oiseaux, et les échos du mont Hymette du son des chalumeaux rustiques.

» Quand elle est près de s'éteindre, le ciel se couvre de voiles étincelants, et les nymphes de l'Attique vont, d'un pas timide, essayer sur le gazon des danses légères. Mais bientôt elle se hâte d'éclore, et alors on ne regrette ni la fraîcheur de la nuit qu'on vient de perdre, ni la splendeur du jour qui l'avait précédée. Il semble qu'un nouveau soleil se lève sur un nouvel univers, et qu'il apporte de l'orient des couleurs inconnues aux mortels [1]. »

Assurément ces images étaient du domaine de l'épopée; Fénélon, souvent plus antique et plus Grec que Virgile, ne les néglige jamais. Que si le poëte latin ne voulait point de ces détails, le temple d'Apollon, sa statue symbolique, son autel regardé comme une des merveilles du monde, l'arbre sacré qui l'ombrage et qui jouit d'un printemps éternel pour avoir servi d'appui à Latone lorsqu'elle mit au monde Diane et son frère, méritaient l'attention d'un poëte. Mais surtout comme le tableau des fêtes de Délos, la peinture de ces *théories* composées de l'élite des jeunes vierges et des jeunes garçons de Mycène, de Rhénée, de Cos, patrie de Simonide, de Paros, où les Grâces avaient des autels, d'Athènes, qui a donné le jour aux poëtes que Virgile a tant aimés, était propre à toucher le cœur de Didon! Eh! qui donc est capable de sentir l'enchantement des lieux, la magie des fêtes, toutes les illusions de la jeunesse, le charme attaché aux cérémonies d'un culte plein de grâce et de volupté, si ce n'est une femme qui a dans le cœur la religion de l'amour?

---

[1] Volume VI, chapitre LXXVI.

Dira-t-on que le temple d'Apollon, que les brillantes fêtes de Délos n'existaient pas encore? mais l'autel mystérieux bâti par le dieu à l'âge de quatre ans est une antique tradition; et quand il en aurait coûté un léger anachronisme de plus pour ajouter des beautés au poëme, blâmerait-on Virgile de cette heureuse faute? Il valait mieux la commettre que de dire avec froideur : « Sortis de
» nos vaisseaux, nous saluons la ville d'Apollon.
» Anius, roi des hommes et prêtre d'Apollon, cou-
» ronné de bandelettes et du laurier sacré, accourt
» au-devant de nous; il reconnaît Anchise son vieil
» ami. Nous joignons nos mains en signe d'hospi-
» talité, et nous entrons dans son palais.

» J'implorai le dieu dans son temple antique :
» Divinité de Thymbra, donne-nous des demeures
» assurées; donne aux malheureux Troyens des
» remparts, une ville où ils puissent enfin rester,
» et une nombreuse postérité. Protège une autre
» Pergame échappée aux Grecs et à l'impitoyable
» Achille. Quel guide suivrons-nous? Où veux-tu
» que nous portions nos pas? Où fonder notre sé-
» jour? Dieu paternel, accorde-nous un augure fa-
» vorable, et descends dans nos âmes ! »

Malgré cette tendre et pieuse prière, le trépied d'Apollon trompe les Troyens par un oracle obscur et des paroles énigmatiques : « Troyens, dit-il, cher-
» chez votre antique mère; là domineront sur toute

» la terre la maison d'Énée et les fils de ses fils, et
» ceux qui naîtront de leur sang. » A ces mots d'Apollon s'élève au milieu des Troyens une joie bruyante et tumultueuse; tous demandent quels sont ces remparts où Phébus appelle les Troyens errants et leur ordonne de retourner.

On cherche encore ici comment le sensible Virgile n'a point senti la nécessité d'intéresser la reine par quelques traits sur l'enfance de Jupiter, dont la Crète fut le berceau, et surtout par le récit des malheurs d'Idoménée, l'un des rois qui avaient renversé la superbe ville de Priam. Quel heureux moyen d'animer la sécheresse du récit uniforme des voyages inutiles d'Énée et de ses exploits vulgaires, que l'épisode des châtiments d'un prince chassé par ses sujets parcequ'il a voulu accomplir un vœu téméraire, et donner la mort à son propre fils pour satisfaire Neptune[1]! Mais Virgile, si riche, si fécond, si varié dans les diverses scènes de la ruine d'Ilion, n'est plus qu'un froid narrateur dans le troisième livre. Croirait-on, par exemple, qu'un poëte se contente d'esquisser en six vers le tableau d'un événement pareil à celui de la peste qui chasse Énée de la patrie d'Idoménée? Sans entrer dans les détails d'une description comme celle

---

[1] Fénélon, dans le cinquième livre du Télémaque, a fait le plus touchant récit de cette aventure.

de la peste d'Égine ou d'Athènes, Virgile avait une occasion naturelle de renouveler la pitié pour les Troyens, par la peinture d'une si grande calamité ajoutée à tant d'autres; mais, à force de précision, il efface entièrement son héros. Où trouvons-nous en lui le roi digne de ce titre? Pourquoi ne le voyons-nous pas, au milieu de ses compagnons atteints de la contagion, déployer quelques unes des vertus sublimes de saint Louis en Égypte? Pourquoi le jeune Ascagne n'est-il pas menacé de la mort, ou du moins d'un danger qui fasse frémir le cœur de son père? Les périls d'un enfant qui est l'espérance d'un peuple, et qui a inspiré une tendresse si vive à la reine de Carthage, auraient jeté une agréable variété dans le sujet, et donné au récit le mouvement d'une scène. Il devait sortir ici du cœur d'Énée quelques unes de ces paroles qui montrent l'homme et font aimer celui qu'on admire. Virgile, observateur, et peintre de la nature, ne pouvait pas ignorer qu'il ne faut pas désenchanter les femmes, et que laisser tout-à-coup refroidir leur enthousiasme n'est pas le moyen d'accroître ou de conserver leur amour. Le fils de Vénus ne saurait échapper à cette réflexion de la reine : « Mon héros n'est plus digne de lui-même. Qu'il était grand lorsqu'il défendait la patrie et emportait Anchise sur ses épaules! Ah! pourquoi ne nous parle-t-il plus de Priam ou d'Hector? » Rappelons-nous que le dessein constant de Virgile est d'augmenter la passion de la reine pour le Troyen, et nous sentirons que le poëte devait prévenir ces objections. C'eût été un jeu pour son talent que de changer ces reproches en un sujet d'éloges. Énée sublime de courage et d'humanité, Énée s'oubliant lui-même pour sauver son peuple dans un pays étranger, pouvait paraître plus grand, exciter une pitié plus profonde, qu'Énée prêt à mourir les armes à la main dans la dernière journée d'un peuple et d'un empire. Pour produire cet effet, il suffisait de laisser agir la vertu du héros, seule et sans aucun secours des dieux.

Alarmé par le fléau qui ravage la Crète, Anchise conseille de repasser la mer pour aller de nouveau consulter l'oracle de Délos; mais un prodige rend ce conseil inutile. Empruntons la description du prodige à la muse de Delille, souvent digne de servir d'interprète à celle du chantre d'Énée :

> La nuit couvrait le ciel, tout dormait; quand mes dieux,
> Ravis dans Troie en cendre à la fureur des feux,
> Aux rayons de Phébé, qui brillait tout entière,
> M'apparaissent en songe éclatants de lumière,
> Consolent mes chagrins, et m'adressent ces mots :
> « Épargne-toi le soin de repasser les flots;
> » Apollon nous envoie; et ce qu'eût fait entendre
> » L'oracle de Délos, nous pouvons te l'apprendre.
> » C'est nous qui, compagnons de périls, de travaux,
> » Suivîmes ton exil, partageâmes tes maux;
> » C'est nous qui, terminant ta course vagabonde,

» A ta race immortelle asservirons le monde.
» Ose donc mériter ta future splendeur.
» La Crète ne doit point renfermer ta grandeur :
» Il est des bords fameux que l'on nomme Hespérie,
» Qu'autrefois ont peuplés les enfants d'OEnotrie,
» Riche et puissant empire. Italus, nous dit-on,
» Augmenta sa splendeur, et lui donna son nom.
» Là du grand Dardanus la race a pris naissance :
» Où fut votre berceau sera votre puissance.
» Cours détromper Anchise, et guide les Troyens
» Des rivages de Crète aux bords ausoniens. »
Ainsi parlaient mes dieux : ce n'était point d'un songe
L'illusion nocturne et le grossier mensonge ;
C'étaient leurs saints bandeaux, leurs regards, leurs accents,
Et tous mes sens émus me les montraient présents.
Tremblant, je me relève, et, saisi d'épouvante,
Je lève au ciel ma voix et ma main suppliante ;
Aux dieux hospitaliers je rends un juste honneur,
Et je cours à mon père annoncer mon bonheur.
Égaré, mais soumis à cette voix divine,
A sa double famille, à sa double origine,
Il impute l'erreur de l'oracle douteux
Qui lui fit méconnaître et confondre ces lieux :
« O mon fils, que poursuit l'affreux destin de Troie !
» Cassandre, et mon esprit s'en souvient avec joie,
» Cassandre, me dit-il, par des avis certains,
» M'a cent fois de ma race annoncé les destins,
» Et les champs d'Italus et les bords d'Hespérie.
» Mais qui pouvait si loin attendre une patrie ?
» Et qui croyait Cassandre en ces temps malheureux ?
» Cédons aux lois du sort, obéissons aux dieux. »

---

[1] On aperçoit ici le soin que prend Virgile d'affaiblir les reproches que la critique pouvait lui faire, et il faut avouer

Il dit : on applaudit, on dépose au rivage
Tous ceux que retenait ou leur sexe ou leur âge.
Le vent gonfle la voile, et sur les vastes eaux,
Nous cherchons des périls et des climats nouveaux.
Le bord fuit ; devant nous s'étend la mer profonde ;
Partout les cieux, partout les noirs gouffres de l'onde.
Tout-à-coup la tempête, apportant la terreur,
Sur l'onde au loin répand sa ténébreuse horreur ;
Le vent tonne en courroux sur les mers qu'il tourmente ;
Le flot monte et retombe en montagne écumante ;
L'œil ne distingue plus ni le jour ni la nuit :
Le pilote éperdu, que la frayeur conduit,
Abandonne au hasard sa course vagabonde.
Sur nous le ciel mugit, sous nos pieds la mer gronde ;
La foudre nous menace, et de l'air ténébreux
Mille horribles éclairs sont les astres affreux.
Le jour est sans soleil, et la nuit sans étoiles ;
L'onde brise la rame et le vent rompt les voiles ;
Et la troisième aurore a revu nos vaisseaux
Abandonnés, sans guide, à la merci des eaux.
Enfin le jour suivant, le noir horizon s'ouvre ;
Des monts dans le lointain le sommet se découvre,
Et leur vapeur s'élève en tourbillons fumeux.
Alors nous nous courbons sous les flots écumeux,
Et la voile baissée a fait place à la rame :
Le jour renaît aux cieux, l'espérance en notre âme,
Et de leurs bras nerveux nos ardents matelots
Font écumer la mer et bouillonner les flots.

---

qu'il ne manque pas d'une certaine adresse dans ses excuses pour l'erreur d'Anchise. Mais il vaut mieux délibérer plus long-temps avec sa raison avant d'adopter un moyen, que de mettre ensuite son esprit à la torture pour pallier des fautes qu'on ne parviendra jamais à cacher.

ÉNÉIDE, LIVRE III.

Si le talent du style, si l'élégance des expressions, le choix des images, suffisaient à un poëme, Virgile, dont les beautés sont assez heureusement reproduites dans cette traduction, ne mériterait que des éloges ; mais, comme Delille l'observe avec justesse, on est tenté de trouver quelque ridicule dans les oracles qui, consultés avec un respect si religieux, égarent, par une funeste ambiguïté, un peuple malheureux, mais placé cependant sous la protection de Jupiter. N'est-ce pas aussi une inconvenance que cette témérité des dieux pénates à redresser les torts du trépied de Delphes ? Cette inadvertance ne méritera-t-elle pas un nom plus sévère, si on la rapproche des prodiges qui ont précédé la réponse du dieu de Delphes et de Délos, et dans lesquels Virgile a déployé la magnificence de sa poésie, comme on en peut juger par cette traduction de Delille :

> Je visite du dieu le temple tutélaire,
> Et je m'écrie : « O toi, que dans Thymbre on révère,
> » Donne à mon peuple errant des murs, une cité,
> » Et prépare un long règne à sa postérité.
> » Où faut-il transporter nos dieux, nous et Pergame ?
> » Viens, parle, éclaire-nous, et descends dans notre âme !
> Je dis : et tout-à-coup je sens de l'immortel
> S'agiter le laurier et le temple et l'autel.
> Le mont tremble ; chacun vers la terre s'incline,
> Et ces mots sont sortis de l'enceinte divine :
> « Troyens, c'est au berceau de vos premiers parents
> » Que je promets un terme à vos destins errants ;

» Allez, et recherchez la terre paternelle :
» Là naîtra de vainqueurs une race éternelle ;
» Là règneront Énée et ses derniers neveux,
» Et les fils de ses fils, et ceux qui naîtront d'eux. »

Plus ces images sont imposantes, plus le ton du dieu est solennel, et plus nous avons le droit de blâmer le poëte d'avoir employé un tel luxe d'effets pour un oracle fallacieux. Fénélon, en imitant Virgile, nous fait sentir que le bon sens doit présider à tout, même aux fictions, et que les plus beaux ornements deviennent des taches quand ils sont inutiles ou déplacés.

Télémaque, réduit en esclavage, exilé dans les déserts d'Oasis, en fait une peinture affreuse à Calypso, et ajoute :

« Je ne trouvai d'autres hommes dans ce pays que des bergers aussi sauvages que le pays même. Là je passais les nuits à déplorer mon malheur, et les jours à suivre un troupeau pour éviter la fureur brutale d'un premier esclave, qui, espérant d'obtenir sa liberté, accusait sans cesse les autres pour faire valoir à son maître son zèle et son attachement à ses intérêts. Cet esclave se nommait Butis. Je devais succomber dans cette occasion; la douleur me pressant, j'oubliai un jour mon troupeau, et je m'étendis sur l'herbe auprès d'une caverne, où j'attendais la mort, ne pouvant plus supporter mes peines.

» En ce moment je remarquai que toute la montagne tremblait; les pins et les chênes semblaient descendre de son sommet; les vents retenaient leurs haleines. Une voix mugissante sortit de la caverne, et me fit entendre ces paroles : Fils du sage Ulysse, il faut que tu deviennes grand comme lui par la patience : les princes qui ont toujours été heureux ne sont guère dignes de l'être; la mollesse les corrompt, l'orgueil les enivre. Que tu seras heureux si tu surmontes tes malheurs et si tu ne les oublies jamais! Tu reverras Ithaque, et ta gloire montera jusqu'aux astres. Quand tu seras le maître des autres hommes, souviens-toi que tu as été faible, pauvre et souffrant comme eux; prends plaisir à les soulager, aime ton peuple, déteste la flatterie, et sache que tu ne seras grand qu'autant que tu seras modéré et courageux pour vaincre tes passions.

» Ces paroles divines entrèrent jusqu'au fond de mon cœur; elles y firent renaître la joie et le courage. Je ne sentis point cette horreur qui fait dresser les cheveux sur la tête et qui glace le sang dans les veines, quand les dieux se communiquent aux mortels; je me levai tranquille; j'adorai à genoux, les mains levées vers le ciel, Minerve, à qui je crus devoir cet oracle. En même temps je me trouvai un nouvel homme; la force éclairait mon esprit; je sentais une douce force pour modérer toutes mes passions, et pour arrêter toute l'impétuosité de ma jeunesse. Je me fis aimer de tous les bergers du désert; ma douceur, ma patience, mon exactitude, apaisèrent enfin le cruel Butis, qui était en autorité sur les autres esclaves, et qui avait voulu d'abord me tourmenter. »

Ici la fiction est judicieuse; elle prépare et accroît, par une impression de terreur, l'effet des paroles de l'oracle. Minerve, qui se cache pour ajouter la puissance du mystère à celle des choses surnaturelles, relève le cœur de Télémaque en lui annonçant clairement les hautes destinées qui font un contraste si frappant avec sa situation présente. Télémaque reçoit encore de la déesse des conseils qui lui serviront un jour sur le trône, et que les circonstances dans lesquelles ils ont été donnés graveront à jamais dans sa mémoire. Enfin nous voyons avec le plus vif intérêt le changement subit qui s'opère en Télémaque; l'élève de Minerve nous paraît digne de sa faveur. Énée ne mérite point assez la protection divine. La comparaison précédente ne suffit pas encore pour expliquer toute ma pensée sur l'épisode de Virgile. L'apparition des dieux pénates n'est ni nécessaire ni utile; nous avons appris de Jupiter lui-même que les destins assurent aux Troyens l'empire de l'Italie. Leur chef, toujours en commerce avec les dieux, est rempli de cette vérité, comme nous l'avons vu;

dès lors l'erreur d'Anchise et les doutes de son fils sont ridicules : par conséquent l'intervention des dieux pénates choque cette loi d'Horace, applicable à l'épopée comme à la tragédie :

> Nec deus intersit, nisi dignus vindice nodus.

Nous blâmons le poëte avec une sévérité d'autant plus juste, que l'intervention des dieux pénates nous rappelle cette admirable apparition d'Hector, qui est un trait de génie.

La tempête qui s'élève après le départ de Crète n'est qu'une esquisse; point de danger, point d'émotion. Énée ne joue encore ici aucun rôle. Toujours impassible, il laisse faire les dieux, sans avoir même le mérite de cette confiance absolue, illimitée, qui peut être la vertu d'une grande âme et n'exclut ni le courage ni les efforts. Hercule était attendu dans le ciel; on sait par quels chemins il y est monté. Virgile semble avoir fait lui-même la critique de son Énée dans ce trait du sixième livre :

> Pauci, quos æquus amavit
> Juppiter, aut ardens evexit ad æthera virtus.

Il ne faut pas seulement une vertu de soumission au sort, il faut une vertu pleine de flamme; ce n'est point assez d'accepter les épreuves de la fortune, il faut en triompher, et renverser tous les obstacles pour arriver à un but glorieux.

Nous voici parvenus au célèbre épisode des harpies, et je vais encore emprunter la traduction de Delille :

> Les Strophades (la Grèce ainsi nomma ces îles)
> Aux nochers rassurés présentent leurs asiles;
> Et, de loin dominant les flots ioniens,
> Sur leurs tranquilles bords appellent les Troyens.
> Vain espoir! Céléno, la reine des harpies,
> Infecta ces beaux lieux de ses troupes impies,
> Depuis que Calaïs à leur brutale faim
> Du malheureux Phinée arracha le festin.
> La terre ne vit pas de fléau plus terrible,
> L'enfer ne vomit pas de monstre plus horrible.
> Leurs traits sont d'une vierge; un instinct dévorant
> De leur rapace essaim conduit le vol errant;
> Une horrible maigreur creuse leurs flancs avides,
> Qui, toujours s'emplissant, demeurant toujours vides,
> Surchargés d'aliments, sans en être nourris,
> En un fluide infect en rendent les débris,
> Et de l'écoulement de cette lie impure
> Empoisonnent les airs et souillent la verdure.
> Nous abordons : soudain sur le rivage épars
> Des troupeaux sans bergers s'offrent à nos regards.
> Sur eux, le fer en main, nous fondons avec joie,
> Et nos dieux sont admis à cette riche proie :
> Des tables, que nos mains dressent aux bords des mers,
> Se couvrent de ces dons par le hasard offerts.
> Mais des monstres ailés la troupe redoutable
> Soudain d'un vol bruyant s'abat sur notre table,
> Fond sur nos aliments dans sa vorace ardeur,
> Souille tout, remplit tout de son infecte odeur,
> Et mêle un cri sinistre à son toucher immonde.
> Plus loin, et sous l'abri d'une roche profonde,
> De la voûte des bois partout environnés,
> Déjà nous reprenions nos mets abandonnés;

Déjà le feu brûlait sur l'autel de nos lares :
Alors l'avide essaim de ces oiseaux barbares,
Aux mains, aux pieds crochus, de ses réduits secrets
Sort, s'élance à grand bruit, s'empare de nos mets,
Et d'excréments impurs empoisonne le reste.
« C'en est trop ; écartons cette horde funeste,
» M'écriai-je aussitôt. Aux armes, compagnons !
» Courons, délivrons-nous de ces monstres gloutons ! »
Je dis ; on obéit : nos lances détachées
Sous des gazons épais avec soin sont cachées.
Dès qu'il entend de loin fondre l'essaim fatal,
Du haut d'un roc Misène a donné le signal.
Un combat tout nouveau de tous côtés s'engage,
Sur les monstres ailés nous fondons avec rage.
Mais leur plume défend ces oiseaux de la mer :
Leur troupe, impénétrable aux atteintes du fer,
Part, et laisse, en fuyant dans sa retraite obscure,
Les mets demi-rongés, et son odeur impure.
Céléno reste seule, et ses cris menaçants
Font du haut d'un rocher entendre ces accents :
« Lâches usurpateurs de notre antique terre,
» Pour ravir nos troupeaux vous nous livrez la guerre !
» Apprenez donc de moi, fils de Laomédon,
» Ce qu'apprit Jupiter au divin Apollon,
» Ce qu'Apollon m'apprit, ce que je vous déclare,
» Moi, la terrible sœur des filles du Tartare :
» Oui, du vieux Latium vous atteindrez les ports ;
» Mais vous ne pourrez pas vous fixer sur ses bords,
» Que, pressés par la faim, dans votre rage extrême,
» Vous n'ayez dévoré jusqu'à vos tables même. »
Elle dit, et soudain, d'un vol précipité,
De l'épaisse forêt cherche l'obscurité.
Alors tout notre sang se glace dans nos veines ;
Alors nous abjurons nos espérances vaines.
Pour apaiser ce peuple, aux glaives impuissants

Nous faisons succéder les prières, l'encens ;
Soit qu'on adore en lui les déités des ondes,
Soit qu'il n'offre à nos yeux que des oiseaux immondes.
Anchise lève aux cieux ses vénérables mains :
« Dieux, ô dieux, écartez ces fléaux inhumains !
» Venez à moi, dit-il, déités que j'encense !
» Secourez le malheur, secourez l'innocence ! »
Il dit : au même instant de leurs câbles tendus
Les vaisseaux affranchis à la mer sont rendus.
Ils partent : l'aquilon gonfle, en sifflant, leurs voiles ;
Au gré du souffle heureux qui frémit dans leurs toiles,
Ils fendent de la mer les bruyants tourbillons,
Et la proue, en fuyant, laisse au loin ses sillons.

Voltaire, qui aimait tant la raison, n'a point condamné cet épisode, et je voudrais bien ne pas me montrer plus sévère que ce grand poëte, quelquefois injuste envers l'antiquité. Je ne chercherai donc pas à savoir si le goût délicat de Virgile lui permettait d'exposer de pareilles images en présence d'une reine et devant toute sa cour, au milieu des délices d'un festin splendide. Quoique les mœurs de Didon, telles que le poëte les a peintes, se rapprochent beaucoup de celles du siècle de Mécène et d'Horace, admettons que l'éloignement des temps doit nous rendre moins délicats que nous ne le serions s'il s'agissait d'un récit fait à la table d'Auguste, ou à celle de Louis XIV. Cependant je demande à quoi sert ce tableau. Ennoblit-il à nos yeux le caractère d'Énée ? Redouble-t-il l'intérêt pour son peuple et pour lui ? Non sans doute ; et la prédiction d'un événement que Jupiter avait révélé au seul Apollon, pourquoi ce dieu ne l'a-t-il pas faite lui-même? Quel singulier interprète n'a-t-il point choisi dans Céléno? Virgile a voulu absolument faire entrer dans l'épopée une tradition ridicule, et il expie, par de justes censures, une faiblesse que sa haute raison devait lui défendre.

Je ne sais quelle fatalité met le comble aux fautes qui échappent à Virgile; ce grand poëte ne pèche jamais à demi. En effet, les Troyens, trop semblables à leur maître, tremblent comme lui devant un prodige. Tout à l'heure nous assistions à un combat furieux contre les harpies; elles ont pris la fuite, mais l'une d'elles fait une prédiction sinistre: soudain le sang des compagnons d'Énée s'arrête dans leurs veines; ce courage naguère si éclatant cède à une terreur religieuse; les armes leur tombent des mains; nous voyons ces intrépides guerriers forcer les chefs de l'armée à demander la paix par des prières et des vœux à des divinités menaçantes, ou à des oiseaux immondes. A la vérité, ces contrastes sont dans la nature; chez tous les peuples, les soldats ont du penchant à la superstition; les Césars mêmes sont portés au fatalisme, qui est aussi une superstition : mais Virgile nous a promis des mœurs héroïques; il devait rendre le peuple troyen plus digne de ses hautes destinées, et surtout plus ferme dans sa confiance en la protection du souverain de l'olympe. Comment les oracles de Céléno balancent-ils dans leur cœur les paroles de Jupiter? Thésée sacrifiait à la peur pour qu'elle ne saisît pas ses troupes; Alexandre imita cet exemple avant la bataille d'Arbelles; Rome elle-même rendait un culte à la peur, depuis le vœu fait par Tullus Hostilius dans une bataille contre les Albains : cependant cette lâche divinité joue trop souvent un rôle dans l'Énéide.

Sous le rapport du style, le poëte latin est un modèle de l'art avec lequel on peut décrire et montrer les objets les plus dégoûtants et les plus vils sans révolter les sens. Dans une langue moins riche d'harmonie ou de couleur, et bien plus dédaigneuse que la langue latine, Delille a triomphé des difficultés du sujet avec un rare talent. C'est dans les morceaux où sa muse doit lutter contre des détails ingrats et rebelles qu'il est de la grande école, et le rival de Racine ou de son sévère Aristarque. Doué de la plus étonnante facilité, Delille semble se jouer de ces difficultés qui coûtaient tant de peines à Boileau, si heureux quand il avait pu vaincre les dédains et les répugnances de notre langue poétique! Néanmoins on peut reprocher au traducteur d'avoir quelquefois dépassé le but, en exagérant quelques traits de l'original. Le goût exquis de Virgile devait servir ici de règle et de limite à son interprète.

Virgile a emprunté d'Apollonius de Rhodes l'épisode des harpies; un court extrait de la fiction du poëte grec fera voir si l'imitateur a été judicieux.

Les Argonautes, sortant du royaume des Bébryces, où ils ont eu à combattre un peuple et un roi également féroces, sont entrés dans le rapide détroit du Bosphore. Conduits par l'habile Typhis, ils abordent sur les côtes de la Bithynie. Là régnait Phinée, l'un des enfants d'Agénor; les dieux lui avaient accordé, depuis long-temps, le don de prévoir l'avenir : faveur dangereuse qui devint la source de tous ses malheurs. Sans respect pour le maître des dieux, il découvrait ses augustes décrets aux mortels. Jupiter irrité le condamna à une éternelle vieillesse, le priva de la lumière, et voulut encore ajouter à ce double châtiment l'impossibilité de se rassasier d'aucun mets. En vain ceux qui venaient le consulter lui apportaient sans cesse de nouveaux aliments; les harpies, fondant tout-à-coup du haut des airs sur sa table, les lui arrachaient de la bouche et des mains. Quelquefois, pour prolonger son supplice, en soutenant sa misérable vie, elles abandonnaient à sa faim quelques restes sur lesquels leur souffle répandait une odeur si infecte que personne n'aurait eu le courage de la supporter.

Phinée n'eut pas plus tôt entendu la voix des Argonautes, qu'il reconnut en eux les étrangers dont l'arrivée devait, selon les décrets de Jupiter, mettre fin au plus cruel de ses maux. Semblable à un fantôme, il sort de son lit, et, s'appuyant sur un bâton, il traîne en tâtonnant le long des murs ses pieds chancelants. Tous ses membres épuisés par la faim et la vieillesse tremblent à chaque pas; son corps est sale et hideux; une peau desséchée recouvre à peine ses ossements. Il arrive au seuil de la porte, et s'y assied accablé de lassitude. Au même instant un ténébreux vertige s'empare de ses sens; la terre lui semble tourner sous ses pieds; sa bouche est muette; il perd le sentiment, et reste évanoui.

Les Argonautes, ayant aperçu l'infortuné, l'environnent saisis d'effroi. Tout-à-coup de longs soupirs sortent du fond de sa poitrine; inspiré par un dieu, il fait entendre ces mots : « Écoutez, ô les plus braves de tous les Grecs... si c'est vous que, par l'ordre cruel d'un roi, Jason conduit sur le navire Argo à la conquête de la toison d'or. Mais, je n'en puis douter, c'est vous-mêmes... Fils de Latone, dieu puissant, je te rends grâce au milieu de mes maux; rien n'échappe encore à mon esprit pénétrant... Amis, je vous conjure par Jupiter qui protège les suppliants et punit avec sévérité les cœurs impitoyables, au nom de Phébus et de Junon qui vous favorisent plus que toutes les autres divinités, ayez pitié de moi, soulagez mes tourments; ne partez pas sans avoir eu compassion d'un infortuné dont vous ne connaissez pas encore toute la misère. » Phinée raconte alors, avec une effrayante énergie, le cruel et dégoûtant supplice que lui font subir les harpies; puis il ajoute : « Enfants de Borée, c'est à vous qu'il est réservé de chasser d'auprès de moi des monstres odieux. En me secourant vous n'obligerez pas un étranger. Phinée, que ses richesses et sa science ont rendu autrefois célèbre parmi les mortels, est fils d'Agénor; et j'obtins pour épouse votre sœur Cléopâtre, lorsque je régnais sur les Thraces. »

Phinée se tut; les Argonautes restèrent pénétrés de la plus vive compassion. Les deux fils de Borée, encore plus émus que les autres, s'approchèrent de lui en essuyant leurs larmes. Tous deux veulent le délivrer, mais ils craignent d'offenser les dieux. Phinée dissipe leurs alarmes; rassurés par ses serments, Calaïs et Zéthès brûlent déjà d'impatience de se signaler. Un repas, la dernière proie des harpies, est bientôt préparé et servi devant le vieillard; les deux frères se placent à ses côtés, tenant en main leurs glaives, prêts à frapper. Soudain les monstres affamés s'élancent avec un bruit affreux du sein des ondes, fondent sur la table avec la rapidité des tourbillons et des éclairs. Les Argonautes, en les voyant, poussèrent de grands cris ; tous les mets furent dévorés en un instant par les harpies, qui s'envolèrent au-dessus des flots, laissant après elles une odeur insupportable.

Les fils de Borée, que Jupiter remplit en ce moment d'une vigueur infatigable, les poursuivent avec une égale vitesse, et les menacent de leurs épées. Enfin ils les atteignent, et, contre la volonté des dieux, ils allaient les exterminer, lorsque la légère Iris, traversant les airs, arrêta leurs bras par ces paroles : « Fils de Borée, respectez les harpies; ce sont les *chiens* de Jupiter : je vous jure, par le Styx redouté des dieux même, qu'elles n'approcheront plus de la demeure de Phinée. » Zéthès et Calaïs, ayant entendu le serment de la déesse, retournèrent vers le vaisseau.

Cependant les Argonautes, après avoir purifié le corps du malheureux vieillard, immolèrent aux dieux des brebis choisies parmi celles qu'ils avaient enlevées des étables d'Amycus, et préparèrent un grand festin dans le palais. Phinée, à table avec ses hôtes, mangeait avec avidité, ne sachant point encore si son bonheur n'était pas un songe. Le repas achevé, ils veillèrent ensemble en attendant le retour des fils de Borée. Le roi, placé au milieu d'eux près du foyer, leur indiquait la route à suivre pour arriver, à travers des périls dignes de leur courage, jusqu'aux rives du Phase.

Le discours de Phinée remplit de terreur les Argonautes; ils restèrent quelque temps muets et consternés. Jason rompit enfin le silence : « Respectable vieillard, dit-il, tu viens de nous conduire jusqu'au terme de notre navigation; tu nous as fait connaître à quel signe nous devons hardiment traverser ces rochers redoutables qui défendent l'entrée du Pont-Euxin : mais pourrons-nous les franchir une seconde fois pour retourner dans la Grèce? C'est ce que je désire ardemment savoir. Que dis-je! et comment traverser tant de mers inconnues? comment parvenir aux rivages de la Colchide, qui touche aux extrémités de la terre et des mers? » « Mon fils, répondit le vieillard, dès que vous aurez heureusement passé les rochers redoutables, voguez avec confiance; un dieu vous ramènera par une autre route, et pour arriver en Colchide vous ne manquerez pas de conducteurs. Surtout, ô mon ami! tâchez de vous rendre Vénus favorable; c'est de cette adroite déesse que dépend le succès de vos travaux. Mais j'en ai dit assez, ne me demandez rien de plus. »

Le fils d'Agénor achevait de parler, lorsque les enfants de Borée, descendus du haut des airs, posèrent leurs pieds légers sur le seuil de la porte. A leur aspect, chacun se lève, impatient de savoir ce que sont devenues les harpies. Zéthès, encore tout hors d'haleine, raconte alors la défaite et la fuite des monstres dans un antre du mont Dicté, enfin le serment d'Iris. Ces nouvelles remplissent de joie Phinée et les Argonautes. « Fils d'Agénor, s'écrie Jason pénétré de la plus vive tendresse, un dieu sans doute a eu pitié de ta misère ; c'est lui qui nous a conduits sur ces bords pour te faire trouver des vengeurs dans les fils de Borée. Si ce dieu pouvait encore te rendre la lumière, je serais aussi sensible à ce bonheur qu'à celui de revoir ma patrie. » « Fils d'Éson, reprend Phinée, le mal est sans remède ; mes yeux sont éteints pour jamais. Que les dieux m'accordent plutôt une mort prompte, et je me croirai parvenu au comble de mes félicités. »

Tandis qu'ils s'entretenaient ainsi, l'aurore parut. Les habitants du voisinage, qui avaient coutume de visiter Phinée tous les jours et de lui apporter une partie de leurs provisions, s'assemblèrent en foule autour de lui : il les écoutait tous avec bonté, répondait à leurs questions, sans négliger les plus indigents. Ses prédictions en avaient retiré du malheur un grand nombre ; les soins qu'ils lui rendaient étaient un effet de leur reconnaissance. Ce trait simple et naturel amène le récit des touchantes vertus du pauvre Parébius, qui, affranchi d'une cruelle infortune par la science du vieillard, n'a jamais oublié ce qu'il lui doit, veille à ses côtés, compatit à ses maux, et ne s'éloigne qu'avec peine de son bienfaiteur.

L'épisode d'Apollonius tient au sujet ; il a un

but, des scènes variées, une action, un intérêt qui croît toujours jusqu'au dénouement. L'apparition de cette victime couronnée, qui ressemble à un fantôme, inspire un effroi mêlé de pitié : sa prière est aussi touchante que celle de Philoctète. Comme dans Sophocle, l'éloquence des douleurs morales nous aide à supporter la peinture dégoûtante qui la suit. Les Argonautes sont attendris par le récit du malheureux vieillard, comme Pyrrhus est touché par les souffrances du compagnon d'Hercule. On applaudit aux sentiments religieux qui balancent un moment la résolution généreuse des fils de Borée; on désire leur victoire et la défaite des harpies. L'espoir de la délivrance de Phinée, la nouvelle félicité dont il jouit avec crainte et défiance, forment un contraste agréable avec les sentiments que le lecteur a éprouvés.

Les deux héros qui suivent Jason acquièrent une gloire nouvelle; leur retour achève de dissiper toutes les alarmes; leur vertu se trouve récompensée par les utiles avis qu'ils reçoivent d'un prince leur parent et leur ami. Phinée parle avec réserve; il craint d'offenser les dieux en révélant sans nulle réticence leurs oracles aux mortels; mais il ne trompe pas ses hôtes comme l'oracle d'Apollon abuse les Troyens. Si les Argonautes sont d'abord frappés de terreur aux discours du vieillard, ce sentiment ne paraît pas avoir pénétré dans le cœur de Jason. Il demande et il obtient des éclaircissements salutaires. Sa pitié pour Phinée éclate par des paroles pleines de tendresse et de vérité. Enfin le court tableau des malheurs, du salut et de la reconnaissance du pauvre Parébius termine, avec la naïveté d'Homère, un épisode qui rappelle plus d'une fois cette Odyssée, l'objet des préférences de Fénélon [1].

L'admirable talent de style qui brille dans les vers du poëte latin ne saurait balancer le mérite de composition et les heureux développements du drame d'Apollonius. L'épopée, plus libre, plus variée, plus susceptible du mélange des tons, plus amie des riches descriptions, que la tragédie, doit cependant lui ressembler par le soin constant de produire des émotions et d'occuper le cœur. Si

---

[1] L'imitation de cet épisode par l'Arioste n'a rien de remarquable que la rapidité du récit, et des vers précis, élégants et pittoresques, tels que ceux-ci, qui rappellent la manière énergique du Dante :

> Erano selte in una schiera, e tutte
> Volto di donna avean, pallide e smorte,
> Per lunga fame attenuate e asciutte,
> Orribili a veder più che la morte.
> L'alacce grandi avean, deformi e brutte,
> Le man rapaci, e l'ugne incurve e torte ;
> Grande e fetido il ventre, e lunga coda
> Come di serpe, che s'aggira e snoda.

Voyez chant XXXIII, strophe cxx et suivantes.

ÉNÉIDE, LIVRE III.

Voltaire eût été aussi tragique dans son poëme que dans ses pièces de théâtre, la Henriade, qui s'élève souvent à la plus haute poésie, et qu'on peut regarder toujours comme un modèle de clarté, de précision et d'élégance, compterait un plus grand nombre de lecteurs.

Délivrés des harpies, qu'ils redoutaient encore en pleine mer, les Troyens continuent leur navigation, et le héros poursuit ainsi le récit de ses aventures : « Déjà nous apparaissent, au milieu des
» flots, Zacynthe et ses forêts, Dulichium, Samos,
» l'âpre Néritos, hérissée de rochers. Nous nous
» hâtons de fuir, en les maudissant, les écueils
» d'Ithaque, patrie du roi Laërte, et la terre qui a
» nourri l'exécrable Ulysse. Bientôt se découvrent
» à nos yeux les sommets de Leucate, couronnés
» de nuages, et le port d'Apollon, si redoutable
» aux nautoniers. Nous voguons vers l'humble
» cité du dieu, pour y réparer nos fatigues : on
» jette l'ancre; nos proues réunies bordent le ri-
» vage. Un moment possesseurs de cet asile ines-
» péré, nous offrons un sacrifice d'expiation à Ju-
» piter; ses autels fument de notre encens, qui
» monte avec nos vœux. Bientôt l'armée renouvelle
» les jeux troyens sur le promontoire d'Actium.
» Mes compagnons, après avoir fait couler des flots
» d'huile sur leurs membres nus et brillants, s'exer-
» cent aux luttes de la patrie, joyeux d'avoir échappé

» à tant de villes grecques, et dirigé heureusement
» leur fuite au milieu de tant d'ennemis.

» Cependant le soleil achève dans sa course cir-
» culaire la révolution de l'année; déjà l'hiver et les
» aquilons rendent les ondes intraitables. Sur la
» porte du temple j'attache un bouclier d'airain
» que portait le grand Abas, et ce vers consacre
» ma victoire et mon hommage :

» Énée aux Grecs vainqueurs a ravi cette armure.

» Alors j'ordonne à mes compagnons de quitter le
» port et de s'asseoir sur les bancs des navires : ils
» obéissent et frappent à l'envi de leurs rames les
» ondes sillonnées par nos vaisseaux. Bientôt ont
» disparu pour nous dans les nuages les hautes ci-
» tadelles des Phéaciens; nous rangeons les côtes
» de l'Épire, ma flotte entre dans le port de Chaonie,
» et nous montons les hauteurs de la ville de Bu-
» throte, élevée au-dessus des flots. Là un bruit in-
» croyable vient frapper mes oreilles; la Renommée
» nous apprend qu'Hélénus, fils de Priam, règne
» sur des villes grecques, qu'il possède l'épouse et
» le sceptre de Pyrrhus, et qu'Andromaque obéit
» de nouveau à un époux de la patrie d'Hector. Je
» brûle d'interroger ce prince, de connaître ces
» grandes mutations du sort, et j'abandonne ma
» flotte pour me présenter à lui. »

Il est pénible de dire, mais la vérité ne permet

pas de cacher que la stérilité de l'imagination se fait sentir ici plus encore que dans d'autres passages du chant qui sert de texte à nos observations. Certes ni la petite forfanterie d'Énée sur le bouclier du grand Abas, que personne ne connaît, ni l'allusion aux jeux annuels que Rome célébrait pour la bataille d'Actium, antérieure de tant de siècles à celui de Didon, ni l'occasion, assez maladroitement saisie, de flatter Auguste, ne peuvent excuser la sécheresse de la narration. Dans cette narration, à peine un trait à retenir, et pas une circonstance qui montre Énée comme un homme appelé aux grandes choses. Les érudits comptent quatre années depuis le départ de Troie jusqu'à l'arrivée en Épire; on ne saurait dire qu'elles ont été bien employées. La vie d'Énée n'est point une de ces vies héroïques et pleines, où l'on ne trouve point de jours perdus pour la gloire. Mais consolons-nous du chagrin d'avoir eu tant d'objections à faire contre Virgile; nous allons avoir dans l'épisode d'Andromaque le plaisir de nous livrer à une admiration sans réserve pour le poëte presque divin qui a enfanté ce chef-d'œuvre. Toutefois, avant de l'examiner, il est bon de montrer d'abord dans quelle source l'auteur a puisé, et nous rendrons ensuite une justice éclatante à son génie particulier.

Le caractère d'Andromaque est une création d'Homère. Voici comment le poëte l'amène sur la scène.

Au sixième chant de l'Iliade, Hector, sur un avis du devin Hélénus son frère, quitte un moment le théâtre des combats pour venir ordonner à Hécube d'aller implorer Minerve avec les femmes troyennes. En sortant du palais de Priam, il entre dans sa propre maison, et demande où est Andromaque. On lui répond qu'effrayée par la nouvelle de la défaite des Troyens, elle a volé vers la plus haute tour de la ville comme une femme désespérée. Hector s'éloigne promptement, et arrive aux portes Scées; déjà elles vont s'ouvrir devant lui, lorsqu'Andromaque accourt à sa rencontre, suivie d'Astyanax et de la fidèle nourrice qui le porte dans ses bras. Hector regarde son fils avec un sourire, mais sans proférer une parole. Andromaque, les yeux baignés de pleurs, s'avance, saisit la main de son époux, cherche à l'attendrir par des paroles du cœur. Elle a perdu toute sa famille; Achille a immolé presque sous ses yeux le magnanime Éétion, dont elle tient la naissance; sept de ses frères sont tombés en un seul jour sous les coups de l'impitoyable héros. Sa mère avait obtenu la liberté en payant une forte rançon; mais bientôt la cruelle Diane perça de ses flèches cette infortunée dans le palais même qui l'avait vue reine. « Hector, dit-elle après cette triste énumération, je retrouve en toi mon père, ma vénérable mère, et mes frères; tu es tout pour moi, ô mon fidèle époux. Prends pitié d'Andromaque, et reste dans cette tour si tu ne veux pas laisser ta femme veuve et ton fils orphelin. » On connaît la noble réponse d'Hector ainsi que la scène où le jeune Astyanax, effrayé par le panache du casque de son père, se rejette en arrière et se cache dans le sein de sa nourrice en poussant un cri d'effroi. J'ai cherché jadis à imiter cette scène et la prière qui la suit :

> Ainsi, lorsqu'à l'aspect de l'aigrette flottante
> Sur le casque d'acier du redoutable Hector,
> Le jeune Astyanax pousse un cri d'épouvante,
> Et se rejette au sein qui l'allaitait encor,
> Le héros, indulgent aux frayeurs de cet âge,
> Dépose avec bonté son casque radieux ;
> Il berce de ses mains ce fils, sa noble image,
> L'élève dans ses bras, en demandant aux dieux
> Un roi l'honneur de sa patrie,
> Un roi digne de ses aïeux :
> Spectacle touchant et pieux,
> Que son Andromaque attendrie
> Regarde en souriant et les pleurs dans les yeux.

Hector remet Astyanax entre les bras d'une épouse chérie, qui pleure et sourit à la fois. Il la regarde avec une tendre pitié ; il la flatte de la main, et s'efforce de lui rendre le courage avec des paroles pleines de raison. Il a dit, et couvre son front du casque étincelant. Andromaque, réduite au silence, reprend le chemin de sa demeure ; mais elle se retourne à chaque pas, et verse un torrent de larmes. Arrivée au palais d'Hector, sa présence renouvelle le deuil des femmes qui la servaient. Hector vivant est pleuré par elles comme s'il n'était déjà plus ; un funeste pressentiment leur fait croire qu'il ne saurait échapper à la fureur des Grecs et rentrer dans Ilion.

Tout le génie d'Homère est dans ce premier tableau ; le voilà tel que nous le connaissons, héroïque et simple, plein de grandeur et de naïveté, capable de prendre tous les tons de la nature, ne craignant ni de placer un enfant et sa nourrice dans la sévère épopée, ni de mêler les caresses d'un époux et d'un père aux adieux magnanimes du guerrier qui sait immoler ses affections les plus chères à la voix de la patrie et du devoir. L'Énéide n'a pas un enfant au berceau ou dans les bras maternels ; on n'y trouve pas surtout une image pareille à celle d'Hector déposant son casque pour rassurer et caresser son fils. Le poëte n'avait vu à la cour d'Auguste ni père comme Hector, ni mère comme Andromaque. Le dernier trait du tableau d'Homère est tout-à-fait dans le génie de Virgile, et digne de son talent pour exprimer toutes les affections tendres, les tristes pressentiments du cœur.

Au vingt-deuxième chant de l'Iliade, Hector n'est plus ; tout le peuple le pleure ; on se désespère, comme si la ville, consumée par les flammes, était près de tomber. Les Troyens ont peine à retenir la douleur et l'indignation du vieux Priam, qui veut sortir des portes et aller supplier le meurtrier de son fils; Hécube mêle ses douleurs et ses larmes à celles de Priam. Andromaque ne sait encore rien; aucun messager ne lui avait appris que son époux fût demeuré seul hors des portes d'Ilion. Retirée au fond de son palais, elle formait le double tissu d'une robe éclatante; elle avait ordonné à ses femmes de préparer un bain pour le retour d'Hector.

Tout-à-coup des plaintes et des gémissements élevés du haut de la tour arrivent jusqu'à elle : un tremblement parcourt ses membres; la navette échappe de ses mains. « Accourez, dit-elle à ses femmes, suivez-moi; je veux voir ce qui se passe; j'ai entendu les cris de la vénérable Hécube; mon cœur palpite et s'élance comme s'il voulait sortir de mon sein, mes genoux glacés se roidissent sous moi : sans doute quelque malheur menace les fils de Priam. Dieux, éloignez de moi ces funestes paroles! Mais je tremble qu'Achille n'ait fermé la retraite au redoutable Hector, et dompté cette audace guerrière qui l'entraînait toujours hors des rangs pour combattre seul nos plus fiers ennemis [1]. »

Elle dit, et suivie de ses femmes, le cœur palpitant d'effroi, elle se précipite comme une bac-

---

[1] On lit dans le livre II des Fastes d'Ovide ces admirables

chante hors du palais. Arrivée au sommet de la tour et parmi les guerriers, elle porte de tous côtés ses regards. O dieux! elle aperçoit son époux indignement traîné dans la poussière, emporté par de rapides coursiers vers les vaisseaux des Grecs. A cet aspect, une nuit semblable à celle de l'Érèbe couvre ses yeux; elle tombe à la renverse, et semble rendre les derniers soupirs. Les superbes ornements de sa tête, le réseau, les liens de sa chevelure, le voile qu'elle avait reçu des mains de la blonde Vénus, le jour où le vaillant Hector l'emmena du palais d'Éétion dans le sien, tombent au hasard. Rassemblés autour d'elle, ses frères, ses sœurs soutiennent dans leurs bras cette infortunée, qui ne demande que la mort. Dès qu'elle a repris ses sens et retrouvé son âme, on l'entend s'écrier, au milieu des gémissements et des pleurs qui coupent ses paroles :

« Malheureux Hector! malheureuse Androma-

---

vers, qui peignent si bien le cœur de Lucrèce et le caractère de son héroïque époux :

> Quantum de bello dicitur esse super?
> Post modo victa cades : melioribus, Ardea, restas,
> Improba, quæ nostros cogis abesse viros!
> Sint tantum reduces! sed enim temerarius ille
> Est meus, et stricto quolibet ense ruit.
> Mens abit, et morior, quoties pugnantis imago
> Me subit, et gelidum pectora frigus habet.

que! nous sommes nés tous deux sous un astre
fatal, toi dans le palais de Priam, moi dans celui
d'Éétion qui a nourri si tendrement mon enfance,
infortuné père d'une fille plus infortunée que lui.
Hélas! pourquoi m'a-t-il donné la vie? Cher époux,
tu descends dans les abîmes, sombre séjour de la
mort, et tu me laisses dans le deuil, veuve et seule
dans ton palais. Le fils que, pour notre malheur,
nous avons mis au jour est encore dans la plus
tendre enfance; tu ne lui serviras point d'appui,
et lui-même ne pourra jamais rien pour son père.
Quand il échapperait au fléau de cette guerre
déplorable, les périls et les maux l'attendent en
foule. D'injustes étrangers lui raviront ses biens.
Le jour qui fait un enfant orphelin le prive de ses
protecteurs et de ses amis. On ne le voit plus que
le front baissé, le visage humide de larmes. Dénué
de tout, il va vers les familiers de la maison paternelle, prenant l'un par sa tunique, l'autre par son
manteau. La pitié de quelqu'un d'entre eux dai-
gnera peut-être lui présenter la coupe, mais elle
mouillera ses lèvres sans rafraîchir son palais. Un
autre, heureux de croître à l'ombre de ses parents,
le repoussera rudement de la table, en le char-
geant d'opprobres. Va, malheureux, lui dira-t-il,
ton père ne partage plus nos festins; et l'enfant reviendra pleurer dans les bras de sa mère, veuve et
délaissée. Ainsi mon Astyanax, ce tendre enfant

nourri des mets les plus exquis sur les genoux d'Hector, cet enfant qui, lorsque le sommeil avait interrompu ses jeux innocents, dormait sur le duvet le plus doux entre les bras de sa nourrice chérie, et le cœur rassasié de délices; maintenant qu'il est privé d'un père, essuiera mille rebuts, malgré le surnom que lui avaient donné les Troyens [1], reconnaissants du courage d'Hector, le seul rempart d'Ilion. Et toi, mon époux, tu seras donc la pâture des vers et des vautours, loin des murs qui t'ont vu naître; tu resteras, près de la flotte des Grecs, nu et dépouillé, toi que tant de vêtements précieux et préparés par la main des femmes attendent dans ton palais! Ah! je veux les livrer tous aux flammes; inutiles pour toi désormais, ils ne peuvent pas même te servir de linceul ou de voile sur le bûcher; qu'ils soient consumés en ton honneur devant les Troyens. »

L'ignorance d'Andromaque au milieu de la désolation générale, les circonstances qui éveillent tout-à-coup ses pressentiments, l'instinct du cœur qui lui révèle la vérité, la fuite précipitée qui l'amène sur le théâtre même de son malheur, nous préparent, de la manière la plus dramatique, à la scène qui suit. Homère a représenté en grand peintre le

---

[1] Astyanax, surnom qui signifie roi de la ville.

désordre moral et physique de la douleur. Je ne connais rien de plus touchant que tous ces jeunes princes et leurs sœurs, qui, pleins de leur propre tristesse, ont à supporter le spectacle d'une douleur encore plus grande.

Quant au discours d'Andromaque, si nous le considérons en lui-même et sans regarder les circonstances auxquelles il s'applique, nous y trouverons plus d'un sujet d'éloges. Pour Andromaque il n'y a plus d'Ilion après la mort de son époux; du moment où elle a vu Hector étendu sur la terre, elle dit, comme Panthée dans le second livre de l'Énéide :

> Fuimus Troes, fuit Ilium.

Et quand on lui parlera désormais du salut de sa patrie adoptive, elle répondra par ces paroles d'Hector : « Un jour viendra, je le sais, où l'on verra périr la divine Troie, le vaillant Priam et son peuple généreux. »

Il est donc tout-à-fait dans l'ordre des choses qu'elle croie déjà son fils tombé dans la misère, et en proie aux humiliations qui suivent la pauvreté. Les détails naïfs et presque familiers dans lesquels Homère est descendu ont le double mérite d'une vérité parfaite et d'une opposition qui nous fait mieux sentir toute l'infortune de la femme vertueuse qui va tomber de si haut, et passer si promptement du rang des rois à la plus triste des conditions. Virgile, occupé, comme Racine, de tout relever, de tout ennoblir pour flatter le goût superbe d'une cour, n'aurait pas osé être aussi simple qu'Homère, et présenter à Livie l'image d'une princesse tout-à-coup réduite à craindre les plus vils emplois. Mais, plus attentif à d'autres convenances de l'art d'écrire, il aurait fait succéder un autre langage au désespoir d'Andromaque. M. de Châteaubriand dit qu'elle est beaucoup plus épouse que mère; l'évidence parle contre cette opinion. Astyanax usurpe beaucoup trop de place dans les plaintes de la veuve du fils de Priam. Hector, exposé devant elle dans un si horrible état, devait seul occuper les yeux, la pensée, le cœur de son épouse. Les paroles d'Andromaque devraient être des paroles de feu. On n'attend d'elle que des exclamations déchirantes, comme celles d'Atossa dans les Perses d'Eschyle, ou des cris entrecoupés, comme ceux d'Hécube dans Euripide. C'est rentrée dans son palais, et après les premières explosions de la nouvelle douleur qu'elle a dû éprouver en touchant le seuil de ce palais désert, c'est lorsqu'elle sera rassasiée de ses larmes, qu'Andromaque pourra se livrer aux effusions d'une tristesse plus calme sans être moins amère, et contempler toute l'horreur de son avenir. Ces observations tirent une nouvelle force de la froideur de la transition qui nous ramène à Hector. Entraîné par le ton qu'il avait pris d'abord, Homère n'a point mis assez de chaleur dans l'apostrophe d'Andromaque à son époux. On pourrait même remarquer que le texte renferme une espèce de recherche. En effet, la nudité du corps d'Hector, rapprochée avec intention des vêtements précieux qui l'attendaient, a quelque chose d'affecté dans une si grave circonstance. Les sentiments naturels et touchants qui suivent la réflexion d'Andromaque atténuent la faute; mais, rendus avec trop de faiblesse, ils ne paraissent pas être l'expression vraie d'une douleur si déchirante.

La cruelle surprise de la mère d'Euryale n'est pas aussi heureusement préparée dans Virgile que le coup de foudre qui vient frapper Andromaque; mais examinons le reste de la peinture.

Euryale et Nisus ont succombé sous les coups des Volsques; leurs têtes, placées au bout d'une lance sanglante, frappent de douleur et d'épouvante les Troyens, qui ne reconnaissent que trop ces horribles trophées. Cependant la Renommée, qui a des ailes, se répand dans la ville épouvantée, et vient apporter la fatale nouvelle jusqu'aux oreilles de la mère d'Euryale: la chaleur l'abandonne, ses fuseaux tombent de ses mains, son ouvrage lui échappe. Soudain la malheureuse s'envole avec des hurlements, elle déchire ses cheveux, se précipite sur les murailles et jusqu'aux premiers postes. Les soldats, les périls, les traits, elle a oublié tout; rien ne peut arrêter les cris de sa douleur qui montent jusques aux cieux.

Les Troyens, toutefois, ranimant leur vaillance,
Sur la gauche du camp redoublent leur défense;
Le fleuve ceint la droite; aux postes menacés
Une foule nombreuse investit les fossés;
D'autres, du haut des tours, sur les piques sanglantes
Contemplent à regret ces têtes dégouttantes,
Que voudraient vainement méconnaître leurs yeux.
Cependant la déesse aux regards curieux,
A la bouche indiscrète, à la course légère,
D'Euryale immolé vient accabler la mère.
Soudain, sans mouvement, sans chaleur et sans voix,
Elle tombe; l'aiguille échappe de ses doigts,
Et le lin déroulé fuit de sa main tremblante.
Tout-à-coup, ranimant sa force languissante,
Se meurtrissant le sein, arrachant ses cheveux,
Malheureuse, elle part avec des cris affreux,
Fend les rangs des soldats, vole au haut des murailles.
La pudeur, le danger, l'appareil des batailles,
Sa douleur brave tout; puis élevant la voix:
« Euryale, Euryale, est-ce toi que je vois,
Toi, le dernier espoir de ma triste vieillesse?
Cruel! as-tu bien pu délaisser ma faiblesse,
Me laisser seule ici sur des bords étrangers?
Eh quoi! quand tu partais pour de si grands dangers,
Ta mère n'a donc pu t'exprimer ses alarmes,
Pour la dernière fois te baigner de ses larmes!
Hélas! par les oiseaux, par les chiens dévoré,
Dans quelque affreux désert ton corps gît ignoré!
Ta malheureuse mère, autour de ces murailles,
N'a pu, les yeux en pleurs, suivre tes funérailles,
Ou laver ta blessure, ou te fermer les yeux!

ÉNÉIDE, LIVRE III.

En vain donc j'apprêtais ces tissus précieux
Qui, le jour et la nuit, hâtés par ma tendresse,
Consolaient ma douleur et charmaient ma vieillesse!
Où courir? où chercher ton malheureux débris,
Et tes lambeaux sanglants et tes restes flétris?
O mort! ô désespoir! ô spectacle funeste!
O mon cher fils, de toi voilà donc ce qui reste!
Voilà ce qui devait me payer tant de maux,
Mes courses, mes dangers sur la terre et les eaux!
Rutules, c'est à vous de finir ma misère :
Assassins de mon fils, exterminez sa mère.
Frappez! que ma douleur obtienne un prompt trépas;
J'invoque tous vos traits, j'implore tous vos bras.
Ou toi, grand Jupiter, par pitié prends ta foudre;
Que ce corps malheureux tombe réduit en poudre!
Oui, tonne, anéantis mes misérables jours,
Puisqu'enfin ma douleur n'a pu finir leur cours.

Quelle vérité! quelle rapidité de mouvements! quel accord des tours et des expressions avec les sentiments! comme les traits touchants sont heureusement mêlés aux déchirements du cœur! Il est aussi question, dans le discours de la mère d'Euryale, des vêtements préparés pour celui qui ne pourra plus s'en servir; mais la tendresse religieuse, qui regrette de n'avoir pas payé le dernier tribut à un fils, rend cette circonstance aussi touchante qu'elle est vraisemblable. L'Andromaque d'Homère parle si froidement des restes d'Hector dévorés par les vers, après que les chiens se seront rassasiés de cette affreuse pâture, que ces images révoltent dans sa bouche. La mère d'Euryale dit les mêmes choses avec l'accent de la passion, et nous inspire autant de pitié que de terreur. Comment retenir ses larmes lorsqu'on entend sortir du cœur d'une mère ces cris sublimes de la douleur :

> Quo sequar, aut quæ nunc artus, avulsaque membra,
> Et funus lacerum, tellus habet? Hoc mihi de te,
> Nate, refers? hoc sum terraque marique secuta?

Et ces autres exclamations soudaines du désespoir qui implore la mort la plus cruelle comme un bienfait! cette mère qui défie les traits des assassins de son fils :

> Figite me, si qua est pietas; in me omnia tela
> Conjicite, o Rutuli; me primam absumite ferro.

Disons-le sans détour, Virgile est ici le maître d'Homère, le véritable interprète de la nature, et le peintre éloquent des passions.

Dans le dernier chant de l'Iliade, Priam, conduit par Mercure, ramène le corps d'Hector, rendu par Achille à sa prière. Aucun des habitants de Troie ne les aperçut avant la belle Cassandre. Des hauteurs de Pergame elle reconnut un père chéri et le héraut dont Ilion répète la voix; elle vit le corps inanimé étendu sur un lit funèbre et traîné par les mules. A cet aspect elle jette des cris perçants, et fait retentir la ville entière de ces paroles : « Troyens et Troyennes, si vous reçûtes souvent Hector avec des transports de joie lorsque, plein de vie, il revenait des combats, sortez en foule, allez recevoir aujourd'hui celui qui était la gloire d'Ilion et de tout un peuple. » Elle dit : personne ne reste dans la ville, ni homme ni femme, tant le deuil est général! tous courent hors des portes à la rencontre du cadavre qui s'approchait d'Ilion. A leur tête, sa tendre épouse et sa vénérable mère s'arrachent les cheveux en se précipitant vers le char. Autour d'elles le peuple troyen fond en larmes ; et l'on eût passé le jour entier à pleurer Hector devant les portes, si le vieux Priam, du haut de son char, n'eût pris la parole : « Troyens, ne nous fermez point le passage; quand j'aurai conduit mon fils jusqu'à mon palais, vous pourrez vous rassasier de vos larmes. »

Il dit : les flots du peuple s'ouvrent et font place au char. Arrivés dans le palais, on dépose Hector sur un lit superbe; on l'entoure d'un chœur dont les chants lugubres sont mêlés de gémissements et de pleurs; les femmes y répondent par des soupirs douloureux. Andromaque, au milieu d'elles, commence le deuil. Pressant la tête du vaillant Hector entre ses mains, « Cher époux, dit-elle, tu es sorti de la vie bien jeune encore. Tu me laisses veuve dans ton palais; le fils que nous avons mis au jour, pour notre malheur et pour le sien, n'est qu'un petit enfant, et je crains bien qu'il n'arrive pas à l'adolescence. Avant ce temps, cette ville tombera du faîte de sa grandeur; elle a perdu son gardien, son appui, le défenseur des chastes épouses et de leurs tendres enfants : bientôt ils seront emmenés par les vaisseaux du vainqueur sur une terre étrangère; moi-même je serai au milieu des captives; et toi, mon fils, tu me suivras dans l'esclavage; je te verrai soumis à d'indignes emplois, réduit à travailler pour un maître cruel, ou bien quelque Grec furieux te précipitera du haut de ces tours pour venger par ton sang un père, un frère ou un fils : eh! comment oublier qu'une foule d'Argiens immolés par la lance d'Hector ont mordu la poussière devant lui? Ton père était terrible dans les funestes combats; voilà pourquoi tout ce peuple, tout Ilion pleure sa perte. Dans quelle tristesse inexprimable, dans quel deuil as-tu plongé tes parents, ô mon cher Hector! mais c'est à moi surtout que tu lègues d'intolérables douleurs. Hélas! tu ne m'as point tendu la main de ton lit de mort, tu ne m'as point adressé quelqu'une de tes sages paroles, que je me rappellerais la nuit et le jour en versant des larmes. »

Avant de remarquer les beautés de ce discours, il faut rendre justice au bon sens d'Homère. Achille, furieux d'avoir perdu Patrocle, attache derrière son char le cadavre d'Hector; trois fois il le traîne autour du tombeau de son ami, plongé dans le sommeil de la mort; ensuite il se repose dans sa tente, laissant Hector le front dans la poussière. Mais Apollon, touché de compassion pour le fils de Priam, et prié par les dieux de ravir le corps du héros, l'avait couvert tout entier de son égide pour qu'il ne fût point déchiré dans la course rapide du char qui l'emportait.

Sans ce prodige, dont Hector d'ailleurs était si digne, la scène manquerait de vérité. Si le fils de Priam n'est plus qu'un informe débris comme son père, si la mort a encore ajouté à son affreuse métamorphose, Andromaque, à l'aspect de ce hideux trophée de la vengeance, doit reculer d'horreur, ou plutôt tomber dans un long évanouissement; il faut qu'on l'emporte mourante. En effet, la seconde épreuve ne serait-elle pas bien plus cruelle que la première? Du haut des remparts, Andromaque n'avait aperçu que de loin son époux traîné dans la poussière; mais dans ce moment elle aurait sous ses yeux, elle toucherait les restes méconnaissables d'Hector, et pourrait supporter cette vue sans perdre le sentiment et la voix! elle trouverait la force de se plaindre de sa destinée avec les expressions d'une douleur qui revient sur elle-même! Une telle supposition choquerait le bon sens. Peut-être même, malgré la judicieuse fiction d'Homère, quelque critique penserait-il encore que le discours d'Andromaque ne répond point assez au désespoir d'une femme qui s'arrache les cheveux en revoyant pour la première fois son époux tel que la mort le lui a rendu.

Quoi que les lecteurs pensent d'une observation faite dans le seul intérêt de l'art, ils seront assurément touchés de ce langage naïf et sans faste, si rare dans nos douleurs de théâtre. Andromaque ne se distrait pas de son affliction pour célébrer par de pompeuses paroles la gloire d'Hector. Elle se contente de pleurer à la fois sur son vaillant époux qui n'est plus, sur Astyanax privé d'un père, et sur Ilion qui va périr, puisqu'elle a perdu son défenseur. Sans rejeter l'honneur des exploits du héros, ses tristes pressentiments y voient la cause de la ruine d'Astyanax. Elle tremble qu'un ennemi furieux ne veuille faire expier au fils tout le sang qu'a versé le père. Il semble qu'une pensée prophétique lui révèle, dans un avenir qui n'est pas loin peut-être, la mission fatale et les discours de l'ambassadeur des Grecs à Pyrrhus :

> Ne vous souvient-il plus, seigneur, quel fut Hector ?
> Nos peuples affaiblis s'en souviennent encor ;
> Son nom seul fait trembler nos veuves et nos filles ;
> Et dans toute la Grèce il n'est point de familles
> Qui ne demandent compte à ce malheureux fils
> D'un père ou d'un époux qu'Hector leur a ravis [1].

La fin du discours d'Andromaque répond au

---

[1] Racine, tragédie d'Andromaque.

commencement; et même après avoir entendu les lamentations de tout un peuple sur le vaillant Hector, même en se rappelant la désolation de sa famille, on a encore des larmes pour cette Andromaque qui exprime d'une manière si simple un de ces regrets qui n'abandonnent jamais les âmes sensibles et nous suivent jusqu'au tombeau. N'omettons pas de remarquer quelle idée Andromaque nous donne d'Hector et d'elle-même par le vœu qui s'échappe de son cœur; c'est comme si elle disait : « Mon époux était à la fois le plus sage et le plus vaillant des hommes; les paroles d'Hector étaient des oracles pour Andromaque; et un seul conseil sorti de sa bouche au moment suprême eût servi de règle au reste de ma vie. »

Telle est l'Andromaque d'Homère; voyons ce qu'elle est devenue dans Euripide.

Ilion tombe en ruines; les Troyennes captives sont entraînées vers le camp des Grecs; Andromaque, couverte du voile des esclaves, s'avance sur un char étranger, entourée des armes d'Hector et des dépouilles de la Phrygie. Hécube l'aperçoit : les deux infortunées ne peuvent long-temps s'entretenir que par des exclamations de douleur. C'est là qu'on entend ce cri sublime d'Andromaque, toujours remplie du souvenir d'Hector : « Accours, ô mon époux, viens me défendre. » C'est là qu'on l'entend déplorer son malheur en ces termes :

« Captive, dit-elle, on m'emmène avec mon fils comme une partie du butin de la guerre; des âmes libres tombent en esclavage : tels sont les changements du sort. » Hécube, qui vient de perdre Cassandre, se désespère à la nouvelle de la mort de Polyxène, qu'on lui annonce encore : mais Andromaque envie le sort de cette princesse. Euripide s'égare ici en une longue narration, où plusieurs traits paraissent déplacés, tandis que d'autres blessent toutes les bienséances, et ressemblent à des déclamations qui n'ont pas même la vraisemblance pour excuse. Socrate n'aurait pas dû passer de telles fautes à son ami. Il est à remarquer que la déplorable Hécube conseille à la veuve d'Hector de céder à la destinée : « O ma fille, dit-elle, oublie les malheurs d'Hector; tes larmes ne le rendront point à la vie; honore ton nouveau maître; tâche de rendre son cœur sensible aux doux appas de tes vertus : par cette conduite tu réjouiras le cœur de tous tes amis; ainsi tu pourras élever le fils de mon fils pour devenir un jour l'espérance de Troie; un jour une postérité sortira de lui, relèvera les murs d'Ilion, et rétablira la ville sacrée de Neptune. »

Andromaque ne répond pas; mais au moment même Talthybius vient lui annoncer qu'Astyanax doit être précipité du haut des tours d'Ilion. Ici éclate tout ce que l'amour maternel a de plus tendre et de plus déchirant.

« O mon fils, doux objet de ma tendresse, tu vas périr par des mains ennemies, tu vas abandonner ta mère désolée! La vertu de ton père, qui fut le salut de tant d'autres, te donnera la mort. Funeste hymen! ô sainte couche nuptiale! quand j'entrai dans le palais d'Hector, c'était pour donner un maître à la fertile Asie, et non pas une victime aux Grecs. Mon fils, tu pleures, tu sens les maux qu'on te prépare? Pourquoi me retenir avec tes mains? pourquoi t'attacher à ma robe, et te réfugier comme un jeune oiseau sous les ailes de ta mère? Hector ne sortira point de la terre, armé de sa glorieuse lance, pour être ton libérateur. Tu seras précipité par une main sans pitié; tu vas perdre la vie d'une manière cruelle. Doux fardeau de mes bras caressants, enfant chéri dont j'aime à respirer la douce haleine, c'est donc en vain que ce sein t'a nourri de son lait; en vain j'ai supporté pour toi les peines et les inquiétudes maternelles. Viens, pour la dernière fois du moins, viens caresser ta mère; viens la presser de tes petits bras, et unis ta bouche à la sienne. Grecs, plus féroces que les barbares, de quel droit faites-vous périr cette victime innocente? Race odieuse de Tyndare, non, tu n'es pas la fille de Jupiter : un mauvais génie fut ton père; la discorde, le meurtre et la mort, tous les maux que la terre enfante, voilà les auteurs de ta naissance. Non, jamais Jupiter n'a pu produire ce fléau destructeur des Grecs et des Troyens. Péris, femme abhorrée, dont la beauté funeste a causé la honte et la perte de la Phrygie.

» Cruels, prenez mon fils, précipitez-le si vous voulez le précipiter, dévorez ses chairs palpitantes, puisque les dieux nous ont abandonnés, et que je ne puis écarter la mort de sa tête... Cachez à tous les regards une mère éperdue, jetez-moi dans un coin de quelque vaisseau : que je parte pour ce noble hyménée sous les auspices de la mort d'un fils! »

Talthybius fait enlever Astyanax aux cris d'Hécube, qui croit avoir épuisé la coupe des malheurs jusqu'à la lie : elle ne sait pas qu'il reste au fond du vase un breuvage encore plus amer que celui que le sort lui avait présenté jusqu'ici.

Au cinquième acte de la même pièce, Talthybius revient sur la scène. « Hécube, dit le héraut, il ne reste plus dans le port qu'un vaisseau chargé de conduire dans la Phthiotide les dépouilles réservées au tombeau d'Achille. Pour Néoptolème, instruit des nouveaux malheurs du père d'Achille chassé de ses états par Acaste, il est parti plus tôt qu'il ne le voulait. Sur ses pas j'ai vu marcher Andromaque; elle m'a fait verser bien des larmes, au moment où, près de quitter la terre, elle pleurait sa patrie, en invoquant le tombeau de son époux. Elle vous prie de rendre les derniers devoirs à cet enfant qui vient d'être précipité du haut des tours, et d'ensevelir avec lui le bouclier d'Hector, si long-temps la terreur des Grecs. Elle ne veut pas le rendre témoin du déplorable hymen que va célébrer la mère de ce mort. L'Andromaque d'Astyanax ne veut pas que ce bouclier lui rappelle toutes ses douleurs. »

La pièce d'Euripide qui porte le nom d'Andromaque nous représente cette princesse dans une situation nouvelle. La veuve d'Hector a subi l'hymen de Pyrrhus, et donné un fils à son maître. « Mon cœur, dit-elle, accablé de tant d'infortunes, s'était flatté de l'espérance de trouver dans cet enfant une consolation et un appui; mais, depuis que mon maître a dédaigné la couche d'une esclave, Hermione, sa nouvelle épouse, ne cesse de m'accabler des plus sanglants outrages, et veut me faire mourir. » Pour échapper à un sort si cruel, Andromaque est venue chercher un asile dans un temple consacré à Thétis et voisin du palais. Elle a envoyé en secret Molossus son fils dans un asile écarté, de peur qu'Hermione et Ménélas ne tournent leur rage contre lui, en l'absence de Pyrrhus. A peine a-t-elle ouvert la scène par l'exposition de ses nouvelles infortunes, qu'un esclave vient lui annoncer que la retraite de Molossus est découverte, et qu'on va le faire périr. Hermione survient; elle ordonne, comme reine, à Andromaque de sortir du temple. Ici, entre les deux rivales, l'une possédée des furies de l'orgueil et de la jalousie, l'autre pleine de douceur, de modestie, de dignité dans l'infortune, il s'engage une lutte où beaucoup de choses ne nous conviendraient pas, et doivent blesser le goût de tous les lecteurs eclairés.

Comment approuver, par exemple, qu'Euripide fasse entendre à la veuve d'Hector ces reproches d'Hermione : « Tu as poussé le délire, malheureuse, jusqu'au point d'oser dormir auprès du fils d'un père qui a tué ton époux de sa propre main; tu as pu consentir à avoir des enfants d'un homme tout couvert de ton sang [1]. » Qu'Andromaque seule se rappelle elle-même cette affreuse injure du sort, l'inconsolable douleur qu'elle éprouve, sa religieuse tendresse pour la mémoire d'Hector, la relèvent à nos yeux, au lieu de la dégrader. En l'écoutant, nous accusons le ciel, et non pas la vertu trahie par les destins. Mais c'est manquer de respect envers une si grande infortune que de l'exposer à rougir devant une femme indigne d'obtenir même un moment la supériorité sur le modèle de son sexe. C'est une barbarie sans excuse dans le poëte que de porter une si cruelle atteinte à ce cœur déchiré par tant de souffrances. Euripide blesse à la fois et les mœurs de la jeune Hermione et la pudeur

---

[1] *Andromaque*, vers 170 et suivants.

d'Andromaque, lorsqu'il ajoute sans s'apercevoir qu'il aggrave sa faute : « Telle est la race des barbares, mêlés confusément en d'incestueuses alliances, le père avec sa fille, le fils avec la mère, le frère avec sa sœur; ils s'unissent sans scrupule aux meurtriers de leurs proches : la loi ne leur défend aucune de toutes ces choses. Ne viens pas introduire ces mœurs parmi nous; elles offensent l'honnêteté [1]. » L'Andromaque d'Homère, la chaste épouse d'Hector essuyer de telles injures! Malheur au théâtre qui, sous le prétexte de la vérité, pourrait approuver cette violation de toutes les bienséances! Euripide a voulu plaire aux habitants d'Athènes, en insultant aux étrangers qu'elle flétrissait du nom de barbares; mais il n'est pas moins dangereux pour la réputation d'un écrivain de flatter un peuple qu'un prince.

Andromaque se trouve réduite à garder le silence sur la plus cruelle des accusations d'Hermione. Euripide, convaincu d'avance de l'impossibilité d'aborder cette question, aurait dû corriger sa faute; mais du moins la réponse qu'il prête à la veuve d'Hector est-elle un modèle de cette raison pressante et pourtant douce, qui fait l'éloquence des épouses accoutumées à se modérer pour

---

[1] *Andromaque*, vers 173 et suivants.

plaire. Sauf une légère inconvenance sur la passion de l'amour dans les femmes, Andromaque détruit avec un rare bonheur l'objection de la jalouse Hermione contre les barbares : mais comment écouterions-nous ce qui suit, même dans la peinture de mœurs qui ne sont pas les nôtres? « O cher Hector, j'aimais à cause de toi celles pour qui Vénus t'inspirait quelque faiblesse; plus d'une fois j'ai présenté mon sein à leurs enfants pour ne te causer aucun déplaisir. C'est ainsi que la complaisance et la vertu me conciliaient le cœur de mon époux; mais vous, au contraire, vous ne pouvez souffrir qu'une goutte de rosée s'attache au vôtre [1]. » Notre scène aurait-elle eu raison, aurait-elle eu tort d'admettre ces détails naïfs si conformes au génie de l'antiquité? Je ne décide pas dans cette question ; mais je sais bien qu'ils vont au cœur, qu'ils inspirent la plus tendre estime pour les douces vertus d'Andromaque, que Sophocle ne les aurait pas rejetés. Sous Euripide, la scène grecque perdit beaucoup de la dignité que lui avait imprimée l'auteur d'*Œdipe roi*. Toujours vrai, toujours simple, et pourtant noble et majestueux, Sophocle est plus français que son jeune rival sous le rapport des convenances tragiques. Mais si notre orgueil peut se

---

[1] *Andromaque*, vers 221 et suivants.

flatter d'une ressemblance avec lui à cet égard, son exemple devrait bien nous inspirer le courage de renoncer à nos sentiments et à notre langue de convention pour faire agir et parler les personnages de la tragédie comme la nature.

Andromaque, résistant aux violences d'Hermione, a refusé de sortir du temple de Thétis ; pour l'en arracher, Ménélas la menace d'immoler à ses yeux son fils Molossus. « Choisis, lui dit-il, de mourir toi-même, ou de voir ton fils expier tes crimes envers Hermione. » Il y a peut-être trop d'injures dans le premier essor de la colère d'Andromaque : Euripide lui a prêté, on ne sait pourquoi, des traits contre son propre sexe ; mais que l'expression de ses douleurs devient déchirante ! « Cet enfant me restait seul, cet enfant, l'œil de ma vie, les cruels le feront mourir, parceque telle est leur volonté ! Mais je ne le laisserai point périr pour sauver les restes d'une misérable existence. Mon unique espérance est de le conserver, et il y aurait de la honte à ne pas vouloir mourir pour un fils : me voilà ; j'abandonne l'autel tutélaire ; je suis entre les mains et à la merci de mes deux maîtres ; qu'ils enchaînent, qu'ils frappent, qu'ils égorgent leur victime ! O mon fils, ta mère descend chez Pluton pour sauver tes jours ; si tu évites la mort, souviens-toi de ta mère et de ses douleurs à ton sujet ; dis à ton père, au milieu de ses tendres caresses, dis-lui, en versant des larmes, en baisant ses mains, ce que j'ai fait pour toi. Hélas, nos enfants sont notre âme et notre vie[1]! »

Le sacrifice d'Andromaque est inutile; Ménélas lui annonce que Molossus doit être livré à Hermione : le désespoir de la malheureuse mère éclate par des reproches où elle reprend toute la dignité de la veuve d'Hector. « O guerrier terrible contre une femme, dit-elle, tu vas m'immoler; frappe, car je te quitterai, toi et ta fille, sans que ma langue s'abaisse à vous caresser par ses paroles. Tu es grand à Sparte par ta naissance; j'étais plus grande à Troie. Si tu me vois dans l'adversité, cesse de triompher, tu peux y tomber à ton tour[2]. »

Dans l'acte suivant, Molossus paraît avec Andromaque; tous deux sont chargés de chaînes : « O mon fils, ô mon cher fils, dit-elle, tu vas donc reposer à jamais sur mon sein glacé! ta mort va réunir sous la tombe et le fils et la mère. » Sur ces entrefaites, Ménélas arrive et leur prononce la sentence fatale : « Allez habiter les sombres demeures; vous sortez l'un et l'autre d'une ville ennemie. » A ces mots le cœur de la mère se brise; elle crie à son fils : « Jette-toi aux pieds d'un maître, embrasse ses genoux, ô mon fils. » L'enfant obéit à sa mère, et

---

[1] Vers 407 et suivants.
[2] Vers 458 et suivants.

dit, avec l'accent de son âge : « O bon Ménélas, ô bon prince, faites-moi grâce de la mort. »

Ménélas est inflexible : Pélée arrive ; il prend la défense des deux victimes, et réussit à les sauver par son autorité. « Viens, dit-il à Molossus, viens, cher enfant, marche sous mes ailes ; et vous aussi, femme malheureuse : après avoir essuyé une cruelle tempête, vous entrez enfin dans le port. » Andromaque lui répond : « O vieillard, puissent les dieux répandre leurs bienfaits sur vous et sur les vôtres, sur le libérateur de mon fils et de sa mère. Mais prenez garde aux desseins de nos ennemis : ils se sont peut-être cachés dans quelque lieu solitaire de la route pour m'enlever par la force. Un vieillard, une femme faible et tremblante, un enfant sans défense ! Faites attention à toutes ces choses, pour que notre fuite ne nous conduise pas au malheur de tomber dans les mains d'Hermione[1]. » Pélée rassure Andromaque, et la scène finit par l'éloge du prince vertueux qui, après avoir été le digne compagnon d'Hercule au premier siége de Troie, vient prêter l'appui de sa couronne au malheur et à la vertu.

Dans Homère, Andromaque est l'épouse, la veuve d'Hector et la mère d'Astyanax ; fidèle à ces trois ca-

---

[1] Vers 750 et suivants.

ractères, elle les soutient tour à tour avec une égale vérité; seulement, comme nous l'avons dit, on désirerait plus de véhémence dans ses plaintes. Il semble qu'Andromaque parle sur son infortune comme si le premier torrent des pleurs et les grandes angoisses du cœur étaient déjà passés. L'Andromaque des Troyennes est encore plus malheureuse et plus touchante. Après le trépas d'Hector elle craignait la servitude, maintenant elle en porte les marques; elle est captive. Cependant ne croyez pas que cette infortunée n'ait des larmes que pour elle-même : Polyxène vient d'être immolée sur le tombeau d'Achille; Andromaque descend du char qui l'emmène, pour offrir son tribut à la dernière fille de Priam.

Il faut blâmer ici avec la dernière sévérité deux fautes d'Euripide : il prête à Andromaque le langage paisible d'une femme qui se familiarise avec l'idée d'appartenir au meurtrier d'Hector; il pousse ensuite l'oubli de toutes les convenances jusqu'à profaner un si beau caractère par une réflexion que la licence de Plaute ou de Regnard oserait à peine attribuer à un personnage subalterne de la comédie. La femme qui concevrait de telles pensées dans une si triste circonstance serait indigne de regretter Hector et de préférer le destin de Polyxène à la nécessité de vivre dans l'esclavage; elle consentirait à porter sa chaîne et s'accommoderait au temps comme les vertus vulgaires. Pour connaître le cœur humain, il faut saisir ce qui en sort au moment où il doit être touché par un sentiment profond ; alors les premières paroles trahissent à son insu l'état intérieur de la personne qui les laisse échapper : il est surtout bien facile de reconnaître ainsi les mensonges de la douleur.

Euripide se relève noblement des reproches qu'il vient de mériter. Homère n'a rien d'aussi tendre que les regrets, les larmes d'Andromaque sur son fils, de plus déchirant que son désespoir : Andromaque est vraiment mère; on sent que les Grecs lui arrachent les entrailles en lui arrachant Astyanax. Aucun écrivain n'eût oublié de montrer Andromaque saluant une dernière fois sa patrie et la tombe de son époux, au moment du départ d'Ilion ; mais peut-être fallait-il avoir l'âme d'Euripide pour imaginer le renvoi du bouclier d'Hector par l'épouse que le destin fait passer sous les lois de Pyrrhus : il y a là une idée si haute des saintes lois de l'hymen, une pudeur si vertueuse, un si grand respect pour la gloire d'Hector, et une dernière preuve d'amour que nous ne saurions trop admirer ! Une telle action surpasse toute éloquence.

Plût à Dieu qu'Euripide eût laissé un voile éternel sur la seconde union d'Andromaque ! Nous voudrions ne pas la voir dans le palais de Néoptolème, et surtout dans son lit. Esclave, réduite aux plus durs emplois, elle nous affligerait moins que condamnée à un nouvel amour. Jugez combien elle est ravalée devant nous par l'abandon de Pyrrhus, puisque le nom sacré de mère, qui a fait sa gloire, est devenu pour elle un sujet de honte à nos yeux. Non, Euripide ne devait pas profaner ainsi sur la scène l'Andromaque d'Homère et la plus noble image de la vertu. Toutefois l'amour de la patrie, le nom d'Hector, toujours présent à sa pensée, ont un charme qui nous ferait encore illusion sans les scènes où la fille d'Hélène, jalouse comme une femme vulgaire, vient disputer le cœur de Pyrrhus à son esclave. Remarquons du moins qu'Andromaque ne prétend rien de l'époux d'Hermione, et qu'elle ne parle que d'Hector. Disons aussi, en passant, que M. de Châteaubriand a eu tort d'attribuer à l'Andromaque d'Euripide un caractère d'ambition qui détruit l'amour maternel : on ne trouverait pas même une trace de cette faute dans toute la pièce grecque. Andromaque conserve sans orgueil le noble sentiment de son ancienne fortune. Captive, résignée, mais toujours Andromaque, elle pleure Ilion, la sainte couche nuptiale, et son Hector ; voilà tout. Il est un nom qu'Andromaque ne prononce jamais dans le cours de la pièce : c'est celui d'Astyanax. Une réflexion judicieuse a dicté, ou plutôt un sentiment exquis a inspiré cette réserve au poëte. C'est une de ces choses senties que l'écrivain trouve dans son cœur.

Mais nous intéresserons-nous à Molossus? Oui, parcequ'il est enfant, dévoué à la mort, et qu'Andromaque est sa mère. A ce nom nous avons tout oublié; nous ne voyons plus que de nouveaux malheurs et le dévouement d'Andromaque, prête à mourir pour son fils, plus grande qu'elle n'était à Troie dans la même situation. Nous sommes d'autant plus touchés de ses larmes, que nous la plaignons à la fois de la perte qu'elle a faite et de celle qui la menace. Dans tout ce qu'elle a dit sur Molossus, nous mêlons malgré nous le souvenir d'Astyanax, dont Homère, et surtout Euripide, ont gravé si profondément l'image dans notre âme. Veuve d'Hector! femme de Pyrrhus! deux fois privée d'un fils par une mort cruelle! quelle destinée!

Voilà les deux modèles de Virgile : il est intéressant de juger comment ce poëte saura nous attendrir sur Andromaque, qui n'est plus en face des ruines de Troie et sur le tombeau d'Hector, comme dans l'Iliade, ou en présence d'un fils prêt à périr, ainsi que dans les Troyennes. Fidèle à la tradition d'Euripide, Virgile cependant a retenu d'Homère la pensée qu'Hector doit occuper toute la vie d'Andromaque. Vainement le sort la donne à Pyrrhus, vainement le fils d'Achille la transmet comme une esclave à Hélénus son esclave couronné; elle n'a point cessé d'être l'Andromaque d'Hector. Pouvez-vous en douter? Écoutez Virgile, en vous rappelant qu'Énée arrive et se rend au palais d'Hélénus.

En avant de la ville, dans un bosquet, sur la rive d'un faux Simoïs, Andromaque offrait en ce moment le festin solennel des morts et de tristes présents aux cendres d'un époux; elle appelait les mânes d'Hector à son tombeau de verdure, monument vide, hélas! qu'elle lui avait consacré entre deux autels, cause et témoins de ses larmes [1].

---

[1] On lit dans le texte :

> Solemnes tum forte dapes et tristia dona,
> Ante urbem, in luco, falsi Simoentis ad undam,
> Libabat cineri Andromache, manesque vocabat
> Hectoreum ad tumulum, viridi quem cespite inanem,
> Et geminas, causam lacrymis, sacraverat aras.

Je n'ai pu, malgré tous mes efforts, rendre ces inversions heureuses dont Fénélon sentait tout le prix, et qui donnent au poëte le moyen de présenter d'abord à nos yeux les premières images avec lesquelles il veut frapper notre imagination.

Delille, en suivant aussi l'ordre un peu trop sévère de notre construction française, a rendu ainsi les vers de Virgile :

> Ce jour même, sa veuve, inconsolable encor,
> Hors des murs, dans un bois, près d'un nouveau Scamandre,
> Au héros d'Ilion, ou plutôt à sa cendre,
> Sur un tombeau formé de terre et de gazons,
> De son deuil solennel portait les tristes dons.

Vit-on jamais une situation plus habilement préparée, un grand personnage plus dignement appelé sur la scène? Pénélope en pleurs au souvenir d'Ulysse, la jeune Alceste couronnant de myrtes les bustes de son époux avant de mourir pour lui, Cornélie tenant entre ses mains l'urne qui contient les cendres de Pompée, excitent-elles plus d'intérêt qu'Andromaque fidèle aux cendres d'Hector? Et comme les détails sont touchants!

Ce n'est point un monument qu'elle a élevé ; c'est un simple tombeau de gazon semblable à

>Pour charmer ses chagrins, *loin des regards profanes*
>A ce lugubre asile elle invitait ses mânes,
>L'appelait auprès d'elle ; et, chers à ses douleurs,
>Deux autels partageaient le tribut de ses pleurs ;
>L'un était pour le fils, et l'autre pour le père :
>Là, pleurait tour à tour et l'épouse et la mère.

Quels que soient mon respect et ma religieuse reconnaissance pour Delille, je ne puis m'empêcher d'exprimer le regret de voir le poëte latin défiguré par un si froid commentaire. Comment excuser ces deux antithèses de la fin, qui expliquent d'une manière si maladroite ce que Virgile a laissé dans une mystérieuse incertitude? Ainsi que le cœur humain, l'art a des secrets dont il ne faut pas chercher à lever le voile.

Quoique les mots *manesque vocabat Hectoreum ad tumulum* signifient peut-être seulement qu'Andromaque invoquait les mânes d'Hector auprès de son tombeau, cependant, autorisé par Delille, qui a dit avec bonheur,

>A ce lugubre asile elle invitait ses mânes,
>L'appelait auprès d'elle,

ceux des guerriers ensevelis dans les plaines de Troie ; elle réunit dans la modeste enceinte qui le renferme, le culte de la patrie, le respect des morts, et la religion du premier amour. Le tombeau dit qu'Hector fut un mortel ; les autels annoncent qu'Andromaque en a fait un dieu qu'elle implore sans pouvoir cesser de le pleurer.

Poursuivons avec le poëte.

Dès qu'elle me voit approcher, et que, dans le délire de son étonnement, elle reconnaît autour d'elle des armes troyennes, effrayée de ce prodige inouï, tout son corps se roidit, ses yeux restent immobiles ; la chaleur l'abandonne ; elle tombe, et ce n'est qu'après un long intervalle qu'elle laisse échapper ces paroles : « Est-ce bien vous que je vois ? Venez-vous en personne m'apporter des nouvelles ? Vivez-vous encore, ô fils d'une déesse ? ou, si la douce lumière vous a quitté, en

---

j'ai cru pouvoir adopter le sens qu'il a choisi, et qui m'a paru d'ailleurs conforme à la douleur et aux vœux d'Andromaque.

Delille, souvent si attentif à n'omettre aucune des beautés du texte, a cependant omis de rendre l'expression *inanem tumulum* ; on la retrouvera heureusement reproduite dans ces vers de Chénier, sur son malheureux frère André, qui était l'espoir de la muse élégiaque parmi nous :

Auprès d'André Chénier avant que de descendre,
J'élèverai la tombe où manquera sa cendre.
Discours sur la calomnie.

quels lieux est Hector? » Elle dit, et, baignée de larmes, elle remplit les airs de ses gémissements.

Sophocle ne fait pas évanouir ainsi Électre qui retrouve son frère; mais la reconnaissance a été préparée. Électre a déjà levé quelques voiles; sa joie peut trouver des paroles lorsque l'anneau de son père lui donne la douce conviction qu'Oreste est devant elle. Andromaque n'a rien su des Troyens depuis la ruine d'Ilion. Leur aspect fait sur elle l'effet d'un coup de foudre; elle pourrait mourir de son saisissement sans qu'on en fût étonné. Ses questions tiennent encore de l'égarement; le nuage qui couvre ses pensées semble être aussi répandu sur ses yeux. Elle ressemble à Eurydice, qui ne voit plus Orphée qu'à travers des ténèbres. Comme ce doute entre la vie et la mort d'Énée est motivé par la vraisemblance! Et ce trait sublime, ce cri de l'amour conjugal, *Hector ubi est*[1]? pourquoi nous ravit-il d'admiration en même

---

[1] Si Annibal Caro a rendu assez bien le saisissement d'Andromaque dans ces vers,

> E, forsennata e stupida,
> Fermossi in prima; indi, gelata et smorta,
> Disvenne e cadde,

il est bien inférieur à Virgile dans le reste : on en jugera par la lecture du texte opposé à la traduction :

> Verane te facies, verus mihi nuntius affers,

temps qu'il nous arrache des larmes? C'est que, bien qu'inattendu, il appartient à la situation; c'est qu'il sort du cœur d'une femme que nous venons de voir au tombeau d'Hector. Le *Qu'il mourût* du vieil Horace emprunte toute sa beauté du caractère que Corneille donne à cet austère citoyen, le modèle et le précurseur du consul qui condamnera ses fils.

Que de choses renfermées dans cette simple question : *Hector ubi est?* « Vous étiez l'ami, le compagnon, l'émule d'Hector. Sans doute vous

---

> Nate dea? vivisne? aut, si lux alma recessit,
> Hector ubi est?   Virg.
>
> Oh! sei tu vero o pur mi sembri Enea?
> Sei corpo od ombra? Se da' morti udito
> E'l mio pichiamo : Ettor perche te manda?
> Perch' ei teco non viene? e sei tu certo
> Nunzio di lui?

Ce qu'il faut blâmer ici, ce n'est pas tant la longueur du commentaire qui refroidit le langage elliptique et rapide du sentiment, c'est la faute de n'avoir pas respecté les paroles d'Andromaque, mais surtout d'avoir ajouté quelque chose après *Hector ubi est?* Le nom d'Hector rouvre toutes les blessures d'Andromaque, lui rappelle sa gloire et ses infortunes; prononcer ce nom chéri est un effort après lequel sa tendresse ne peut plus que verser des larmes et pousser des cris de douleur. Un poëte devait sentir cette observation prise dans la nature. Le langage du cœur a des secrets qu'il faut connaître; souvent le silence qui interrompt tout-à-coup la passion n'est pas moins éloquent que ses paroles.

venez de sa part; si vous avez perdu comme lui
la lumière du jour, où avez-vous laissé mon Hector? Les dieux ont-ils récompensé dignement sa
vertu? Habite-t-il le séjour des Champs-Élysées
avec son vénérable père, avec Hécube, avec Cassandre et Polyxène, qui m'ont tant aimée? Que
vous a-t-il dit pour Andromaque? »

La critique m'objectera peut-être que le poëte
n'a point pensé à ces développements. Il y a si bien
pensé qu'ils sont tous dans l'exposition de la scène.
Le cœur d'Andromaque rempli d'Ilion, du Simoïs,
de Priam, d'Hécube et d'Astyanax, exprime ses souvenirs par le nom d'Hector, qui les renferme tous.
D'ailleurs, consultons la vie commune : que de
choses une femme ne nous fait-elle pas entendre
en même temps par quelques paroles! et combien
l'accent de sa voix ajoute encore au sens de ce
qu'elle laisse échapper! Les femmes sont des
poëtes: la nature a fait pour elles une langue particulière, pleine de créations soudaines qui nous
révèlent quelquefois une foule de pensées par des
expressions de génie.

On répondra que des mots comme celui qui excite ma juste admiration sortent tout brûlants de
la verve du poëte; je conviens qu'il en est souvent
ainsi. Mais, d'abord, ces inspirations n'arrivent
qu'à des êtres privilégiés; ensuite, le transport qui
les produit prend sa source dans l'habitude des

méditations fécondes, et dans une étude assidue de la nature. En décomposant les œuvres des maîtres, on acquiert la conviction qu'une multitude de pensées et d'images, pressées les unes sur les autres, se présentent ensemble à la première délibération du génie. Il les voit passer devant lui : il les examine; il les adopte, il les rejette; il les rappelle encore; il s'arrête à plusieurs reprises, comme ne pouvant suffire au tumulte et aux sensations diverses qu'elles excitent en lui : et c'est du sein de cette espèce d'orage que sortent, comme des éclairs, ces traits d'une trempe immortelle, et semblables aux armes forgées par un dieu pour les favoris du ciel.

Nous avons retenu les questions d'Andromaque, voyons quelles sont les réponses d'Énée. « Je vis, » dit-il; je traîne mes jours au milieu de toutes les » extrémités des choses humaines. N'en doutez pas, » je suis vraiment Énée. Mais vous, précipitée du » rang d'épouse d'un héros, quel asile le sort vous » a-t-il offert? Quelle fortune assez digne de vos » vertus est venue vous chercher dans votre mal» heur? Andromaque, gardez-vous l'hymen d'Hec» tor ou celui de Pyrrhus? »

En général, le prince troyen n'est pas heureux dans les paroles qu'il adresse aux femmes. Il ne connaissait pas le cœur de Didon, il ne lit pas mieux dans celui d'Andromaque. Énée sait ce qu'il

ÉNÉIDE, LIVRE III. 353

demande; sa dernière question est un coup de poignard qu'il devait épargner à la veuve d'Hector, dont tout attestait la douleur et la constance ¹. C'était bien assez de ce qui précède, *aut quæ digna satis fortuna revisit?* pour exciter les regrets, la honte et les larmes d'Andromaque. Le trait n'aurait manqué de pénétrer assez avant dans l'âme de l'infortunée qui, reine et dégoûtée du trône, vient chaque jour pleurer devant Hector, comme Esther devant le Dieu de ses pères.

Pour reconnaître la faute d'Énée, il suffit de voir son effet sur Andromaque. « Elle baisse les yeux,
» reprend le poëte, et d'une voix presque éteinte :
» Heureuse entre les Troyennes la fille de Priam,
» qui, condamnée à mourir sur la tombe d'un en-
» nemi, en face des remparts d'Ilion, n'a pas subi
» l'outrage d'être adjugée par le sort à un maître,
» et de toucher comme captive le lit du vainqueur!
» Mais nous, après l'embrasement de notre patrie,
» traînées de mers en mers, il nous a fallu suppor-
» ter tout l'orgueil de la race d'Achille; et, soumises
» à l'amour de ce superbe ennemi, nous avons, pour

---

¹ Je n'insisterais pas sur cette observation si Virgile n'avait pas voulu nous montrer dans Énée la sensibilité qui comprend toutes les peines du cœur, et devine, par un admirable instinct, tout ce qui pourrait rouvrir des blessures ou réveiller des souvenirs pénibles.

» comble de malheur, enfanté dans l'esclavage!
» Bientôt Pyrrhus, poursuivant l'hymen de la fille
» de Léda jusque dans Lacédémone, me transmit
» comme esclave à son esclave Hélénus. A peine il
» m'abandonne, qu'Oreste, enflammé d'un violent
» amour pour l'épouse qu'on lui enlevait, et tour-
» menté par les furies de ses crimes, le surprend
» sans défense et l'égorge aux pieds des autels.

» A la mort de Néoptolème, Hélénus, ayant fait
» rentrer sous ses lois une partie de l'empire, ap-
» pela toutes ces contrées *Chaoniennes,* du nom de
» Chaon le Troyen, et bâtit sur cette colline une
» autre Pergame et une autre citadelle d'Ilion.

» Mais vous, quels vents ou quels destins ont
» dirigé votre course? Quel dieu vous a poussés vers
» ces rivages sans vous instruire de notre destinée?
» Et le jeune Ascagne, survit-il à vos malheurs?
» jouit-il de la lumière des cieux? Il s'élevait quand
» déjà Troie... Ce tendre enfant a-t-il quelque sou-
» venir de la mère qu'il a perdue? S'enflamme-t-il
» déjà du désir de montrer en lui l'héritier du mâle
» courage d'Énée son père et de son oncle Hec-
» tor? »

Ma faible prose offre à peine une image de ce morceau, empreint de toute l'éloquence du cœur; il a perdu malgré moi presque toutes ses beautés, et surtout la divine mélodie des vers de Virgile : mais les pensées suffisent encore pour faire sentir tout le prix de la composition, et la parfaite convenance des paroles du personnage avec sa situation. Les Grecs du temps de la république, malgré leur patriotisme exclusif, malgré les insultes qu'ils aimaient à prodiguer aux barbares, n'ont pas refusé leur admiration aux femmes troyennes. Comme Iphigénie, victime volontaire de la gloire de son pays, les filles de Priam aiment leur patrie; elles craignent l'esclavage, et non pas la mort : mais ces vertus n'ont point de faste, elles se montrent comme des présents de la nature ou des fruits de l'éducation qui les a inspirées dès le berceau. Toutefois Cassandre est sublime dans le délire qui lui fait embrasser l'hymen d'Agamemnon comme une occasion de venger Hector, Priam et sa patrie. Polyxène ne l'est pas moins lorsqu'à genoux sur le tombeau d'Achille, et présentant son sein au glaive de Pyrrhus, elle s'écrie : « Grecs destructeurs de mon pays, je veux, je veux mourir. »

Andromaque appartient à cette famille héroïque. Ainsi que ses sœurs, elle aurait voulu recevoir le trépas sur les ruines fumantes d'Ilion; mais elle s'exprime comme il convient à son infortune, et n'en est que plus touchante, parceque sa vénérable douleur nous fait sentir que chaque jour de sa vie, depuis la mort d'Hector, elle a éprouvé l'amertume du regret qu'elle exprime. Quel prix pouvait avoir l'existence pour l'inconsolable épouse qui pleure encore auprès d'un tombeau après sept années de deuil ?

Remarquons ici la force des expressions *tetigit captiva cubile!* Andromaque, semblable à la chaste Pénélope, dont aucun mortel, excepté Ulysse, n'avait pu seulement entrevoir la couche nuptiale, Andromaque, non seulement toucher le lit d'un maître, mais le toucher en captive, c'est-à-dire en esclave condamnée à le partager! Quel pénible aveu! Avec quelle pudeur il est préparé! La victime du sort s'accuse elle-même en secret, quand tout le monde l'absout; elle se reproche le crime de la fortune; elle a des remords de son malheur. Aussi n'est-ce qu'après un effort douloureux que lui échappent ces mots qui déchirent son cœur : *Servitio enixæ tulimus!* La veuve d'Hector a donné dans l'esclavage un frère à Astyanax! Voilà ce qu'elle pense; mais plutôt mourir que de prononcer ici ce nom cher et sacré! Il y a des choses qui ne peuvent jamais passer du cœur sur les lèvres; elles couvent dans notre sein sans jamais éclore.

Quand la vertu a été abaissée, même par la violence, quand elle est tombée du rang qui lui est dû, il semble qu'elle s'applique à s'humilier pour se punir. Andromaque, se reprochant sa seconde maternité, se plaît à descendre du trône, pour se représenter comme une esclave livrée à un autre esclave par un maître dégoûté d'elle. Cependant Hélénus est un frère d'Hector; il occupait un rang dans l'armée; il a reçu des dieux la science de l'avenir; il était l'oracle des Troyens; il aime sa patrie; ses vertus le rendent digne d'Andromaque, si quelqu'un méritait l'honneur de succéder au grand Hector. Par ces traits si heureusement choisis, le poëte a voulu relever à nos yeux la femme généreuse qui se ravale avec une espèce de vertueuse indignation contre le sort et contre elle-même.

On restera convaincu de ce dessein du poëte, après avoir relu ce qu'il ajoute, en terminant à propos le récit douloureux que nous venons d'entendre. On sentira que, s'il voulait d'abord qu'Andromaque ne fût à nos yeux que la veuve d'Hector, il veut maintenant nous montrer en elle la mère d'Astyanax. Virgile pouvait faire avouer à cette grande victime du destin qu'elle avait eu la douleur d'enfanter dans l'esclavage; mais il connaissait trop bien son art pour nous laisser apercevoir Molossus, dont la présence serait une injure à la tombe d'Hector, et formerait un contre-sens avec l'admirable artifice qui a présidé à la composition de l'épisode. Nous avons supporté avec peine et pitié l'aveu pénible d'Andromaque, nous ne saurions souffrir la vue de son second fils. Virgile l'a senti. Les questions d'Andromaque sur le jeune Ascagne sont d'une femme dont le cœur murmure en secret: Astyanax, Astyanax. Enfin, pour achever l'éloge de tant de perfections, il faut faire une remarque qui complète les développements de ma pensée. Hector est le premier nom sorti du cœur d'Andromaque, Hector est le dernier mot qu'elle prononce.

Depuis le commencement de la scène jusques à la fin, on ne trouve pas un trait, pas un mot, pas une image, qui ne concourent à l'intention du poëte. Andromaque sort plus grande que jamais de la cruelle épreuve qu'elle avait à subir; et Virgile a triomphé en maître des difficultés qu'il s'était imposées avec la conscience de ses forces. Voilà sans doute l'ouvrage d'un art accompli et marqué partout au sceau de la nature.

Il fallait continuer l'épisode sans perdre de vue la pensée première, sans laisser refroidir l'intérêt : Virgile a résolu ce double problème avec son habileté ordinaire, comme on va le voir.

« En parlant ainsi, Andromaque ne pouvait re» tenir ses larmes et ses gémissements. Mais Hélé» nus, fils de Priam, s'avance hors des remparts, ac» compagné d'une escorte nombreuse. Il reconnaît » ses chers Troyens, et les conduit avec joie dans » son palais. Chacune des paroles qu'il leur adresse » est entremêlée de pleurs. Je le suis; je reconnais » une petite Troie, une Pergame, faible image de » la grande, un ruisseau desséché qui a reçu le » nom du Xanthe, et j'embrasse le seuil de la porte » Scée. »

Cette scène muette et religieuse succède heureusement à l'entretien d'Andromaque et d'Énée ; elle remplace une douleur profonde par une douce mélancolie ; elle honore le prince troyen, qui, embrassant la porte par laquelle sont sortis Hector, pour aller combattre Achille, et Priam, pour redemander le corps de son fils, se souvient sans doute de ces deux infortunés ; elle nous recommande dans Hélénus un prince fidèle au culte de sa patrie, et ramène enfin notre pensée sur Andromaque, qui consume ses derniers jours entre la tombe d'Hector et les souvenirs d'Ilion.

Un jour se passe, un second s'écoule, les vents appellent les voiles. Énée, toujours inquiet des paroles de Céléno, qui lui a prédit d'horribles vengeances et la triste famine, consulte Hélénus. Ce prince devin ne peut rien nous révéler de nouveau sur les destinées des Troyens, que nous avons apprises de la bouche de Jupiter. Il y a même un léger ridicule à dire que Junon défend à Hélénus de prédire ce qu'Énée a entendu répéter tant de fois par les oracles et par les dieux. Le discours d'Hélénus est un peu long, mais il sert à rassurer les Troyens sur le prodige annoncé par les harpies, et contient des détails curieux et nécessaires peut-être. Le poëte y présente toutes les leçons qui doivent diriger Énée dans sa navigation et dans sa conduite. Il prend de là occasion de raconter l'origine des différents peuples de l'Italie, de relever l'ancienneté de la religion des Romains, de nous offrir dans Énée le fondateur des cérémonies de leur culte, et de consacrer, par un tour prophétique, les traditions populaires, qui sont une partie souvent très curieuse de l'histoire. On pourrait trouver un peu maigres les détails sur les anciens habitants de l'Ausonie : un pareil sujet eût fourni à Homère des tableaux pleins de charme et frappants de vérité; mais Énée fait un récit rapide, et ces tableaux n'auraient pu obtenir ici la place qui leur eût été nécessaire. Au lieu de blâmer Virgile, remarquons comment ce grand poëte sait passer du langage simple et touchant d'Andromaque à toute la richesse de la poésie descriptive. Delille est là dans sa force; aussi peut-on le citer comme un digne interprète de son maître, dans la peinture du phénomène qui a séparé la Sicile des deux continents :

> Ces continents, dit-on, séparés par les ondes,
> Réunis autrefois ne formaient qu'un pays ;
> Mais, par les flots vainqueurs tout-à-coup envahis,
> A l'onde usurpatrice ils ont livré la terre
> Dont le double rivage à l'envi se resserre :
> Ainsi, sans se toucher, se regardent de près,
> Et les bords d'Hespérie et l'île de Cérès.
> Entre eux la mer mugit, et ses ondes captives
> Tour à tour en grondant vont battre les deux rives ;
> Sublimes phénomènes, étranges changements,
> De l'histoire du monde éternels monuments !

Deux monstres sont placés sur ce double rivage :
Charybde, qui dévore, en son avide rage,
Les flots précipités dans des antres sans fonds,
Et soudain les vomit de leurs gouffres profonds ;
Scylla, qui, dérobant ses roches dangereuses,
Appelle au loin, du sein de ses grottes affreuses,
Les vaisseaux que la vague y pousse en mugissant.
Ce monstre d'une vierge a le sein ravissant,
Son visage est d'un homme ; à sa figure humaine
Se joint le vaste corps d'une lourde baleine ;
Ses flancs sont ceux d'un loup, et de ce monstre, enfin,
La queue, en s'alongeant, se termine en dauphin.
Il vaut mieux t'éloigner, et, rasant la Sicile,
Prolonger tes détours et ta lenteur utile,
Pour atteindre le but, l'éviter avec art,
Et près de Pachynum, par un prudent écart,
Dans ton cours prolongé décrire un arc immense,
Que d'aller de Charybde affrontant l'inclémence,
Braver ses tourbillons, ses gouffres écumants,
Et des chiens de Scylla les rauques hurlements [1].
Enfin, dans les destins s'il m'est permis de lire,
Hélénus ne peut trop le dire et le redire :
Junon fit tous vos maux et les prolonge tous.
De la reine des dieux désarme le courroux ;
N'épargne point l'encens, les vœux, ni la prière :
Ainsi tu fléchiras cette déesse altière ;
Et tes heureux vaisseaux, des bords siciliens
Parviendront sans obstacle aux champs hespériens.

---

[1] La description est fort belle dans Virgile, mais elle ne peut nous causer aucune émotion. En approchant de l'île des cyclopes, Énée aperçoit Charybde et Scylla ; mais il les évite, et nous restons froids à la scène comme au récit. Homère nous les montre dans toute leur fureur ; à leur aspect, Ulysse,

Un certain luxe de poésie n'est pas déplacé dans un oracle inspiré par Apollon; et d'ailleurs, les descriptions servent ici à éviter la monotonie : l'un des plus grands secrets de l'art de plaire est dans la variété. On doit encore louer dans Virgile l'artifice qui annonce la sibylle de Cumes et la descente d'Énée aux enfers.

Après avoir donné des conseils à Énée, Hélénus fait transporter de riches présents sur la flotte qui va partir, et adresse à Anchise des paroles assez inutiles. Le poëte aurait dû trouver dans la piété

---

oubliant les conseils de Circé, saisit deux javelots pour en frapper ses ennemis; et c'est au milieu du spectacle effrayant du bouleversement des flots soulevés jusqu'au fond des abîmes par Charybde, que Scylla, élancée de son antre, vient enlever et dévorer six des compagnons d'Ulysse. Homère est toujours dramatique, et son héros toujours en action. (*Odyssée*, chant XII, vers 222 et suivants.)

Il faut faire encore ici une remarque utile, parcequ'elle tient à l'art de la composition. Lorsque Circé a représenté aux yeux d'Ulysse par les plus vives images les deux monstres qui le menacent, le premier mot du guerrier est celui-ci : « Si j'échappe à la fatale Charybde, ne pourrai-je combattre l'autre de ces monstres au moment où il voudra dévorer mes compagnons ? Ne pourrai-je lui disputer sa proie ? » « Infortuné, répond Circé, ne peux-tu donc te rassasier de travaux et de combats ? » Voilà le cœur de l'homme à découvert. Ulysse veut d'abord repousser le péril par le courage, Énée le supporte avec patience ou le fuit avec prudence.

filiale d'Hélénus, et dans l'amitié d'Anchise pour le roi Priam, des choses d'un tout autre intérêt que la froide répétition de ce qu'il venait de dire dans le temple.

Euripide est bien plus Troyen que Virgile; il semble identifié avec la famille de Priam, tant il a d'éloquence et de fécondité pour servir d'interprète à tous les sentiments de cette maison. Mais le poëte latin le surpasse de beaucoup dans la manière dont il a respecté jusqu'au bout le caractère d'Andromaque. Elle survient au moment des tristes adieux; émule de la magnificence d'Hélénus, elle apporte au jeune Astyanax une chlamyde phrygienne ainsi que des tissus précieux, et lui parle ainsi, avec un accent que le seul Racine a pu retrouver après deux mille ans: « Accepte ces faibles dons. Garde-les, » cher enfant, comme un ouvrage de mes mains; » et qu'ils attestent à ton cœur l'éternel amour » d'Andromaque, l'épouse d'Hector. Prends ces der- » niers présents de ta famille [1], ô toi, la seule image

---

[1] Dans les Troyennes de Sénèque, Andromaque dit à son fils, qu'Ulysse veut lui enlever:

> E nostro sinu
> Te rapiet hostis. Oscula, et fletus, puer,
> Lacerosque crines excipe, et plenus mei
> Occurre patri. Pauca maternæ tamen
> Perfer querelæ verba : Si manes habent
> Curas priores, nec perit flammis amor,

» qui me reste de mon Astyanax! Oui, voilà ses
» yeux, voilà ses mains, voilà les traits de sa figure;
» maintenant il serait de ton âge et toucherait aussi
» à l'adolescence [1].

» Tels étaient les discours d'Hélénus et d'Andro-

> Servire Graio pateris Andromachen jugo,
> Crudelis Hector, lentus et segnis jaces?
> Rediit Achilles. Sume nunc iterum comas,
> Et sume lacrymas, quidquid e misero viri
> Funere relictum est; sume quæ reddas tuo
> Oscula parenti. Matris hanc solatio-
> Relinque vestem; tumulus hanc tetigit meus,
> Manesque cari.
> *Troades*, act. III, scen. II.

« Ton ennemi s'apprête à t'arracher de mon sein. Tiens donc, ô malheureux enfant, reçois ces baisers, ces pleurs, ces cheveux que j'arrache; et... tout plein de moi, cours te présenter à ton père; tu lui porteras seulement cette plainte maternelle : « Si les mânes conservent quelque souvenir de nos anciennes pensées, si l'amour survit aux flammes du bûcher, cruel Hector, pourquoi souffres-tu que ta femme soit l'esclave d'un Grec? Pourquoi cette lenteur à me venger? Achille est bien revenu de sa tombe pour nous persécuter... » O mon fils, tiens, prends encore de mes cheveux, prends de mes larmes : c'est tout ce qui me reste après les funérailles de mon époux. Reçois ces derniers baisers pour les rendre à ton père : mais laisse-moi ta robe, elle me consolera; elle a touché au tombeau, aux cendres que j'adore. »

[1] Racine a dit après Virgile :

> C'est Hector, disait-elle en l'embrassant toujours,
> Voilà ses yeux, sa bouche, et déjà son audace;
> C'est lui-même, c'est toi, cher époux, que j'embrasse.

» maque. Et moi, en les quittant, je répondais, les
» pleurs dans les yeux : Vivez heureux [1], vous dont
» la fortune n'a plus de révolutions à craindre :
» mais nous, hélas, nous allons courir encore les
» chances de la destinée ! Le repos vous est acquis ;
» vous n'avez point à sillonner les mers, à poursuivre
» les champs de l'Ausonie qui semble fuir devant
» nos vaisseaux ; vous voyez l'image du Xanthe et
» une autre Troie l'ouvrage de vos mains ! Puisse-
» t-elle s'élever sous de meilleurs auspices que la
» première, et surtout être moins exposée à la fu-
» reur des Grecs ! Si jamais le Tibre me reçoit sur
» ses bords, si je vois les remparts promis à ma
» nation, fassent les dieux que nos villes alliées par
» le sang, que nos peuples voisins, que l'Épire et
» l'Hespérie, qui ont la même origine et les mêmes

On lit dans Mérope :

Il me rappelle Égysthe, Égysthe est de son âge.

Dans Euripide, Iphigénie, près de mourir, dit avec un regret plein de naïveté : « Je ne verrai pas fleurir le duvet de la jeunesse sur les joues de mon frère. »

L'une de mes sœurs, au dernier moment, nous disait pour adieux : « Je ne verrai plus les hirondelles. »

[1] Énée paraît toujours mal inspiré, parceque son cœur est froid : le premier mot de sa réponse est un contre-sens qui fait souffrir et murmurer Andromaque ; il parle d'un bonheur partagé à une femme qui passe sa vie à pleurer Hector et Astyanax. Tout le reste du discours est irréprochable.

» malheurs, ne fassent qu'une seule Troie, et que
» les mêmes sentiments animent nos derniers ne-
» veux ! »

Jusques en présence d'Hélénus, Andromaque n'est que la veuve d'Hector et la mère d'Astyanax ; les dons qu'elle offre, c'est au nom d'Hector; l'amour qu'elle promet, c'est un amour pareil à celui qu'elle garde à son Astyanax, et qui ne finira qu'avec sa vie. Elle confond dans son cœur le fils d'Hector, qui n'est plus, et le fils d'Énée, qui lui ressemble. Un moment d'illusion la console ; et, ce moment passé, il ne lui reste plus qu'un deuil éternel. Aussi son discours, qui paraît annoncer encore quelque chose suivant les règles ordinaires, est-il interrompu avec un art admirable par le poëte. On pourrait souhaiter peut-être que le jeune Astyanax sût trouver quelques mots du cœur pour Andromaque. L'enfance elle-même a le profond sentiment de l'infortune; elle a des caresses du moins pour répondre à des larmes. Mais, en exprimant ce désir, je crois qu'il vaut mieux que la pensée du lecteur se repose sur le dernier mot que prononce Andromaque, et qui la représente à nos yeux comme perdant son fils une seconde fois. Aussi, quoique la réponse d'Énée soit nécessaire au complément de la scène, quoiqu'elle renferme des choses touchantes, elle ne produit aucun effet sur nous; Andromaque a épuisé toute notre sensibilité, nous ne voulons plus rien entendre, et même il faudrait qu'elle disparût après avoir dit :

> Sic oculos, sic ille manus, sic ora ferebat.

Un habile écrivain doit choisir les impressions qu'il veut graver dans notre âme, et craindre de les effacer les unes par les autres. Pétrarque, dans une de ses plus célèbres *canzoni*, après avoir gravi les montagnes, seul avec son amour et sa douleur, se représente assis sur un rocher; la nuit vient, l'enveloppe de ses ténèbres, et ne peut le distraire de sa mélancolie. Si la pièce était terminée par cette image, et que le poëte nous eût laissés dans l'incertitude de savoir comment il est sorti de sa rêverie amoureuse, la fin de sa pièce serait sublime.

Dans la famille de Priam, Virgile semble avoir adopté Andromaque par une espèce de prédilection. Embellissant Homère et corrigeant Euripide, il a créé pour elle un type de perfection pareille à ce beau idéal que Raphaël a inventé pour ses vierges, en leur donnant des formes et des expressions inconnues à l'antique.

Il doit suffire à la gloire de Sénèque de dire qu'il a des traits qui ne sont ni dans Euripide ni dans Virgile, et que la scène d'Andromaque cachant son fils dans le tombeau d'Hector pour le dérober à la rage d'Ulysse est une des plus belles scènes de tous les théâtres du monde. Cet écrivain veut être lu avec précaution ; il abonde en défauts, ses vices révoltent la raison ; mais il avait un beau génie, et, même après les larcins que lui a faits Racine, on peut encore trouver chez lui une source de grandes inspirations.

La divine Andromaque de Racine, fidèle aux cendres d'un époux, mère du seul Astyanax, a conservé, sans aucune altération, toute la beauté morale de son caractère. Le sort lui a épargné le plus cruel des outrages ; elle est captive, et non pas esclave ; elle ne lève pas au ciel des mains chargées de chaînes, comme dans Euripide. A la vérité, l'amour de Pyrrhus, qui d'ailleurs est tout-à-fait contraire aux mœurs de l'antiquité, profane en quelque sorte la vénérable douleur de la veuve d'Hector. Le spectateur judicieux éprouve quelque peine à la voir paraître d'abord pour entendre une déclaration semblable à celle de Louis XIV enflammé par la résistance inattendue d'une femme de sa cour. Il y a dans la scène entière une disparate entre le génie antique et les sacrifices imposés à Racine par la tyrannie des petits-maîtres. On est fâché d'entendre Andromaque répondre à Pyrrhus, comme la triste La Vallière au monarque qui venait la poursuivre jusque dans le cloître où elle s'était retirée pour prier et verser des larmes :

> Quels charmes ont pour vous des yeux infortunés,
> Qu'à des pleurs éternels vous avez condamnés ?

Dans toutes les langues et sur tous les théâtres, Andromaque aurait pu dire :

> Captive, toujours triste, importune à moi-même,
> Pouvez-vous souhaiter qu'Andromaque vous aime ?

Mais il ne fallait pas sortir de ce ton naturel et simple, il ne fallait pas surtout prêter à une princesse troyenne le langage d'une précieuse de l'hôtel de Rambouillet, qui parle du pouvoir de ses yeux. Après ce tribut payé au mauvais goût, pas une tache, pas une dissonance dans le rôle d'Andromaque.

Sans paraître offensée du discours de Pyrrhus, sans déployer ce faste de vertu trop commun dans les femmes de Corneille, Andromaque fait sentir dès les premières paroles qu'il n'y a de place pour personne dans un cœur rempli d'Hector et d'Astyanax. Ces noms sacrés sont toute sa réponse à une passion qu'elle ne veut pas entendre : l'espérance même de voir Ilion se relever ne peut toucher cette âme qui a désespéré de la fortune de la patrie le jour où Troie a perdu son défenseur. Au lieu d'un trône avec Pyrrhus, elle ne veut qu'un exil avec le fils d'Hector. L'ombre de son époux toujours présente met un obstacle invincible entre elle et le fils d'Achille. Telle est l'idée que le poëte a voulu graver dans notre esprit en prêtant à Andromaque ces dernières et touchantes paroles qui terminent son entretien avec Pyrrhus :

> Hélas, il mourra donc ! il n'a pour sa défense
> Que les pleurs de sa mère et que son innocence...
> Et peut-être après tout, en l'état où je suis,
> Sa mort avancera la fin de mes ennuis.
> Je prolongeais pour lui ma vie et ma misère ;
> Mais enfin sur ses pas j'irai revoir son père.

Nous avons vu, dans Euripide, Andromaque réduite à rougir des reproches d'une indigne rivale ; Racine, loin de l'avilir ainsi, l'ennoblit à nos yeux, et nous arrache des larmes, en la précipitant aux pieds d'Hermione. C'est l'amour maternel qui la pousse à implorer la jalouse et orgueilleuse fille d'Hélène, à qui elle répète, avec un surcroît de douleur et de sacrifice, ce qu'elle a dit à Pyrrhus :

> Laissez-moi le cacher dans quelque île déserte.

Je ne voudrais pas assurer que les premières paroles d'Andromaque à Hermione fussent conformes à la nature dans une telle situation. Andromaque, qui veut sauver son fils, commence avec raison par rassurer la jalousie qui cause la fureur d'Hermione ; mais ses expressions ne sont pas sans quelque fadeur : elles déparent l'admirable prière où l'amour maternel trouve en lui-même une si touchante éloquence.

Hermione repousse avec une insultante ironie les supplications d'Andromaque. Au sortir d'une épreuve si cruelle, les nouveaux périls d'Astyanax la réduisent à embrasser les genoux de Pyrrhus. Aussi malheureuse que Priam, elle voit le glaive levé sur la tête d'un fils, et s'élance pour détourner le coup fatal. Cette situation est déchirante. Racine a eu la prudence de n'y pas mêler un seul mot d'amour. Nous avons oublié l'Épire ; il semble que nous soyons encore à Troie, et qu'Andromaque, à genoux sur la tombe d'Hector, invoque le fils du magnanime Achille pour Astyanax, que les Grecs veulent immoler. C'est Homère et la nature qui ont inspiré la seconde prière d'Andromaque.

Pyrrhus en est attendri, et consent encore à sauver Astyanax ; mais il renouvelle avec plus de force que jamais sa résolution de l'abandonner aux Grecs si Andromaque ne consent pas à l'épouser : il est déterminé à couronner la mère ou à perdre le fils. Andromaque, restée seule avec Céphise, qui cherche à ébranler les résolutions de sa maîtresse au nom d'Astyanax, nous ramène encore à Troie, où son cœur habite toujours. Hector traîné sans honneur sur la poussière, Priam égorgé aux pieds des autels, le palais des rois souillé de sang et rempli de carnage, sont les seules images qui occupent sa pensée ; c'est par ces souvenirs qu'elle écarte avec horreur l'hymen de Pyrrhus, c'est devant eux qu'elle renouvelle le serment de fidélité aux mânes d'Hector. A peine a-t-elle prononcé ce serment, que la mort prochaine dont Astyanax est menacé la jette dans de cruelles alarmes. Au milieu de l'orage que la douleur élève dans son âme, un projet lui est inspiré par le ciel ou plutôt par Hector : elle épousera Pyrrhus pour conserver le jour à Astyanax, et, en quittant les autels, elle s'immolera sur la tombe de son premier époux. Enfin, avant de sortir de la scène pour n'y plus reparaître, la victime innocente et volontaire fait ses adieux à la vie, qu'elle quitte sans regret, puisqu'elle rachète par sa mort des jours si précieux; à Céphise, dépositaire de l'espoir des Troyens; à son fils, dont elle demande un souvenir pour prix de son amour et non pas de son sacrifice. Dans Euripide, elle dit à Molossus : « Raconte à ton père ce que j'ai souffert pour toi. » Dans Racine, elle s'oublie elle-même, contente d'une larme d'Astyanax répandue en secret sur sa cendre.

La naïveté d'Homère, la majesté de Sophocle, la tendresse d'Euripide, la mélancolie de Virgile, sont empreintes dans la personne d'Andromaque. Elle est à la fois antique et moderne; et, sauf quelques taches faciles à effacer, ces deux caractères s'unissent sans se nuire. On retrouve Iphigénie, Polyxène, Alceste et Didon, dans le portrait que le peintre a voulu tracer d'une femme et d'une mère. On ne saurait trop admirer l'art avec lequel tant de traits épars concourent à former un ensemble si parfait. Ce n'est pas que Racine se soit dit froidement à lui-même, J'emprunterai telle chose à

Homère, telle autre chose à Virgile; mais, nourri, pénétré de l'antique, ses souvenirs se sont mêlés aux inspirations de son propre génie : c'est ainsi qu'il a produit un modèle accompli, avec un talent plus créateur que celui d'Apelles, réduit à copier les perfections de plusieurs modèles pour en composer sa Vénus ou le type de la beauté suprême.

A force de pompe et d'élégance, Racine a quelquefois altéré le langage et affaibli l'accent de la nature, si bien conservés dans Euripide; mais il réunit dans ce rôle d'Andromaque la grandeur avec la simplicité, la magie du style avec le mouvement et la vie de la parole : à tout instant il lui échappe de ces vers qui ont l'air d'avoir été trouvés comme ceux de La Fontaine; l'oreille et le cœur y sentent avec délices le charme et la mélodie de la poésie de Virgile avec plus d'abandon et de naïveté.

La flotte d'Anchise a quitté Buthrote. Après quelques jours d'une navigation incertaine, pendant laquelle Énée n'oublie pas d'exécuter les avis importants d'Hélénus pour regagner la faveur ou apaiser la haine de Junon par des honneurs et des sacrifices, les Troyens fatigués, ignorant leur route, qu'ils ne peuvent retrouver au milieu de la nuit, relâchent près de l'île des cyclopes. Ce port, sans accès pour les vents, est calme, immense; mais auprès de lui l'Etna tonne au milieu des ruines effroyables qui sortent de ses flancs[1]. Tantôt on le voit lancer dans les airs de noirs tourbillons de fumée, de bitume et d'étincelles blanchissantes, ou élever des globes de flamme qui vont toucher les cieux; tantôt, déchirant avec effort ses entrailles, il vomit avec fracas, il élève en colonnes ardentes des rochers réduits en laves liquides, tandis qu'il bouillonne au fond de ses abîmes. La tradition rapporte qu'Encelade, à demi consumé par la foudre, est pressé tout entier sous le poids de la montagne; sa brûlante haleine nourrit la flamme du volcan; chaque fois que le géant veut changer de place pour reposer son corps fatigué, toute la Sicile tremble avec un long murmure, et le ciel s'enveloppe d'un voile de ténèbres. Durant toute la nuit les Troyens, protégés par des bois, supportent la vue de cet affreux prodige sans pouvoir découvrir la cause du bruit effroyable qu'ils entendent; les astres refusaient leurs clartés, l'olympe ne brillait point de l'éclat des étoiles, et la nuit tenait la lune cachée dans un nuage.

Virgile a choisi avec raison l'absence du jour pour cette scène dont l'obscurité augmente la terreur; le prodige n'est pas seulement ici un ornement poé-

---

[1] Entre les nombreux auteurs qui ont fait des peintures de l'Etna, on peut citer Eschyle, Pindare, et Valérius Flaccus.

tique, il sert encore de présage aux nouveaux dangers qui menacent les Troyens. L'épopée, comme la tragédie, tire ses plus grands effets des oppositions, des rapprochements et des préparations habiles. Elle ne surprend pas les cœurs, elle les dispose par des impressions aux sentiments qu'elle veut leur inspirer. C'est à la faveur de ce savant artifice que nous arrivons à l'épisode d'Achéménide.

L'Aurore se lève; tout-à-coup du fond des bois arrive, dans un état de maigreur affreuse, un spectre inconnu, mais de figure humaine; il s'avance et tend vers le rivage ses mains suppliantes. Nous l'examinons : tout son extérieur est d'un misérable qui fait pitié; presque nu, consumé par une saleté dégoûtante, une barbe épaisse lui cache le visage; son habit en lambeaux est rattaché avec des épines ; le reste annonce un Grec : il avait marché au siége de Troie; aussi, dès qu'il voit de loin nos armes et nos vêtements, il s'arrête un instant avec des marques d'effroi; mais bientôt il se précipite vers le rivage, et s'avance vers nous avec des larmes et des prières :

> Par ces dieux que j'atteste,
> Par ce soleil, témoin de mon destin funeste,
> Par ce ciel, par cet air que nous respirons tous,
> O Troyens, me voici ! Je m'abandonne à vous;
> Que l'un de vos vaisseaux loin d'ici me transporte
> Dans une île, un désert, où vous voudrez, n'importe.
> Je suis Grec; j'ai, comme eux, marché contre Ilion.

Si c'est un attentat indigne de pardon,
Voici votre ennemi, qu'il soit votre victime;
Frappez, tranchez ses jours, plongez-le dans l'abîme :
Mais ne le laissez point sur ce bord désolé;
Mourant des mains d'un homme, il mourra consolé.
  Il dit, baise nos pieds, les inonde de larmes,
Se colle à nos genoux. Nous calmons ses alarmes;
Nous demandons son nom, sa race, son destin;
Mon père, le premier, étend vers lui la main,
Et d'un tendre intérêt lui présente ce gage.
Il se rassure alors, et nous tient ce langage :
  Mon père, (hélas, pourquoi son fils l'a-t-il quitté !)
Né pauvre, chérissait son humble obscurité;
Adamaste est son nom, le mien Achéménide;
Ithaque est mon pays. La fortune perfide
Aux longs malheurs d'Ulysse attacha mon destin;
Votre Ilion m'a vu les armes à la main;
Depuis, je fus jeté sur ces terres sauvages.
Du cyclope inhumain, terreur de ces rivages,
Fuyant l'antre cruel sans s'occuper de moi,
Les Grecs m'ont laissé seul dans ce séjour d'effroi.
Rien n'égale l'horreur de sa caverne affreuse;
Dans l'ombre au loin s'étend sa voûte ténébreuse;
Toujours la mort, le deuil, habitent dans son sein;
D'horribles ossements pavent l'antre assassin.
Le monstre (dieux puissants, délivrez-en la terre !)
Semble d'un front hautain défier le tonnerre
Laisse-t-il un instant son antre ensanglanté,
A son farouche aspect tout fuit épouvanté.
Rien ne l'émeut; la chair, le sang des misérables,
Sont sa boisson affreuse et ses mets exécrables.
Je l'ai vu dans son antre, oui, j'ai vu l'inhumain,
Saisissant deux de nous de sa terrible main,
Les briser contre un roc; j'ai vu sur les murailles
(J'en tremble encor d'horreur !) rejaillir leurs entrailles;

ÉNÉIDE, LIVRE III.

J'ai vu le monstre affreux dans son antre étendu,
S'abreuver par torrents de leur sang répandu,
Et briser de ses dents, de meurtre dégouttantes,
Leurs membres tout vivants et leurs chairs palpitantes.
Ulysse impunément ne vit point leur trépas ;
Et dans un tel danger il ne s'oublia pas.
A peine, ivre de vin, et gorgé de carnage,
Sous le poids du sommeil, qui seul dompte sa rage,
Il a courbé sa tête, et, tombant de langueur,
De son corps monstrueux déployé la longueur,
Tandis que, rejetés par ce géant farouche,
La chair, le vin, le sang, jaillissent de sa bouche,
Nous invoquons les dieux, nous l'entourons : soudain
On assiège à l'envi le cyclope inhumain.
Une poutre à l'instant a crevé l'œil énorme
Qui brillait seul au front de ce géant difforme.
Moins grand nous apparaît, dans son vaste contour,
Un bouclier d'Argos, ou l'œil ardent du jour.
Nous vengeâmes du moins ces ombres malheureuses.
Mais vous, Troyens, fuyez ces cavernes affreuses,
Fuyez ; c'est peu qu'enflant ses sauvages pipeaux,
Occupé d'assembler, de traire ses troupeaux,
Dans son antre effroyable habite Polyphème ;
Cent cyclopes hideux presque autant que lui-même
Rôdent le long des mers, fendent leurs flots profonds,
Et sous leurs pas pesants font retentir les monts.
La lune a par trois fois réparé sa lumière
Depuis qu'à l'ours cruel disputant sa tanière
Je traîne dans ces bois mon destin malheureux,
Et que, du haut d'un roc, suivant ce peuple affreux,
J'écoute, en frissonnant, d'une oreille tremblante,
Et leur marche terrible et leur voix effrayante.
Des herbes, quelques glands, dépouilles des forêts,
Quelques sauvages fruits, voilà mes tristes mets.
Mes yeux des vastes mers parcouraient l'étendue ;

Vos vaisseaux, les premiers, ont consolé ma vue.
Quels qu'ils fussent, Troyens, Grecs, amis, ennemis,
J'ai couru, j'ai volé : mon sort vous est soumis,
Mais ne me livrez pas à ce peuple effroyable.
 A peine il achevait ce récit incroyable,
Sur la cime des monts nous voyons se mouvoir
Un monstre immense, informe, aveugle, horrible à voir,
Qui, regagnant des mers la rive solitaire,
Cherchait de ses troupeaux le pacage ordinaire,
Posant sa large main sur un tronc sans rameaux.
Seul plaisir qui lui reste en ses horribles maux,
Son troupeau réuni suit sa marche pesante :
Nous remarquons sa flûte à ses côtés pendante.
Il descend, il arrive au bord des flots grondants ;
Là, tout sanglant encor, hideux, grinçant les dents,
Au plus profond des mers pour laver sa blessure
Il plonge, et l'onde à peine atteint à sa ceinture.
Tous nos Troyens tremblants soudain sont attroupés ;
On presse le départ, les câbles sont coupés ;
On part; et l'aviron, sous mille mains rivales,
Par le vent secondé, fuit ces rives fatales ;
Avec nous fuit ce Grec, devenu notre ami.
Au bruit de ce départ, notre horrible ennemi
Se tourne, et devant lui chasse les mers profondes ;
Mais en vain dans leur course il veut suivre les ondes,
En vain étend vers nous ses gigantesques bras,
Le rapide vaisseau laisse bien loin ses pas.
Alors il jette un cri lugubre, épouvantable.
La mer en a tremblé ; de sa voix redoutable
Les monts de l'Ausonie ont prolongé les sons ;
L'Etna même en mugit en ses antres profonds.
Alors de leurs forêts, de leurs grottes sauvages,
Ses affreux compagnons accourent aux rivages.
De loin nous découvrons, avec étonnement,
De ces fils de l'Etna l'horrible attroupement,

Qui d'un œil menaçant nous poursuivent encore :
Famille impitoyable, et que la terre abhorre,
Debout, cachant dans l'air leurs fronts audacieux.
Tels du bois de Diane, ou du maître des cieux,
Les chênes, les cyprès, au-dessus des tempêtes
Lèvent leurs bras altiers et leurs pompeuses têtes.

Le début de l'épisode est d'un peintre : il n'y a rien de plus vrai et de plus hideux que ce fantôme d'Achéménide; et cependant son portrait ne blesse en rien les convenances épiques. D'abord la misère extrême est destinée à éveiller le plus doux des sentiments humains, la pitié; ensuite le malheur est poétique, et les lambeaux eux-mêmes sont pittoresques. Le premier effroi d'Achéménide, sa prière et ses aveux rappellent la situation du perfide Sinon dans le second livre. Mais c'est ici qu'il faut admirer le bon sens de Virgile. Le fourbe Sinon est maître de lui-même; il a préparé le succès de sa perfidie; comme un orateur habile il a prévu les effets de ses discours sur ses auditeurs; il s'écoute parler; il s'emporte, il se calme, il s'échauffe et s'apaise de nouveau; il remue les cœurs à son gré : Achéménide, pressé de la crainte d'être déchiré vivant par le cruel Polyphème, devait s'exprimer avec plus de rapidité. Aussi quel est son premier cri ? « Au nom des dieux, arrachez-moi d'ici. » Il dit, comme Philoctète à Pyrrhus :

Jette-moi dans un coin du vaisseau qui te porte,
A la poupe, à la proue, où tu voudras, n'importe.

La bonté d'Anchise pour Achéménide ressemble un peu trop à celle de Priam : on aimerait que le jeune Ascagne, touché de tant de douleur, demandât à son père grâce pour un infortuné. Il serait à souhaiter aussi que Virgile eût inventé d'autres formes, pour qu'Achéménide ne parût pas une copie trop exacte de Sinon. Nous avons peine à nous expliquer encore pourquoi le suppliant revient à plusieurs fois sur le tort d'avoir été à Troie : ces aveux répétés d'un malheur qui peut devenir un crime, ne sont guère dans la nature, à moins que le cœur lui-même, si fécond en heureuses inspirations, ne les ramène avec cette éloquence de la nature qui en sait plus que toutes les règles.

Le Philoctète de Sophocle a été abandonné dans Lemnos comme Achéménide en Sicile. Rien de plus touchant que les longues plaintes du compagnon d'Hercule dans Sophocle ; mais ne craignez pas que Virgile les imite. Achéménide n'a que deux idées, l'horreur du cyclope, et le désir ardent de la fuite. De là ce récit pressant des cruautés de Polyphème, récit dont il a besoin pour toucher les cœurs ; de là cette rapide peinture des anxiétés, des terreurs et du courroux vengeur des compagnons d'Ulysse ; de là, enfin, cette exclamation si naturelle et si conforme à la situation du personnage :
« Mais fuyez, ô malheureux, fuyez, coupez les câ-
» bles qui retiennent vos vaisseaux. Ces montagnes

» voient errer sur leurs sommets cent cyclopes
» aussi terribles que Polyphème. » Malgré ce que le
retour d'Achéménide sur lui-même et le tableau de
ses misères a de déchirant, et quoiqu'il porte la
commisération à son comble, l'effet dramatique de
la situation demandait que l'arrivée des géants sui-
vît immédiatement les derniers cris de son effroi.

Voyez combien Virgile a été judicieux en se bornant, dès le début de l'épisode, à ce seul trait sur
Polyphème :

> Ipse arduus, altaque pulsat
> Sidera.

C'est à présent que la loi de la gradation demandait qu'on nous montrât le cyclope avec toute son
affreuse difformité, dans les effrayantes proportions
de sa stature colossale. Qu'il est horrible à voir
dans sa fureur, lavant dans les flots son œil ensanglanté! Sans doute on peut accuser ici le poëte
d'une exagération qui n'est pas dans Homère lui-
même; mais on la pardonne aisément, parcequ'elle
rend la situation dramatique, parcequ'elle sert à
précipiter la fuite des Troyens, et à motiver leur
empressement à recueillir le suppliant, qui a si
bien mérité d'eux par ses salutaires avis. Les cris
du cyclope, furieux de ne pouvoir saisir quelques
vaisseaux troyens; le murmure de l'Etna, qui les
répète au fond de ses abîmes ; et enfin le conseil
de tous ces géants, semblables aux archanges re-

belles assemblés pour combattre le ciel, achèvent de remplir l'âme d'une terreur profonde, et donnent à toute cette scène quelque chose de la grandeur sublime et désordonnée des créations de Milton.

Je réserve à un autre livre la comparaison de cet épisode avec celui d'Homère, dont il est emprunté[1]; mais je rapprocherai Virgile d'Ovide, son imitateur et quelquefois son rival.

Ovide commence par un froid récit : Virgile met Achéménide en scène. Dans Ovide, la reconnaissance de ce Grec s'exprime comme un souvenir : dans Virgile, sa prière parle comme une passion présente. Peut-être Polyphème, désespéré d'avoir perdu la lumière, errant au hasard sur l'Etna, touchant de ses mains les forêts qu'il ne peut voir, heurtant les rocs qu'il ne peut éviter, tendant vers la rive ses bras encore teints de carnage et du sang noir et impur qui coule de sa blessure, égale-t-il tout ce que Virgile a de plus heureux dans la peinture de ce monstre. Les imprécations de Polyphème dans Ovide sont une pâle et faible esquisse de celles que le géant vomit dans l'Odyssée. Sans approcher du mouvement des vers de Virgile et de l'illusion

---

[1] Voyez le chant IX de l'Odyssée. La fable de l'Arioste est une imitation peu judicieuse de la fiction d'Homère et de Virgile. Voyez chant XVII, strophe XXIX et suivantes.

que fait la peinture du supplice des deux Grecs
dévorés par le cyclope, Ovide a su représenter avec
vérité les terreurs du témoin de cette horrible barbarie. Il est peintre encore dans le tableau de la
misère et de l'abandon de Macorée, tremblant au
moindre bruit, craignant la mort et souhaitant de
mourir, enfin seul, pauvre, sans appui, sans espérance. Mais quelle glace dans ces derniers traits de
l'épisode !

> Haud procul aspexi longo post tempore navim :
> Oravique fugam gestu, ad littusque cucurri,
> Et movi ; Graiumque ratis Trojana recepit.

Est-ce donc là le langage d'un homme encore ému
de ses dangers passés? Virgile, à la fois plus vrai,
plus touchant, dit avec une chaleur qui vient de
l'âme :

> Omnia collustrans, hanc primum ad littora classem
> Conspexi venientem ; huic me, quæcumque fuisset,
> Addixi ; satis est gentem effugisse nefandam.
> Vos animam hanc potius quocumque absumite leto.

Je vois l'anxiété de ce malheureux qui interrogeait toute la nature pour trouver un moyen de
salut ; je sens ses terreurs surmontées par son
désespoir ; je reconnais qu'un mouvement irrésistible, peut-être une impulsion secrète des dieux,
l'a entraîné vers la flotte ; je crois à la sincérité de
ses paroles quand il demande, comme un bienfait,

une mort qui doit l'arracher au supplice de ses compagnons qu'il a vu déchirer sous ses yeux.

Il existe un rapport si nécessaire entre les pensées et les expressions, que les premières paraissent perdre jusqu'au caractère de la vérité, quand les secondes ne leur donnent pas la forme, la vie et l'accent qu'elles doivent avoir. On a lieu de renouveler à tout moment cette observation dans l'examen d'Ovide. Ce poëte, d'une imagination si riche et si flexible, se trahit lui-même par sa négligence; il voit, il trouve, il agrandit même les ressources d'un sujet, et s'expose cependant à paraître pauvre et stérile, parcequ'il ne sait pas faire valoir ses richesses. Virgile est constamment supérieur dans tout le cours de l'épisode qui a motivé notre parallèle; mais, vers la fin surtout, il y a du copiste au modèle la distance d'un écolier plein de facilité à un grand maître.

Énée achève enfin son récit, en conduisant les Troyens au port de Drépane. « C'est là, dit-il, » qu'après tant d'orages, je perdis, hélas, mon père, » dont la présence allégeait mes chagrins et mes mal- » heurs. C'est à Drépane, ô le meilleur des pères, » que tu succombas, après une navigation si longue, » après avoir échappé en vain à tant de périls! Le » prophète Hélénus, la cruelle Céléno, parmi tant » d'horribles menaces sur l'avenir, ne m'avaient » point prédit ce nouveau sujet de larmes. » Le héros ajoute : « Drépane a vu mes derniers malheurs, » Drépane a été le terme de mes longs voyages. » Au sortir de ce port une divinité favorable m'a » conduit sur ces rivages. »

C'est ainsi qu'Énée, seul objet de l'attention de tous les spectateurs, racontait ses destins, les ordres des dieux, et ses longues courses sur les mers. Il s'arrête enfin, et termine le récit qu'il avait commencé pour répondre aux désirs de la reine de Carthage.

Malgré les éloges de Delille sur la sage sobriété de détails que Virgile a montrée dans cette circonstance, je trouve que la mort d'Anchise est racontée avec une froideur qu'Énée ne montrera pas même pour des ennemis immolés par son glaive. Le héros ne paraît ici guère plus touché de la perte de son père que de celle de sa femme dans le second livre. Époux de Vénus, honoré d'un prodige par Jupiter lui-même, et sauvé avec son fils des flammes de Troie, Anchise disparaît de la scène d'une manière commune. Il semble que les Troyens ne se sont pas aperçus de la mort d'un vieillard, d'un pontife, et d'un père.

La fin du chant laisse aussi quelque chose à désirer. On dirait que les auditeurs, ayant trouvé le récit trop long, ne savent pas trouver une parole pour remercier son auteur, ou lui témoigner ce vif intérêt qu'on a dû prendre à tant de malheurs réunis. Didon, qui a gardé un silence obstiné pendant tout le récit qu'elle avait demandé avec tant d'instance, n'exprime rien de ce qu'elle a senti. Milton, au huitième livre du Paradis perdu, ne manque pas de nous peindre les effets des discours de Raphaël sur Adam et sa compagne. Si Ève garde un modeste silence, son époux exprime avec chaleur le plaisir qu'il a éprouvé. Dans Virgile, nous ignorons même comment la scène se termine : les personnages restent sur le théâtre; le poëte oublie de nous apprendre comment et dans quelles dispositions ils en sont sortis.

Le défaut essentiel de ce livre est la sécheresse des descriptions. Les lieux n'ont point de charmes sous le pinceau sévère de Virgile : la muse d'Homère les remplit d'enchantements. Rappelons-nous l'île de Circé, le séjour de Calypso, la cour polie de Ménélas, les jardins d'Alcinoüs; rien de tout cela dans Virgile. Cependant telles sont l'élégance et la mélodie de ses vers, qu'ils nous font presque oublier ce qui manque à ses peintures. Il en est quelquefois de Virgile comme d'une femme qui ne sème pas dans la conversation des choses d'un grand intérêt, mais dont la voix donne un attrait particulier à tout ce qui sort de sa bouche. Fénélon, plus riche que Virgile, l'emporte sur Homère lui-même dans l'art de nous attacher aux lieux où il amène ses personnages.

Par une fatalité plus fâcheuse encore que la première, Énée, dans ce troisième livre, ne fait que des actions vulgaires, ou bien sa vertu reste entièrement dans l'ombre. Il va de terreurs en terreurs, toujours priant les dieux, sans fruit pour son courage; toujours consultant de nouveaux oracles, comme un prince superstitieux qui s'entoure de devins sans pouvoir se rassurer : il croit Apollon, qui ne lui dit pas la vérité; il croit son père, qui le trompe; il se rassure en écoutant ses dieux pénates, qui corrigent les erreurs d'Anchise; retombé dans ses frayeurs au souvenir de l'oracle de Céléno, il interroge Hélénus pour se calmer, et redemander encore ce que tous les dieux lui ont révélé. La seule situation où il se montre digne de lui-même est, non pas son entrevue avec Andromaque, mais la scène qui suit cette entrevue. Il nous émeut jusqu'aux larmes, en contemplant avec une joie pleine de tristesse la faible image de Troie, et surtout lorsqu'il embrasse la porte Scée! Ses adieux à Hélénus ont un caractère touchant, mais il manque dans ses paroles quelques traits qui s'adressent particulièrement au cœur d'Andromaque; il ne sait pas la consoler de ses malheurs, il ne lui dit pas un mot qui doive rester gravé dans le souvenir de cette infortunée. Enfin, ce n'est pas lui qui reçoit le Grec Achéménide. Nous pouvons justement croire que Didon, surprise elle-même de cette circonstance, et qui souhaitait, sans doute, de trouver des rapports de l'âme entre elle et le fils de Vénus, attendait de lui quelques traits semblables à celui que nous avons tant admiré :

Non ignara mali, miseris succurrere disco [1].

Trompée dans son attente, elle aura murmuré en secret de voir son héros étranger à une scène où il devait laisser éclater sa tendresse et sa pitié pour le malheur.

Dans l'Odyssée, Ulysse prend part à tout ce qui se passe devant lui : acteur toujours présent, il joue un rôle intéressant dans toutes les scènes du drame dont il est le héros. Ulysse ne reste pas oisif sur sa flotte ou presque inutile sur terre, comme Énée dans le cours de ses voyages. Au sortir d'Ilion, le héros grec combat avec courage les Ciconiens, peuple belliqueux; chez les Lotophages, nous le voyons arracher ses amis au dangereux pouvoir des fruits du lotos, qui leur faisait oublier même leur patrie qu'ils allaient chercher. Dans l'île des cyclopes, le favori de Minerve commet à la vérité la plus étonnante imprudence, mais il

---

[1] Voltaire a traduit ainsi ce vers immortel :
Qui ne sait compatir aux maux qu'il a soufferts ?
Zaïre.

Dubelloy a dit dans le *Siége de Calais* :
Vous fûtes malheureux, et vous êtes cruel !

fait sauver ses compagnons et sort le dernier de l'antre homicide, au milieu des plus cruelles extrémités, des plus affreux périls. Son courage, sa présence d'esprit, sa constance à remplir les devoirs d'un chef, lui attirent notre admiration, en nous faisant trembler pour ses jours. Malheureux chez Éole, par la faute des Grecs qui le suivent, il visite les Lestrigons, peuple sauvage, qui détruisent d'une manière cruelle onze de ses vaisseaux. Un seul navire lui reste et le conduit à l'île de Circé. On sait comment sa prudente fermeté triompha du pouvoir magique de la déesse, et rendit la forme humaine à ses amis métamorphosés en bêtes féroces ou en animaux immondes. Auprès de Circé, Ithaque occupe toujours Ulysse. S'il descend aux enfers sur les avis de la fille du soleil, son entrevue avec sa mère Anticlée, les malheurs de sa maison, qu'il apprend par elle, nous arrachent des larmes comme à lui-même. S'il converse avec Achille, Ulysse nous paraît digne de l'entretien de ce héros. Son courage ne faiblit pas devant les gouffres de Charybde et de Scylla, dont Homère a fait deux monstres effroyables qui détruisent deux de ses compagnons, mais qu'il ne peut secourir, malgré leurs cris et la profonde pitié que leur sort lui inspire. Plus loin, par sa sagesse à éviter le danger, il résiste aux séductions des sirènes. Une tempête affreuse vient l'assaillir tout-à-coup; son mât se brise, le pilote est précipité dans la mer, la foudre embrase le navire, tous les rameurs tombent dans les flots. Resté seul, Ulysse, au lieu de trembler et de lever les mains au ciel, court d'un bord à l'autre du navire pour le gouverner; et s'abandonne enfin aux vagues irritées sur un frêle débris, à travers de nouveaux périls[1]. Les dieux par pitié le conduisent enfin dans l'île de Calypso. Il y cède une seconde fois aux attraits de la volupté, mais du moins il ne perd jamais à nos yeux la plus touchante de ses vertus, l'amour de la patrie. Énée semble avoir oublié la sienne auprès de Didon; il ne fait rien d'héroïque après s'être plongé dans les délices de Carthage : c'est en sortant des bras d'une belle déesse qu'Ulysse supporte, avec un courage plus qu'humain, les plus grands périls que le destin lui ait jamais suscités. Plus il approche d'Ithaque, plus il paraît digne de reconquérir son trône. Nous nous rappelons qu'il a montré chez Alcinoüs l'âme d'un homme sensible, et les vertus d'un sage formé à l'école du malheur. Au coucher du soleil, Ulysse, prêt à partir, adresse

---

[1] Si, dans la description de cette tempête, Homère offre quelques traits que l'on trouvera dans la seconde dont nous avons donné une esquisse sur la fin du premier livre de Virgile, il avait su trouver aussi des traits particuliers pour son premier tableau.

à ce roi et aux princes du peuple un discours plein de reconnaissance pour leurs bienfaits et de piété envers les dieux; il monte sur son vaisseau, où un sommeil profond s'empare de ses paupières. On arrive à Ithaque; les Phéaciens prennent dans leurs bras Ulysse avec les peaux et les tapis de pourpre qui lui servaient de lit, le descendent à terre, et le déposent doucement sur le sable. Cependant Ulysse ouvre les yeux à la lumière; étendu sur la terre natale, il ne la reconnaît pas : Minerve l'ordonne ainsi ; et le poëte habile veut lui faire acheter encore, par un moment de douleur et de crainte, l'ineffable joie qu'il va goûter. Au moment où l'infortuné s'afflige sur le nouvel abandon auquel il se croit exposé, au moment où, se traînant près du rivage battu par les flots de la mer, ses cris appellent sa patrie, Minerve lui apparaît sous la forme d'un berger. C'est d'elle qu'après un de ces dialogues de préparation si communs dans les poëtes grecs, il apprend la vérité. Au nom d'Ithaque, prononcé par la fille de Jupiter, Ulysse éprouve un transport inexprimable de joie, son cœur bat avec violence; mais, quoique sa réponse vole aussitôt sur ses lèvres, il dissimule, fidèle à la prudence qui habite au fond de son cœur.

Ici, Homère, attentif à conserver jusqu'au bout deux traits principaux du caractère d'Ulysse, la défiance et la feinte, place une fable qui annonce en lui une trop grande facilité au mensonge. Minerve sourit et se découvre. Mais que vient-elle faire? Annoncer à Ulysse de nouveaux périls, et lui imposer des épreuves plus cruelles que toutes les autres, puisqu'il ne s'agit pas moins que de supporter, sans se plaindre, l'insolence et le mépris de ses oppresseurs.

Malgré les nouvelles assurances de Minerve, Ulysse, qui a vu sa patrie fuir si long-temps devant lui, doute encore de la réalité : « Déesse, dit-il, non, je ne puis me persuader que je touche la terre d'Ithaque! Ne suis-je pas égaré dans quelque autre contrée? Ne te plais-tu pas à me tenir dans l'erreur, à te jouer d'un malheureux? Ah! parle, puis-je m'assurer d'être vraiment au sein de ma chère patrie? » La réponse de Minerve est encore une nouvelle preuve du talent d'Homère à lire au fond du cœur de ses personnages. Après toutes ces suspensions, le nuage qui trompait les regards d'Ulysse se dissipe; soudain la véritable Ithaque apparaît devant lui. A l'aspect de la terre natale il éprouve un ravissement de joie; il baise cette terre chérie, et, levant ses bras suppliants vers les nymphes du lieu : « Naïades, filles de Jupiter, non, je ne croyais jamais vous revoir; je vous salue! recevez mes vœux et mes actions de grâces; bientôt nous vous offrirons ici des présents comme autrefois, si la déesse guerrière, issue du roi des dieux, me permet de vivre et fait grandir mon fils qui m'est si cher. » Toutes les grâces, toutes les convenances, tout le charme des paroles du cœur, sont dans cette prière.

Résumons ce nouveau parallèle entre les deux auteurs. Aucun épisode, aucun récit d'Homère, de Milton ou du Tasse, ne sauraient entrer en comparaison avec le tableau de la ruine de Troie. Là, Virgile est sans modèle[1] et sans rival. Si Énée n'a point dans les derniers moments d'Ilion les grandes proportions des Ajax et des Diomède; si l'on peut désirer quelque chose dans le successeur d'Hector, sa vertu, sa piété, son amour filial, les périls qu'il affronte pour sauver son père et ses dieux, inspirent une haute admiration pour lui. Le poëte a satisfait aux obligations qu'il s'était imposées, en nous annonçant dans son héros un guerrier réservé au rôle important de fondateur d'un empire. Mais dans la suite, Homère reprend l'avantage. En effet, malgré des mensonges et des fables assez grossières quelquefois, malgré des contes qui ne sont pas exempts de quelque ridicule, tout dans l'Odyssée concourt, ainsi qu'on vient de le voir, à mettre dans son jour la constance d'Ulysse. Ses voyages forment une partie considérable de l'action; et,

---

[1] Je dis sans modèle, malgré l'assertion de Macrobe.

quand ils sont en récits, nous y trouvons toujours de nouvelles raisons de reconnaître en lui le héros d'Horace, cet athlète sublime, luttant contre l'adversité sans jamais lui céder la victoire. La vérité ne permet pas d'accorder ces éloges à Virgile : son héros décroît d'une manière d'autant plus fâcheuse, que cette espèce d'éclipse précède immédiatement la peinture du violent amour de Didon pour le héros.

On peut accuser de longueur les récits d'Ulysse, qui occupent quatre chants du poëme : en convenant de cette faute, il faut ajouter que ces mêmes chants, joints à ceux où les malheurs d'Ulysse sont en action devant nous, ont à la fois le mérite d'être plus riches de descriptions, plus variés dans les sentiments, plus constamment dramatiques dans les situations, que ceux de Virgile; ils offrent surtout des contrastes de mœurs, des caractères différents, et d'habiles développements d'un caractère héroïque, que nous ne trouvons pas dans l'Énéide. Homère ne perdra pas la supériorité à cet égard, même lorsque Énée, admis aux champs élysiens, nous fera oublier, dans le commerce des grands hommes récompensés par les dieux, ses faiblesses et ses fautes à Carthage.

ÆNEIDOS

LIBER TERTIUS.

Postquam res Asiæ Priamique evertere gentem
Immeritam visum superis, ceciditque superbum
Ilium, et omnis humo fumat Neptunia Troja,
Diversa exsilia et desertas quærere terras
Auguriis agimur divum; classemque sub ipsa
Antandro et Phrygiæ molimur montibus Idæ,
Incerti quò fata ferant, ubi sistere detur;
Contrahimusque viros. Vix prima inceperat æstas,
Et pater Anchises dare fatis vela jubebat;
Littora quum patriæ lacrymans portusque relinquo,
Et campos ubi Troja fuit: feror exsul in altum
Cum sociis, natoque, penatibus, et magnis dis.
   Terra procul vastis colitur Mavortia campis,
Thraces arant, acri quondam regnata Lycurgo;
Hospitium antiquum Trojæ, sociique penates,
Dum fortuna fuit. Feror huc, et littore curvo
Mœnia prima loco, fatis ingressus iniquis:
Æneadasque meo nomen de nomine fingo.
   Sacra Dionææ matri divisque ferebam
Auspicibus cœptorum operum; superoque nitentem
Cœlicolum regi mactabam in littore taurum.
Forte fuit juxta tumulus, quo cornea summo
Virgulta, et densis hastilibus horrida myrtus.

Accessi; viridemque ab humo convellere silvam
Conatus, ramis tegerem ut frondentibus aras,
Horrendum et dictu video mirabile monstrum:
Nam quæ prima solo ruptis radicibus arbos
Vellitur, huic atro liquuntur sanguine guttæ,
Et terram tabo maculant. Mihi frigidus horror
Membra quatit, gelidusque coit formidine sanguis.
Rursus et alterius lentum convellere vimen
Insequor, et causas penitus tentare latentes;
Ater et alterius sequitur de cortice sanguis.
Multa movens animo, nymphas venerabar agrestes,
Gradivumque patrem, Geticis qui præsidet arvis,
Rite secundarent visus, omenque levarent.
Tertia sed postquam majore hastilia nisu
Aggredior, genibusque adversæ obluctor arenæ,
Eloquar, an sileam? gemitus lacrymabilis imo
Auditur tumulo, et vox reddita fertur ad aures:
Quid miserum, Ænea, laceras? jam parce sepulto;
Parce pias scelerare manus. Non me tibi Troja
Externum tulit, aut cruor hic de stipite manat.
Heu! fuge crudeles terras, fuge littus avarum.
Nam Polydorus ego: hic confixum ferrea texit
Telorum seges, et jaculis increvit acutis.
Tum vero ancipiti mentem formidine pressus
Obstupui, steteruntque comæ, et vox faucibus hæsit.

Hunc Polydorum auri quondam cum pondere magno
Infelix Priamus furtim mandarat alendum
Threicio regi, quum jam diffideret armis
Dardaniæ, cingique urbem obsidione videret.
Ille, ut opes fractæ Teucrum, et fortuna recessit,

Res Agamemnonias victriciaque arma secutus,
Fas omne abrumpit, Polydorum obtruncat, et auro
Vi potitur. Quid non mortalia pectora cogis,
Auri sacra fames? Postquam pavor ossa reliquit,
Delectos populi ad proceres, primumque parentem,
Monstra deum refero, et quæ sit sententia posco.
Omnibus idem animus scelerata excedere terra,
Linqui pollutum hospitium, et dare classibus austros.
Ergo instauramus Polydoro funus, et ingens
Aggeritur tumulo tellus; stant manibus aræ,
Cæruleis mæstæ vittis atraque cupresso;
Et circum Iliades crinem de more solutæ.
Inferimus tepido spumantia cymbia lacte,
Sanguinis et sacri pateras; animamque sepulcro
Condimus, et magna supremum voce ciemus.

   Inde, ubi prima fides pelago, placataque venti
Dant maria, et lenis crepitans vocat auster in altum,
Deducunt socii naves, et littora complent.
Provehimur portu; terræque urbesque recedunt.
Sacra mari colitur medio gratissima tellus
Nereidum matri et Neptuno Ægeo;
Quam pius Arcitenens, oras et littora circum
Errantem, Gyaro celsa Myconoque revinxit,
Immotamque coli dedit, et contemnere ventos.
Huc feror; hæc fessos tuto placidissima portu
Accipit. Egressi veneramur Apollinis urbem.
Rex Anius, rex idem hominum Phœbique sacerdos,
Vittis et sacra redimitus tempora lauro,
Occurrit; veterem Anchisen agnoscit amicum.
Jungimus hospitio dextras, et tecta subimus.

Templa dei saxo venerabar structa vetusto:
Da propriam, Thymbraee, domum: da moenia fessis,
Et genus, et mansuram urbem: serva altera Trojae
Pergama, reliquias Danaum atque immitis Achilli.
Quem sequimur? quove ire jubes? ubi ponere sedes?
Da, pater, augurium, atque animis illabere nostris.
  Vix ea fatus eram; tremere omnia visa repente,
Liminaque, laurusque dei, totusque moveri
Mons circum, et mugire adytis cortina reclusis.
Submissi petimus terram, et vox fertur ad aures:
Dardanidae duri, quae vos a stirpe parentum
Prima tulit tellus, eadem vos ubere laeto
Accipiet reduces: antiquam exquirite matrem:
Hic domus Aeneae cunctis dominabitur oris,
Et nati natorum, et qui nascentur ab illis.
Haec Phoebus: mixtoque ingens exorta tumultu
Laetitia; et cuncti, quae sint ea moenia, quaerunt;
Quo Phoebus vocet errantes, jubeatque reverti.
Tum genitor, veterum volvens monumenta virorum,
Audite, o proceres, ait, et spes discite vestras.
Creta Jovis magni medio jacet insula ponto;
Mons Idaeus ubi, et gentis cunabula nostrae.
Centum urbes habitant magnas, uberrima regna:
Maximus unde pater, si rite audita recordor,
Teucrus Rhoeteas primum est advectus ad oras,
Optavitque locum regno. Nondum Ilium et arces
Pergameae steterant; habitabant vallibus imis.
Hinc mater cultrix Cybelae, Corybantiaque aera,
Idaeumque nemus; hinc fida silentia sacris,
Et juncti currum dominae subiere leones.

LIBER III.

Ergo agite, et divum ducunt qua jussa sequamur.
Placemus ventos, et Gnosia regna petamus.
Nec longo distant cursu; modo Juppiter adsit,
Tertia lux classem Cretæis sistet in oris.
Sic fatus, meritos aris mactavit honores:
Taurum Neptuno; taurum tibi, pulcher Apollo:
Nigram Hiemi pecudem, Zephyris felicibus albam.
 Fama volat pulsum regnis cessisse paternis
Idomenea ducem, desertaque littora Cretæ;
Hoste vacare domos, sedesque adstare relictas.
Linquimus Ortygiæ portus, pelagoque volamus;
Bacchatamque jugis Naxon, viridemque Donysam,
Olearon, niveamque Paron, sparsasque per æquor
Cycladas, et crebris legimus freta concita terris.
Nauticus exoritur vario certamine clamor.
Hortantur socii, Cretam proavosque petamus.
Prosequitur surgens a puppi ventus euntes;
Et tandem antiquis Curetum allabimur oris.
Ergo avidus muros optatæ molior urbis,
Pergameamque voco; et lætam cognomine gentem
Hortor amare focos, arcemque attollere tectis.
Jamque fere sicco subductæ littore puppes;
Connubiis arvisque novis operata juventus;
Jura domosque dabam; subito quum tabida membris,
Corrupto cœli tractu, miserandaque venit
Arboribusque satisque lues, et letifer annus.
Linquebant dulces animas, aut ægra trahebant
Corpora: tum steriles exurere Sirius agros:
Arebant herbæ, et victum seges ægra negabat.
Rursus ad oraclum Ortygiæ Phœbumque remenso

Hortatur pater ire mari, veniamque precari:
Quam fessis finem rebus ferat; unde laborum
Tentare auxilium jubeat; quo vertere cursus.
 Nox erat, et terris animalia somnus habebat.
Effigies sacræ divum Phrygiique penates,
Quos mecum a Troja mediisque ex ignibus urbis
Extuleram, visi ante oculos adstare jacentis
Insomnis, multo manifesti lumine, qua se
Plena per insertas fundebat luna fenestras.
Tum sic affari, et curas his demere dictis:
Quod tibi delato Ortygiam dicturus Apollo est,
Hic canit; et tua nos en ultro ad limina mittit.
Nos te, Dardania incensa, tuaque arma secuti;
Nos tumidum sub te permensi classibus æquor;
Idem venturos tollemus in astra nepotes,
Imperiumque urbi dabimus: tu mœnia magnis
Magna para, longumque fugæ ne linque laborem.
Mutandæ sedes; non hæc tibi littora suasit
Delius, aut Cretæ jussit considere, Apollo.
Est locus, Hesperiam Graii cognomine dicunt,
Terra antiqua, potens armis atque ubere glebæ;
OEnotri coluere viri: nunc fama minores
Italiam dixisse, ducis de nomine, gentem:
Hæ nobis propriæ sedes; hinc Dardanus ortus,
Jasiusque pater, genus a quo principe nostrum.
Surge age, et hæc lætus longævo dicta parenti
Haud dubitanda refer: Corytum terrasque requirat
Ausonias. Dictæa negat tibi Juppiter arva.
 Talibus attonitus visis ac voce deorum
(Nec sopor illud erat; sed coram agnoscere vultus,

Velatasque comas, præsentiaque ora videbar:
Tum gelidus toto manabat corpore sudor),
Corripio e stratis corpus, tendoque supinas
Ad cœlum cum voce manus, et munera libo
Intemerata focis. Perfecto lætus honore,
Anchisen facio certum, remque ordine pando.
Agnovit prolem ambiguam geminosque parentes,
Seque novo veterum deceptum errore locorum.
Tum memorat: Nate, Iliacis exercite fatis,
Sola mihi tales casus Cassandra canebat.
Nunc repeto hæc generi portendere debita nostro,
Et sæpe Hesperiam, sæpe Itala regna, vocare.
Sed quis ad Hesperiæ venturos littora Teucros
Crederet? aut quem tum vates Cassandra moveret?
Cedamus Phœbo, et moniti meliora sequamur.
Sic ait; et cuncti dicto paremus ovantes.
Hanc quoque deserimus sedem, paucisque relictis
Vela damus, vastumque cava trabe currimus æquor.

 Postquam altum tenuere rates, nec jam amplius ullæ
Apparent terræ, cœlum undique, et undique pontus;
Tum mihi cæruleus supra caput adstitit imber,
Noctem hiememque ferens; et inhorruit unda tenebris.
Continuo venti volvunt mare, magnaque surgunt
Æquora; dispersi jactamur gurgite vasto.
Involvere diem nimbi, et nox humida cœlum
Abstulit; ingeminant abruptis nubibus ignes.
Excutimur cursu, et cæcis erramus in undis.
Ipse diem noctemque negat discernere cœlo,
Nec meminisse viæ media Palinurus in unda.
Tres adeo incertos cæca caligine soles

Erramus pelago, totidem sine sidere noctes.
Quarto terra die primum se attollere tandem
Visa, aperire procul montes, ac volvere fumum.
Vela cadunt; remis insurgimus: haud mora, nautæ
Adnixi torquent spumas, et cærula verrunt.
 Servatum ex undis Strophadum me littora primum
Accipiunt. Strophades Graio stant nomine dictæ
Insulæ Ionio in magno, quas dira Celæno,
Harpyiæque colunt aliæ, Phineia postquam
Clausa domus, mensasque metu liquere priores.
Tristius haud illis monstrum, nec sævior ulla
Pestis et ira deum Stygiis sese extulit undis.
Virginei volucrum vultus, fœdissima ventris
Proluvies, uncæque manus, et pallida semper
Ora fame.
 Huc ubi delati portus intravimus; ecce
Læta boum passim campis armenta videmus,
Caprigenumque pecus, nullo custode, per herbas.
Irruimus ferro, et divos ipsumque vocamus
In partem prædamque Jovem. Tum littore curvo
Exstruimusque toros, dapibusque epulamur opimis.
At subitæ horrifico lapsu de montibus adsunt
Harpyiæ, et magnis quatiunt clangoribus alas,
Diripiuntque dapes, contactuque omnia fœdant
Immundo: tum vox tetrum dira inter odorem.
Rursum in secessu longo sub rupe cavata,
Arboribus clausi circum atque horrentibus umbris,
Instruimus mensas, arisque reponimus ignem.
Rursum ex diverso cœli cæcisque latebris
 Turba sonans prædam pedibus circumvolat uncis;

Polluit ore dapes. Sociis tunc arma capessant
Edico, et dira bellum cum gente gerendum.
Haud secus ac jussi faciunt, tectosque per herbam
Disponunt enses, et scuta latentia condunt.
Ergo, ubi delapsae sonitum per curva dedere
Littora, dat signum specula Misenus ab alta
Ære cavo: invadunt socii, et nova proelia tentant,
Obscenas pelagi ferro foedare volucres.
Sed neque vim plumis ullam nec vulnera tergo
Accipiunt; celerique fuga sub sidera lapsae,
Semesam praedam et vestigia foeda relinquunt.
Una in praecelsa consedit rupe Celaeno,
Infelix vates, rumpitque hanc pectore vocem:

    Bellum etiam pro caede boum stratisque juvencis,
Laomedontiadae, bellumne inferre paratis,
Et patrio Harpyias insontes pellere regno?
Accipite ergo animis atque haec mea figite dicta:
Quae Phoebo pater omnipotens, mihi Phoebus Apollo
Praedixit, vobis Furiarum ego maxima pando.
Italiam cursu petitis, ventisque vocatis
Ibitis Italiam, portusque intrare licebit:
Sed non ante datam cingetis moenibus urbem,
Quam vos dira fames, nostraeque injuria caedis,
Ambesas subigat malis absumere mensas.

    Dixit, et in silvam pennis ablata refugit.
At sociis subita gelidus formidine sanguis
Deriguit: cecidere animi; nec jam amplius armis,
Sed votis precibusque jubent exposcere pacem,
Sive deae, seu sint dirae obcenaeque volucres.
Et pater Anchises, passis de littore palmis,

Numina magna vocat, meritosque indicit honores:
Di, prohibete minas; di, talem avertite casum;
Et placidi servate pios! Tum littore funem
Deripere, excussosque jubet laxare rudentes.
Tendunt vela noti; ferimur spumantibus undis,
Qua cursum ventusque gubernatorque vocabant.
Jam medio apparet fluctu nemorosa Zacynthos,
Dulichiumque, Sameque, et Neritos ardua saxis:
Effugimus scopulos Ithacæ, Laertia regna;
Et terram altricem sævi execramur Ulyxi.
Mox et Leucatæ nimbosa cacumina montis,
Et formidatus nautis aperitur Apollo:
Hunc petimus fessi, et parvæ succedimus urbi.
Anchora de prora jacitur; stant littore puppes.

 Ergo insperata tandem tellure potiti,
Lustramurque Jovi, votisque incendimus aras,
Actiaque iliacis celebramus littora ludis;
Exercent patrias oleo labente palœstras
Nudati socii: juvat evasisse tot urbes
Argolicas, mediosque fugam tenuisse per hostes.
Interea magnum sol circumvolvitur annum,
Et glacialis hiems aquilonibus asperat undas.
Ære cavo clypeum, magni gestamen Abantis,
Postibus adversis figo, et rem carmine signo:
ÆNEAS HÆC DE DANAIS VICTORIBUS ARMA.
Linquere tum portus jubeo, et considere transtris.
Certatim socii feriunt mare, et æquora verrunt.
Protenus aerias Phæacum abscondimus arces,
Littoraque Epiri legimus, portuque subimus
Chaonio, et celsam Buthroti accedimus urbem.

Hic incredibilis rerum fama occupat aures,
Priamiden Helenum Graias regnare per urbes,
Conjugio Æacidæ Pyrrhi sceptrisque potitum,
Et patrio Andromachen iterum cessisse marito.
Obstupui; miroque incensum pectus amore
Compellare virum, et casus cognoscere tantos.
Progredior portu, classes et littora linquens.

Solemnes tum forte dapes et tristia dona,
Ante urbem in luco, falsi Simoentis ad undam,
Libabat cineri Andromache, manesque vocabat
Hectoreum ad tumulum, viridi quem cespite inanem,
Et geminas, causam lacrymis, sacraverat aras.
Ut me conspexit venientem, et Troia circum
Arma amens vidit, magnis exterrita monstris,
Deriguit visu in medio; calor ossa reliquit;
Labitur; et longo vix tandem tempore fatur:
Verane te facies, verus mihi nuntius affers,
Nate dea? vivisne? aut, si lux alma recessit,
Hector ubi est? Dixit, lacrymasque effudit, et omnem
Implevit clamore locum. Vix pauca furenti
Subjicio, et raris turbatus vocibus hisco:
Vivo equidem, vitamque extrema per omnia duco.
Ne dubita; nam vera vides.
Heu! quis te casus dejectam conjuge tanto
Excipit? aut quæ digna satis fortuna revisit?
Hectoris, Andromache, Pyrrhin' connubia servas?
Dejecit vultum, et demissa voce locuta est:
O felix una ante alias Priameia virgo,
Hostilem ad tumulum, Trojæ sub mœnibus altis,
Jussa mori, quæ sortitus non pertulit ullos,

Nec victoris heri tetigit captiva cubile!
Nos, patria incensa, diversa per æquora vectæ,
Stirpis Achilleæ fastus, juvenemque superbum,
Servitio enixæ, tulimus; qui deinde, secutus
Ledæam Hermionem Lacedæmoniosque hymenæos,
Me famulo famulamque Heleno transmisit habendam.
Ast illum, ereptæ magno inflammatus amore
Conjugis, et scelerum furiis agitatus, Orestes
Excipit incautum, patriasque obtruncat ad aras.
Morte Neoptolemi regnorum reddita cessit
Pars Heleno, qui Chaonios cognomine campos,
Chaoniamque omnem Trojano a Chaone dixit;
Pergamaque, Iliacamque jugis hanc addidit arcem.
Sed tibi qui cursum venti, quæ fata dedere?
Aut quisnam ignarum nostris deus appulit oris?
Quid puer Ascanius? superatne, et vescitur aura?
Quem tibi jam Troja...
Ecqua tamen puero est amissæ cura parentis?
Ecquid in antiquam virtutem animosque viriles
Et pater Æneas et avunculus excitat Hector?

    Talia fundebat lacrymans, longosque ciebat
Incassum fletus; quum sese a mœnibus heros
Priamides multis Helenus comitantibus affert,
Agnoscitque suos, lætusque ad limina ducit,
Et multum lacrymas verba inter singula fundit.
Procedo, et parvam Trojam, simulataque magnis
Pergama, et arentem Xanthi cognomine rivum,
Agnosco, Scææque amplector limina portæ.
Nec non et Teucri socia simul urbe fruuntur:
Illos porticibus rex accipiebat in amplis.

LIBER III.

Aulai in medio libabant pocula Bacchi,
Impositis auro dapibus paterasque tenebant.
   Jamque dies, alterque dies processit, et auræ
Vela vocant, tumidoque inflatur carbasus austro.
His vatem aggredior dictis, ac talia quæso:
«Trojugena, interpres divum, qui numina Phœbi,
Qui tripodas, Clarii lauros, qui sidera sentis,
Et volucrum linguas, et præpetis omina pennæ,
Fare age (namque omnem cursum mihi prospera dixit
Relligio, et cuncti suaserunt numine divi
Italiam petere, et terras tentare repostas :
Sola novum, dictuque nefas, Harpyia Celæno
Prodigium canit, et tristes denuntiat iras,
Obscenamque famem), quæ prima pericula vito?
Quidve sequens tantos possim superare labores?»
Hic Helenus, cæsis primum de more juvencis,
Exorat pacem divum, vittasque resolvit
Sacrati capitis, meque ad tua limina, Phœbe,
Ipse manu multo suspensum numine ducit;
Atque hæc deinde canit divino ex ore sacerdos:
   Nate dea, nam te majoribus ire per altum
Auspiciis manifesta fides; sic fata deum rex
Sortitur, volvitque vices; is vertitur ordo.
Pauca tibi e multis, quo tutior hospita lustres
Æquora, et Ausonio possis considere portu,
Expediam dictis; prohibent nam cætera Parcæ
Scire, Helenum farique vetat Saturnia Juno.
Principio, Italiam, quam tu jam rere propinquam,
Vicinosque, ignare, paras invadere portus,
Longa procul longis via dividit invia terris.

Ante et Trinacria lentandus remus in unda,
Et salis Ausonii lustrandnm navibus æquor,
Infernique lacus, Æææque insula Circæ,
Quam tuta possis urbem componere terra.
Signa tibi dicam: tu condita mente teneto.
Quum tibi sollicito secreti ad fluminis undam.
Littoreis ingens inventa sub ilicibus sus,
Triginta capitum fetus enixa, jacebit,
Alba, solo recubans, albi circum ubera nati;
Is locus urbis erit; requies ea certa laborum.
Nec tu mensarum morsus horresce futuros:
Fata viam invenient, aderitque vocatus Apollo.
Has autem terras, Italique hanc littoris oram
Proxima quæ nostri perfunditur æquoris æstu,
Effuge; cuncta malis habitantur mœnia Graiis.
Hic et Narycii posuerunt mœnia Locri,
Et Sallentinos obsedit milite campos
Lyctius Idomeneus: hic illa ducis Melibœi
Parva Philoctetæ subnixa Petilia muro.
Quin, ubi transmissæ steterint trans æquora classes,
Et positis aris jam vota in littore solves;
Purpureo velare comas adopertus amictu;
Ne qua inter sanctos ignes in honore deorum
Hostilis facies occurrat, et omina turbet.
Hunc socii morem sacrorum, hunc ipse teneto;
Hac casti maneant in relligione nepotes.
Ast, ubi digressum Siculæ te admoverit oræ
Ventus, et angusti rarescent claustra Pelori,
Læva tibi tellus, et longo læva petantur
Æquora circuitu; dextrum fuge littus, et undas.

LIBER III.

Hæc loca, vi quondam et vasta convulsa ruina,
Tantum ævi longinqua valet mutare vetustas!
Dissiluisse ferunt, quum protenus utraque tellus
Una foret: venit medio vi pontus, et undis
Hesperium Siculo latus abscidit, arvaque et urbes
Littore diductas angusto interluit æstu.
Dextrum Scylla latus, lævum implacata Charybdis,
Obsidet, atque imo barathri ter gurgite vastos
Sorbet in abruptum fluctus, rursusque sub auras
Erigit alternos, et sidera verberat unda.
At Scyllam cæcis cohibet spelunca latebris,
Ora exsertantem, et naves in saxa trahentem.
Prima hominis facies, et pulchro pectore virgo
Pube tenus; postrema immani corpore pistrix,
Delphinum caudas utero commissa luporum.
Præstat Trinacrii metas lustrare Pachyni
Cessantem, longos et circumflectere cursus,
Quam semel informem vasto vidisse sub antro
Scyllam, et cæruleis canibus resonantia saxa.
Præterea, si qua est Heleno prudentia, vati
Si qua fides, animum si veris implet Apollo,
Unum illud tibi, nate dea, præque omnibus unum,
Prædicam, et repetens iterumque iterumque monebo.
Junonis magnæ primum prece numen adora;
Junoni cane vota libens, dominamque potentem
Supplicibus supera donis: sic denique victor
Trinacria fines Italos mittere relicta.
Huc ubi delatus Cumæam accesseris urbem,
Divinosque lacus, et Averna sonantia silvis;
Insanam vatem adspicies, quæ rupe sub ima

Fata canit, foliisque notas et nomina mandat.
Quæcumque in foliis descripsit carmina virgo,
Digerit in numerum, atque antro seclusa relinquit:
Illa manent immota locis, neque ab ordine cedunt.
Verum eadem, verso tenuis quum cardine ventus
Impulit, et teneras turbavit janua frondes,
Numquam deinde cavo volitantia prendere saxo,
Nec revocare situs, aut jungere carmina curat.
Inconsulti abeunt, sedemque odere Sibyllæ.
Hic tibi ne qua moræ fuerint dispendia tanti,
Quamvis increpitent socii, et vi cursus in altum
Vela vocet, possisque sinus implere secundos,
Quin adeas vatem, precibusque oracula poscas:
Ipsa canat, vocemque volens atque ora resolvat.
Illa tibi Italiæ populos, venturaque bella,
Et quo quemque modo fugiasque ferasque laborem,
Expediet, cursusque dabit venerata secundos.
Hæc sunt quæ nostra liceat te voce moneri.
Vade age, et ingentem factis fer ad æthera Trojam.

    Quæ postquam vates sic ore effatus amico est,
Dona dehinc auro gravia, sectoque elephanto,
Imperat ad naves ferri, stipatque carinis
Ingens argentum, Dodonæosque lebetas,
Loricam consertam hamis auroque trilicem,
Et conum insignis galeæ, cristasque comantes,
Arma Neoptolemi. Sunt et sua dona parenti.
Addit equos, additque duces:
Remigium supplet; socios simul instruit armis.
    Interea classem velis aptare jubebat
Anchises, fieret vento mora ne qua ferenti.

LIBER III.

Quem Phœbi interpres multo compellat honore:
Conjugio, Anchisa, Veneris dignate superbo,
Cura deum, bis Pergameis erepte ruinis,
Ecce tibi Ausoniæ tellus; hanc arripe velis.
Et tamen hanc pelago præterlabare necesse est:
Ausoniæ pars illa procul quam pandit Apollo.
Vade, ait, o felix nati pietate! Quid ultra
Provehor, et fando surgentes demoror austros?
Nec minus Andromache, digressu mæsta supremo,
Fert picturatas auri subtemine vestes,
Et Phrygiam Ascanio chlamydem; nec cedit honori:
Textilibusque onerat donis, ac talia fatur:
Accipe et hæc, manuum tibi quæ monumenta mearum
Sint, puer, et longum Andromachæ testentur amorem,
Conjugis Hectoreæ. Cape dona extrema tuorum,
O mihi sola mei super Astyanactis imago!
Sic oculos, sic ille manus, sic ora ferebat;
Et nunc æquali tecum pubesceret ævo.
   Hos ego digrediens lacrymis affabar obortis:
Vivite felices, quibus est fortuna peracta
Jam sua; nos alia ex aliis in fata vocamur.
Vobis parta quies; nullum maris æquor arandum;
Arva neque Ausoniæ semper cedentia retro
Quærenda: effigiem Xanthi, Trojamque, videtis,
Quam vestræ fecere manus, melioribus, opto,
Auspiciis, et quæ fuerit minus obvia Graiis.
Si quando Thybrim vicinaque Thybridis arva
Intraro, gentique meæ data mœnia cernam,
Cognatas urbes olim, populosque propinquos,
Epiro, Hesperia, quibus idem Dardanus auctor,

Atque idem casus, unam faciemus utramque
Trojam animis: maneat nostros ea cura nepotes.
   Provehimur pelago vicina Ceraunia juxta,
Unde iter Italiam, cursusque brevissimus undis.
Sol ruit interea, et montes umbrantur opaci.
Sternimur optatæ gremio telluris ad undam,
Sortiti remos, passimque in littore sicco
Corpora curamus: fessos sopor irrigat artus.
Necdum orbem medium nox horis acta subibat:
Haud segnis strato surgit Palinurus, et omnes
Explorat ventos, atque auribus aera captat:
Sidera cuncta notat tacito labentia cœlo,
Arcturum, pluviasque Hyadas, geminosque Triones,
Armatumque auro circumspicit Oriona.
Postquam cuncta videt cœlo constare sereno,
Dat clarum e puppi signum; nos castra movemus,
Tentamusque viam; et velorum pandimus alas.
   Jamque rubescebat stellis Aurora fugatis,
Quum procul obscuros colles humilemque videmus
Italiam. Italiam primus conclamat Achates;
Italiam læto socii clamore salutant.
Tum pater Anchises magnum cratera corona
Induit, implevitque mero, divosque vocavit
Stans celsa in puppi:
Di, maris et terræ tempestatumque potentes,
Ferte viam vento facilem, et spirate secundi.
Crebrescunt optatæ auræ, portusque patescit
Jam propior, templumque apparet in arce Minervæ.
Vela legunt socii, et proras ad littora torquent.
Portus ab Euroo fluctu curvatus in arcum;

Objectæ salsa spumant aspergine cautes:.
Ipse latet: gemino demittunt brachia muro
Turriti scopuli, refugitque ab littore templum.
 Quatuor hic, primum omen, equos in gramine vidi
Tondentes campum late, candore nivali.
Et pater Anchises : Bellum, o terra hospita, portas:
Bello armantur equi; bellum hæc armenta minantur.
Sed tamen idem olim curru succedere sueti
Quadrupedes, et frena jugo concordia ferre :
Spes et pacis, ait. Tum numina sancta precamur
Palladis armisonæ, quæ prima accepit ovantes;
Et capita ante aras Phrygio velamur amictu:
Præceptisque Heleni, dederat quæ maxima, rite
Junoni Argivæ jussos adolemus honores.
 Haud mora, continuo, perfectis ordine votis,
Cornua velatarum obvertimus antennarum;
Grajugenumque domos, suspectaque linquimus arva.
Hinc sinus Herculei, si vera est fama, Tarenti
Cernitur. Attolit se diva Lacinia contra,
Caulonisque arces, et navifragum Scylaceum.
Tum procul e fluctu Trinacria cernitur Ætna:
Et gemitum ingentem pelagi, pulsataque saxa
Audimus longe, fractasque ad littora voces;
Exsultantque vada, atque æstu miscentur arenæ.
Et pater Anchises : Nimirum hæc illa Charybdis:
Hos Helenus scopulos, hæc saxa horrenda, canebat.
Eripite, o socii, pariterque insurgite remis.
Haud minus ac jussi faciunt: primusque rudentem
Contorsit lævas proram Palinurus ad undas;
Lævam cuncta cohors remis ventisque petivit.

Tollimur in cœlum curvato gurgite, et idem
Subducta ad manes imos desidimus unda.
Ter scopuli clamorem inter cava saxa dedere,
Ter spumam elisam et rorantia vidimus astra.

    Interea fessos ventus cum sole reliquit;
Ignarique viæ, cyclopum allabimur oris.
Portus ab accessu ventorum immotus, et ingens
Ipse; sed horrificis juxta tonat Ætna ruinis,
Interdumque atram prorumpit ad æthera nubem,
Turbine fumantem piceo, et candente favilla;
Attollitque globos flammarum, et sidera lambit:
Interdum scopulos avulsaque viscera montis
Erigit eructans, liquefactaque saxa sub auras
Cum gemitu glomerat, fundoque exæstuat imo.
Fama est Enceladi semiustum fulmine corpus
Urgeri mole hac, ingentemque insuper Ætnam
Impositam ruptis flammam exspirare caminis;
Et, fessum quoties mutet latus, intremere omnem
Murmure Trinacriam, et cœlum subtexere fumo.

    Noctem illam tecti silvis immania monstra
Perferimus; nec, quæ sonitum det causa, videmus:
Nam neque erant astrorum ignes, nec lucidus æthra
Siderea polus; obscuro sed nubila cœlo;
Et lunam in nimbo nox intempesta tenebat.

    Postera jamque dies primo surgebat Eoo,
Humentemque Aurora polo dimoverat umbram;
Quum subito e silvis, macie confecta suprema,
Ignoti nova forma viri, miserandaque cultu,
Procedit, supplexque manus ad littora tendit.
Respicimus: dira illuvies, immissaque barba,

LIBER III. 415

Consertum tegumen spinis; at cetera Graius,
Et quondam patriis ad Trojam missus in armis.
Isque ubi Dardanios habitus et Troia vidit
Arma procul, paulum adspectu conterritus hæsit,
Continuitque gradum; mox sese ad littora præceps
Cum fletu precibusque tulit : Per sidera testor,
Per superos, atque hoc cœli spirabile lumen,
Tollite me, Teucri; quascumque abducite terras,
Hoc sat erit. Scio me Danais e classibus unum,
Et bello Iliacos fateor petiisse penates.
Pro quo, si sceleris tanta est injuria nostri,
Spargite me in fluctus, vastoque immergite ponto.
Si pereo, hominum manibus periisse juvabit.
Dixerat; et, genua amplexus, genibusquevolutans,
Hærebat. Qui sit, fari, quo sanguine cretus,
Hortamur; quæ deinde agitet fortuna, fateri.
Ipse pater dextram Anchises, haud multa moratus,
Dat juveni; atque animum præsenti pignore firmat.
Ille hæc, deposita tandem formidine, fatur:

   Sum patria ex Ithaca, comes infelicis Ulyxi,
Nomen Achemenides, Trojam genitore Adamasto
Paupere (mansissetque utinam fortuna!) profectus.
Hic me, dum trepidi crudelia limina linquunt,
Immemores socii vasto cyclopis in antro
Deseruere. Domus sanie dapibusque cruentis
Intus opaca, ingens : ipse arduus, altaque pulsat
Sidera : (di, talem terris avertite pestem!)
Nec visu facilis, nec dictu affabilis ulli.
Visceribus miserorum et sanguine vescitur atro.
Vidi egomet, duo de numero quum corpora nostro,

Prensa manu magna, medio resupinus in antro,
Frangeret ad saxum, sanieque exspersa natarent
Limina; vidi, atro quum membra fluentia tabo
Manderet, et tepidi tremerent sub dentibus artus.
Haud impune quidem; nec talia passus Ulyxes,
Oblitusve sui est Ithacus discrimine tanto.
Nam simul expletus dapibus, vinoque sepultus,
Cervicem inflexam posuit, jacuitque per antrum
Immensus, saniem eructans ac frustra cruento
Per somnum commixta mero; nos, magna precati
Numina, sortitique vices, una undique circum
Fundimur, et telo lumen terebramus acuto
Ingens, quod torva solum sub fronte latebat,
Argolici clypei aut Phœbeæ lampadis instar:
Et tandem læti sociorum ulciscimur umbras.
Sed fugite, o miseri, fugite, atque ab littore funem
Rumpite.
Nam, qualis quantusque cavo Polyphemus in antro
Lanigeras claudit pecudes, atque ubera pressat,
Centum alii curva hæc habitant ad littora vulgo
Infandi cyclopes, et altis montibus errant.
Tertia jam lunæ se cornua lumine complent,
Quum vitam in silvis, inter deserta ferarum
Lustra domosque, traho, vastosque ab rupe cyclopas
Prospicio, sonitumque pedum vocemque tremisco.
Victum infelicem, baccas lapidosaque corna,
Dant rami, et vulsis pascunt radicibus herbæ.
Omnia collustrans, hanc primum ad littora classem
Conspexi venientem: huic me, quæcumque fuisset,
Addixi: satis est gentem effugisse nefandam.

LIBER III.

Vos animam hanc potius quocumque absumite leto.
 Vix ea fatus erat, summo quum monte videmus
Ipsum inter pecudes vasta se mole moventem
Pastorem Polyphemum, et littora nota petentem :
Monstrum horrendum, informe, ingens, cui lumen ademptum.
Trunca manu pinus regit et vestigia firmat.
Lanigeræ comitantur oves; ea sola voluptas,
Solamenque mali.
Postquam altos tetigit fluctus, et ad æquora venit,
Luminis effossi fluidum lavit inde cruorem,
Dentibus infrendens gemitu; graditurque per æquor
Jam medium, necdum fluctus latera ardua tinxit.
Nos procul inde fugam trepidi celerare, recepto
Supplice, sic merito; tacitique incidere funem :
Verrimus et proni certantibus æquora remis.
Sensit, et ad sonitum vocis vestigia torsit.
Verum, ubi nulla datur dextra affectare potestas,
Nec potis Ionios fluctus æquare sequendo,
Clamorem immensum tollit, quo pontus et omnes
Intremuere undæ, penitusque exterrita tellus
Italiæ, curvisque immugiit Aetna cavernis.
At genus e silvis Cyclopum et montibus altis
Excitum ruit ad portus, et littora complent.
Cernimus adstantes nequidquam lumine torvo
Aetnæos fratres, cœlo capita alta ferentes,
Concilium horrendum : quales quum vertice celso
Aëriæ quercus aut coniferæ cyparissi
Constiterunt, silva alta Jovis, lucusve Dianæ.
Præcipites metus acer agit quocumque rudentes
Excutere, et ventis intendere vela secundis.

I. 27

Contra, jussa monent Heleni Scyllam atque Charybdim
Inter utramque viam leti discrimine parvo,
Ni teneant Cursus: certum est dare lintea retro.
Ecce autem Boreas angusta ab sede Pelori
Missus adest: vivo prætervehor ostia saxo
Pantagiæ, Megarosque sinus, Thapsumque jacentem.
Talia monstrabat relegens errata retrorsum
Littora Achemenides, comes infelicis Ulyxi.

 Sicanio prætenta sinu jacet insula contra
Plemmyrium undosum: nomen dixere priores
Ortygiam. Alpheum fama est huc Elidis amnem
Occultas egisse vias subter mare; qui nunc
Ore, Arethusa, tuo Siculis confunditur undis.
Jussi numina magna loci veneramur; et inde
Exsupero præpingue solum stagnantis Helori.
Hinc altas cautes projectaque saxa Pachyni
Radimus; et fatis numquam concessa moveri
Apparet Camarina procul, campique Geloi,
Immanisque Gela, fluvii cognomine dicta.
Arduus inde Acragas ostentat maxima longe
Mœnia, magnanimûm quondam generator equorum.
Teque datis linquo ventis, palmosa Selinus;
Et vada dura lego saxis Lilybeïa cæcis.

 Hinc Drepani me portus et illætabilis ora
Accipit. Hic, pelagi tot tempestatibus actus,
Heu! genitorem, omnis curæ casusque levamen,
Amitto Anchisen: hic me, pater optime, fessum
Deseris, heu! tantis nequidquam erepte periclis!
Nec vates Helenus, quum multa horrenda moneret,
Hos mihi prædixit luctus, non dira Celæno.

LIBER III.

Hic labor extremus, longarum hæc meta viarum.
Hinc me digressum vestris deus appulit oris.
  Sic pater Aeneas, intentis omnibus, unus
Fata renarrabat divûm, cursusque docebat.
Conticuit tandem, factoque hic fine quievit.

FIN DU PREMIER VOLUME.

ERRATA DU PREMIER VOLUME.

ÉTUDES SUR VIRGILE.

PREMIER LIVRE.

Page 12, ligne 4, *du sommeil;* lisez : *d'Éole.*
— 12, — 5, *elle;* lisez : *celle du sommeil.*
— 16, — 27, *de sa description;* lisez : *du texte.*
— 22, — 18, *la malheureuse;* lisez : *le malheureux.*
— 42, — 10, *malheur;* lisez : *sort.*
— 45, — 4, *hominum Deumque;* lisez : *hominumque Deumque.*

DEUXIÈME LIVRE.

Page 143, au bas de la note, *Oreste;* lisez : *Aceste.*
— 149, ligne 3, *invraisemblance;* lisez : *supposition.*

TROISIÈME LIVRE.

Page 286, — 14, *l'attention du poëte;* lisez : *quelque attention.*
— 375, — 8, *arrivons;* lisez : *parvenons.*
— 416, vers 9, *frustra;* lisez : *frusta.*

ERRATA DU PREMIER VOLUME.

CONSIDÉRATIONS PRÉLIMINAIRES.

Page xxxi, ligne 10, *Homère à;* lisez : *Homère a.*

— xlv, — 26, *trop de complaisance;* lisez : *trop peu de retenue.*

— lxxxvi, — 6, *sans soupçon;* lisez : *sans s'exposer au soupçon.*

— xciv, — 13 et 14, *Troyen et Grec;* lisez : *Troyens et Grecs.*

— cxlvi, — 1, *avait su davantage en conserver;* lisez : *avait su en garder.*

— cl, — 23, *innocences;* lisez : *innocentes.*

— cliii, — 15, *Dante; il;* lisez *Dante,*

— clvii, — 17, *Mores;* lisez : *Maures.*

— clix, — 6, *d'écrites;* lisez : *décrites.*

— clxi, — 27, *Réthys;* lisez : *Téthys.*

— clxv, — 18, supprimez le mot *divin.*

— clxviii, — 17, *à son crime;* lisez : *au régicide.*

www.ingramcontent.com/pod-product-compliance
Lightning Source LLC
Chambersburg PA
CBHW071152230426
43668CB00009B/928